Über dieses Buch

Der Facharzt für Neurologie und Psychiatrie/Psychotherapie, Dr. Peseschkian, hat mit diesem Buch die Psychotherapie aus ihrem Elfenbeinturm befreit. Für ihn muß Psychotherapie nicht unbedingt nur Behebung einer ausgesprochenen psychischen Krankheit bedeuten. Er sieht vielmehr die Aufgabe der Psychotherapie vorrangig in einer praktischen Lebenshilfe, um im Entstehen begriffene Krankheiten zu vermeiden oder schwere Störungen zu beseitigen.

»Psychotherapie des Alltagslebens« nennt daher Dr. Peseschkian auch sein Buch, in dem er die alltäglichen Konflikte in Erziehung und Partnerschaft aufzeigt und für jeden Leser individuell zu klären versucht. In vier Kapiteln erläutert er seine Theorie der Differenzierungsanalyse, geht auf einzelne Aktualfähigkeiten, typische Konfliktsituationen und ihre Lösungsmöglichkeiten ein, veranschaulicht an 22 Mißverständnissen die Konfliktpotentiale und führt den Leser-Patienten schließlich in die Selbsthilfe. Um ihm das Verständnis der Theorie zu erleichtern, wird sie durch 250 Fallbeispiele und 110 orientalische Geschichten veranschaulicht.

Da die Konflikte im Laufe der Entwicklung eines Menschen in der Auseinandersetzung mit seiner Umwelt entstanden, sind sie nicht notwendiges und unausweichliches Schicksal, sondern stellen sich als Probleme und Aufgaben dar, die zu lösen sind. »Gesund ist nicht derjenige«, sagt Dr. Peseschkian, »der keine Probleme hat, sondern derjenige, der in der Lage ist, mit ihnen fertig zu werden.«

Über den Autor

Dr. med. Nossrat Peseschkian wurde 1933 in Persien geboren und lebt seit 1954 in der Bundesrepublik. Nach dem Studium in Freiburg, Mainz und Frankfurt a. M. erhielt er seine psychotherapeutische Ausbildung in der BRD, der Schweiz und den USA. Seit 1969 hat Dr. Peseschkian als Facharzt für Neurologie und Psychiatrie/Psychotherapie eine Praxis in Wiesbaden mit den Schwerpunkten psychosomatische Medizin und Psychotherapie. Er trat mit vielen Vorträgen und Publikationen an die Öffentlichkeit. Sein Hauptwerk: ›Positive Psychotherapie. Theorie und Praxis einer neuen Methode‹, Frankfurt a. M. 1977 (S. Fischer Verlag).

Dr. med. Nossrat Peseschkian

Psychotherapie des Alltagslebens

Training zur Partnerschaftserziehung und Selbsthilfe

Mit 250 Fallbeispielen
und einem Geleitwort von Professor Dr. med. R. Battegay

Fischer
Taschenbuch
Verlag

Fischer Taschenbuch Verlag
März 1977
Erweiterte Ausgabe
Umschlagentwurf: Jan Buchholz/Reni Hinsch
Fischer Taschenbuch Verlag GmbH, Frankfurt am Main
Lizenzausgabe mit freundlicher Genehmigung
des Verlages Medical Tribune GmbH, Wiesbaden
Originaltitel: ›Schatten auf der Sonnenuhr‹

Satz: Otto Gutfreund & Sohn, Darmstadt
Gesamtherstellung: Clausen & Bosse, Leck (Schleswig)
Printed in Germany
1855-680-ISBN-3-436-02413-9

Inhalt

Vorwort

Jedes Buch hat ein Entstehungsdatum und ein Datum seiner Formulierung. Seine Entwicklung entspricht dem Wachstum eines Baumes. Dessen Früchte reifen nicht von heute auf morgen. Sie sind vielmehr die Folge des Wachstums und der Reifung eines Samenkorns, das sich entfaltet und durch günstige Umweltbedingungen zu dem wird, was man später als Ernte nach Hause tragen kann.

Auch die Differenzierungsanalyse kennzeichnen eine kurze Geschichte und eine lange Vergangenheit: Seit 1958 arbeite ich an einem neuen Verfahren der Psychohygiene und Psychotherapie, das mir auf der Basis umfangreichen Erfahrungsmaterials in der psychotherapeutischen Praxis bei psychosomatischer Orientierung zugänglich wurde.

Obwohl die Früchte im europäischen Okzident reiften, wurzelt der Baum, der sie trug, im persischen Orient, der Heimat meiner Geburt und Jugend. So stellen dieses Buch und, wie ich hoffe, meine psychotherapeutische Tätigkeit den Versuch dar, die Erkenntnisse des Orients mit den Fortschritten des Okzidents zu vereinen. Ich bin mir bewußt, daß ein solcher Versuch von seinem Ansatz her viele Probleme in sich birgt. Dennoch halte ich ihn gerade in einer Zeit, in der die geographischen Entfernungen aufgehoben werden, für nützlich, wenn nicht gar für notwendig. Unsere Epoche zeigt neben ihren vielen Mißverständnissen den hoffnungsvollen Drang nach Einheit in der Mannigfaltigkeit. *Goethe* faßte dies im »Westöstlichen Diwan« in folgende Zeilen, deren Bedeutung in diesem Buch immer wieder durchleuchten wird:

> *Wer sich selbst und andere kennt,*
> *wird auch hier erkennen:*
> *Orient und Ozident*
> *sind nicht mehr zu trennen.*

Die Entwicklung in der Psychotherapie zeigt, daß es nicht zweckmäßig ist, ausschließlich vom nonischen Prinzip auszugehen und die Psychodynamik der Persönlichkeit nur um die Erkenntnis der Störungen zu zentrieren. Es erscheint vielmehr notwendig, sich auch mit den dem Menschen innewohnenden Fähigkeiten und Tugenden zu beschäftigen.

Während das Ziel der Psychoanalyse nach *Sigmund Freud* die Bewußtmachung ist, das Ziel der Individualpsychologie nach *Alfred Adler* die Intensivierung der Verantwortung und das Ziel der Existentialanalyse nach *Viktor Frankl* Bewußtmachung und Verantwortung ist, zielt die Differenzierungsanalyse darauf ab, die Unterscheidungsfähigkeit im Bereich der Aktualfähigkeiten zu verfeinern und zu erweitern.

Meinen Mitarbeitern, den Herren Dipl.-Psych. D. Schön und D. E. Linden

danke ich für ihre Anregungen und ihre kritischen Bemühungen bei den Korrekturarbeiten, beim Erstellen des Literaturverzeichnisses und des Glossars, dem Ehepaar Neuberger sowie Frau Kirsch, Frau Krieger und Frau Schumacher für ihre Hilfe.
Ganz besonders verbunden bin ich Herrn Prof. Dr. med. R. Battegay, Universitäts-Poliklinik Basel, der mich in den letzten Jahren immer wieder dazu ermutigt hat, das Buch fertigzustellen und zu veröffentlichen.
Als Lehrer, denen ich viel verdanke, seien erwähnt: Prof. Dr. med. J. H. Schultz (†), Berlin; Prof. Dr. med. R. Degkwitz, früher Frankfurt/M.; Prof. Dr. med. C. Kulenkampff, Düsseldorf; Prof. Dr. med. C. Fervers, Bonn; Prof. Dr. med. M. Broglie, Wiesbaden; Medizinaldirektor Dr. med. H. Koch, Bad Schwalbach; Prof. Dr. med. H. Ruf, früher Frankfurt/M.; Prof. Dr. med. G. Thomalske, Prof. Dr. med. H. J. Bochnik, Prof. Dr. med. H. Maxion, Frankfurt/M.; Prof. Dr. med. D. Langen, Mainz; Prof. Dr. med. K. Leonhard, Dr. H. Schmieschek, Charité, Berlin; Prof. Dr. med. H. Meng (†), Basel; Prof. Dr. med. V. Frankl, Wien; Prof. Dr. med. J. L. Moreno, USA; Prof. Dr. med. Lopez-Ibor, Madrid; Dr. med. U. Derbolowsky, Hamburg, sowie Herr A. Faizi und Herr A. Frutan, Haifa und Iran.
Ohne die Mitarbeit und Aufgeschlossenheit der Patienten, die bereitwillig ihre Zusage zur Veröffentlichung ihrer Falldarstellung gaben, wäre das vorliegende Buch nicht zustande gekommen. Selbstverständlich wurden Namen und Daten verändert, um die Anonymität zu wahren. Doch wurden, um den dokumentarischen Wert zu erhalten, die mündlichen oder schriftlichen Berichte zumeist wörtlich wiedergegeben.
Schließlich danke ich meiner Frau Manije und meinen Söhnen Hamid und Nawid, die mir manche Anregung gaben, und die so viel Geduld mit mir hatten.

Nossrat Peseschkian
Wiesbaden, 1974 und 1975

Die vorliegende *Taschenbuchausgabe* unterscheidet sich nicht nur in dem Titel »Psychotherapie des Alltagslebens« von der Originalausgabe (»Schatten auf der Sonnenuhr«). Sie wurde auch inhaltlich erweitert und durch einen ausführlichen »Leitfaden für den Leser«, der einen Überblick über dieses Buch und seine Entwicklung gibt und dem Leser Hilfestellung beim Umgang mit den Themen der Erziehung, Selbsthilfe und Psychotherapie leisten soll ergänzt.

An dieser Stelle möchte ich mich auch beim S. Fischer Verlag, ganz besonders bei Frau Monika Schoeller und Frau Dr. Jutta Siegmund-Schultze für ihr Interesse, ihr Entgegenkommen und ihre Ermutigungen bedanken.

Nossrat Peseschkian
Wiesbaden, 1977

Geleitwort

Orient und Okzident sind in diesem Buch zu einer Gesamtschau vereint, so daß der Leser eine umfassende Sicht gesunden und krankhaften Seelenlebens und Verhaltens gewinnt. Der Autor versteht es, nicht nur eine Analyse der gegenwärtigen gesellschaftlichen Verhältnisse und der damit zusammenhängenden Erziehungseinstellung zu vermitteln, sondern auch die über alle Zeit hinweg geltenden »primären« und »sekundären« Fähigkeiten der Psyche in eindrücklichen Zügen zu schildern. Der Autor nimmt seine Erfahrung aus seinem immer noch lebendigen orientalischen Ursprung und seiner psychotherapeutischen Praxis. Er bleibt nicht etwa am speziellen Beispiel hängen, sondern er weiß daraus stets allgemein gültige menschliche Schlüsse zu ziehen und sie in ein klärendes System einzubauen. Besonders originell sind die Sätze, in denen der Autor Fehlentwicklungen der Kinder und Fehlhaltungen der Erzieher beschreibt, so wenn er beispielsweise ein strafendes Fehlverhalten der Eltern wie folgt kennzeichnet: »Ein Kind muß von klein auf gehorchen lernen«, »Strafe muß sein«, »Man muß dem Kind den Trotz (Willen) mit Gewalt brechen«, oder wenn er schildert, wie elterliche Spannungen auf dem Rücken der Kinder ausgetragen werden: »Du gleichst genau deinem Vater! Für den ist Pünktlichkeit auch ein Fremdwort.« Der Autor versucht, den Glauben in sein psychotherapeutisches Wirken und sein Weltbild zu integrieren und die Kulturreligionen als Ausdruck ihrer Zeit zu verstehen. Die Bahai-Religion, der der Autor zugehört, wäre in dieser Sicht eine Stufe zur Weiterentwicklung auf dem Weg zu einer höheren Vollendung. Der Autor betont, daß der Glaube zum Weg des Menschen gehöre. Er unterscheidet einen ersten wesentlichen Anteil der Religion, der geistig und transzendent sei, und einen zweiten, der aus zeitlichen Werten und Normen bestehe. Werde in einer Religion das Prinzip der Zeit nicht berücksichtigt, komme es leicht dazu, die erstrangigen mit den zweitrangigen Inhalten zu verwechseln. Es sei wichtig, den Kern der Religion zu sehen und nicht durch zeitbedingte Ansichten zu verdrängen. Dem Autor ist daran gelegen, in der Psychotherapie auch diesen religiösen Kern freizulegen. Großen Wert legt er auf die Erkennung der möglichen Mißverständnisse in der Eltern-Kind-Beziehung. Die Eltern möchten oft etwas ganz anderes aus ihren Kindern machen, als sie wirklich sind. Der Autor unterstreicht die Einzigartigkeit jedes Menschen und die daraus folgende Notwendigkeit, das jeweils Besondere zu entwickeln. Indem er Bezug nimmt auf eine orientalische Fabel, schildert er die Erziehung wie auch die Psychotherapie als einen Prozeß, der eine Entwicklung zur Selbsthilfe und eine »Zielerweiterung« im Sinne einer möglichst vollen Entfaltung aller psychischen, somatischen und sozialen Fähigkeiten zum Inhalt hat.

Das Buch wird nicht etwa nur jene ansprechen, die fachlich mit einer psychotherapeutischen Aufgabe betraut sind. Es wird vielmehr auch jenen eine Fundgrube reichhaltiger psychologischer und pädagogischer Erfahrung sein, die sich, sei es als Eltern oder Erzieher, pädagogischen Aufgaben widmen.

Professor Dr. med. Raymond Battegay
Psychiatrische Universitätspoliklinik Basel

Dieses Buch führt den Leser zur Quelle,
trinken aber muß er selbst.

Leitfaden für den Leser

Erziehung wird im allgemeinen als etwas Selbstverständliches angenommen. Selbsthilfe dagegen scheint für viele ein Fremdwort zu sein.
Manche Menschen erwarten, daß, wenn sie Probleme haben oder Krankheiten auf sie zukommen, ein Arzt ihnen die Schwierigkeiten von den Augen abliest und mit schlafwandlerischer Sicherheit genau die Tablette verordnet, die alles Übel beseitigt. Angesichts dieses Anspruchs steht die Psychotherapie immer noch vor dem Problem, einen geeigneten Saft gegen innere und äußere Konfliktsituationen zu brauen. »Wir haben jetzt keine Zeit, uns mit dem Kind zu beschäftigen, wir gehen später mit ihm zum Psychotherapeuten«, sagte die Mutter eines 5jährigen Kindes, das unter Bettnässen, Stottern und Verhaltensstörungen litt. Der Therapeut wird also in die Rolle des Lückenbüßers und Wunderheilers gedrängt, eine Rolle, der er mit gutem Gewissen oft nicht gerecht werden kann.
Auf der anderen Seite finden sich Menschen, denen das Vertrauen zur Medizin, zum Arzt oder zum Therapeuten fehlt: »Meine Mutter war in ärztlicher Behandlung und ist gestorben. Ich will noch etwas am Leben bleiben und überlasse es daher den Optimisten, zum Arzt zu gehen!« Dies sind oft die do-it-yourself-Mediziner, die in unnachahmlicher Originalität anderen Ratschläge geben: »Mir hat es geholfen, da wird es Ihnen wohl auch helfen«, und die sich am liebsten auch noch den Blinddarm selbst entfernen würden, wenn es ginge. Zwischen den beiden Extremen passiver Erwartungshaltung und starrköpfigem Mißtrauen gegen die Kunst der Fachleute müßte es einen Bereich geben, in dem Heilungswille und die Bereitschaft, sachkundigen Rat zu empfangen, zusammentreffen.
Die Selbsthilfe hat die Aufgabe eines Leitfadens. Sie berücksichtigt daher im wesentlichen nur einige grundlegende Verfahren. Diese haben den Vorteil, daß sie auf einen relativ großen Kreis von Menschen und verschiedenartige Probleme zutreffen. Gebrauchsanweisungen, die unverändert auf den Einzelfall übernommen werden können, bietet die Selbsthilfe nicht, denn jede partnerschaftliche Situation hat ihre Einzigartigkeit, die auch in der Selbsthilfe in Rechnung gestellt werden muß. Ein solcher praktischer Ansatz darf nicht als Rezept mißverstanden werden. Er soll vielmehr Leitlinien aufzeigen, wie man die Gefahr vermindern kann, daß »das Kind in den Brunnen fällt«, und wie man ihm helfen kann, wenn es in diesen Brunnen gefallen ist.

WER IST GESUND?

Seelenhilfe haben viele Menschen nötig. Erkennen sie diese Notwendigkeit,

gehen sie vielleicht zum Psychotherapeuten. In dessen Ordination tritt freilich manchmal etwas Unvorhergesehenes ein: Der Patient versteht den Therapeuten nicht und fühlt sich deshalb auch unverstanden. Versucht er ein Buch über psychologische Themen zu lesen, so legt er es oft nach den ersten Seiten resigniert weg. Es bleibt für ihn ein Buch mit sieben Siegeln. Psychotherapie muß in den überwiegenden Fällen gar nicht die Behebung einer ausgesprochenen psychischen Krankheit bedeuten, sondern eher praktische Lebenshilfe. Ohne sie könnten im Laufe der Zeit tatsächlich Krankheiten entstehen oder zumindest das, was man populär als »Knacks« bezeichnet.
Wie oft möchte man jemand fragen: »Wie soll ich meine Kinder erziehen?« »Warum hasse ich dies oder den?« »Wie soll ich mich meiner Frau gegenüber in dieser oder jener Situation verhalten?« Es sind Fragen, die die Psychohygiene betreffen. Fragt man verschiedene Leute, bekommt man verschiedene Antworten und ist am Ende genauso klug wie zuvor.
Wir alle sind von Konflikten, Problemen und Schwierigkeiten im Verhältnis zu uns selbst, zu unseren Partnern, unseren Mitmenschen und schließlich zu unseren Lebenszielen betroffen. Es findet sich daher ein Bedürfnis nach neuen Gesichtspunkten und Methoden der Psychotherapie und Selbsthilfe, die ebenso wirksam wie praxisnah sind.
Gesund ist daher nicht derjenige, der keine Probleme hat, sondern derjenige, der in der Lage ist, mit ihnen fertig zu werden.

LERNE ZU UNTERSCHEIDEN

In meiner psychotherapeutischen Praxis werde ich häufig mit einem Mißverständnis konfrontiert: Wenn ein Kind Fieber und Kopfschmerzen, Magenbeschwerden oder Herzbeschwerden hat, behandelt man dieses Kind mit besonderer Rücksicht. Benimmt es sich aber in unseren Augen »komisch«, d. h. anders als wir es gewohnt sind und womöglich sogar noch unhöflich und unordentlich, dann sind bald unsere Toleranzgrenzen erreicht. Mit anderen Worten, in diesen Situationen reagieren wir selbst unangenehm berührt oder aggressiv. Daß diese Verhaltensweisen jedoch den Charakter einer Krankheit haben könnten, wird nur zu oft übersehen. Dadurch, daß vornehmlich den körperlichen Krankheiten Krankheitswert zugebilligt wird, ergeben sich klare Folgen: Fühlt man sich nicht wohl, liegt es in erster Linie nahe, einen Arzt aufzusuchen. An einen Psychotherapeuten denkt man, selbst bei eindeutigen psychischen Störungen, nur selten.

PSYCHOTHERAPIE STATT PSYCHOPATHOLOGIE

Es wird selten gesagt, was man und wie man etwas besser machen sollte. Häufiger bekommt man zu hören, was man nicht machen soll. Man erzählt, daß die englische Königin Viktoria sich in einem Brief beklagte, fortwährend von ihren Erziehern ermahnt zu werden, was sie als zukünftige Königin nicht tun dürfe: »Was ich als zukünftige Königin aber machen soll und wie ich es machen kann, sagt mir niemand.«

Das gleiche Prinzip finden wir in der Psychotherapie und Medizin. Man spricht von Krankheiten und setzt stillschweigend voraus, daß der gesund ist, dem Krankheit fehlt. Der Philosoph Lichtenberg sprach dies aus: *Das Gefühl der Gesundheit erwirbt man erst durch Krankheit.* Freud formulierte in diesem Sinne: *Erst, wenn man das Krankhafte studiert, lernt man das Normale verstehen.*

Folge dieses Konzepts ist, daß man sich zwar damit beschäftigt, was man gegen Krankheiten tun kann, weniger aber damit, was sich für die Gesundheit machen läßt. Unsere zwischenmenschlichen Beziehungen, die Partnerschaft und die Erziehung gehorchen allem Anschein nach in weitem Maße diesem Konzept. Allein schon unsere Sprache, mit der wir uns unseren Partnern verständlich machen wollen, geht von diesem »Nein-Prinzip« aus: »Tue das nicht, tue jenes nicht«, »Warum bist du wieder zu spät gekommen«, »Eine solche Unordnung ist nicht zum Aushalten«, »Du hast schon wieder gelogen«, »Warum bist du untreu geworden«, »Deine Faulheit stinkt zum Himmel«, »Mit einem solchen Halsabschneider möchte ich nichts zu tun haben«, »Er weiß nicht, wie man sich benimmt« usw.

Diese Konzepte haben den Ärger zur Folge, wie ein Gebet das Amen. Darüber, wie weit ihre Konsequenzen reichen, ist man sich meistens nicht im klaren:

Muß man aber erst geschieden sein, um zu wissen, wie gut eine Ehe ist? Muß man erst einen Herzinfarkt gehabt haben, um beurteilen zu können, wie wichtig die körperliche Gesundheit ist? Muß man erst einen Selbstmordversuch begangen haben, um sich über die Bedeutung der seelischen Gesundheit klar zu werden? Muß man erst im Gefängnis gesessen haben, um zu wissen, wie gut die Freiheit ist? Muß man erst seinen Wagen zu Schrott gefahren haben, um zu wissen, daß zu dichtes Auffahren im Straßenverkehr ein erhöhtes Unfallrisiko in sich birgt?

Konflikte und Störungen entstehen, wenigstens in der Regel, nicht in der psychotherapeutischen Praxis, sondern im Alltagsleben. Eheprobleme beispielsweise entstehen zunächst in der partnerschaftlichen Beziehung und dort im Verhältnis zu sich selbst und den übrigen sozialen Kontakten. Wenn z. B. der Ehepartner oder Freund fremdgegangen ist, kann man nicht nur mit dem Schrotgewehr oder dem Schnappmesser »Gerechtigkeit« und »Ehre« wiederherstellen, sondern man kann auch auf andere Weise reagieren. Man kann Alkohol trinken und so den Kummer ersäufen; man kann Drogen nehmen und mit ihrer Hilfe eine bessere Welt suchen; man kann Rache üben und selbst fremdgehen. Doch man kann auch die Chance nutzen und aktiv in das Problem eingreifen. All dies ist Selbsthilfe. Nur haben einige dieser Selbsthilfemaßnahmen den Nachteil, noch mehr Ärger und Schwierigkeiten hervorzurufen. Es kommt daher darauf an, solche Maßnahmen der Selbsthilfe zu finden, die für beide Parteien annehmbar und durchführbar sind. Auf solche Methoden weist dieses Buch hin.

Ziel war es daher, ein Buch zu schreiben, das man im Rahmen einer ärztlichen, psychologischen und psychagogischen Praxis, sowie im Zusammenhang mit Beratungsproblemen den Patienten und Klienten in die Hand geben kann und das als Hilfe in einer therapeutischen Situation oder in einem Beratungsprozeß eingesetzt werden kann. Das Buch wurde daher nicht nur für Fachleute konzipiert, sondern für einen breiten Leserkreis: für Studenten, Jugendliche, Eltern, Geschäftsleute, Lehrer, Erzieher und auch Ärzte und Psychotherapeuten.

Das bedeutet, daß wir nicht bei der Beschreibung pathologischer, das heißt gestörter oder krankhafter Zustände stehen bleiben konnten: Anstelle einer *Psychopathologie des Alltagslebens,* wie sie Sigmund Freud schrieb, erhob sich aufgrund des bestehenden Bedürfnisses und der derzeitigen Entwicklung der Psychotherapie für uns die Aufgabe, eine *Psychotherapie des Alltagslebens* darzustellen. Dabei konnten wir uns nicht auf die Erscheinungsformen des Unbewußten beschränken, sondern gingen vorrangig von den zwischenmenschlichen Beziehungen und den dem Menschen innewohnenden Fähigkeiten aus. Unterdrückte und einseitig ausgeprägte Fähigkeiten zeigten sich als die möglichen Quellen von Konflikten und Störungen im innerseelischen und zwischenmenschlichen Bereich. Sie können sich in Depressionen, Ängsten, Aggressionen, Verhaltensauffälligkeiten und psychosomatischen Störungen äußern:

Von Kind auf bin ich auf Leistung gedrillt worden... Der Beruf macht mir sogar Spaß, aber ich habe keine Beziehung zu anderen Menschen. Mit meinen Kindern kann ich auch nicht viel anfangen. Freizeit ist für mich eine Qual...
(42jähriger Rechtsanwalt mit Depressionen)

Da sich die Konflikte im Laufe der Entwicklung eines Menschen in der Auseinandersetzung mit seiner Umwelt entwickelt haben, sind sie nicht notwendiges und unausweichliches Schicksal, sondern stellen sich als Probleme und Aufgaben dar, die wir zu lösen versuchen.

SELBSTHILFE?

Ein wesentliches Kennzeichen des differenzierungsanalytischen Therapiemodells ist es, daß die Erziehung und Selbsthilfe integrale Bestandteile der Psychotherapie selber sind. Psychotherapie als Um-Erziehung bezieht sich unmittelbar auf das, was in der Erziehung vorgeformt und erlernt wurde. Über die Selbsthilfe wird der Patient als aktiver Partner und nicht nur als der Erduldende gefördert. Selbsthilfe ist somit eine Methode des Vorbeugens, also der präventiven Medizin und Psychohygiene und darüber hinaus ein wesentliches Element im psychotherapeutischen Vorgehen.

In der inneren Medizin gibt es in diesem Sinne als Lebenshilfe Fitneß-Trainingsprogramme, Diätvorschriften und Kontrolltabellen. Hier lernt man unter Anleitung des Arztes aktiv etwas für seine Gesundheit zu tun. Genauso können Erziehungsprobleme, berufliche Konflikte, partnerschaftliche Schwierigkeiten über die Selbsthilfe angegangen werden.

Selbsthilfe beginnt schon in der Erziehung, wenn wir als Eltern und Erzieher

die Konsequenzen unseres Erziehungsverhaltens überdenken. Häufig sind es keineswegs die großen Ereignisse, die zu Störungen beim Kind führen, sondern die immer wiederkehrenden kleinen seelischen Verletzungen, die schließlich ein Charakterbild formen, das für einzelne Konflikte besonders auffällig ist. Wenn sich die Mutter beispielsweise tagtäglich über die Unordnung des Kindes ärgert, ist damit keinem der beiden geholfen. Hier wäre es günstiger, wenn die Mutter lernt, wie sich das Ordnungsverhalten eines Kindes entwickelt, wenn sie begreifen könnte, daß es unterschiedliche Begriffe von Ordnung gibt. Für das Kind wäre es oft günstiger, wenn es nicht nur kritisiert, sondern wenn ihm gesagt und vorgelebt würde, wie es sich tatsächlich besser verhalten kann.
Ein anderes Beispiel: Ein Mensch, der gelernt hat, daß er nur dann etwas wert ist, wenn er etwas leistet und berufliche und menschliche Erfolge hat, wird plötzlich eine tiefgreifende Niederlage erleiden, wenn er auf einmal den ihm gestellten Aufgaben nicht mehr gewachsen ist.
Hier berühren wir ein Problem, das unsere Form der Erziehung überhaupt betrifft. Vergleichen wir das Autofahren und die Erziehung von Kindern. Sie werden mir alle zustimmen, daß die Kindererziehung mindestens ebenso schwierig, wenn nicht schwieriger ist als das Steuern eines Autos. Um ein Auto zu steuern, besuchen wir eine besondere Schule, lernen Verkehrsregeln und machen eine Prüfung. Um Kinder zu erziehen, reicht es völlig aus, überhaupt ein Kind zu haben. Alles andere geht, wie es scheint, von allein. Mir kommt es manchmal so vor, als benähmen sich manche Eltern wie ein Autofahrer, der ohne Führerschein mit verbundenen Augen versucht, durch den Berufsverkehr einer Großstadt hindurchzukommen.
Eine wesentliche Aufgabe dieses Buches ist es, zur Selbsthilfe in dem beschriebenen Sinn anzuregen.

WOZU GESCHICHTEN, PARABELN UND MYTHOLOGIEN?

In meiner Praxis, in Seminaren und Vorträgen konnte ich immer wieder die Feststellung machen, daß gerade Parabeln und orientalische Geschichten den Zuhörern oder Patienten entgegenkamen. Parabeln sind für mich Bilder in Sprache. Als solche unterstützen sie Verständnis und haben zentralen didaktischen Wert. Viele Menschen fühlen sich überfordert, wenn sie abstrakt mit psychotherapeutischen Inhalten konfrontiert werden. Da die Psychotherapie sich nicht nur im Feld der Fachleute abspielt, sondern eine Brücke zu den Nicht-Fachleuten, den Patienten, darstellt, besteht für sie in besonderem Maß das Gebot, verständlich zu sein. Eine Verständnishilfe ist das Beispiel, die mythologische Geschichte, das sprachliche Bild. Es beinhaltet in irgendeiner Form innerseelische, zwischenmenschliche und gesellschaftliche Konflikte und gibt Lösungsmöglichkeiten vor. Losgelöst von der unmittelbaren Erfahrungswelt des Patienten, seinen Widerständen gegenüber der Aufdeckung seiner Konflikte und Schwächen, hilft das mythologische Beispiel, gezielt eingesetzt, ein distanzierteres Verhältnis zu den eigenen

Konflikten zu gewinnen. Der Mensch denkt nicht nur in abstrakten und theoretischen Begriffen. Das Verständnis seiner eigenen Probleme wird eher durch anschauliches, bildhaftes Denken und die gefühlsbesetzte Phantasie bestimmt. Diese Erkenntnis führte mich dazu, das bildhafte Denken und damit mythologische Geschichten und Fabeln als Verständnishilfen in den therapeutischen Prozeß einzubeziehen. Ein weiteres Anliegen meines Buches war es, die Weisheiten und intuitiven Gedanken des Orients mit den neuen psychotherapeutischen Erkenntnissen des Okzidents zu vereinen. Nicht nur die Grundsätze der großen Religionen, sondern auch die Weisheiten orientalischer und westlicher Philosophen und Wissenschaftler werden im Licht der modernen Psychotherapie betrachtet.

WIE IST DIE DIFFERENZIERUNGSANALYSE ENTSTANDEN?

Seit 1968 arbeite ich an einem neuen Konzept der Psychohygiene und Psychotherapie, der *Differenzierungsanalyse*. Eine wesentliche Motivation für meinen Ansatz mag gewesen sein, daß ich mich gewissermaßen in einer transkulturellen Situation befinde. Als Perser (Iraner) lebe ich seit 1954 in Europa. Unter diesem Gesichtspunkt wurde ich auf die Bedeutung psychosozialer Normen für die Sozialisation und Entstehung zwischenmenschlicher und innerseelischer Konflikte aufmerksam. Dabei fand ich sowohl bei orientalischen als auch bei europäischen und amerikanischen Patienten hinter den bestehenden Symptomen in der Regel Konflikte, die auf eine Reihe immer wiederkehrender Verhaltensnormen zurückgehen. Ich versuchte daher, diese Verhaltensnormen zu sammeln, eng zusammengehörende Begriffe zusammenzufassen und ein Inventar zu erstellen, mit dessen Hilfe sich die zentralen Konfliktbereiche beschreiben lassen. Diese Verhaltensnormen nannte ich *Aktualfähigkeiten*. Diesen Begriff führte ich deshalb ein, weil er Normen beinhaltet, die in unseren täglichen zwischenmenschlichen Beziehungen wirksam sind, und daher fortwährend aktuelle Bedeutung besitzt. Die Differenzierungsanalyse geht dabei von den Aktualfähigkeiten als den wirksamen Entwicklungs- und Konfliktpotentialen aus. Dabei haben wir es nicht mit irgendwelchen geheimnisvollen Fachbegriffen, sondern mit Normen und Verhaltensweisen zu tun, mit denen jeder Mensch tagtäglich konfrontiert wird. Wenn wir uns ärgern, Zorn über einen Menschen empfinden, uns empört zurückziehen, uns benachteiligt fühlen, aus der Haut fahren möchten und dergleichen mehr, was steckt dahinter? Dieser Frage bin ich nachgegangen und habe hinter den Beschwerden und Konflikten von Patienten und Klienten die inhaltlichen Bedingungen dieser Konflikte zu erfassen versucht. Die Zusammenstellung der Aktualfähigkeiten in ihrer jetzigen Form entstand über acht Jahre hinweg, Schritt für Schritt. Zunächst war mir die psychotherapeutische Bedeutung von Höflichkeit und Ehrlichkeit aufgefallen. Diese zwei Kategorien boten eine Leitlinie für die Ergänzung des Inventars der Aktualfähigkeiten. Dieses Inventar wurde immer wieder durch die Erfahrung in der Praxis kontrolliert und auf Ergänzungsmöglichkeiten untersucht. Diese

Untersuchungen, die nicht nur von mir ausgingen, sondern zu denen auch meine Mitarbeiter und Kollegen beigetragen haben, stützen sich auf rund 50000 psychotherapeutische Sitzungen. Sehen wir uns eine Reihe von Beispielen an: Wenn die Mutter sagt: *mein Sohn ist ein Teufel*, so steckt dahinter, daß der Sohn ungehorsam und unordentlich ist.

Eine Ehefrau sagte: *Mein Mann und ich wir passen nicht zusammen. Wir sind ganz verschiedene Typen.* Dahinter verbarg sich, daß der Ehemann wenig Zeit hatte, die Frau stundenlang auf ihn warten mußte und daß es der Mann zudem mit der Sauberkeit nicht so genau nahm, wie es seine Frau wünschte. Ein junger Mann litt unter Depressionen. Er war, obwohl sehr tüchtig, aus seiner Stellung entlassen worden, da er morgens selten pünktlich an seinem Arbeitsplatz erschien.

Wenn wir unsere Aufmerksamkeit auf diese Zusammenhänge richten, sehen wir, welche inhaltlichen Bedingungen in den genannten Beispielen vorgekommen waren. Zu nennen sind: Treue, Ehrlichkeit, Höflichkeit, Gerechtigkeit, Leistung, Fleiß u. a. m.

Wir können sagen, daß so gut wie alle Konflikte in irgendeiner Weise auf derartige inhaltliche Bereiche zurückgehen. Obwohl wir täglich damit umgehen und unser Verhalten und unser Erleben immer wieder von unseren Erwartungen und Erlebnissen in diesen Verhaltensbereichen beeinflußt werden, ist uns ein solcher Zusammenhang in der Regel nicht bewußt. Wenn ein Mensch in einer Situation versagt, sagen wir, er ist ein Versager; wenn wir nicht den erwarteten Erfolg erzielen konnten, meinen wir, wir sind nichts wert. Wenn ein Kind faul ist, halten wir es gleich für einen Faulenzer und einen Menschen, der nicht die gleichen Begriffe von Sauberkeit und Höflichkeit besitzt wie wir, für asozial und böse.

Damit wir uns ein Bild von diesen sozialen Normen machen und unsere Einstellung dazu kritisch betrachten können, habe ich versucht, die zentralen, nahezu überall wirksamen Verhaltensnormen zusammenzustellen, auf deren Grundlage sich die meisten unserer Konflikte entwickeln. Dieses Inventar nennen wir das differenzierungsanalytische Inventar (DAI).

Treten Probleme und Konflikte auf, kann man diese Probleme anhand des DAI durcharbeiten. Wir sagen also nicht mehr, mein Partner ist ein Unmensch, ich halte es nicht mehr bei ihm aus, er ärgert mich dauernd, er macht mich fertig – sondern wir versuchen die besonderen inhaltlichen Merkmale des Problems zu erfassen. So wird aus der Aussage: *Mein Partner ist ein Unmensch,* vielleicht die Feststellung, ich fühlte mich heute von meinem Partner unhöflich und ungerecht behandelt. Er hat mich zu lange warten lassen und sich noch nicht einmal bei mir entschuldigt. Ich lege großen Wert auf Höflichkeit, mein Partner manchmal nicht. Warum betone ich die Höflichkeit in dieser Weise? Warum hat mein Partner mich gerade heute so behandelt? So können wir den Unterschied, der zwischen den beiden Aussagen besteht, erkennen: Auf der einen Seite die gefühlsbesetzte Verallgemeinerung, die es oft unmöglich macht, einen Konflikt sachlich zu behandeln; auf der anderen Seite der Versuch zu differenzieren, die Ursachen des Ärgers zu erfragen, dem Problem seinen tatsächlichen Stellenwert zuzuordnen und neue

Möglichkeiten zu finden. Diese Unterscheidung oder Differenzierung ist eine der grundlegenden Funktionen der Selbsthilfe.
Die Differenzierungsanalyse, eine neue Form der konfliktzentrierten Psychotherapie, beinhaltet eine Reihe von Methoden, die auch für die Selbsthilfe Bedeutung besitzen.
Der dargestellte Ansatz legte es nahe, Patienten auf ihre Konfliktbereitschaften hinsichtlich der Aktualfähigkeiten zu befragen. Nehmen wir an, eine Patientin entwickelt immer dann Ängste, wenn sie abends auf ihren Ehemann warten muß. In einem solchen Fall zentriert sich die Angst inhaltlich um die psychosoziale Norm »Pünktlichkeit«. Liegt es dann nicht nahe, gerade diesen Bereich aufzuarbeiten? Ein solches Vorgehen wäre im besten Sinn radikal: Es geht von der Wurzel und nicht von irgendwelchen Symptomen, sprich Blättern, aus.

BEHANDLUNG VERKÜRZT?

In der Zwischenzeit hat sich mein damaliger psychotherapeutischer Ansatz (1968) weiterentwickelt und sich als Methode in der Psychotherapie bewährt und wurde auf einer Reihe von nationalen und internationalen Kongressen referiert.
Die differenzierungsanalytische Psychotherapie ist fokal orientiert. Das heißt, wir richten unser Augenmerk vor allem auf die Fähigkeiten im Umfeld der konfliktbesetzten Bereiche und versuchen, die bestehenden Reintegrationstendenzen der körperlich-seelisch-geistigen Einheit »Mensch« zu mobilisieren. Dies geschieht in einem mehrstufigen Behandlungsplan. Diesen Behandlungsplan möchte ich an einem alltäglichen Beispiel verdeutlichen: Wenn wir uns über jemanden wegen seiner Unhöflichkeit ärgern, liegt es nahe, uns innerlich beunruhigt zu fühlen, offen über ihn zu schimpfen oder mit anderen über ihn und seine Schwächen zu sprechen. Weiterhin werden wir plötzlich ihn nicht mehr als Menschen mit seinen vielfältigen Fähigkeiten sehen, sondern nur noch als den Unhöflichen, Flegelhaften, der uns durch seine Unhöflichkeit beleidigt hat. Man ist nicht mehr in der Lage, sich mit positiven Eigenschaften dieses Menschen zu beschäftigen, da sich die negativen Erlebnisse wie ein Schatten auf die Beziehung zu ihm gelegt haben. Folglich wird man wenig bereit sein, sich mit ihm auseinanderzusetzen und jede Auseinandersetzung wird letztlich zu einem Machtkampf oder einem Affektausbruch ausarten. Die Kommunikation ist somit in jeder Weise eingeschränkt. Schließlich kommt es so weit, daß man selbst, gewissermaßen um die anderen zu bestrafen, die eigenen Ziele einschränkt. Gehen wir von dieser Entwicklungskette aus, die im weiteren auch zu psychischen und psychosomatischen Störungen führen kann, ergibt sich folgendes Grundprinzip für eine Behandlung:

1. *Stufe der Beobachtung und Beschreibung.* Man legt, wenn möglich schriftlich, Rechenschaft ab, worüber, wem gegenüber und wann man sich ärgert.

2. *Stufe der Inventarisierung:* Anhand eines Inventars der Aktualfähigkeiten (DAI) stellen wir fest, in welchen Verhaltensbereichen man selbst und der Partner positive Eigenschaften außer den kritisierten hat. Wir können damit einer Verallgemeinerung begegnen.
3. *Stufe der situativen Ermutigung:* Um ein Vertrauensverhältnis aufzubauen, verstärken wir einzelne positiv ausgeprägte Eigenschaften, die mit den negativ ausgeprägten Eigenschaften korrespondieren.
4. *Stufe der Verbalisierung:* Um aus der Sprachlosigkeit oder der Sprachverzerrung des Konflikts herauszukommen, wird schrittweise die Kommunikation mit dem Partner nach festgelegten Regeln trainiert. Man spricht sowohl über die positiven, als auch über die negativen Eigenschaften und Erlebnisse.
5. *Stufe der Zielerweiterung:* Die neurotische Einengung des Gesichtsfeldes wird gezielt abgebaut. Man lernt, den Konflikt nicht auf andere Verhaltensbereiche zu übertragen, sondern vielmehr neue und vielleicht bisher noch nicht erlebte Ziele zu erschließen.

Dies wären in Kürze einige wesentliche Schritte der differenzierungsanalytischen Psychotherapie. Erfahrungen wurden mit dieser Methodik bei partnerschaftlichen Konflikten, Erziehungsproblemen, Depressionen, Phobien, Sexualstörungen, psychosomatischen Beschwerden wie Magen-Darm-Beschwerden, Herz- und Kreislaufbeschwerden, rheumatischen Beschwerden und Asthma gesammelt. Auch wurden mehrere Fälle von Psychopathien und Schizophrenien behandelt.
Der Behandlungserfolg zeigte, daß in der Regel schon nach einer kurzen Zeit (nach 6 bis 10 Sitzungen) entweder eine erhebliche Besserung der Beschwerden oder eine Heilung erfolgte. Kontrolluntersuchungen nach einem Jahr zeigten in der Mehrzahl der Fälle einen überdauernden Therapieerfolg. Besonders günstige Erfolge zeigten sich bei neurotischen und psychosomatischen Störungen. Damit erwies sich die differenzierungsanalytische Psychotherapie im Vergleich zu den üblichen anderen Therapieformen als eine günstige Alternative.

Drei Schwerpunkte der Differenzierungsanalyse

Auf eine kurze Formel gebracht, beinhaltet die Differenzierungsanalyse drei Schwerpunkte:

1. Die Konflikte, Probleme, Auseinandersetzungen und Störungen wie innere Unruhe, Angst, Schlafstörungen und Aggressionen, sowie die sogenannten psychosomatischen Störungen, haben ihre Ursache in immer wiederkehrenden Konfliktpotentialen, die wir durch ein Inventar von Aktualfähigkeiten beschreiben. Wir haben somit die Möglichkeit, Konflikte und Störungen auch von ihren wesentlichen Inhalten her aufzuarbeiten. Diese Aktualfähigkeiten sind in dem differenzierungsanalytischen Inventar (DAI) zusammengefaßt. Zu den Aktualfähigkeiten gehören folgende psychosoziale Normen: Pünktlichkeit, Ordnung, Sauberkeit, Gehorsam, Höflichkeit, Ehrlichkeit, Treue, Gerechtigkeit, Sparsamkeit, Fleiß/Leistung, Zuverlässigkeit, Genauigkeit, sowie Vorbild, Geduld, Zeit, Kontakt, Sexualität, Vertrauen, Zutrauen, Hoffnung, Glaube/Religion, Zweifel, Gewißheit und Einheit.
2. Die Aktualfähigkeiten sind zentrale Faktoren für die Entwicklung eines Menschen. Sie werden auf der Grundlage der jedem Menschen eigenen Fähigkeiten durch die Erziehung geprägt, differenziert oder in ihrer Entwicklung gehemmt. Man kann in diesem Sinne ordentlich sein, aber nicht pünktlich, oder ordentlich und nicht geduldig. Daneben werden die Aktualfähigkeiten zu Inhalten von Störungen, wenn bestimmte Erwartungen bezüglich der Aktualfähigkeiten enttäuscht werden. »Für mich ist Sauberkeit sehr wichtig«, klagt eine Frau. »Wenn mein Mann sich nicht richtig wäscht, habe ich nicht die geringste Lust, mit ihm sexuell zusammen zu sein. Ich empfinde dann tiefen Ekel vor ihm und wünschte, ich hätte ihn nie gesehen.« Während Sauberkeit für den einen wichtig ist, ist es für den anderen die Höflichkeit, für einen dritten die Ehrlichkeit oder die Ordnung.
3. Da die Aktualfähigkeiten im Laufe der Entwicklung durch den Einfluß der Umwelt ausgeprägt, also gelernt wurden, kann auf ihre Eigenschaft als Konfliktpotentiale in folgender Weise reagiert werden:
   a) im Sinne der Prävention durch Erziehung,
   b) im Sinne der Selbsthilfe,
   c) im Sinne der Psychotherapie, also der Umerziehung.

Leitfaden durch das Buch

1. Kapitel: Ausgehend von dem Beispiel der Sonnenuhr wird die differenzierungsanalytische Theorie entwickelt. Dabei wird insbesondere auf die Situation der Erziehung heute eingegangen, die sich allgemein durch die Begriffe Ratlosigkeit und Hoffnung umschreiben läßt. Aus Beispielen sozialer Konfliktsituationen in der Erziehung und Psychotherapie werden die Aktualfähigkeiten als ein zentraler Aspekt der differenzierungsanalytischen Theorie entwickelt und in bezug zu konkreten Fragen gebracht. Als Basis der Theorie werden die Grundfähigkeiten, die Erkenntnis – und die Liebesfähigkeit eingeführt. Die Aktualfähigkeiten werden zu einer praktisch anwendbaren Typologie zusammengefaßt.

2. Kapitel: Nachdem die Aktualfähigkeiten dem Begriff nach dargestellt wurden, wird nun versucht, sie inhaltlich und von ihrer Entwicklung und Bedeutung her zu beschreiben. Ein besonderes Gewicht erfahren hier Beispiele aus der psychotherapeutischen Praxis. Die primären Fähigkeiten werden in einer Art Entwicklungskette dargestellt. Die sekundären Fähigkeiten erhalten als Praxisbezug eine Darstellung von Konflikten in Ist- und Soll-Werten. Auch die Beispiele des Ist- und Soll-Wertes sind aus der psychotherapeutischen Praxis entnommen. Der Soll-Wert ist keine Vorschrift, kein Rezept, auch keine allgemeingültige Feststellung, sondern die Alternative, die ein Patient in seiner besonderen Situation als die angemessenste herausgefunden hat. Der Leser kann selbst den Ist- und Soll-Wert, bezogen auf seine eigenen Probleme, in der »Situationskontrolle« durchführen.

3. Kapitel: Es werden 22 Mißverständnisse mit zahlreichen Beispielen dargestellt. Hinter diesen Ausführungen steht die Annahme, daß innerseelische und zwischenmenschliche Konflikte zu einem großen Teil auf derartigen Mißverständnissen beruhen. Die Bedeutung der Aktualfähigkeiten wird in diesen Mißverständnissen, ohne daß dies immer wieder ausdrücklich gesagt wird, dem Leser vor Augen geführt. Diese Mißverständnisse gliedern sich etwa in folgender Weise: allgemeine Mißverständnisse, Mißverständnisse in der Erziehung, Mißverständnisse in den zwischenmenschlichen Beziehungen, Mißverständnisse hinsichtlich der Sexualität und Mißverständnisse hinsichtlich Religion und Tod.

4. Kapitel: Dieses Kapitel bezieht sich auf die Anwendungsmöglichkeiten der Differenzierungsanalyse in der Erziehung und Selbsthilfe. Selbsthilfe soll hier nicht die Therapie durch den Fachmann ersetzen. Sie stellt vielmehr dar, wie man mit Problemen und Konflikten, mit denen man täglich konfrontiert wird, besser und angemessener fertig werden kann. Die differenzierungsanalytische Selbsthilfe gliedert sich in fünf Stufen: die Stufe der Beobachtung, der Distanzierung, der Inventarisierung, der situativen Ermutigung, der Verbalisierung und der Zielerweiterung. Diese fünf Stufen werden an einem Beispiel ausführlich erläutert. Besondere Berücksichtigung erfahren die Möglichkeiten der Familiengruppe, der Elterngruppe und der Partnergruppe. Schließlich wird auf die differenzierungsanalytische Psychotherapie hingewiesen, deren Grundzüge in Falldarstellungen zu den Themen »Verhaltensauffälligkeiten bei Kindern« und »Sexualstörungen« veranschaulicht werden. Psychologische, soziologische und medizinische Fachbegriffe werden anschließend an das Literaturverzeichnis unter dem Gesichtspunkt der Differenzierungsanalyse erklärt.

Kinder können einzelne Passagen des Buches lesen. Vor allem empfehlen sich hier die orientalischen Geschichten und der Ist- und Soll-Wert.

Dieses Buch konnte und wollte nicht alle sich stellenden Probleme lösen und Patentrezepte geben. Es sollte vielmehr den Leser auf einzelne Sachverhalte und Probleme hinweisen, ihn sensibilisieren und Unterscheidungsmöglichkeiten darstellen. In diesem Sinn ist das Buch auch nicht als abgeschlossen, sondern als in einer fortwährenden Entwicklung stehend zu begreifen. Dies kann nur dann praktische Konsequenzen haben, wenn der Leser bereit ist, immer wieder Fragen zu stellen. In der Zwischenzeit ist als umfassendere Darstellung der differenzierungsanalytischen Psychotherapie vom Verfasser das Buch »Positive Psychotherapie – Theorie und Praxis einer neuen Methode« im S. Fischer Verlag erschienen. Darin werden sowohl die grundlegenden Ansätze aus dem vorliegenden Buch weitergeführt, als auch neue Aspekte, Methoden und Therapiemodelle hinzugefügt, welche die Psychotherapie und Psychohygiene grundlegend erweitern, ergänzen und revolutionieren können.

Psychotherapie heute

Etwa 60 bis 80 Prozent aller Erkrankungen sind psychisch bedingt oder zumindest mitbedingt.
Etwa 200 Ehen werden pro Tag in der Bundesrepublik Deutschland geschieden. Die Zahl der Alkoholkranken nimmt ständig zu. Etwa 40 Prozent der Männer und rund 70 Prozent der Frauen scheiden in der BRD infolge von Frühinvalidität aus dem Arbeitsprozeß aus. Etwa 500 praktizierende ärztliche Psychotherapeuten stehen 9 Millionen potentiellen Patienten gegenüber. Wir brauchen aber etwa 20000 Psychotherapeuten.
Etwa 1 bis 2 Jahre lang muß ein Patient warten, bis er psychotherapeutisch behandelt werden kann.
Etwa 6 Jahre braucht ein Patient mit psychosomatischen Störungen, bis er zu einem zuständigen Therapeuten kommt – wenn überhaupt.

WARUM IST DAS SO

- Weil man das Symptom behandelt und nicht den Menschen.
- Weil man sich zwar mit der Form der Konflikte, nicht aber mit deren Inhalten beschäftigt.
- Weil Therapeut und Patient verschiedene Sprachen sprechen.
- Weil Psychotherapeuten sich untereinander kaum mehr verständigen können.

WAS IST ZU TUN

- Die Psychotherapie aus dem Elfenbeinturm und von dem üblen Geruch der Geheimwissenschaft befreien.
- Die Potentiale nutzen, die in der Selbsthilfe ruhen.
- Die Konflikte nicht nur als abstrakt, sondern konkret von ihren jeweiligen Inhalten her anfassen.

WAS WILL DIESES BUCH

- Den nicht psychotherapeutisch Vorgebildeten ansprechen. Das Buch ist für einen breiten Leserkreis konzipiert.
- Den praktisch tätigen Ärzten und Psychologen nützliche Informationen geben.
- Den Psychiater und Psychotherapeuten mit einer neuen Theorie und neuen therapeutischen Methoden konfrontieren.
- Die Differenzierungsanalyse versucht mit ihren Begriffen, insbesondere denen der Aktualfähigkeiten, die Sprachbarrieren zu überwinden. Es wird somit dem Therapeuten möglich sein, sich auch dem Arbeiter gegenüber verständlich auszudrücken und dem Patienten das Gefühl zu geben, daß er und seine Probleme vom Therapeuten verstanden werden. Somit

könnte die Differenzierungsanalyse dazu beitragen, die Chancengleichheit wenigstens in der Psychotherapie zu fördern.

- Je mehr man erkennt, daß sich die psychischen und psychosomatischen Störungen inhaltlich auf die Aktualfähigkeiten, also auf psychosozial relevante Normen beziehen, um so mehr gerät auch die Differenzierungsanalyse ins Bewußtsein von Wissenschaft und Öffentlichkeit.

KAPITEL I

Differenzierungsanalytische Theorie

Gedanken zur Erziehung

Schatten auf der Sonnenuhr

Im Orient wollte einst ein König seinen Untertanen eine Freude bereiten und brachte ihnen, die keine Uhr kannten, von einer Reise eine Sonnenuhr mit. Sein Geschenk veränderte das Leben der Menschen im Reich. Sie begannen, die Tageszeiten zu unterscheiden und ihre Zeit einzuteilen. Sie wurden pünktlicher, ordentlicher, zuverlässiger und fleißiger und brachten es zu großem Reichtum und Wohlstand. Als der König starb, überlegten sich die Untertanen, wie sie die Verdienste des Verstorbenen würdigen könnten. Und weil die Sonnenuhr das Symbol für die Gnade des Königs und die Ursache des Erfolges der Bürger war, beschlossen sie, um die Sonnenuhr einen prachtvollen Tempel mit goldenem Kuppeldach zu bauen. Doch als der Tempel vollendet war und sich die Kuppel über der Sonnenuhr wölbte, erreichten die Sonnenstrahlen die Uhr nicht mehr. Der Schatten, der den Bürgern die Zeit gezeigt hatte, war verschwunden, der gemeinsame Orientierungspunkt, die Sonnenuhr, verdeckt. Der eine Bürger war nicht mehr pünktlich, der andere nicht mehr zuverlässig, der dritte nicht mehr fleißig. Jeder ging seinen Weg. Das Königreich zerfiel.

Die Fabel um Sonne, Sonnenuhr und verdunkelnden Prunkpalast läßt sich recht gut auf die Erziehungssituation übertragen. Jeder Mensch verfügt über eine Anzahl von Fähigkeiten, die er im Laufe seiner Reifung und seiner Konfrontation mit der Umwelt entwickelt. Eltern als die zunächst wichtigsten Personen der Umwelt, aber auch alle anderen Bezugspersonen der Erziehungssituation, können die Fähigkeiten eines Kindes, die es zu seinem Lebensbeginn weich, zart, unentwickelt und formbar besitzt, unterstützen oder hemmen; und gerade das Hemmen geschieht oft wie in unserer Fabel. Um aus dem Kind einen Menschen nach seinem Bild zu formen, stellt der Erzieher bestimmte sozial erwünschte Eigenschaften in den Vordergrund. Sie erscheinen in manchen Fällen hochstilisiert und zu perfekter Einseitigkeit gebracht. In diesem Zusammenhang werden einige Fähigkeiten des Kindes zwar entwickelt und differenziert, oft sogar überstrapaziert, andere Fähigkeiten werden dagegen unterdrückt und geraten in ihren Schatten, ebenso wie das Wunderwerk der Sonnenuhr im prachtvollen Tempel.

Erziehung und Um-Erziehung

Manchen Leser mag es befremden, wenn wir Probleme der Erziehung in einem Atemzug mit Problemen der Partnerschaft, Ehe und der zwischenmenschlichen Beziehung nennen. Als wir uns Gedanken darüber machten, ob derartiges Zusammenziehen und Vermischen denn überhaupt zulässig sei, führten uns unsere Überlegungen mit fast zwingender Notwendigkeit dazu, das enge Verständnis der Erziehung als Beeinflussung von Kindern durch die Eltern zu verlassen. Wir fanden in allen Formen der zwischenmenschlichen Beeinflussung, aber auch in der Art, wie Einstellungen und Erwartungen entstehen und Konflikte verarbeitet werden, die Grundprinzipien der Erziehung wieder: Nicht nur Eltern erziehen die Kinder, auch die Verhaltensweisen der Kinder können erzieherisch zurückwirken. Das Verhalten der Eltern wurde seinerseits durch die selbst erfahrene Erziehung geprägt. Ähnliches trifft auch für die partnerschaftlichen Beziehungen zu. Unter Partnerschaft verstehen wir eine engere Beziehung, wie eine Freundschaft, eine Ehe oder eine Arbeitsgemeinschaft, in der es sehr auf die zwischenmenschlichen Kontakte ankommt. Überdauernde Interessen, eventuell gemeinsame Ziele, auf jeden Fall aber emotionale Beziehungen kennzeichnen die Partnerschaft allgemein, in diesem Sinne also auch das Verhältnis von Eltern und Kind. Harmonie oder Mißempfinden, welche eine Partnerschaft bereitet, hängen nicht nur von vernünftigen Entscheidungen und begründeten Einstellungen ab: Der ganze Bereich der Erfahrungen, die ein Mensch von Anbeginn seiner Existenz machte und die er zum Teil aus der Tradition entnahm, prägen seine Empfindungen, Gefühle, Einstellungen, Erwartungen und die Art seines Denkens.

Da jeder seine eigene »Erziehungs-Sphäre« mit sich bringt, trifft es sich nur zu häufig, daß die in den anderen gesetzten Erwartungen enttäuscht werden, man aneinander vorbeiredet und schließlich lernt, den anderen zu hassen. Wenn wir diese Überlegungen zur Partnerschaft auf den gesamten Bereich der sozialen Beziehungen übertragen, zu denen auch die Beziehungen von Gruppen, Völkern, Nationen und Kulturkreisen zueinander gehören, ließe sich mit viel Mut eine Gesellschaftstheorie entwickeln, die neben den ökonomischen Bedingungen die Interaktionsschwierigkeiten in den Vordergrund rückt.

Konflikte entstehen nicht wie ein Blitz aus heiterem Himmel, dem man nichts anderes entgegenzusetzen hat als einen Blitzableiter. Unsere Konflikte haben vielmehr ihre eigene Entstehungsgeschichte. Dies ist der Ansatz für das, was wir hoffnungsvoll Um-Erziehung nennen: den Versuch, Konfliktbereitschaften auf dem Wege einer Nach-Erziehung zu bereinigen. Die gesellschaftlichen Institutionen, die für Um-Erziehung verantwortlich zeichnen, sind die Psychotherapie und die psychologische Beratung. Sie können aber nur dann sinnvoll und erfolgreich wirksam werden, wenn sie sich nicht auf ein Therapeut-Patienten-Verhältnis isolieren. Dafür gibt es zu wenige praktizierende Psychotherapeuten. Vielmehr erscheint es zweckmäßig, wirksam und sinnvoll, wenn die Konfliktpartner selbst in diesen Umerziehungsprozeß eingegliedert werden.

Erziehung und Umerziehung beschränken sich somit nicht nur auf die Kindererziehung, sondern betreffen allgemein Fragen des menschlichen Zusammenlebens:

Wodurch habe ich gelernt zu hassen?

Wie kommt es, daß ich gerade diesen Menschen nicht leiden mag?

Warum gehe ich gerade bei dieser Eigenschaft meines Mannes die Wände hoch?
Warum macht mich meine Frau mit ihrem Verhalten verrückt, während ich es bei einem anderen Menschen durchaus anerkennen kann?
Warum bekam ich denn bei meinem Kind einen Wutausbruch?
Wie kommt es, daß ich einen Menschen, den ich bis gestern noch haßte, heute akzeptieren kann?
Wir wollen versuchen, uns mit diesen Fragen, die eigentlich jeden Menschen angehen, näher zu befassen, Gründe zu erfragen, Annahmen zu prüfen, angemessene Lösungen zu finden.

Gibst du jemandem einen Fisch,
nährt er sich nur einmal.
Lehrst Du ihn aber das Fischen,
nährt er sich für immer.
(Orientalische Weisheit)

Ratlosigkeit und Hoffnung

Erziehung ist ein Prozeß der Auseinandersetzung; sie umfaßt verschiedene Ebenen und eine Vielzahl von Parteien. Im Vordergrund steht zweifelsohne die Wechselbeziehung zwischen Eltern und Kind, die jedoch weiter abhängt von der Auseinandersetzung der Eltern mit sich selbst und ihren Erziehungsvorstellungen, von der Beziehung der Eltern zueinander, ihren Wechselbeziehungen mit der Gesellschaft und dem Einfluß der moralischen Institutionen. Erziehung ist nicht nur Sache der Eltern, sondern aller Menschen, die in irgendeiner Art und Weise in Kommunikation mit anderen Menschen stehen und dabei gewollt oder ungewollt dauerhaften Einfluß ausüben.
Hand in Hand mit den gesellschaftlichen Veränderungen geht eine Änderung der gebräuchlichen Erziehungsstile und -inhalte. Die Möglichkeiten und Richtungen, in denen sich ein Mensch entfalten kann, haben in unserer Zeit quantitativ zugenommen. Die Situation der größeren Möglichkeiten stellt sich zugleich als Situation größerer Unsicherheit für Eltern, Lehrer und Erzieher dar. Eltern reagieren unterschiedlich: sie sind einsichtig, verunsichert oder äußern sich aus Trotz in provokatorischer Selbstsicherheit:
Wenn ich abends nach Hause komme, so berichtet ein Vater, *sind die Kinder im Bett. Wenn sie nicht gleich schlafen wollen und mich stören, gibt es einen Klaps auf den Hintern, und dann herrscht Ruhe. Meine Frau hat endlich eingesehen, wie gut es ist, diese altbewährte Methode zu praktizieren.*
Ich schlage meine Kinder nicht, erzählt ein anderer, *das soll man nicht mehr machen. Schließlich leben wir in einer modernen Zeit. Ich habe meinen Kindern einen Hund gekauft, mit dem sie abends spielen. Sie haben sehr viel Spaß mit ihm und nehmen ihn mit ins Schlafzimmer. Sie sind mit dem Hund so beschäftigt, daß wir den ganzen Abend Ruhe haben. Schließlich muß man seine Ruhe haben, wenn man den ganzen Tag über gearbeitet hat.*

Die Begriffe »autoritärer«, »laissez faire« und »antiautoritärer« Erziehungsstil täuschen nicht darüber hinweg, daß nahezu jeder Mensch seine eigenen, besonderen Erziehungspraktiken entwickelt, die zudem noch situativ geprägt sind. Wir haben es mit einem Pluralismus von Erziehungsstilen zu tun, für die es keinen allgemeingültigen Maßstab, keine gemeinsame Kommunikationsbasis zu geben scheint. Es fehlt demnach nicht an einzelnen Erziehungspraktiken, sondern an Kriterien, in welcher Situation welche Praktik angemessen und zeitgemäß ist.
Das Problem der Unsicherheit, Ratlosigkeit und Hoffnung, dem sich Bezugspersonen häufig gegenübersehen, besitzt allgemeine Bedeutung. Diese zwingt uns, das Problem der Erziehung in dem allgemeinen Rahmen der Situation des Menschen heute, der Situation der jeweiligen Gesellschaft und der Menschheit zu sehen.

Funktionswandel in Erziehung und Psychotherapie

Die Prinzipien der Erziehung und Psychotherapie waren seit jeher von den Vorstellungen des Menschenbildes abhängig, das in dem entsprechenden Zeitalter Gültigkeit besaß. In dieses Menschenbild fließen die Erfahrungen ein, die man mit seinen eigenen Eltern und den Mitmenschen macht, ebenso die Erfahrungen, die man von anderen oder aus der Tradition entnommen hat. Erziehung lehrt, sich so zu verhalten, wie es in der derzeitigen sozialen Umgebung wünschenswert ist. Sie ist sowohl gruppenspezifisch als auch im weiteren Sinne abhängig von den Wertsystemen der jeweils gültigen Weltanschauung und Religion; das gilt für jede Form von Erziehung, so unterschiedlich sie auch sonst sein mag. Mit anderen Worten: Es werden durch die Erziehung Normen vermittelt, welche dem Kind Anhaltspunkte für ein konfliktarmes Zusammenleben bieten. Den Prozeß der Aneignung solcher Normen bezeichnen wir als Sozialisation.
Wie verhalten sich diese Normen gegenüber den Veränderungen, welche die Gesellschaft in ihrer Geschichte durchmacht und gegenüber dem, was A. Toynbee als Vernichtung der Werte zu umschreiben sucht? In der Tat lassen sich heute keine festen, statischen Bezugssysteme für die »richtige Erziehung« dingfest machen. Früher bot die Religion die Anhaltspunkte, Kriterien, Maßstäbe und Ziele für die Erziehung. Sie zeigte, was richtig, was falsch, was gut, was böse ist. Da die Religionen und Kirchen als moralische Institutionen nicht die Anforderungen, Nöte und Bedürfnisse des Menschen in seiner sozialen Umgebung zeitgemäß berücksichtigten, wurden sie von der emanzipierten Gesellschaft als Trägerin sozialer Normen abgelöst. Demnach liegt keine Vernichtung der Werte vor, sondern eine Verschiebung der Werte im Sinne eines Funktionswandels.
Es entstand eine Anzahl von zeitabhängigen Anschauungen darüber, was das Verhalten eines Menschen bestimmt und welche die verantwortlichen Instanzen für die Entwicklung und deren Störungen seien. Während früher der Körper als Ursache für körperliche und seelische Krankheiten galt, wird

heute die Umwelt (Elternhaus, Schule, Gesellschaft und moralische Institutionen) als die verantwortliche Instanz angesehen. Es vollzog sich eine Wandlung. *Das hast du von deinem Vater geerbt, der lügt auch dauernd,* heißt heute vielfach: *Ich bin so, weil meine Eltern mich so erzogen haben, meine Erziehung kann ich nachträglich nicht ändern.* Die Körper- und Umweltfaktoren sind selbst von einer anderen Dimension abhängig: der *Dimension der Zeit.*

Bezogen auf Mißverhältnisse der Erziehungspraktiken bedeutet die Dimension der Zeit: Man behandelt das Kind so, wie man selbst erzogen wurde (Identifikation), ohne die Anforderungen zu berücksichtigen, die in der jetzigen Zeit auf das Kind zukommen: *Mein Kind soll es genauso gut haben wie ich selbst.* Eine andere unzeitgemäße Haltung zeigt sich, wenn Eltern Kritik an der Erziehung üben, die sie selbst erdulden mußten und jetzt genau das Gegenteil praktizieren: *Mein Kind soll es besser haben, als ich es hatte.* Sie berücksichtigt ebensowenig die Fähigkeiten des Kindes und die Anforderungen der Zeit. Unbewußt beinhaltet diese Haltung meist Wünsche und Konflikte der Eltern (Projektion).

Wohl am weitesten verbreitet ist die Indifferenz. Die Eltern sind unsicher. Sie wissen zwar, daß der erlernte Erziehungsstil problematisch ist und versuchen, ihn zu modifizieren, können sich aber nicht aus der Identifikation und Projektion lösen. Ihre Inkonsequenz bemänteln sie mit Toleranz: Man erzieht das Kind je nach den momentanen (wandelbaren) Einstellungen, Informationen und Launen (Generalisierung).

Die Dimension der Zeit fällt nicht nur für den Erziehungsstil ins Gewicht; sie imponiert vielmehr als eine menschliche Fähigkeit. Während das Tier primär in der Gegenwart lebt, besitzt der Mensch die Fähigkeit, über Vergangenheit, Gegenwart und Zukunft zu verfügen. Auf einen dieser drei Bereiche wird er durch Erlebnisse, Entmutigungen, Enttäuschungen und Nachahmungen fixiert. Flucht in die Vergangenheit (in Einsamkeit und Krankheit), Flucht in die Gegenwart (in Arbeit) und Flucht in die Zukunft (in Träumerei) resultieren. Auf dieser Basis lassen sich die meisten menschlichen Konflikte als eine Störung der Dimension der Zeit, also eine mangelnde Integration von Vergangenheit, Gegenwart und Zukunft auffassen. Bleibt die Dimension der Zeit unberücksichtigt, kommt es zu Fixierungen, Abwehr und Indifferenz. Folgen finden sich in Politik, Religion und Wissenschaft: GIORDANO BRUNO wurde im Jahr 1600 n. Chr. als Ketzer verbrannt, weil er u. a. lehrte, daß die Erde sich um die Sonne drehe. Einige Jahre später mußte GALILEI trotz seiner Erkenntnis seinem Weltbild abschwören. Als S. FREUD der Wiener Gesellschaft der Ärzte seine neue Theorie anhand eines Falles von männlicher Hysterie vortrug, wurde er derart abgelehnt, daß er diesen Kreis niemals wieder besuchte. Die Reihe ähnlicher Fälle läßt sich beliebig fortsetzen.

Erziehung ist abhängig von dem Menschenbild, das zu einer bestimmten Zeit in einer bestimmten Gesellschaft herrscht. In der Entwicklung der Persönlichkeit eines Menschen spielen nicht nur Körper und Umwelt eine Rolle. Vielmehr sind diese nur zu verstehen, wenn man ihre Veränderbarkeit unter der Dimension der Zeit einbezieht.

Soziale Konflikte – Normen

Die Bedeutung der körperlichen Faktoren, ebenso wie die Bedeutung der Umwelt, ist allgemein bekannt. Doch auf welche Verhaltensbereiche beziehen sich psychische Störungen und zwischenmenschliche Konflikte? Eine systematische Erfassung dieser Verhaltensbereiche eröffnet uns neue und wirksame Methoden der Psychotherapie und Psychohygiene.

Beispiele sozialer Konfliktsituationen in der Erziehung

WENN DIE GÄSTE KOMMEN, VERGISS NICHT, DICH ANSTÄNDIG ZU BENEHMEN.

Fragen wir uns nach den sozialen Normen, die das Zusammenleben der Menschen bestimmen, als deren Übermittler die Erziehung fungiert, und deren Korrektur – bezogen auf die individuelle Erlebnisverarbeitung – die Psychotherapie leisten soll. Beobachtungen alltäglicher Auseinandersetzungen zwischen Eltern und Kind, Kind und Schule, den Eltern untereinander und in der Beziehung der Mitmenschen zueinander, zeigen eine Fülle von Inhalten, die etwa in folgender Weise ausgetragen werden:
Steh endlich auf, sonst kommst du zu spät. Das einzige Mal, wo du pünktlich warst, war bei deiner Geburt. (Pünktlichkeit)
Du hast es wohl nicht nötig, ›Guten Morgen‹ zu sagen. Wenn die Gäste kommen, vergiß nicht, dich anständig zu benehmen. Nicht, daß die Leute sich über dein Benehmen beschweren. (Höflichkeit)
Widersprich mir nicht dauernd! Wenn ich dir sage, du sollst kommen, dann hast du zu gehorchen. (Gehorsam)
Deine Kleider fliegen mal wieder im ganzen Zimmer herum. Lege deine Sachen endlich dahin, wo sie hingehören. (Ordnung)
Wenn du weiterhin so faul bist, muß ich mich für dich schämen. Wenn du deine Schulaufgaben nicht gemacht hast, kannst du nicht weggehen. (Fleiß)
Wenn du zu uns Besuch bringst, ist unsere Wohnung immer total durcheinander. Wenn du nächstes Mal wieder jemand einlädst, kannst du hinterher allein aufräumen und saubermachen. (Ordnung – Sauberkeit – Kontakt)
Die zwischenmenschliche Kommunikation und die sozialen Beziehungen scheinen in ähnlicher Weise von Themen dieser Art abzuhängen. So besteht das Gespräch, das eine Mutter mit ihrem zweijährigen Kind führt, nahezu ausschließlich aus entsprechenden Aufforderungen, Wünschen, Belobigungen und Tadeln.

Beispiele sozialer Konfliktsituationen in der Psychotherapie

Für meinen Mann ist Pünktlichkeit und Ordnung ein Buch mit sieben Siegeln.

Ebenso findet man in der Psychotherapie hinter Klagen, Ängsten, Depressionen, Aggressionen und psychosomatischen Störungen Motive, die sich auf bestimmte soziale Normen beziehen. So können Kopfschmerzen, Schlafstörungen, innere Unruhe oder Aggressivität nach Auseinandersetzungen im Beruf, als Folge von Erziehungsschwierigkeiten mit den Kindern und im Zusammenhang mit hartnäckigen Eheproblemen auftreten.

Mit der Aussage, daß hinter diesen Störungen Belastungen stehen, ist noch nicht gesagt, welcher Art diese Belastungen sind. Zumeist möchte man in ihnen nur berufliche Überforderungen sehen. Tatsächlich existiert jedoch ein ganzes Spektrum von Verhaltensweisen und Einstellungen, die zu Konfliktpotentialen geworden sind und in den entsprechenden Situationen als Konflikte zutage treten. Als Beispiele hierfür mögen die folgenden Patientenberichte gelten:

Wenn ich erfahre, daß in der Schule eine Rechenarbeit geschrieben wird, verspüre ich innere Unruhe, so lange, bis meine Tochter Renate (neun Jahre) *mit der Zensur nach Hause kommt. Ist die Arbeit gut ausgefallen, löst sich die Unruhe auf. Kommt ein schlechtes Ergebnis heraus, empfinde ich richtige Herzschmerzen.* (32jährige Mutter von drei Kindern, Herzbeschwerden und Kreislaufstörungen)

Ich mußte meine letzte Arbeitsstelle aufgeben, obwohl ich sehr gerne dort gearbeitet habe... weil ich einige wichtige Aufträge nicht richtig durchgeführt habe... ich war nicht ordentlich genug für meinen Chef. Er regte sich immer über meinen Schreibtisch auf... ich kam oft fünf bis zehn Minuten zu spät... (27jährige Sekretärin, Depressionen, Kreislaufbeschwerden)

Für meinen Mann ist Ordnung und Pünktlichkeit ein Buch mit sieben Siegeln. Ich muß immer lange auf ihn warten, weil er mir nie sagt, wann er nach Hause kommt. Er läßt auch alle seine Sachen einfach herumliegen. Mich regt das furchtbar auf. (28jährige Patientin; u.a. starke Kopfschmerzen, Depressionen und Sexualstörungen, internistisch und neurologisch o.B.)

Ich fühle mich niedergeschlagen und habe starke Depressionen. Nachts kann ich nicht mehr einschlafen, und wenn ich doch einschlafe, wache ich nach etwa ein bis zwei Stunden schreiend und voller Angst wieder auf und weiß nicht, wo ich mich befinde. Erst wenn ich den Lichtschalter gefunden habe, kann ich mich langsam wieder beruhigen. Ich habe das Gefühl, daß mir alles über den Kopf wächst, und ich bin oft sehr gereizt. Begonnen haben die Beschwerden vor zwei Jahren, als mein Mann an einem Herzinfarkt starb. Er war beruflich total überlastet und nahm sich die finanziellen Schwierigkeiten seines Geschäftes sehr zu Herzen. Ein Mitarbeiter meines Mannes, dem er viel anvertraut hatte, führte die Bücher nicht korrekt genug, so daß wir Schwierigkeiten mit dem Finanzamt bekamen. Außerdem verschwanden immer wieder Waren. Mein Mann kam darüber einfach nicht hinweg. Mit seinem Tod hat er mir das Geschäft und damit die Sorgen zurückgelassen. Ich weiß nicht, wem ich die Geschäftsführung anvertrauen soll. Ich habe zu niemandem mehr Vertrauen, auch zu mir nicht, weil ich das niemals gelernt habe und auch jetzt schon total überfordert bin. Die Vorstellung, daß unser Geschäft langsam, aber sicher wegen meines Unvermögens in Konkurs geht, bringt mich zur Verzweiflung. (48jährige Geschäftsfrau mit Depressionen und Angstzuständen nach dem Verlust des Ehemannes. Zugrunde liegen Konflikte, welche die Bereiche der Genauigkeit, Ordnung, Ehrlichkeit, des Zutrauens und Vertrauens betreffen.)

Ich bekomme einen Herzinfarkt, weil Gehorsam und Ordnung für meinen Sohn Markus (5 Jahre) *Fremdwörter sind.*

Die 27jährige Mutter leidet an Herzbeschwerden und Depressionen; sie notiert sich eine Woche lang das Verhalten des Sohnes.

Sonntag: Markus sollte heute zur Prozession, entweder mit seinem Vater oder mit dem Kindergarten. Er entschied sich, mit seinem Vater zu gehen. Nur hat er es wieder nicht lange ausgehalten. Kam gleich wieder zurück. Ich habe ihn aber gleich wieder hingeschickt. Die Feier war im Park. Markus ging wohl wieder hin, aber an der Feier nahm er nicht teil. Stromerte allein durch die Gegend. Hat nur das gemacht, was er wollte. – Ordentlich war er heute. Zum Mittag zog er sich ungeheißen um. Ordnete auch seine Kleider.

Montag: Seinen Großeltern hat er wieder überhaupt nicht gehört. Die mußten sich wieder mit ihm herumärgern. Das macht ihm aber nichts aus. Sie können ihm drohen, sie würden alles mir erzählen, wenn ich nach Hause käme. Er lacht sie nur aus. Die müßten ihm mal den Hosenboden strammziehen. Ich glaube, das fehlt ihm. Mit der Ordnung ging es heute.

Dienstag: Nach dem Baden ging er heute im strömenden Regen auf die Straße. Ich rief mehrmals, er solle reinkommen. Er hätte doch sowieso den Husten. Markus hat mich gar nicht akzeptiert. Er mußte zeitig ins Bett, denn am Morgen stand er schon sehr zeitig auf. Nach einer Weile wollte ich nach ihm schauen, ob er schon schläft. Da hatte er sich doch seine Lego-Kiste vors Bett gestellt und das Bauen angefangen. Er lag in meinem Bett. Ich wußte gar nicht, wie ich in mein Bett kommen sollte. So hat er wieder gehaust. Ein Drunter und Drüber. Die Ordnung ließ zu wünschen übrig. Sein Zimmer und meine Küche waren nicht zu betreten. Alles flog wieder auf dem Boden herum. Egal, ob es die Bausteine waren, seine Autos und alle Teile seines Handwerkkastens. Alte Bretter und Rohre hat er wieder heimgeschleppt. Ihm gefällt das Durcheinander.

Mittwoch: Heute hat er wieder in seinem Zimmer geschafft. Hat den Kleiderschrank ausgeräumt, Hosen und Schuhe auf dem Boden herumgeworfen. Dazwischen lagen seine Autos und Lego-Steine. Die ganzen Plüschtiere hatte er auf dem Fell vor seinem Bett liegen. Ich war noch nicht richtig zu Hause, da holte ich ihn mir zum Aufräumen. Zuerst wollte ich es selbst machen, aber es war mir doch zuviel. Er muß es jetzt tun. Hat er ja auch das Durcheinander alleine gemacht. Dazu braucht er keinen.

Donnerstag: Markus hat schon Tage sein Zimmer nicht aufgeräumt. Ihn stört das nicht. Bevor ich ins Geschäft ging, sagte ich: »Markus, heute abend

möchte ich Ordnung antreffen. Sonst werde ich böse.« Er hatte dann auch alles gemacht. Ich sagte: »Siehst Du, wie schön Du das kannst? Du hast alles prima ausgeführt. Jetzt mußt Du auch besser auf Deine Sachen achten. So macht es Dir doch bestimmt auch mehr Spaß?« Er gab es auch zu.
Freitag: Ungehorsam war er nach dem Schlafen, wo er eigentlich doch ausgeschlafen haben mußte. Die Schlafanzughosen warf er in den Hausgang, die Jacke auf den Boden in seinem Zimmer. Ich rief: »Markus, räume bitte auf. So wirft man seine Kleider nicht durch die Gegend. Du bist alt genug.« Markus war mal wieder taubstumm, und ich durfte selbst aufräumen.
Samstag: Heute war er wieder ein kleiner Teufel. Es hat ihm mal wieder gar nichts gepaßt. Am Morgen stand er schon mit dem Vorsatz auf, nicht in den Kindergarten zu gehen. Den ganzen Tag stromerte er auch auf der Straße herum. Hat weder Opa noch Oma gehört. Sein Zimmer sowie meine Küche sahen einem Schlachtfeld ähnlich. Mein Vergnügen war, am Abend erst einmal wieder alles aufzuräumen. Er schaute brav zu und rührte sich nicht.
Bei genauer Betrachtung dieser Aussagen können wir feststellen, daß in ihnen gewisse Verhaltensbereiche immer wiederkehren: Ordnung, Sauberkeit, Gehorsam, Höflichkeit, Ehrlichkeit, Pünktlichkeit, Fleiß, Sparsamkeit usw. Wir gebrauchen diese und ähnliche Begriffe, um unsere Sympathie und Antipathie, unsere Zufriedenheit und unsere Ablehnung zum Ausdruck zu bringen. Wir benötigen sie, wenn wir uns ärgern oder freuen. Sie sind der Gegenstand vieler, oft unausgesprochener Wünsche unserem Partner gegenüber. Welche Bedeutung ihnen zugemessen wird, hängt von den individuellen und kollektiven Bezugssystemen ab.
Während für die eine Bezugsperson dem Fleiß besonderes Gewicht zukommt, legt die andere auf Ordnung, Pünktlichkeit, Höflichkeit, Ehrlichkeit und Sparsamkeit mehr Wert. Jeder der genannten Begriffe kann in einer breiten Stimmungsskala verwendet werden: wohlwollend auffordernd, inständig bittend, verärgert oder verzweifelt. Es kann sogar so weit kommen, daß eine Mutter die Ordnung so ernst nimmt, daß sie aus Verzweiflung sagt: *Mir wäre es lieber, wenn meine 17jährige Tochter, die seit ein paar Wochen ihr eigenes Zimmer mit einer Freundin hat, schwanger wäre, als daß ich eine derartige Unordnung sehen muß. Das Zimmer sieht wie ein Schweinestall aus.*
Erziehungsprobleme – als Sonderfall der Probleme einer Partnerschaft – werden wohl selten ausschließlich von den Kindern oder den Eltern her aktuell. Vielmehr ist die Beziehung von Kindern und Eltern zueinander zu beachten. Aus diesem Grund wird im folgenden nicht das Kind als Erziehungsobjekt gesehen, sondern die Auseinandersetzung mit den Eltern in den Vordergrund gestellt. Dabei soll versucht werden, unter dem Aspekt der Erziehung die elterlichen Probleme und partnerschaftlichen Auseinandersetzungen einzubeziehen.
Soziale Konflikte, also auch Erziehungskonflikte und Probleme der partnerschaftlichen Beziehungen, gehen zum wesentlichen Teil auf unterschiedliche Einstellungen zu den sozialen Verhaltensnormen zurück.

Differenzierungsanalytische Theorie

Wir haben gesehen, daß die Prinzipien der Erziehung und Psychotherapie von dem Menschenbild abhängig sind. Versuchen wir nun, ein Menschenbild darzustellen, das nach den jüngsten psychologischen und religiösen Erkenntnissen dem heutigen Menschen am ehesten angemessen ist.
Der Mensch ist, wenn er geboren wird, kein unbeschriebenes Blatt, sondern, um bei diesem Bild zu bleiben, ein noch unlesbares oder ungelesenes Blatt. Fähigkeiten und Möglichkeiten – Grundlagen der Entwicklung des Menschen – bedürfen der Reifung und der fördernden Hilfe der Umwelt. Doch fällt es schwer, von Fähigkeiten zu sprechen. Man bemerkt sie erst, wenn sie sich in Leistungen äußern – wie die schwarze Ameise, die in einer dunklen Nacht auf einem schwarzen Stein sitzt: man sieht sie nicht. Sie ist aber vorhanden und kann jederzeit ins Gesichtsfeld krabbeln, wenn die entsprechenden Bedingungen geschaffen sind. Jeder Mensch besitzt solche Fähigkeiten: Ob sie im Verlauf seiner Entwicklung zur Ausprägung kommen, hängt von den fördernden oder hemmenden Bedingungen des Körpers, der Umwelt und der Zeit ab.
Gehen wir von der Untersuchung der zwischenmenschlichen Konflikte aus, betrachten die Wertmaßstäbe der Selbst- und Fremdbeurteilung, untersuchen die Kriterien der Erziehung und Psychotherapie und erfragen die Bedingungen, die zu den bekannten psychischen und psychosomatischen Störungen führen, so sehen wir hinter diesen Störungen – gewissermaßen als Tiefenstruktur – mangelnde Unterscheidungen hinsichtlich eigener und fremder Verhaltensmuster. Diese Verhaltensmuster lassen sich durch ein Inventar sozialer Normen beschreiben, die sich dadurch auszeichnen, daß sie als Konfliktpotentiale im menschlichen Zusammenleben wirksam werden. Zu nennen sind: Pünktlichkeit, Sauberkeit, Ordnung, Gehorsam, Höflichkeit, Ehrlichkeit, Treue, Sparsamkeit, Gerechtigkeit, Fleiß, Leistung, Zuverlässigkeit, Gewissenhaftigkeit sowie Liebe, Vorbild, Geduld, Zeit, Kontakt, Sexualität, Zutrauen, Vertrauen, Hoffnung, Glaube, Zweifel, Gewißheit und Einheit. Diese Verhaltensweisen bezeichnen wir als Aktualfähigkeiten.

Aktualfähigkeiten

Inhaltlich lassen sich diese psychologisch realen Normen in zwei grundsätzliche Kategorien einteilen, die wir als sekundäre und primäre Fähigkeiten bezeichnen wollen.
■ Die *sekundären Fähigkeiten* sind Ausdruck der Wissensvermittlung und damit der Erkenntnisfähigkeit. In ihnen spiegeln sich die Normen der sozia-

len Gruppe des Individuums wider. Zu ihnen gehören: Pünktlichkeit, Sauberkeit, Ordnung, Gehorsam, Höflichkeit, Ehrlichkeit, Sparsamkeit, Gerechtigkeit, Fleiß, Leistung, Zuverlässigkeit, Genauigkeit, Gewissenhaftigkeit usw.
In alltäglichen Beschreibungen und Wertungen und in der gegenseitigen Partnerbeurteilung spielen die sekundären Fähigkeiten eine entscheidende Rolle. Wer einen anderen Menschen nett und sympathisch findet, der begründet seine Einstellung damit: *Er ist anständig und ordentlich, man kann sich auf ihn verlassen.* Umgekehrt urteilt man abwertend: *Er ist mir unsympathisch, weil er schlampig, unpünktlich, ungerecht, unhöflich und geizig ist und zu wenig Fleiß zeigt.*
Ebenso geläufig wie diese sind auch die Folgen von entsprechenden Erlebnissen auf Stimmung und körperliches Befinden. So können beispielsweise Pedanterie, Unordnung, ritualisierte Sauberkeit, Unsauberkeit, übertriebene Pünktlichkeitsforderungen, Unpünktlichkeit, zwanghafte Gewissenhaftigkeit oder Unzuverlässigkeit außer zu sozialen Konflikten auch zu psychischen und psychosomatischen Verarbeitungen – wie Ängsten, Aggressionen und Nachahmungen – mit ihren Folgen führen: im psychischen Bereich, in den Atemwegen, im Herz- und Kreislaufsystem, im Gastrointestinalbereich, im Bewegungsapparat, im Nervensystem, im Urogentialbereich und im Hautbereich.

Wenn ich schon an die Ungerechtigkeit meines Chefs denke, fange ich an zu zittern und es wird mir schlecht. Hinterher habe ich dann Kopfschmerzen und Magenbeschwerden.
(28jährige Angestellte mit psychosomatischen Störungen)

Die große affektive Resonanz bei Störungen der sekundären Fähigkeiten ist nur auf der Basis der emotionalen Beziehungen zu verstehen. Ausdruck hierfür sind die primären Fähigkeiten.

■ Die *primären Fähigkeiten* betreffen die Liebesfähigkeit; sie werden vom ersten Lebenstag an durch den Kontakt mit den Bezugspersonen hergestellt. Zu ihnen gehören: Liebe, Geduld, Vorbild, Zeit, Kontakt, Sexualität, Vertrauen, Zutrauen, Hoffnung, Glaube, Zweifel, Gewißheit und Einheit.
Einige der Begriffe werden im üblichen Sprachgebrauch seltener unter die »Fähigkeiten« im engeren Sinn gerechnet: Vorbild, Zweifel, Gewißheit und Einheit. Teils sind sie psychische Vorgänge, in denen sich spezifische Fähigkeiten manifestieren, teils erscheinen sie als die Ergebnisse dieser Vorgänge. Als derart typische Erscheinungsformen können sie in die Gruppe der Fähigkeiten einbezogen werden. Es handelt sich bei diesen Fähigkeiten nicht um »reine isolierte Faktoren«; sie stehen vielmehr in einem engeren inneren Zusammenhang zueinander.
Wenn wir von primären Fähigkeiten sprechen, so nicht, weil diese wichtiger wären als die sekundären. Vielmehr soll der Begriff »primär« darauf hinweisen, daß diese Fähigkeiten den ich-nahen, emotionalen Bereich betreffen. Die

primären Fähigkeiten stellen das *Basisphänomen* dar, auf dem die sekundären Fähigkeiten aufbauen. Inhaltlich beziehen sich die primären Fähigkeiten auf Erfahrungen, welche hinsichtlich der sekundären Fähigkeiten gemacht wurden. Beispielhaft dafür ist die Aussage einer 22jährigen Patientin:
Ich habe kein Vertrauen mehr zu meinem Mann, weil er immer unzuverlässig und unpünktlich ist...
Umgekehrt wirken die primären Fähigkeiten verstärkend auf die sekundären Fähigkeiten. In diesem Sinne sagt eine 29jährige Patientin:
Der Bereich, in dem ich allergisch reagiere, ist die Ordnung. Wenn meine 8jährige Tochter ihre Hausaufgaben nicht ordentlich und sauber genug macht, werde ich sauer. Ich bin dann ungeduldig und kann aggressiv werden.
Sekundäre und primäre Fähigkeiten besitzen die Funktion einer Waffe, eines Schutzes oder aber eines Vorwandes:
Ich mag meinen Mann nicht; ich mag mit ihm sexuell nicht verkehren, weil er sich nicht richtig wäscht und alles liegen läßt. Die Vorstellung seines Körpergeruchs läßt alle Lust in mir vergehen. (24jährige Sekretärin, Sexualstörungen und Kreislaufbeschwerden)

Das Differenzierungsanalytische Inventar (DAI)
der sekundären und primären Fähigkeiten
(Aktualfähigkeiten)

Sekundäre Fähigkeiten	Primäre Fähigkeiten
Pünktlichkeit	Liebe/Emotionalität
Sauberkeit	Vorbild
Ordnung	Geduld
Gehorsam	Zeit
Höflichkeit	Sexualität
Ehrlichkeit/Offenheit	Kontakt
Treue	Vertrauen
Gerechtigkeit	Zutrauen
Fleiß/Leistung	Hoffnung
Sparsamkeit	Glaube/Religion
Zuverlässigkeit	Zweifel
Genauigkeit	Gewißheit
Gewissenhaftigkeit	Einheit

Die Liste der Aktualfähigkeiten läßt sich weiter fortführen, jedoch umfassen die 13 sekundären und 13 primären Fähigkeiten (Aktualfähigkeiten) die in den zwischenmenschlichen Beziehungen am häufigsten wiederkehrenden Verhaltensbereiche. Weiterhin können andere Verhaltensbereiche als Abstufungen und Kombinationen der oben beschriebenen Fähigkeiten aufge-

faßt werden. Wahrhaftigkeit und Redlichkeit beispielsweise rechnen wir zur Ehrlichkeit, Prestige und Erfolg zum Fleiß, Ehrlichkeit in der partnerschaftlichen Beziehung gilt als Treue, in der sozialen Kommunikation als Offenheit und Aufrichtigkeit.
Soziale Normen lassen sich systematisch als Aktualfähigkeiten erfassen; auf ihnen basiert die Entwicklung eines Menschen. Sie sind die Inhalte der Sozialisation. Die Aktualfähigkeiten wirken in allen Kulturen. Nur ihre relativen Ausprägungen divergieren kulturell.

Aktualfähigkeiten und Einheit

In der Einheit, als welche wir den Menschen begreifen, spielen die Faktoren Körper, Umwelt (ihr entsprechen die Seele und das Erleben) und Zeit (Inbegriff des Bewußtseins und des menschlichen Geistes) eine zentrale Rolle. Die Aktualfähigkeiten bilden sich in enger Beziehung zu diesen drei Dimensionen heraus. Zugleich nehmen sie Einfluß auf die Einstellung zu diesen Bereichen.

■ *Aktualfähigkeiten und Körper:* In der Körper-Dimension erfassen wir die biologischen, dem Leben zugrunde liegenden Faktoren. Hierzu gehören Stoffwechselvorgänge, Reflexe, Vererbung, körperliche Reifung, Funktion von Körperorganen, Funktionsfähigkeit der Sinne und die vitalen Bedürfnisse. Durch die Art und Weise der Befriedigung vitaler Bedürfnisse werden einzelne Aktualfähigkeiten entwickelt oder in ihrer Entwicklung blockiert. In diesem Sinne wird beispielsweise die Entwicklung der Pünktlichkeit im Zusammenhang mit dem vitalen Wach-, Schlaf- und Hunger-Rhythmus gesehen. Die Sauberkeit wird mit der frühkindlichen Reinlichkeitserziehung in Verbindung gebracht. Je nach der Art, wie eine Bezugsperson auf die individuellen Bedürfnisse und körperlichen Besonderheiten eines Kindes reagiert, werden sich Konsequenzen für das spätere Selbstbild und die Persönlichkeit des Kindes ergeben. Somit nehmen die Aktualfähigkeiten Einfluß auf die Entwicklung eines Menschen. Sie können ebenso Einfluß auf die Befindlichkeit nehmen: Erlebnisse und Konflikte hinsichtlich der Aktualfähigkeiten bewirken im psychosomatischen Bereich Änderungen der Grundstimmung, Stimmungswandlungen, Gefühle der Angst, Aggression und Depression. Weitere Folgen sind in vielen Fällen psychosomatisch bedingte organische Krankheiten. Die Unordnung und die Unpünktlichkeit eines Menschen können »auf die Galle und den Magen schlagen« (PESESCHKIAN, 1973).
Nicht nur die biologischen Faktoren beeinflussen das Verhalten eines Menschen, sondern auch die an sich selbst oder anderen wahrgenommenen körperlichen Eigenschaften. Diesen gegenüber entwickeln sich oft tief im Gefühlsleben verwurzelte Einstellungen: ein Kind wird von anderen wegen seiner roten Haare abgelehnt; eine Mutter liebt ihr Baby besonders wegen dessen Babyspeck; ein Pubertierender findet seine langen Gliedmaßen abscheulich; ein Liebhaber hingegen bewundert die langen Beine seiner Angebeteten.

■ *Aktualfähigkeiten und Umwelt:* Wie ein Samenkorn über eine Fülle von Fähigkeiten verfügt, die unter dem Einfluß der Umwelt entfaltet werden, entwickelt auch der Mensch seine Fähigkeiten in enger Beziehung zu seiner Umgebung. Die Dimension der Umwelt orientiert sich an dem Verhältnis eines Menschen zu seinem sozialen Umfeld. Die Aktualfähigkeiten beeinflussen unsere Erwartungen gegenüber dem Verhalten anderer sowie das Verhalten selbst – mittelbar oder unmittelbar – als Regeln: *Gewissenhafte, zuverlässige, ordentliche und vertrauenswürdige Angestellte für eine interessante Tätigkeit gesucht.*
Jeder innere und äußere Konflikt kann in diesem Sinne mit den Begriffen der Aktualfähigkeiten beschrieben werden. Mit ihren Wirkungen werden wir im persönlichen und kollektiven Bereich tagtäglich konfrontiert: wenn eine Ehe zustande kommt oder geschieden wird, wenn eine Freundschaft in die Brüche geht, wenn jemandem seine Stelle gekündigt wird, wenn das Verhältnis der Gruppen und Völker zueinander zu einem Konfliktpotential wird. Über den Einfluß der Tradition werden einzelne Muster von Aktualfähigkeiten zum spezifischen Kennzeichen einer Gruppe, das u. a. wesentlichen Einfluß auf den Gruppenzusammenhalt und das Verhältnis zu anderen Gruppen ausübt (PESESCHKIAN, 1970, 1971).

■ *Aktualfähigkeiten und Zeit:* Störungen in der Entwicklung eines Menschen, die sich auf den Bereich des Körpers und den der Umwelt beziehen, sind Störungen in der Dimension der Zeit: *Ich habe kein Vertrauen zu den Menschen, weil mich einmal ein Mensch im Stich gelassen hat. Wie kann ich zu meinem Kind noch Vertrauen haben, nachdem es einmal gelogen hat.* Die inhaltlichen Aspekte der Aktualfähigkeiten werden durch Fixierungen zu Konfliktpotentialen. Indem Vergangenheit, Gegenwart und Zukunft miteinander verwechselt, isoliert betrachtet oder nicht integriert werden, können Aktualfähigkeiten nicht zeitgemäß differenziert werden. Das eigene und das fremde Verhalten zeigen sich durch Mißverständnisse verzerrt. Fixierungen bedeuten so die Verabsolutierung eines irgendwann erworbenen Verhaltensmaßstabes und das Gegenteil von Verständnis und Bemühung um Verständnis. Ein Beispiel soll das Verhältnis von Fixierungen und ihrem Gegenteil, der Flexibilität und Wandlungsfähigkeit, veranschaulichen:
Ich bin ein ganz neuer Mensch geworden: Ich habe jetzt nicht mehr so oft Streit mit meinem Mann. Früher habe ich mich über seine Unordnung und Unsauberkeit dauernd aufgeregt. Heute bin ich in der Lage, mit ihm zu argumentieren. Ich versuche, meinen Mann zu verstehen. Wenn er sich nicht wäscht, beispielsweise, dann sage ich ihm, daß er es tun soll. Ich mache kein großes Theater mehr daraus. (26jährige Patientin, die früher unter Kopfschmerzen und Sexualstörungen litt)

Die Aktualfähigkeiten sind keine abstrakten Wesenheiten. Sie treten vielmehr im Verhalten über die Entwicklungsdimensionen von *Körper, Umwelt* und *Zeit* in Erscheinung.

Die Bedeutung der Aktualfähigkeiten

Die sekundären und primären Fähigkeiten (Aktualfähigkeiten) sind nicht nur Begriffe oder zufällige Zeiterscheinungen, sondern als spezifisch menschliche Fähigkeiten im Verlauf der Sozialisation ausgeprägt, erworben, affektiv besetzt und Bestandteil der Persönlichkeit:

Wenn ich erfahre, daß meine Tochter in der Schule schlechte Noten bekommen hat, kriege ich Herzschmerzen, und kalter Schweiß läuft mir den Rücken herunter. (34jähriger Vater von zwei Kindern)

Die Aktualfähigkeiten besitzen zwei Funktionen: Sie offerieren Kategorien der Beschreibung, bieten ein umfassendes Inventar menschlicher Verhaltensweisen; sie sind nicht primär Fachsprache, sondern können sofort begriffen werden. Die Aktualfähigkeiten gelten uns außerdem als Faktoren der Persönlichkeitsentwicklung, der Psychodynamik und der sozialen Beziehung: Sie sind die Inhalte der Sozialisation, werden in den verschiedenen Lebensabschnitten in die Persönlichkeit eingegliedert und führen zur Entwicklung individueller und gesellschaftlicher Muster von Einstellungen, Wertschätzungen und Beurteilungen.

In diesem Sinne beschränkt sich die Differenzierungsanalyse nicht auf allgemeine Feststellungen, wie autoritäres Elternhaus, starke Elternbindung, Tyrannei, Vergötterung, harte oder weiche Doppel-Bindungs-Erziehung, sie spricht nicht nur von Selbstwertkonflikten, Minderwertigkeitsgefühlen oder einem weitgehend unbestimmten Über-Ich. Sie gibt vielmehr die konkreten Inhalte (Aktualfähigkeiten) der innerseelischen und zwischenmenschlichen Vorgänge an.

In der psychotherapeutischen und medizinischen Literatur finden sich besonders bei Verhaltensstörungen, psychosomatischen Störungen, Neurosen und Psychosen genügend Hinweise auf einzelne Aktualfähigkeiten: Nach S. Freud (1942) sind Ordentlichkeit, Sparsamkeit und Eigensinn Dressurprodukte aus der Phase der Sauberkeitserziehung. C. G. Jung (1940), F. Künkel (1962) und V. Frankl (1959) betonen die Bedeutung des Glaubens. E. Fromm (1971) spricht von Hoffnung. A. Mitscherlich (1967) stellt die Bedeutung der Leistungsanforderung und Leistungsmotivation heraus. R. Dreikurs (1970) bringt Erfolg, Prestige und Genauigkeit in Verbindung mit Erziehungsproblemen. G. Bach und H. Deutsch (1962) weisen auf die Bedeutung einer offenen Beziehung (Ehrlichkeit) in der Partnerschaft hin. E. H. Erikson (1966; 1971) formuliert eine Stufenfolge von Tugenden, welche nach den einzelnen Entwicklungsstadien des Menschen und der Reifung der psychischen Funktionen aufgebaut sind. Er nennt Vertrauen, Hoffnung, Willen, Zielstrebigkeit und Treue im Jugendalter, Fürsorge und Weisheit im Erwachsenenalter.

Der systematische Zusammenhang dieser inhaltlichen Komponenten erfährt jedoch dabei kaum Berücksichtigung.

In der medizinischen, psychologischen, pädagogischen und psychotherapeutischen Literatur kommt man immer wieder auf die Aktualfähigkeiten als Einheit des Verhaltens zurück, jedoch bleiben diese Aktualfähigkeiten isoliert. Erst in der Differenzierungsanalyse erfahren die Aktualfähigkeiten als umfassende Verhaltenskategorien ihre systematische Berücksichtigung.

Aktualfähigkeiten und Konflikte

Die sekundären und primären Fähigkeiten können ihre volle Wirkung nur dann entfalten, wenn sie miteinander in Einklang stehen. Verschiebungen in diesem Bereich engen das Wertgesichtsfeld ein: Der Mensch überbetont eine Fähigkeit, die er augenblicklich vertritt. Er ist von ihrem Wert so geblendet, daß er blind für andere Werte und Fähigkeiten wird:
Für mich zählt nur ein Mensch, der sich gut benimmt. Es kann jemand noch so erfolgreich sein, wenn er nicht die entsprechende Höflichkeit zeigt, ist er bei mir unten durch. (53jährige Patientin, Kopfschmerzen und Kreislaufbeschwerden)
Die bei den Aktualfähigkeiten dargestellten Störungen können sich aufgrund einer Dissonanz innerhalb der sekundären Fähigkeiten (man kann fleißig sein, aber nicht ordentlich) oder innerhalb der primären Fähigkeiten (man kann zu anderen Vertrauen haben, aber nicht zu sich selbst) oder in der Beziehung zwischen beiden entwickeln (man kann ordentlich sein, aber nicht geduldig). Von diesem Aspekt aus können z. B. kindliche Verhaltensstörungen, Erziehungsschwierigkeiten, Generationsprobleme, Konflikte in der Beziehung zwischen Eltern und Kind sowie Störungen in der Partnerschaft und neurotische Auffälligkeiten als Reaktionsweisen auf Konflikte zwischen primären und sekundären Fähigkeiten und damit als Folge einer mangelnden Differenzierung interpretiert werden.
Die Aktualfähigkeiten sind sowohl Kategorien der Beschreibung als auch Faktoren der Persönlichkeitsentwicklung, Psychodynamik und der sozialen Interaktion. Psychische und psychosomatische Störungen verstehen wir im wesentlichen als Folge einer mangelnden Differenzierung der Aktualfähigkeiten.

Grundfähigkeiten

Dem Konzept der Differenzierungsanalyse liegt die Auffassung zugrunde, daß jeder Mensch – unabhängig von seiner derzeitigen Entwicklung (Alter, Geschlecht, Rasse, Klasse, Typologie, Krankheiten oder sozialen »Abnormitäten«) – über die beiden Grundfähigkeiten, die *Erkenntnisfähigkeit* und die *Liebesfähigkeit* (Emotionalität), verfügt.

■ *Erkenntnisfähigkeit:* Jeder Mensch versucht, die Zusammenhänge in der Wirklichkeit zu erkennen. Er fragt, warum ein Apfel zu Boden fällt; warum ein Baum wächst, warum die Sonne scheint, warum ein Auto fährt, warum es Krankheiten und Leid gibt. Er interessiert sich dafür, was er eigentlich ist, woher er gekommen ist, wohin er gehen wird. Die Eigenart des Menschen, solche Fragen zu stellen und Antworten darauf zu suchen, ist die Erkenntnisfähigkeit. Erzieherisch baut sie auf der Wissensvermittlung auf. Die Erkenntnisfähigkeit gliedert sich in die einander ergänzenden Fähigkeiten, zu lernen und zu lehren, d. h. die Fähigkeiten, Erfahrungen zu machen und sie weiterzugeben. Aus der Erkenntnisfähigkeit entwickeln sich die sekundären Fähigkeiten wie Pünktlichkeit, Ordnung, Sauberkeit, Höflichkeit, Ehrlichkeit, Sparsamkeit.

■ *Liebesfähigkeit:* Die Entwicklung der Erkenntnisfähigkeit korreliert mit dem Erfolg und Mißerfolg, der Befriedigung und Versagung, die jemand erlebt. Wenn ein Kind in der Schule schlechte Leistungen zeigt, wird ihm bald der Spaß an der Schule vergehen. Es wird versuchen, alle Aufgaben, die mit Mißerfolg zusammenhängen, zu meiden. Diese Mißerfolge in der Leistung sind auch den Eltern nicht gleichgültig. Umgekehrt kann durch positive Leistungen die ganze Atmosphäre angenehm gefärbt werden. Dies bezieht sich nicht nur auf die Leistungen im engeren Sinne, sondern auch auf die sekundären Fähigkeiten. Die Einstellungen und Reaktionen zu den verschiedenen Bereichen der Erkenntnisfähigkeit gehören in den emotionalen Bereich des Menschen, die Sphäre seines Gefühls, die man als emotionale Beziehung, als Ausdruck der Liebesfähigkeit bezeichnen kann. Dabei sind zwei Komponenten von Bedeutung: die Fähigkeit, aktiv emotionale Beziehungen aufzunehmen (zu lieben) und die Fähigkeit, emotionale Zuwendungen zu akzeptieren und zu ertragen (geliebt zu werden). Die Liebesfähigkeit führt in ihrer weiteren Entwicklung zu primären Fähigkeiten wie Liebe, Geduld, Zeit, Kontakt, Vertrauen, Zutrauen, Hoffnung, Glaube, Zweifel, Gewißheit und Einheit.
Träger der sekundären und primären Fähigkeiten sind Religionen, Kulturen, Ahnen, Eltern und kulturelle Instanzen (Schule, Gesellschaft und moralische Institutionen). Die Aktualfähigkeiten hängen somit ab von den geschichtlichen und gesellschaftlichen Bedingungen. Erkenntnis- und Liebesfähigkeit gehören dagegen zum Wesen eines jeden Menschen. Dies bedeutet nichts anderes als: *Der Mensch ist seinem Wesen nach gut.*
Störungen haben mit den Grundfähigkeiten nichts zu tun: Es gibt keine schlechten Menschen. Wenn wir jemanden nicht ausstehen können, kann dies darauf beruhen, daß er anders aussieht als wir uns gewünscht hatten, daß er eine andere Hautfarbe hat, einen anderen Gesichtsausdruck und bestimmte körperliche Eigenschaften, die wir nicht akzeptieren wollen. Wenn wir jemanden verabscheuen, uns von ihm distanzieren und uns über ihn ärgern, so kann das darauf beruhen, daß der andere nicht unsere Meinung vertritt, uns nicht höflich genug ist, uns warten läßt, unzuverlässig ist und an uns Verhaltensforderungen stellt, die für uns unbequem und ungewohnt sind. Wenn wir einen Menschen nicht mögen, so kann es daran liegen, daß er uns einmal enttäuschte, andere mit ihm schlechte Erfahrungen machten und wir ihm unser ganzes Vertrauen entzogen haben. Den Häßlichen jedoch können wir nicht hassen, weil er häßlich ist, den Unhöflichen nicht, weil er unhöflich ist und den Unzuverlässigen nicht wegen seiner Unzuverläßlichkeit.

Manche, die in unseren Augen häßlich sind, erscheinen in den Augen anderer Menschen schön. Manche, die uns unhöflich erscheinen, haben Höflichkeit, wie wir sie verstehen, noch nicht gelernt. Manche, denen wir das Vertrauen entzogen haben, verdienen unser Vertrauen in anderen Bereichen und zu einer anderen Zeit. Das Schönheitsideal hat sich im Laufe der Zeit gewandelt: die Höflichkeitszeremonien, in früheren Zeiten hochstilisiert, gelten heute als unnatürlich und gekünstelt.
Entscheidungen in der Erziehung und Partnerschaft erfordern nicht selten den Mut, das Podest des Objektiven zu verlassen und zu gestehen, *ich kann dem Kind, dem Jugendlichen, dem Partner noch nicht helfen,* anstatt zu sagen, *ihm ist nicht zu helfen.*
Alle Menschen verfügen über die beiden Grundfähigkeiten, die Erkenntnis- und Liebesfähigkeit. Für Störungen der Persönlichkeit sind die drei Entwicklungsdimensionen von Körper, Umwelt und Zeit verantwortlich.

Aktual- und Grundkonflikt

Analysiert man psychische und soziale Konflikte, lassen sich zwei Konfliktbereiche unterscheiden, die beide auf die Ausprägung und die Art der Konfliktsituation wirken: der Aktualkonflikt und der Grundkonflikt.
Der *Aktualkonflikt:* Er kennzeichnet die Konfliktsituation, die durch aktuelle Probleme, wie berufliche Überforderung, Ehezwistigkeiten, Schwierigkeiten mit den Kindern oder Eltern und Probleme in den zwischenmenschlichen Beziehungen, unmittelbar bedingt ist. Inhaltlich spielt sich die aktuelle Konfliktsituation in den Verhaltenskategorien der Aktualfähigkeiten ab und ist durch diese zu beschreiben: Ein Kind kommt von der Schule nach Hause, nimmt seine Schulmappe und wirft sie mit Schwung in die Ecke des Korridors. Die Mutter hat dies von der Küche aus gesehen und beginnt, sich fürchterlich darüber zu ärgern. Muß sich die Mutter wirklich ärgern? Bestehen nicht auch andere Möglichkeiten, wie sie reagieren könnte? Ihr Ärger gründet in der Einstellung, Ordnung sei von außerordentlicher Wichtigkeit. Die Bedingungen für diese Einstellung finden sich in dem, was wir als Grundkonflikt bezeichnen.
Der *Grundkonflikt:* Er betrifft Erfahrungen, die ein Mensch im Laufe seiner Entwicklung, insbesondere in der Kindheit gemacht hat. Diese wesentlich durch die Erziehung geprägten Einflüsse zeigen sich in überdauernden Einstellungen, Erwartungen, Konfliktbereitschaften und -schwellen: Warum hat die Mutter unseres Beispiels die Ansicht, das In-die-Ecke-Werfen des Ranzens wiege so schwer, daß sie sich darüber ärgern muß? Es liegt nahe, die Antwort auf diese Frage in der Lernvergangenheit der Mutter zu suchen. Folgende Situationen sind denkbar: Die Mutter wurde als Kind wegen ihrer Unordnung ausgeschimpft und bestraft. Oder: Die Aufgaben der Ordnung wurden der Mutter in ihrer Kindheit abgenommen; sie erwartet nun, daß die anderen für die Ordnung aufkommen müssen. – Das Beispiel läßt sich auch auf Pünktlichkeit, Sauberkeit, Höflichkeit, Fleiß etc. ausdehnen.

Die Entstehungsbedingungen des Grundkonflikts sollen im folgenden kurz unter einem typologischen Aspekt dargestellt werden. Eine Übertragung der Typologie auf Chancen und Risiken der Erziehung ist durchaus möglich.

■ *Der sekundäre Typ – Überbetonung sekundärer Fähigkeiten bei Unterbetonung primärer Fähigkeiten.*
Entwicklung: Die sekundären Fähigkeiten stehen in der Erziehung im Vordergrund. Die Bezugspersonen versuchen, ein Kind so früh wie möglich mit den sozialen Anforderungen wie Leistung, Ordnung, Pünktlichkeit, Sauberkeit, Gehorsam, Sparsamkeit u. a. m. vertraut zu machen.

Ich durfte nur selten andere Kinder einladen. Meine Mutter sagte immer, die machen nur Unordnung... (26jähriger Ingenieur, Kontaktstörung, Hemmungen und Herzbeschwerden)
Der Erziehungsstil ist zeitlich streng organisiert und zielt auf den Gehorsam des Kindes ab:
Wenn du nicht machst, was ich dir sage, wird aus dir nichts. Nimm dir ein Beispiel daran, zu was ich es gebracht habe...
Menschen, die überwiegend durch die sekundären Fähigkeiten motiviert sind, reagieren typischerweise:
Solange ich Erfolg habe, bin ich etwas wert. Man kann sich auf nichts verlassen, außer auf die eigene Leistung.
Ich kann alles alleine.
Ich brauche keine Hilfe von anderen.
Laß die anderen für dich arbeiten.

In solcher Erziehungssituation steht Gerechtigkeit gegenüber Liebe im Vordergrund. Als Erziehungsmittel dienen Mahnungen, Drohungen, Liebesentzug und körperliche Bestrafung. *Formen:* Es entwickeln sich der »Erfolgs- und Prestigetyp«, der »Objekttyp«, der dazu neigt, seinen Partner nur als Gegenstand der Bedürfnisbefriedigung zu sehen, der »Perfektionist«, der häufig zu Zwangshandlungen neigt, der »Zwanghafte« und im religiösen Bereich die Einstellungen des intellektuellen Widerstandes und des bigotten Aberglaubens.

■ *Der naiv-primäre Typ – Überbetonung der primären Fähigkeiten bei Unterbetonung der sekundären Fähigkeiten.*
Entwicklung: Die primären Fähigkeiten nehmen eine dominante Rolle in der Erziehung ein. Die Bezugspersonen versuchen hier, alle Schwierigkeiten aus dem Wege zu räumen. Dem Kind werden somit alle Lasten und Verantwortungen abgenommen.

Meine Mutter hat mir alles weggeräumt... (28jährige Patientin, Angstzustände, Einschlafstörungen und Eheschwierigkeiten)
Es ist charakteristisch, daß das Kind in der Erziehung nicht überfordert werden soll; es soll sich nicht zu sehr anstrengen.

Liebling, du kannst das doch nicht. Laß mich das machen, worauf das Kind reagiert:
Ich kann es nicht alleine.
Die anderen müssen mir helfen.
Wenn ich keine Hilfe bekomme, ist alles aus.

In der für diesen Reaktionstyp kennzeichnenden Erziehungssituation dominiert Liebe vor Gerechtigkeit. Als Erziehungsmittel dienen Androhung von Liebesentzug, Belohnungen und Dankbarkeit.
Formen: Es entwickeln sich der »Wehleidige«, der »Bescheidene«, der »Störenfried«, der »Naiv-Religiöse«, der »Fanatiker« und der »passive Erwartungstyp« (im sexuellen und Leistungsbereich). Dabei dominiert die passive Erwartungshaltung. Man erwartet, daß einem die anderen alle Schwierigkeiten aus dem Weg räumen, genauso wie die Eltern es getan haben.

■ *Der Doppelbindungstyp – Primäre und sekundäre Fähigkeiten werden inkonsequent von einer oder mehreren Bezugspersonen betont.*
Entwicklung: Die Bezugspersonen sind in der Erziehungssituation unsicher bzw. nicht einig. Sie verhalten sich ambivalent und lassen Tendenzen des naiv-primär orientierten und des sekundär orientierten Reaktionstyps einfließen. Ihr Verhalten dem Kind gegenüber ist inkonsequent.

Mutti, du willst, daß ich draußen spiele. Wenn meine Schuhe und Kleider ein bißchen schmutzig geworden sind, schimpfst du. Und kaum hast du mich ausgeschimpft, gibst du mir Schokolade. Ich weiß nicht, was mit dir los ist...
(9jähriges Mädchen mit Konzentrationsschwierigkeiten und Waschzwang)
Charakteristische Äußerungen dieses Typs sind:
Ich kann alles alleine... kannst du mir nicht doch helfen?
Ich weiß nicht, was ich will: ich will, aber zugleich will ich nicht.
Wenn du mir hilfst, ist es mir unangenehm, wenn du es läßt, ist es mir auch nicht recht.

Die Erziehung pendelt zwischen Gerechtigkeit und Liebe. Die Erziehungsmittel wechseln sich ab, oft unbeschadet der Tatsache, daß sie sich im Erleben des Kindes widersprechen.
Formen: Aus der Doppelbindungsorientierung resultieren der »Unsichere und der Entscheidungsschwache« (Hamlet-Typ); der »sexuelle Entlastungstyp«, der seinen Partner solange liebt, bis er das Gefühl haben kann, ihn zu besitzen; der »Entlastungsneurotiker« (zeitweiliges Überengagement wechselt oft mit abruptem Rückzug ab), der »ewige Sucher« (ambivalente Haltung zur Religion).
Die unterschiedlichen Akzentsetzungen bei den Aktualfähigkeiten in der Erziehung haben typische Erziehungsformen und Erziehungskonsequenzen zur Folge. Besonders hervorstechend sind der sekundäre Typ, der naiv-primäre Typ und der Doppel-Bindungstyp. Diesen drei Typen entsprechen ge-

wisse Konfliktbereitschaften, sie führen jedoch nicht notwendigerweise zu offenen Konflikten.

Mutter- und Vatertypen

Die jeweiligen Erziehungsformen, die für die dargestellten Reaktionstypen verantwortlich sind, werden durch die Verhaltensweisen der Eltern bestimmt.
Im Rahmen der verschiedenen Möglichkeiten, eine Rolle in der Familie zu übernehmen, finden sich verschiedene Typen der Mutter und des Vaters, die in ihrer extremen Ausprägung wie Karikaturen anmuten. In der Praxis überschneiden sie sich häufig.

VERSCHIEDENE TYPEN VON MÜTTERN

Die Berufsmutter: Diese Mutter ist in erster Linie für die Kinder da. Sie kocht, sie putzt, hält alles in Ordnung für die Kinder.
Die Puppenmutter: Die Liebe dieser Mutter erstreckt sich nur auf das Kleinkind. Sie liebt ihre Kinder und beschäftigt sich mit ihnen, solange sie klein und hilflos sind. Werden die Kinder größer, zieht die Mutter ihre Zuwendung zurück. Sie distanziert sich.
Die Opfermutter: Diese Mutter erzieht ihre Kinder mit größter Sorgfalt. Sie legt großen Wert darauf, eine gute Hausfrau zu sein. Sie opfert ihre Freiheit und ihre Zeit und vergißt sich darüber selbst. In ihrer Aufopferung ist sie glücklich und vernachlässigt ihre eigenen Interessen. Später entwickelt sich das Bedürfnis nach der Dankbarkeit der Kinder.
Die Angstmutter: Sie versucht, ihren Kindern alle Schwierigkeiten und Gefahren aus dem Weg zu räumen. In allen Dingen sieht sie Gefahren, das Negative, und ist überbesorgt.
Die fremde Mutter: Diese Mutter zeigt ihren Kindern nicht, daß sie sie liebt. Sie konserviert ihre Liebe. Oft küßt sie die Kinder heimlich während des Schlafes. Ihr Erziehungsstil ist genau und perfektioniert.
Der bewegliche Bücherschrank: Diese Mutter sieht die Erziehung ihres Kindes als Pflicht an. Sie erzieht nach Plan und Büchern, ist übergenau, läßt es jedoch an natürlicher Zuwendung und Liebe fehlen.
Die eifersüchtige Mutter: Wenn die Kinder beginnen, sich vom Elternhaus zu lösen und selbständig zu werden, wird dieser Typ beunruhigt. Die Mutter kommt sich dann überflüssig vor und wirft ihren Kindern Undankbarkeit vor. Sie versucht, ihre dominierende Position dadurch zu festigen, daß sie ihre Kinder auch dann noch kritisiert, wenn diese längst erwachsen sind. Sie beanstandet Kleidung, Aussehen, Freunde, Haushaltsführung ihres Kindes.
Die kameradschaftliche Mutter: Sie ist der Kumpel ihrer Kinder, das genaue Gegenteil der »fremden Mutter«. Sie geht auf die Nöte ihrer Kinder ein, identifiziert sich mit ihnen und kann nicht »nein« sagen. Sie verschiebt die Erziehung auf später.

Die zeitweilige Mutter: Durch die Berufstätigkeit und sonstige Beschäftigungen bedingt, wird die Erziehung der Kinder vernachlässigt. Die zeitweilige Mutter versucht diese nachzuholen, wenn sie abends nach Hause kommt. Sie überschüttet dann ihre Kinder mit Zuwendung und Spielzeug.
Nach unseren Erfahrungen sind alle diese Typen ihrerseits das Ergebnis der verschiedenen Erziehungssituationen mit ihren unterschiedlichen Erziehungsstilen. So lassen sich die verschiedenen Typen der Mütter den drei Erziehungsformen in folgender Weise zuordnen:
überbetont sekundäre Erziehung – Typ des beweglichen Bücherschrankes, die fremde Mutter;
naiv-primäre Erziehung – Typ der Berufsmutter, die Puppenmutter, die aufopfernde Mutter, die übervorsichtige Mutter;
Doppel-Bindungs-Erziehung – die zeitweilige Mutter, die eifersüchtige Mutter, die kameradschaftliche Mutter.

VERSCHIEDENE TYPEN VON VÄTERN

Der Geduldsengel: Der naive Vater zieht sich vor den Problemen seiner Kinder zurück, ist aber dennoch besorgt und zeigt emotionale Zuwendung.
Der Theoretiker: Worte sind seine starke Seite, Taten sind nicht seine Sache. Er erzieht im Sinne der Theorie. Die Einzigartigkeit des Kindes wird von ihm weniger berücksichtigt.
Der hartnäckige Vater: Seine Kinder sollen arbeiten, aber nicht spielen. Er will, daß seine Kinder etwas erreichen und Erfolg haben. Seine Erziehung ist hartnäckig auf diesen Erfolg abgestellt. Der hartnäckige Vater bestimmt, was das Kind tun und lassen kann und läßt keine Freiheit und keinen Spielraum für eigene Betätigungen.
Der Diktator: Er erzieht die Kinder wie Soldaten. Seine strenge Disziplin verlangt unbedingten Gehorsam; Ordnung, Fleiß und Pünktlichkeit setzt er energisch und hart durch. Oft ist er im Innersten gutherzig, versteht es aber nicht, bei der Erziehung Strenge und Milde zu vereinen. Der diktatorische Vater achtet darauf, daß seine Befehle befolgt werden, er läßt aber einen gewissen Spielraum frei.
Der Zauberer: Er läßt den Kindern die volle Freiheit und erlaubt ihnen alles, wenn es ihm gerade paßt. Die Kinder betrachten ihn als Spielkamerad, während die Mutter unter dieser Haltung des Vaters sehr leiden kann.
Der Souveräne: Er behandelt seine Kinder wie Erwachsene. Er lobt und tadelt nicht. Er glaubt, er könnte durch seine bloße Anwesenheit die Kinder erziehen und als »stummer Diener« seiner Pflicht als Erzieher genügen.
Die verschiedenen Vatertypen lassen sich ebenfalls in den drei Erziehungsformen nachweisen:
überbetont sekundäre Erziehung – der Theoretiker, der Diktator, der hartnäkkige Vater;
naiv-primäre Erziehung – der Geduldsengel;
Doppel-Bindungs-Erziehung – der Zauberer, der Souveräne.
Wohl ist die Mehrzahl der Eltern an der Doppel-Bindungs-Erziehung orien-

tiert, doch scheint die Vaterrolle zu einer Überbetonung der sekundären Fähigkeiten zu neigen. Eine Überbetonung der primären Fähigkeiten dürfte für die Mutterrolle typisch sein.
Typen sind ihrem Wesen nach abstrakte Zusammenfassungen gemeinsamer Merkmale. Die Wirklichkeit ist viel bunter. Hier finden sich weniger die reinen Formen als vielmehr Mischformen in ihren unterschiedlichsten Abstufungen und Schattierungen.
Ein wesentlicher Unterschied der dargestellten typischen Haltungen und Verhaltensweisen zu den meisten der gängigen Typologien ist, daß wir den Reaktionstyp dynamisch von seinen Entstehungsbedingungen begreifen. Die Konstitution und die Veranlagung spielen hier eine zweitrangige Rolle. Dies bedeutet weiter: Jede Erziehungsform, auch jede Elternrolle ist nicht notwendiges Schicksal, sondern kann sich im Laufe der Zeit ändern.
Solche Reaktionstypen sind ebenso wie die Mutter-Vater-Typen charakterisierende Haltungen, die wir in der psychotherapeutischen Praxis gehäuft im Zusammenhang mit entsprechenden Störungen gefunden haben. Diese Zusammenhänge unter dem Aspekt der Aktualfähigkeiten auch statistisch nachzuweisen, ist eine Aufgabe der Zukunft.
Die Erziehungsformen und ihre Folgen sind in den Begriffen der Aktualfähigkeiten in folgender Weise zu unterscheiden:
Der naiv-primäre Typ: Überbetonung der primären Fähigkeiten bei Unterbetonung der sekundären Fähigkeiten.
Der sekundäre Typ: Überbetonung der sekundären Fähigkeiten bei Unterbetonung der primären Fähigkeiten.
Der Doppel-Bindungs-Typ: Primäre und sekundäre Fähigkeiten werden inkonsequent von einer oder mehreren Bezugspersonen betont.

KAPITEL II

Aktualfähigkeiten (primäre und sekundäre Fähigkeiten)

Aktualfähigkeiten

Die Schaulustigen und der Elefant

Die Attraktion der Ausstellung sollte der Elefant werden; die Menschen strömten in Scharen herbei, um ihn zu sehen. Da der Elefant jedoch bei Nacht in einem dunklen Raum untergebracht war, konnten ihn die Schaulustigen nicht erkennen. Sie waren neugierig und versuchten, seine Gestalt durch Betasten zu erfassen. Doch jeder konnte nur ein Teil des großen Tieres greifen und es danach beschreiben.

Einer der Besucher, der ein Bein des Elefanten erwischt hatte, erklärte, daß der Elefant wie eine starke Säule ausschaue; ein zweiter, der die Stoßzähne berührte, beschrieb den Elefanten als spitzen Gegenstand; ein dritter, der das Ohr des Tieres ergriff, beschrieb ihn als Fächer; der vierte, der über den Rükken des Elefanten strich, behauptete, daß der Elefant so gerade und flach sei wie eine Liege. (Nach J. Rumi, persischer Dichter)

Jeder sieht richtig, doch sieht nicht jeder alles. Der eine möchte ein braves Kind haben, der andere ein leistungsstarkes und aufgewecktes, wieder ein anderer ein anlehnungsbedürftiges. Die eine Frau wählt ihren Partner danach aus, ob er erfolgreich ist; eine andere wünscht sich den zärtlichen, höflichen Mann. Der eine Mann erträumt sich die ordentliche, hausmütterliche Frau, ein anderer die geschäftstüchtige, selbständige. Sie alle versuchen, sich ihren Partner vorzustellen und zu begreifen, doch tun sie es nur von einem Aspekt aus. Man begreift so einen Menschen nur als Träger weniger Eigenschaften, anstatt ihn als Persönlichkeit zu sehen.

Die Vielfalt der Aktualfähigkeiten findet sich in unterschiedlichen Ausprägungsgraden bei jedem Menschen. Es könnte ein neues Erlebnis des Partners bedeuten, wenn man nicht nur die bisher beobachteten Fähigkeiten in Rechnung stellte, sondern fragte, welche der anderen Fähigkeiten der Partner in welchem Ausmaß besitzt.

Die Aktualfähigkeiten spielen in unserem Berufs- und Privatleben eine hervorragende Rolle. Unsere heutige Zivilisation basiert auf ihnen. Die Erziehung greift auf sie zurück. Zwischenmenschliche und partnerschaftliche Beziehungen vollziehen sich auf ihrer Grundlage. Bemerkenswert ist, daß nahezu jeder mit ihnen umgeht, aber nur wenige wissen, was sie bedeuten. Selbst in den bekanntesten Wörterbüchern und Enzyklopädien werden sie nur stiefmütterlich behandelt. Entweder werden sie kaum erwähnt, oder sie erhalten nur eine knappe Erklärung. Dabei führt ihre Unter- und Überbewertung, ihre Generalisierung auf ganze Lebensbereiche oder ihre Übertragung auf andere Menschen nicht selten zu Konflikten des Erlebens und Verhaltens, selbst zu psychosomatischen Störungen.

Welche Funktionen haben die Aktualfähigkeiten?

■ *Sie sind Kategorien der Beschreibung.* Das Verhalten kann unter dem Aspekt zwischenmenschlicher und innerseelischer Konflikte sowie eines übergreifenden Fähigkeitspotentials hinreichend in den Begriffen der Aktualfähigkeiten beschrieben werden.
■ *Sie sind Sozialisationsvariablen.* Die Aktualfähigkeiten sind die Inhalte der Erziehung. Sie werden entsprechend den Bedürfnissen einer Gesellschaft deren Individuen vermittelt. Die Industriegesellschaft basiert auf charakteristischen Ausprägungsformen von Pünktlichkeit, Genauigkeit, Ordnung, Fleiß und Zuverlässigkeit. Kennzeichen für das erwünschte Verhaltensmuster einer Industriegesellschaft ist eine gewisse Vernachlässigung des Bereichs der *primären Fähigkeiten.* Diesen Sachverhalt drücken andere Begriffssysteme durch den Terminus des Triebverzichts aus.
■ *Sie können im Erleben zur Ersatzreligion werden.* Verabsolutiert werden sie aus dem Zusammenhang ihres funktionellen Gleichgewichts genommen und in den Mittelpunkt des Welt- und Menschenbildes gerückt: *Ordnung ist das halbe Leben; ich bin nur dann etwas, wenn ich Erfolg habe; Mensch und Tier unterscheiden sich durch Organisation und Erfolg; wer unzuverlässig ist, gilt bei mir nichts; ich kann in dem Beruf nicht mehr bleiben, mein Kollege ist so rüpelhaft; ich habe mein Abitur nicht gemacht, weil ich die Ungerechtigkeit meines Lehrers nicht ertragen konnte.* Mittel und Ziel werden hier verwechselt.
■ *Sie fungieren in verschiedenen Situationen als Maskierung.* In einzelnen Fällen erscheint es nützlich, einzelne Aktualfähigkeiten vorzutäuschen, um ein Ziel zu erreichen. Das Vortäuschen geschieht nicht immer bewußt. Als Beispiel hierfür mag die Höflichkeit und Zärtlichkeit eines Verlobten gelten, der sich mit der Heirat in einen selbstgefälligen, fordernden Pascha verwandelt.
■ *Sie können als Waffe und Schutzfunktion dienen.* Die affektive Resonanz der Aktualfähigkeiten läßt sie zu einer einzigartigen Waffe werden: *Weil du mich mit deiner Unordnung ärgerst, brauche ich zu dir nicht höflich zu sein; weil du mich mit deiner Ungeduld strapazierst, werde ich dich warten lassen; weil du faul und ungehorsam bist, verlangen wir von dir, daß du den Korridor reinigst; weil du so wenig Zeit für mich hast, kann ich nicht zärtlich zu dir sein.* In einer solchen Situation merkt man nicht, daß man sich dem anderen gegenüber im klassischen Sinne sadistisch verhält. Man zieht aus der Bestrafung und den Leiden des anderen Lustgewinn. Die Spitze der Waffe »Aktualfähigkeiten« kann auch gegen sich selbst gerichtet sein und hier zu lust- oder unlustvollen Erlebnissen führen: *Aus Höflichkeit sage ich einem unverhofft gekommenen Besucher nicht, daß ich gleich eine wichtige Verabredung habe; aus mangelnder Ehrlichkeit lasse ich einen wertvollen Termin verstreichen und ärgere mich über meinen Besuch und über mich selbst.* Andere entwikkeln ein bewundernswertes Talent, chronisch zu spät zu kommen oder Termine zu verpassen und damit Strafe auf sich zu ziehen.
Die primären und sekundären Fähigkeiten beziehen sich in der Persönlich-

keit eines Menschen aufeinander. Die sekundären Fähigkeiten sind Verhaltenskategorien; die primären Fähigkeiten sind emotionale Kategorien. Diese Differenzierung erhält von der Organisation des Verhaltens und des Erlebens her besonderes Gewicht. Verhaltensweisen erfahren auf der Grundlage der primären Fähigkeiten ihre emotionale Resonanz. Erst durch den Mangel an Geduld beispielsweise können wir uns über Unpünktlichkeit ärgern. Das Ärgern selber ist wiederum Ausdruck der Emotionalität. Die primären Fähigkeiten stellen das Basisphänomen dar, auf das sich die sekundären Fähigkeiten beziehen:

Sekundäre Fähigkeiten

Primäre Fähigkeiten

Der emotionale Bereich bietet dabei die Verstärkungen, Belohnungen oder Bestrafungen für einen Verhaltensbereich der sekundären Fähigkeiten. Umgekehrt erfolgt auf besondere sekundäre Verhaltensformen affektive Resonanz im Sinne der primären Fähigkeiten. Zu jemandem, der gehorsam und zuverlässig ist, entwickelt man leichter Zutrauen oder Vertrauen als zu jemandem, der ungehorsam oder unzuverlässig ist. Ungehorsam oder Unzuverlässigkeit wird in diesem Zusammenhang häufig als Vertrauensbruch erlebt. Konflikte zwischen Bezugspersonen, Eltern oder Erziehern und ihren Kindern basieren in nicht seltenen Fällen auf einer derartigen Beziehung Gehorsam – Vertrauen. Bisher den kindlichen Gehorsam gewohnt, stehen Bezugspersonen dem jugendlichen Streben nach Selbstverwirklichung oft nicht nur ratlos, sondern zweifelnd und ausgesprochen mißtrauisch gegenüber. Die äußeren Zeichen der persönlichen Selbständigkeit, wie eigene Zeiteinteilung, eigene Vorstellungen bezüglich Kleidung, Beruf und Umgangsformen, werden zum Symbol einer Vertrauenskrise: Eltern und Erzieher mißtrauen ihren Kindern (und ihren eigenen Erziehungskonsequenzen). Die Jugendlichen fühlen sich von ihren Eltern unverstanden und halten sie für ungeeignet, ein Vertrauensverhältnis aufrechtzuerhalten oder zu entwickeln. Wie Vertrauen mit Gehorsam und Zuverlässigkeit verbunden sein kann, so kann es auch in Beziehung zu anderen sekundären Verhaltensbereichen auftreten, z.B. in der Höflichkeit, der Pünktlichkeit, dem Fleiß und der allgemeinen Leistungsfähigkeit. Diese Vorgänge beschränken sich nicht allein auf das engere Feld der Erziehung, sondern treten auch in den partnerschaftlichen und zwischenmenschlichen Beziehungen in Erscheinung.
Die Tatsache, daß die sekundären und primären Fähigkeiten in der Entwicklung des einzelnen Menschen, aber auch im Verhältnis der Partner und in der Interaktion von Bezugspersonen und Kind aufeinander angewiesen sind, bringen wir dadurch zum Ausdruck, daß wir sie als korrespondierende Fähigkeiten bezeichnen. Erfahrungen zeigen, daß Verschiebungen innerhalb der Aktualfähigkeiten, insbesondere der jeweiligen korrespondierenden Fä-

higkeiten, nach der einen oder anderen Seite zu Einschränkungen des gesamten Wertgesichtsfeldes führen können.

Ist eine Aktualfähigkeit wichtiger als eine andere?

Alternativen sind das Ergebnis verschiedener Erziehungskreise: für den einen gilt Zuverlässigkeit als Verhaltensideal, während Kontakt für ihn sekundär rangiert. Ein anderer bewertet den Kontakt hoch, während er Zuverlässigkeit vernachlässigt. Der Unterschied zwischen den Erziehungskreisen kann noch hervorstechender sein, berücksichtigt man den Entwicklungsstand. Eltern, Kinder oder Ehepartner können sich dann fremder begegnen als Menschen unterschiedlicher Kulturkreise. Zugleich kann man aber aufgrund lebensgeschichtlicher Gemeinsamkeiten in vielen Fällen ein Einverständnis in verschiedenen Bereichen der Aktualfähigkeiten feststellen.
Nicht jeder muß die Ordnung eines Buchhalters, die Pünktlichkeit eines Maurers, die Genauigkeit eines Schneiders und die Sauberkeit eines Chirurgen haben. Losgelöst von der Situation und dem Zeitpunkt, zu dem sie ihre volle Berechtigung besitzen, werden diese Fähigkeiten zur Karikatur, mehr noch, zum Konfliktpotential. Ein Chirurg wäscht sich mehrmals vor und nach der Operation, jeweils über drei bis fünf Minuten die Hände. Vollzieht er das gleiche Ritual zu Hause und verlangt es auch von seiner Familie, wird die in der einen Situation begründete und notwendige Handlung in der anderen zur Farce. Sie ist funktionslos, das Kind widersetzt sich, die Frau ärgert sich, das Familienleben ist gestört.
In den folgenden Abschnitten sollen die Aktualfähigkeiten im einzelnen und in ihren grundsätzlichen Zügen dargestellt werden. Nur wenige wichtige Zusammenhänge können in diesem Rahmen Berücksichtigung finden; dem Leser bleibt es überlassen, dort weiter zu denken, wo wir aus Platzmangel aufhörten.
Wir haben versucht, gerade dem dynamischen Zusammenhalt der primären Fähigkeiten dadurch gerecht zu werden, daß wir sie als Entwicklungs- oder Kommunikationskette präsentieren. Die Aktualfähigkeiten finden ihre Ergänzung in dem Kapitel »Mißverständnisse«. Dies gilt insbesondere für Sex – Sexualität und Liebe, die in unserer Welt allem Anschein nach besonders anfällig gegenüber Mißverständnissen sind. Die am häufigsten auftretenden Konflikte und Störungen werden im Anschluß an jede der Aktualfähigkeiten dargestellt.
Aus Krankengeschichten wurden häufig wiederkehrende Störungen und Konflikte gesammelt, die im Umfeld der einzelnen Aktualfähigkeiten vermehrt auftreten. Wenn ein Krankheitsbild in Zusammenhang mit einer bestimmten Aktualfähigkeit gebracht wird, ist zu berücksichtigen, daß hier auch andere Aktualfähigkeiten wirksam sein können, die beschriebene jedoch im Vordergrund steht.

Primäre Fähigkeiten

Viele Eltern glauben, sie könnten die Welt nicht mehr verstehen, wenn ihr Kind mit allen verfügbaren Mitteln der Aggression versucht, seinen Willen durchzusetzen. Aggression wird dabei als etwas Bedrohliches, Wesensfremdes, ja sogar Krankhaftes erlebt. Dabei wird verkannt, daß Aggressionen ebenso wie Angst und Nachahmung zentrale Komponenten der Entwicklung eines Kindes sind.

Die Entwicklung der primären Fähigkeiten unter dem Aspekt Angst – Aggression – Nachahmung

Jede Roheit hat ihren Ursprung in einer Schwäche. *(Seneca)*

Die Fähigkeiten eines Kindes drängen nach außen. Sie entwickeln sich im Prinzip ähnlich, wie die Fähigkeit des Kindes, zu laufen, sich letztlich zur vollen Funktionsfähigkeit entfaltet. Beim Laufenlernen zeigt es expansive Tendenzen; der Drang nach außen steht unter Kontrolle der Angst. Das Kind möchte laufen, möchte aber zugleich unangenehme Erfahrungen wie Schmerzen durch Hinfallen vermeiden. Es zeigt gewisse Unsicherheiten und das Bedürfnis, eine große Sicherheit zu erlangen. Insofern basiert die fortschreitende Entwicklung eines Menschen auf dem Wechselspiel von Angst und Aggression.

Diese Lernerfahrungen werden durch das Lernen am Modell, die Nachahmung, gefördert. Es kommt darauf an, wie die Mutter sich gegenüber den sich entwickelnden Fähigkeiten des Kindes verhält:

Anna Freud konnte im Krieg in England die Feststellung machen, daß Kinder bei Bombenangriffen erst dann ängstlich wurden, wenn die Mütter ängstlich waren. Verhielten sich die Mütter ruhig und gelassen, blieben auch die Kinder ruhig.

Ängste und Aggressionen in der Erziehung nehmen ihre eigene Stellung ein. Die Zahl der Kinder, die durch ihre Eltern in der BRD jährlich umgebracht werden, ist etwa zehnmal so groß wie die Zahl der Kinder, die Sexualmördern zum Opfer fallen, ungerechnet die Zahl der Kinder, die täglich von ihren Eltern mißhandelt werden. Nicht die Aggression als Triebschicksal eines Menschen ist hier verantwortlich. Sie tritt vielmehr mit Angst und Nachahmung verbunden in Erscheinung und ist erlernt. Inhaltlich beziehen sich diese erlernten Erfahrungen auf die Aktualfähigkeiten.

Als Modellträger des Leitbildes fungiert eine Bezugsperson, deren Verhältnis zum Kind durch ganz bestimmte Einstellungen charakterisiert ist.

Störungen und Konflikte
Siehe Angst, Aggression und Nachahmung als Konfliktpotentiale.

Vorbild

BILDE DICH SELBST UND DANN WIRKE AUF ANDERE DURCH DAS, WAS DU BIST.
(Wilh. v. Humboldt)

Vorbild ist eine Person oder ihre Handlungsweise insofern, als man sie zum Maßstab für das eigene Verhalten wählt oder sie nachahmt. Man übernimmt neue Verhaltensweisen in das bisherige Verhaltensrepertoire; dabei treten folgende drei Prozesse in Erscheinung:

- Das Kind ahmt seine Eltern nach, weil es die Nachahmung als solche als belohnend empfindet. Es raucht die ihm übelschmeckende Zigarre des Vaters, weil es sich dann wie der Vater fühlen kann.
- Die Nachahmung erfolgt, weil sie belohnt wird. *»Du hast Deinen Schrank aufgeräumt, wie ich es schon seit 20 Jahren mache. Du bist ein kluges Kind.«*
- Die Nachahmung erfolgt oder unterbleibt, weil das Vorbild belohnt oder bestraft wurde. *Ich hätte auch etwas gesagt, aber nachdem ich gesehen habe, daß mein großer Bruder eine Ohrfeige bekam, habe ich es lieber unterlassen.*

Für das Selbstbild eines Kindes gewinnt das Modellverhalten der primären Bezugspersonen zum Kind und den Geschwistern zentrale Bedeutung. Der Partnerbeziehung dient das Verhalten der Eltern untereinander als Modell. Durch die Einstellungen und das Verhalten der Eltern zur außerfamiliären Umgebung werden die Gefühlsbeziehungen des Kindes zu diesen Gruppen präformiert. Ob ein Kind Sinnfragen oder religiöse Fragen stellt (und wie es sie beantwortet), hängt weitgehend vom Vorbild seiner frühesten Umgebung ab. Immer wirkt das konkrete beobachtbare Verhalten (sekundäre und primäre Fähigkeiten) der Bezugspersonen als Modell. In manchen Verhaltensweisen, die Eltern an ihren Kindern bestrafen, bestrafen sie das Vorbild, das sie selbst gegeben haben: Ein Vater prügelte seinen Sohn deshalb, weil sich auf seinem Schreibtisch Bücher, Hefte, Zettel und andere Sachen türmten. Zugleich lagen im Auto des Vaters die verschiedensten Dinge durcheinander.

Störungen und Konflikte
Nachahmungstendenzen; Einschränkung der eigenen Urteilsfähigkeit; affektive Ablehnung des Vorbilds; überbetonte Selbständigkeit; ambivalente Haltung zum Vorbild; Schwankung zwischen Liebe und Haß; Hemmungen bei einem erdrückenden Vorbild; Riesenerwartungen gegenüber sich und dem Vorbild; Ungeduld.

Glaube

GLAUBE AN GOTT UND BINDE DEIN KAMEL FEST. *(Mohammed)*

Die Bezugsperson (z. B. die Mutter) tritt in der Erziehungssituation unwillkürlich zu den unentwickelten und daher für sie unbekannten Fähigkeiten in Beziehung. Obwohl sie die Fähigkeiten des Kindes nicht sieht, glaubt sie an diese.

Indem die Bezugsperson zu den Fähigkeiten des Kindes in Beziehung tritt, unterstützt sie deren Entwicklung – vorausgesetzt, die Bezugsperson selbst verfügt über eine Beziehung zu den eigenen entsprechenden Fähigkeiten. Sind Fähigkeiten bei ihr nicht hinreichend differenziert, so kann eine Beziehung zu den entsprechenden Fähigkeiten des Kindes nur schwer hergestellt werden oder sie bleibt blockiert.

Das Beispiel des Laufenlernens läßt sich auf die Entwicklung der übrigen körperlichen Fähigkeiten sowie die Aktualfähigkeiten übertragen. Die Fähigkeiten sind zunächst unbekannte Bereiche, die sich kontinuierlich oder auch nur schubweise entfalten. Unbekanntes außerhalb und innerhalb uns selbst wird meist als mögliche *Bedrohung* unserer Sicherheit wahrgenommen. Man steht gewissermaßen vor der Aufgabe, mit dem Unbekannten umzugehen. Erst die Auseinandersetzung dieser noch undifferenzierten Fähigkeit mit den Bedingungen des Körpers, der äußeren und nach »innen« übernommenen Umwelt und der Zeit ermöglicht schließlich die Integration dieser Fähigkeit in die Persönlichkeitsökonomie. Hier stellt sich die Frage, ob man über die hinreichenden Werkzeugfunktionen verfügt, um mit dem Unbekannten fertig zu werden.

Glaube ist dabei eine grundlegende Fähigkeit des Menschen. Als Einstellung und Erwartung dem Unbekannten gegenüber bezieht er sich nicht nur auf das innere Unbekannte, sondern auch auf das Unbekannte seiner Umwelt und das Unerkennbare des Weltalls, das auch durch den Begriff *Gott* umschrieben wird.

Auch die Wissenschaft, die sich als objektiv begreift, baut auf Glauben auf. Über den Glauben, die kleinen Schritte der Hypothesen, nähert man sich schrittweise dem Unbekannten.

Die potentiellen Fähigkeiten eines Menschen sind ein Teil seiner Wirklichkeit. Sie sind die Grundlage seiner künftigen Entwicklung und müssen von anderen und ihm selbst anerkannt werden, um nicht durch Unachtsamkeit gehemmt zu werden.

Ich glaube nicht, daß in mir noch Fähigkeiten stecken, die man entwickeln könnte. Ich habe mir eine feste Theorie gebildet und die lautet: ›Ich kann mir nichts merken‹. Das sind schlechte Aussichten für meinen Beruf. Wozu soll ich mich selbst anerkennen; ich bin doch immer von allen abgelehnt worden. (33jähriger Schizophrener)

Der Mensch entwickelt seine Fähigkeiten nicht linear; der Prozeß entspricht ebensowenig in allen Details den Erwartungen, die man im Glauben an ihn in ihn setzt.

Störungen und Konflikte
Fixierung; Aberglaube; Bigotterie; Angst; Aggression; Nachahmung; Resignation; Stimmungsschwankungen; Lebensangst.

Zeit

Die Leute, die niemals Zeit haben, tun am wenigsten. *(Lichtenberg)*

Weder ein Kind noch ein erwachsener Partner sind formbar wie Knetgummi. In der Wechselbeziehung mit der Bezugsperson paßt sich ein Kind nicht nur dessen Vorstellung an, sondern zeigt in seiner Entwicklung eine eigene Gesetzmäßigkeit. Diesem Faktum steht die Bezugsperson gegenüber. Sie muß daher bereit sein, dem Kind oder Partner Zeit zu lassen.

Meine Tochter mußte immer den anderen Kindern voraus sein, in der Sauberkeitserziehung, beim Laufen, beim Sprechenlernen und in der Schule. (32jährige Mutter eines 12jährigen Kindes, Erziehungsschwierigkeiten)

Zeit heißt, dem anderen in seiner Entwicklung Zeit zu lassen, meint aber auch, ihm in geeignetem Maße und in hinreichender Qualität Zeit, sprich Zuwendung, zu geben. Die Aussage einer Mutter *»Ich bin den ganzen Tag bei meinen Kindern«* gibt noch keinen Aufschluß darüber, was sie während dieser Zeit mit den Kindern macht. Eine Mutter, die diese Zeit dazu benutzt, ungeduldig zu kritisieren, zu schimpfen, zu nörgeln und ihre Vorstellungen von »Erziehung« durchzusetzen, hat ihre Zeit anders genutzt als eine Mutter, die ihrem Kind Spielraum läßt und sich auf dieser Basis mit ihm beschäftigt. Neben der Bedeutung, welche die Zeit für die Entwicklung und die elterliche oder partnerschaftliche Zuwendung hat, betrifft sie die charakteristische menschliche Fähigkeit des Bewußtseins, über Vergangenheit, Gegenwart und Zukunft zu verfügen und diese Zeit-Dimensionen zu integrieren.

Störungen und Konflikte
Überforderung; Unterforderung; Vernachlässigung; Angst; Angst vor dem Alleinsein; Flucht in die Geselligkeit; Ungeduld; Eigenbrötelei; verstärkte Beschäftigung mit dem eigenen Körper als Ersatz für die Zuwendung; Flucht von zu Hause; Abhängigkeit von Freunden; Egoismus.

Zweifel

WER RECHT ERKENNEN WILL, MUSS ZUVOR IN RICHTIGER WEISE GEZWEIFELT HABEN. *(Aristoteles)*

Die Diskontinuität der Entwicklung, ihr oft unberechenbarer Verlauf, verunsichert die Bezugsperson. Diese Unsicherheit, das Schwanken, ob der Glaube an die Fähigkeit des Partners gerechtfertigt ist, nennen wir *Zweifel.* Der Zweifel resultiert aus einer gewissen Enttäuschung der Erwartungen, die eine Bezugsperson in das Kind gesetzt hat: sie befindet sich im Stadium der Unentschiedenheit. Den Zweifel kennzeichnet eine verzerrte Zeit-Dimension, die sich als Mißverhältnis von *Entwicklungszeit* des Kindes und *Erwartungszeit* der Bezugsperson darstellt. In dem Maße, in dem die Bezugsperson in der Lage ist, das kindliche Verhalten in dem großen Rahmen seiner Entwicklungszeit zu sehen, werden der Zweifel und die mit ihm verbundenen Ängste und Aggressionen der Bezugspersonen kanalisiert.

Aber dann meldeten sich leise Zweifel.
Ich war früher sehr autoritär, war der Meinung, daß man Kindern den Willen brechen müsse. Die Kinder hatten zu Hause zu sein, wann ich es wünschte. Modische Kleidung und Haarschnitt duldete ich nicht: alle wurden preußisch kurz geschoren. Aber dann meldeten sich leise Zweifel, ob ich richtig lag, und die Zweifel wurden immer stärker. Unser ältester Sohn rebellierte. Er trug zerknitterte Hosen und die üblichen olivgrünen Anoraks. Längere Haare konnte ein Mädchen kaum haben. Ich schäumte vor Wut; Oliver, 14 Jahre, reagierte nicht. Meine Frau redete mir zu, ich solle doch nachgeben, das seien doch zweitrangige Probleme. Schließlich passierte es: Oliver war verschwunden. Wir ließen ihn suchen. Meine Frau machte mir Vorwürfe. Ich kann Ihnen sagen, diese drei Wochen möchte ich nicht noch einmal mitmachen. Oliver wurde von der Polizei nach drei Wochen aufgegriffen und zurückgebracht. Ich weiß nicht, wie es dazu kam, daß ich mich zu einem Gespräch mit ihm aufraffte, in dem ich meine Zweifel durchblicken ließ. Ich war so verunsichert, daß ich im Grunde nur noch ein Rückzugsgefecht führte. Um mich zu informieren, ging ich sogar zu einer Erziehungsberatung. (41jähriger Rechtsanwalt)

Der Zustand des Hin- und Herschwankens, auch eine nur vorübergehende Orientierungslosigkeit, erscheint für manche Menschen so erschreckend, daß sie das andere Extrem wählen. Um sich vor Zweifeln – sprich: vor dem Zustande der Verzweiflung – zu schützen, flüchten sie sich in Starrheit, die sie dann noch für Charakterfestigkeit und Treue halten. Um das Verhalten nicht ändern zu müssen, werden Informationen, welche den Zweifel verstärken könnten, nicht zur Kenntnis genommen. Neben dem starren Festhalten kann es aus Angst vor Verunsicherung zu einer zweiten Fehlhaltung kommen: Ohne die zur Verfügung stehenden Informationsmöglichkeiten zu benützen, ohne also die Möglichkeit des Zweifels zu wahren, wird die Überzeugung anderer – einer Gruppe, einer Autoritätsperson, eines Stars – übernommen, weil dies das Gefühl der Gruppenzugehörigkeit und der Sicherheit gibt.

Störungen und Konflikte
Unsicherheit; Angst; Ambivalenz; Neid; Überempfindlichkeit; Stimmungsschwankungen; Launen; Ungeduld; Ungewißheit; Entscheidungsschwäche; Ratlosigkeit.

Hoffnung

JEDE DUNKLE NACHT HAT EIN HELLES ENDE. *(Nisami)*

Man sieht bei einem Partner nicht nur sein gegenwärtiges Verhalten, sondern auch seine künftigen Entwicklungsmöglichkeiten. Die Erwartung geht über den gegenwärtigen Moment hinaus: Wir hoffen, daß etwas morgen, im nächsten Jahr oder zu unbestimmter Zeit geschieht. Die Haltung gegenüber der Zukunft, durch welche die Ereignisse der Gegenwart relativiert werden, ist die *Hoffnung*.
In ihrer Entwicklung hängt die Hoffnung davon ab, welche Erfahrungen ein Mensch machte und welche Erlebnisse er hatte. Wurde ihm nie die Möglichkeit gezeigt, daß für jede Schwierigkeit eine Lösung besteht, wird er zur Hoffnungslosigkeit neigen. Die Hoffnungslosigkeit kann auch aus einer undifferenzierten Einstellung gegenüber der Zukunft resultieren. Dies ist dann der Fall, wenn die Hoffnung auf wenige Bereiche beschränkt ist, andere Bereiche nicht anerkannt werden. Menschen, die eine solche Einstellung zeigen, neigen zu Enttäuschungen und Fluchtreaktionen und werden in ihrer Hoffnungslosigkeit bestärkt:

Hinsichtlich meiner beruflichen Ziele bin ich ganz zuversichtlich. Ob ich dagegen einmal die Frau finde, der ich vertrauen kann, das halte ich für fast unmöglich. (38jähriger Geschäftsmann, Kontaktstörungen)

Die Hoffnungslosigkeit tritt in mannigfachen Abstufungen auf: von fast völliger Resignation bis hin zum Zweckpessimismus. Entsprechend abgestuft sind auch die Folgeerscheinungen. Sie reichen vom »psychogenen Tod« bis zu Störungen des Schlaf-Wach-Rhythmus. Die ausweglosen Situationen können scharf abgegrenzt, aber auch verschwommen sein. Zuweilen werden Schwierigkeiten in einem speziellen Bereich generalisiert. Was und in welchem Grade es als ausweglose Situation erlebt wird, hängt mit von der Erziehung ab, die einer Person zuteil wurde (Grundkonflikt). Entsprechend funktionieren aktuelle Situationen als Auslöser.

Jede Aktivität ist in mir erloschen. Ich möchte Hoffnung lernen, doch ich verbringe meine Zeit mit Träumen; ich bin hungrig, doch allein kann ich nicht es-

sen; ich möchte etwas unternehmen, doch ich bin wie gelähmt; so wird mir die Sinnlosigkeit meines Lebens bewußt. Dies alles kam zum Durchbruch, als mein Freund sich von mir trennte. Wir hatten uns monatelang über Kleinigkeiten gestritten: weil er mit mir verkehren wollte, obwohl er aus dem Mund roch; weil ich nie die Zeit einhielt usw. Ich wurde ganz aus meinen von Kindheit an gewohnten Bahnen geworfen. (26jährige Angestellte nach einem Suizidversuch)

Störungen und Konflikte
Hoffnungslosigkeit; Unzufriedenheit; Pessimismus; Resignation; Flucht in die Phantasie; passive Erwartungshaltung; naiver Optimismus; Lebensangst; Todesangst; Blockierung der Handlungsfähigkeit.

Vertrauen und Zutrauen

DAS VERTRAUEN IST EINE ZARTE PFLANZE. IST ES ZERSTÖRT, SO KOMMT ES SO BALD NICHT WIEDER. *(Bismarck)*

Die Hoffnung berücksichtigt die Zukunft eines Menschen. Sie führt zu einem Zutrauen gegenüber den besonderen Fähigkeiten, die er besitzt, oder die man von ihm erwartet. Aus dem bestätigten Zutrauen, also daraus, wie sich die Fähigkeiten in bezug auf die gestellten Erwartungen entwickeln, resultiert ein Vertrauen auf den Menschen als Ganzes: man nimmt ihn so, wie er ist. Das Vertrauen hängt nicht nur von den Einzelerfahrungen mit einem bestimmten Menschen ab, sondern von der Gesamtheit der Erfahrungen, die seine Bezugsperson in ihrer Lebensgeschichte gemacht hat. Gerade diese Vorerfahrungen setzen um so mehr voraus, daß die Einzigartigkeit eines Kindes angenommen und in der Struktur der Erwartungen berücksichtigt wird. Neben diesem Vertrauen, das sich Schritt für Schritt aus dem bestätigten Zutrauen entwikkelt, gibt es ein Vertrauen, das noch ursprünglichen Charakter besitzt. Es findet sich oft in ausgeprägter Form in dem Mutter-Kind-Verhältnis: *»Ich vertraue dir, weil du da bist.«* Das spätere Selbstvertrauen spiegelt das Vertrauen wider, das andere einem entgegengebracht haben.

Ich habe mir nie etwas zugetraut. Alles habe ich angefangen und nichts fertig gemacht, weil ich nicht an mich geglaubt habe, immer nur an die anderen. Ich sah mich immer nur als Niete. Man hatte mir ja auch lange genug gesagt, daß aus mir nichts werden würde. Ich bekam dauernd unter die Nase gerieben: du kannst es gleich bleiben lassen, du kannst es doch nicht. (28jähriger Student mit Depressionen)

Störungen und Konflikte
Vertrauensbruch; Mißtrauen; blindes Vertrauen; Angst vor der Niederlage, vor der Enttäuschung; Eifersucht; Haß; Neid; Ablehnung; Riesenerwartung; Enttäuschung; Mißerfolgserwartung; Minderwertigkeitsgefühle; Resignation; Selbstüberschätzung; Überforderung; Unterforderung.

Geduld

GEDULD IST EIN BAUM, DESSEN WURZEL BITTER, DESSEN FRUCHT ABER SEHR SÜSS IST. *(Persisches Sprichwort)*

Um einen Menschen so zu nehmen, wie er seinen Fähigkeiten nach ist, benötigt man Geduld. Diese Geduld besteht darin, die Entwicklung der Fähigkeiten angemessen zu unterstützen und die eigenen Wege des Partners trotz der bestehenden Zweifel und Erwartungen zu »dulden«. Geduld ist somit gleichbedeutend mit der Fähigkeit zu warten, Teilbefriedigungen aufzuschieben und den anderen Zeit zu lassen. Am besten stellt man sie fest, wenn man sie bei sich oder bei anderen vermißt.

Ich rege mich jedesmal furchtbar auf, wenn Jürgen seine Hausaufgaben nicht macht.

Wenn Manuela zu spät kommt, empfange ich sie nicht gleich mit einem aggressiven Ton, wie mein Mann das tut.

Mir gehen manchmal die Pferde durch, wenn ich sehe, daß im Büro wieder einmal der Dreck nur in die Ecken gefegt worden ist.

Wenn mein Mann mich mit den unflätigsten Worten bedenkt, lasse ich alles durchgehen und lasse ihn links liegen.

Die Geduld des Erziehers kann zwei verschiedenen Quellen entspringen. Jemand kann aus Angst geduldig sein: Durch seine Geduld möchte er Konfrontationen aus dem Weg gehen. Der Vater, der überall wegen seiner toleranten Geduld bewundert wird, mit der er seinen Kindern alles erlaubt, verbirgt hinter der Maske der Geduld oft eine große Portion Unsicherheit. Die Erziehung wird meistens der Frau überlassen, ebenso wie unangenehme Entscheidungen. Jemand anderem ist Geduld aber auch aus Einsicht möglich: Man ist geduldig, man verzichtet auf Kritik, gleich welcher Form. Man weiß, daß der Partner seine Zeit braucht, daß er in seinem Entwicklungsstand und seiner Individualität vielleicht andere Vorstellungen hat, daß man die affektbesetzten Mißverständnisse einkalkulieren muß.

Für die Selbstbild-Entwicklung spielt Geduld eine zentrale Rolle. Ein Großteil der Tätigkeiten, die wir im täglichen Leben vollbringen müssen, erfordern einen weiten Spannungsbogen und oft die Bereitschaft, Versagungen und Enttäuschungen zu ertragen. Bringt man diese Bereitschaft nicht auf, sinkt die Schwelle des Selbstwertes: Man reagiert schon auf kleine Mißerfolge durch Niedergeschlagenheit und erlebt ein momentanes und zeitlich begrenztes Versagen als Minderwertigkeit. Im Kontakt mit anderen wird Geduld zu einem wichtigen sozialen Faktor: Das Kind bedarf für seine Entwicklung der Geduld des Erziehers. Das Verhältnis von Partnern zueinander macht die Bereitschaft erforderlich, auch »Tiefs« auf der Wetterkarte der Partnerschaft zu ertragen.

Mangelnde Geduld ließe jede Freundschaft bald scheitern. Geduld ist hierbei die Bereitschaft, dem anderen Zeit zu lassen. Ungeduld mag dabei umgekehrt der dringende Wunsch sein, etwas, was eigentlich noch seine Zeit bedürfte, für jetzt und hier zu fordern. Sie kann aber auch auf ein Mißverständnis zurückgehen, nämlich dann, wenn die Motive für eine Handlung nicht bekannt oder falsch verstanden wurden: Der Ehemann kommt, obwohl er für abends um 18 Uhr angesagt war, erst des Nachts um zwei nach Hause. Die Ehefrau sagt keinen Ton und läßt ihren Mann auch keinen Ton der Erklärung sagen: *Sag bloß nichts, es kommt doch nur eine Lüge raus; ich hoffe, es hat dir wenigstens gut gefallen.* Daß der Ehemann einen Kollegen ins Krankenhaus fuhr und anschließend dann noch eine Autopanne hatte und keine Telefoniermöglichkeit bestand, hört die Ehefrau nicht und würde es auch nicht glauben: *Meine Geduld mit dir ist am Ende. Wenn sie dir besser gefällt als ich, dann nimm sie dir doch. Ich für meinen Teil habe einen guten Anwalt.* Nicht weniger dramatisch ist das Mißverständnis, das Vätern und Müttern oft genug die Geduld versauerte: Gerade erst war das Wohnzimmer gesäubert, als schon der Sprößling der Familie mitten im Zimmer sitzt und mit Schmirgelpapier den Parkettfußboden bearbeitet. Die Eltern hatten ihre Vorstellung von Ordnung und Sauberkeit, ihr Söhnchen dagegen eine eigene.

Störungen und Konflikte
Ungeduld; Geduld aus Angst; Inkonsequenz; Überempfindlichkeit; Riesenerwartungen; Ehrgeiz; Stimmungsschwankungen; Launen; Ich-haftigkeit; Nicht-zuhören-können; Schweigen; Rücksichtslosigkeit.

Gewißheit

Die Gewissheit ist meistens das Ergebnis des Betrachtens. *(Shogi Effendi)*

Sofern die Geduld die Spannweite des Zweifels überbrückt und die Entwicklung eines Menschen in ihren Möglichkeiten erkannt wird, besteht bei der Bezugsperson eine *Gewißheit.* Die Gewißheit bezieht sich nicht darauf, daß das Kind, der Partner ein Abbild der Erwartungen würden – eine solche »Gewißheit« würde zur Enttäuschung führen –, sondern darauf, daß es seine eigenen Fähigkeiten entfaltet. Diese Gewißheit ist keine abstrakte Glaubensgewißheit, sondern hat praktische Konsequenzen im Umgang mit dem anderen. Während Zweifel einen Zustand des Unentschiedenseins darstellt und eine Ambivalenz gegenüber dem Partner zum Ausdruck bringt, bewirkt Gewißheit, daß man sicher hinsichtlich seiner Entwicklungsmöglichkeiten ist. Erst diese Sicherheit macht es möglich, den Partner in seiner Einzigartigkeit und Einmaligkeit zu akzeptieren und ihm im Vertrauen auf seine Fähigkeiten die notwendigen Entscheidungen zu überlassen:

Ich begriff endlich, daß ich nicht mit meiner Mutter verheiratet war... Endlich bin ich dabei, mich von der Vorherrschaft meiner Mutter und meiner Schwester zu lösen. Die beiden sind reine Sauberkeitsfanatiker. Ich war es auch. Dann heiratete ich. Mein Mann wollte eine gemütliche Wohnung haben, ich würde zuviel aufräumen und putzen, meinte er, das wirke steril. Weil ich es nicht mit ihm verderben wollte, gab ich nach, und siehe da: was mir vorher verpönt war, fand ich jetzt selbst sehr angenehm. Die Stimmung zwischen uns hatte sich gebessert, ich hatte mehr Zeit für meinen Mann und für meine Hobbys. Bis eines Tages meine Mutter und meine Schwester aus Bayern zu Besuch anreisten: ›Aber Kind, wie sieht es denn hier aus!‹ usw. usw. Ich wurde schwankend, stand zwischen zwei Fronten: ich hatte die Wahl, es entweder mit meinem Mann zu verderben oder mit meiner Mutter. Es war ein ewiges Hin und Her. Ich hatte Schuldgefühle gegenüber meiner Mutter. Die meinte, sie müsse sich ja für mich schämen, es fiele auf sie zurück. Dabei war unsere Wohnung nicht etwa schmutzig. Gut, die Betten blieben bis abends schon mal ungemacht, wenn wir tagsüber keine Zeit hatten, und das Geschirr blieb ungespült, abends half mein Mann dann mit. Und ich wischte auch nicht jeden Tag Staub. Schließlich begriff ich, daß ich nicht mit meiner Mutter verheiratet war. Kam es nicht darauf an, daß mein Mann und ich uns wohlfühlten? Als meine Mutter das nächste Mal kam und mir wieder Vorwürfe machte, sagte ich ihr in aller Ruhe, ich würde ihren Standpunkt respektieren, sie dürfe jedoch nicht erwarten, daß ich genauso dächte wie sie. Ergebnis: sie rauschte beleidigt von dannen. Ich kann es nicht ändern. Vielleicht braucht sie Zeit, um einzusehen, daß ich nicht so ganz Unrecht habe, und kommt dann zurück. Jedenfalls bin ich mir sicher, daß ich richtig gehandelt habe. (38jährige Mutter von drei Kindern)

Auch ein Kind kommt um den Zweifel nicht herum. Es weiß nicht, wenn es zu laufen beginnt, ob es nicht gleich wieder umfällt. Wenn es nach Nahrung schreit, weiß es nicht, ob jemand kommt, es zu füttern. Indem die Mutter sich ihm immer wieder zuwendet, entwickelt sich aus diesem Zweifel die Notwendigkeit, Kommunikationsformen zu finden. Gewißheit tritt dann in Erscheinung, wenn die Probleme des Zweifels entsprechend den Anforderungen der Zeit gelöst wurden.

Störungen und Konflikte
Übertriebene Gewißheit; Fixierung; Einheitsverlust; Abwehr; übersteigerte Erwartung; Ungewißheit; Zweifel; Mißtrauen; Angst; Zwangsdenken; Zwangshandlungen.

Liebe – Kontakt – Sexualität

DIE LIEBE TRÄGT DIE SEELE, WIE DIE FÜSSE DEN LEIB TRAGEN. *(K. v. Siena)*

Das Gefühl der Gewißheit ist die stabilste Grundlage jenes Phänomens, das man als *Liebe* bezeichnet. Liebe ist eine emotionale Beziehung, die sich auf eine Reihe von Objekten in unterschiedlicher Gradabstufung richten kann. Liebe erweist sich somit als eine umfassende Fähigkeit, die in sich eine Anzahl unterschiedlicher Aspekte besitzt. Oft wundern sich Eltern darüber, daß ihr Kind diese oder jene Störung zeigt, obwohl sie doch soviel Liebe aufgebracht hätten. Bei näherer Betrachtung erweist sich, daß die aufgewendete Liebe nicht differenziert genug war. Die allgemeine Empfehlung: »Gebt dem Kind mehr Liebe« hilft recht wenig, wenn zugleich der Aufschluß darüber fehlt, in welchem Bereich ein Liebesdefizit vorliegt und auf welche Art der emotionalen Beziehung daher besonderer Wert zu legen ist. Die Liebe kann sich auf das eigene Ich richten. Bis zu einem gewissen Grad *muß* sie sich sogar *zuerst* auf das *eigene Ich* richten, um überhaupt einen ungebrochenen Bezug herzustellen.

In der frühesten Form tritt Liebe in der Beziehung zwischen Mutter und Kind auf. Das Kind benötigt die emotionale Zuwendung der Mutter oder einer entsprechenden Bezugsperson. Auf dieser elementaren Stufe entwickelt das Kind ein grundlegendes Vertrauen. Sofern eine mangelnde Bedürfnisbefriedigung vitaler Ängste in den Vordergrund rückt, kann es zu einem Urgefühl des Mißtrauens kommen.

Emotionelle Zuwendung – Liebe – steht nicht im luftleeren Raum, sondern bezieht sich immer auf verschiedene Verhaltensbereiche und Eigenschaften. Zu unterscheiden ist zwischen der Fähigkeit zu lieben und der Fähigkeit geliebt werden zu können. Der eine verhält sich so, daß ihm Sympathie zufliegt; der andere treibt einen großen emotionellen Aufwand und bekommt doch kein positives Echo, weil er sich nicht erwartungsgemäß verhält. – Liebe und Zuwendung können vielfach als Waffe gebraucht werden:

- *Liebe als »heiße Waffe«:* Die Bezugsperson lobt und dankt bei jeder Gelegenheit durch Worte, Gesten, Mimik, Taten, oder sie nimmt dem Partner jede Arbeit ab und erledigt sie selbst. Daraus resultieren auf seiten der Bezugsperson ein Dankbarkeitskomplex, eine erschwerte Loslösung, zu starke Identifikation, Schwierigkeiten in ungewohnter Umgebung. Die sekundären Fähigkeiten werden nicht genügend entfaltet.
- *Liebe als »kalte Waffe«:* Sie wirkt durch Liebesentzug, Drohungen, Mahnungen, Strafen. Die betroffenen Menschen erscheinen dressiert, aggressionsgehemmt oder sehr einseitig auf Leistung und Erfolg orientiert. Die emotionale Sphäre wird nur unzureichend entfaltet.
- *»Wechselbäder«:* Man wendet verschiedene, unvorhersehbare Erziehungspraktiken an. Die Betroffenen entwickeln sich zu bindungs- und entscheidungsunfähigen Menschen, sind leicht zu beeinflussen und passen sich den Normen an, die für sie am vorteilhaftesten sind.

Die Liebe zu einem Du ist die konventionelle Form. Das Du kann die eigene Mutter oder der Vater sein, es können die Geschwister sein, Spielkameraden, Freunde und Freundinnen, Lebenspartner und Ehepartner. Dabei ist die Liebe nicht in allen Fällen dasselbe. Jedoch kann eine Beziehung zum Ersatz für eine fehlende andere werden, wie das Schoßhündchen, das geliebte Haustier oder ein Traumkamerad. Eine wesentliche Quelle der Beziehung zum Du ist die *Sexualität.* Zumeist sprechen wir von Sexualität, wenn wir es mit geschlechtsreifen Individuen zu tun haben. In der Tat findet sich eine auf das Du gerichtete Sexualität erst in diesem Alter. Gleichwohl besteht eine auf das Ich bezogene egozentrische Sexualität vom Kleinkindalter an. Beim geschlechtsreifen Individuum tritt diese Form der Liebe als passive Erwartungshaltung auf: *Ich bin da, lieb mich.* Zugrunde liegt die naiv-primäre Erziehungsform. Menschen, die mit einer derartigen *Erwartungshaltung* auftreten, sehen sich in der Regel enttäuscht. Wenn wir lieben, müssen wir mit dem Liebesobjekt in Beziehung treten; wir müssen dazu aber zunächst wissen, wie wir das tun sollen. Gerade diese Fertigkeit fehlt bei der passiven Erwartungshaltung.

Ein 23jähriger Student beklagte sich: *Ich würde so gern eine Freundin haben, aber ich komme einfach an die Frauen nicht ran. Ich weiß nicht, wie man es macht. Wenn ich ein sympathisches Mädchen in der Universität sehe, fühle ich mich plötzlich wie gelähmt und bekomme kein Wort heraus. So bleibt mir nichts anderes übrig, als vor mich hin zu masturbieren.*

Nicht die Fähigkeit zu lieben war gestört. Es bestand vielmehr ein Defizit im Wissen um die Verhaltensweisen und Konventionen, wie man dem anderen seine Liebe zeigt. Das krasse Gegenteil dazu ist der *Objekttyp.* Ihm mangelt es nicht an dem technischen Wissen. Er weiß, wie man Freundinnen »aufreißt« bzw. einen Mann fesselt. Was ihm jedoch abgeht, ist die Bereitschaft und Fähigkeit, emotionale Beziehungen zu dem Partner zu entwickeln. Mit anderen Worten: den anderen zu lieben und von ihm geliebt zu werden.

Vielen Menschen kommt es darauf an, emotionale Beziehungen zu entwikkeln und andere an sich zu binden. Sie lieben und verhalten sich so, um geliebt zu werden. Jedoch nimmt das Interesse am Partner in dem Augenblick ab, in dem das Ziel erreicht ist, die Freundin, der Freund erobert ist, die Frau, der Mann geheiratet ist. Auch folgende Situationen sind hier von Bedeutung: Das Studium ist abgeschlossen, finanzielle Sorgen bestehen nicht mehr, die Kinder sind aus dem Haus. Hier setzt nach dem Erreichen des Zieles und den damit verbundenen Anspannungen das Gefühl der Leere und der Überdrüssigkeit ein. Wir bezeichnen diese Reaktionsweise als *Entlastungstyp,* der von der Entwicklung her an die Doppel-Bindungs-Erziehungsform anknüpft.

Obwohl viele Menschen sich nichts anderes wünschen, als mit einem Partner auf einer Robinson-Insel zu leben – bei anderen Menschen weckt diese Vorstellung tiefste Angst – greifen unsere sozialen Beziehungen weit über das Zweier-Verhältnis hinaus. Wir leben mit anderen Menschen und sind auf sie angewiesen.

Wenn wir von *Kontaktfähigkeit* sprechen, meinen wir die Fähigkeit und Bereitschaft, uns anderen Menschen, den Eltern, den Partnern, den Berufskollegen und sozialen Gruppen, aber auch den Tieren, Pflanzen und Dingen zuzuwenden. Diese Zuwendung ist bei manchen Menschen eng verknüpft mit Angst und Aggression. Schließlich ist sozialer Kontakt nicht nur eine Bestätigung, sondern stellt darüber hinaus eine gewisse Bedrohung dar: Durch die Konfrontation mit den anderen wird die eigene Wertvorstellung in Zweifel gezogen. Für einige ist dies Anlaß genug, nur dort Kontakt zu suchen, wo sie mit Zustimmung rechnen können, wo die gleichen Muster der Aktualfähigkeiten vorherrschen. Bekanntlich neigen wir dazu, solche Menschen als Freunde zu gewinnen, die in ähnlicher Weise denken wie wir, dieselben Ansichten über bestimmte Dinge haben und sich bezüglich der Geschmacksrichtungen und Liebhabereien nicht so sehr von der eigenen Position unter-

scheiden. Ist eine Gruppe unter diesen Gesichtspunkten zusammengesetzt, bildet sich ein festes Repertoire von Antworten und somit ein gemeinsamer Grundstock von Selbstverständlichkeiten. Man hat sich nach einiger Zeit nichts Neues mehr zu sagen und gefällt sich darin, das Gleiche zu hören und zu wiederholen, weil es bequem ist. Treffen als Gruppenpartner Menschen zusammen, die unterschiedlichen Kultur- und Erziehungskreisen entstammen, entwickeln sich leicht Spannungen. Diese sind in der Regel darauf zurückzuführen, daß unterschiedliche Verhaltensmuster und verschiedene Erwartungen bestehen: Man stelle sich vor, ein Gruppenmitglied hat gelernt, besonders auf Höflichkeit zu achten. Er wird versuchen, den anderen Mitgliedern gegenüber Aggressionen zu vermeiden, jedoch zugleich eine recht geringe Toleranzschwelle gegenüber der Unhöflichkeit im Benehmen der anderen Gruppenmitglieder entwickeln. Umgekehrt kann ein anderer Gruppenpartner diese Haltung als heuchlerisch und unehrlich empfinden, da er es gelernt hat, geradeheraus seine Meinung zu sagen. Allein das Wechselspiel dieser beiden Gruppenpartner wird Zündstoff genug liefern, um gegebenenfalls die Gruppe auseinanderfallen zu lassen.
Der Mensch tritt jedoch nicht nur in Kontakt mit weitgehend bekannten Größen wie einem Ich, einem Du oder einer Gruppe. Er pflegt auch Beziehungen zu dem, was ihm noch nicht bekannt ist oder prinzipiell unerkennbar für ihn sein wird. Gemeint ist damit die Frage des Menschen nach dem Sinn seines Lebens und weiter die Frage nach Gott. Der Mensch ist einerseits endlich. Seiner irdischen Existenz sind Grenzen gesetzt. Zugleich greift sein Bewußtsein über diese Grenzen hinaus und versucht, auf irgendeine Weise Beziehung mit einer Vergangenheit ohne Ursprung und einer Zukunft ohne Ende zu finden. Die Antworten, die darauf gegeben werden, sind unterschiedlich. Gleich bleibt hingegen die Frage, die wohl jeder Mensch in seinem Leben stellt.

Störungen und Konflikte
Angst; Unsicherheit; Angst vor der Liebe; Mißtrauen; Eifersucht; Überempfindlichkeit; übertriebene Erwartungen; Launen; gefühlsmäßige Enge; Kontaktarmut; Übertreibungen (vgl. Mißverständnis Liebe).

Einheit

EINHEIT IN DER MANNIGFALTIGKEIT. *(Baha'u'lláh)*

Ebensowenig wie Körper, Seele und Geist nebeneinander stehen, ist auch das Verhalten nicht bloß eine Summe der Ausprägungen der Aktual- und Grundfähigkeiten: Der Mensch besitzt die Fähigkeit, die Elemente seiner Persönlichkeit in einen funktionellen Zusammenhang zu integrieren. Das bedeutet, daß eine Aktualfähigkeit nicht etwas Fremdes, von außen Kommendes ist, sondern zu der Persönlichkeit gehört. Wohl wurde sie auf der Grundlage der Fähigkeiten erlernt. Ihre Ausprägung ist änderbar, jedoch gehört sie als ein wesentlicher Teil in die Persönlichkeit eines Menschen. Mit anderen Worten: der Mensch ohne Ordnung existiert nicht. Jeder Mensch verfügt über eine Raum- und Zeiteinteilung. Inwieweit diese mit der gesellschaftlich erwünschten Pünktlichkeit oder Ordnung übereinstimmt, ist eine Frage der Anpassung an die Umwelt. Weiterhin bedeutet die Einheit der Persönlichkeit, daß Veränderungen einzelner Aspekte als Veränderungen der Gesamtpersönlichkeit wirken können.

Ein Mensch, der Einsicht über die Ursache seiner Pedanterie erhält, wird m. E. auch gegenüber seiner Sparsamkeit eine andere Einstellung entwickeln können. Man neigt allgemein dazu, erst dem Erwachsenen und dann besonders den bereits entsexualisierten Greisen die Einheit der Persönlichkeit zuzusprechen. Dabei wird die Einheit gleichbedeutend mit Reife und Weisheit gebraucht. Hingegen scheint uns der Mensch in jeder Entwicklungsstufe eine Einheit darstellen zu können: der Säugling, das Kleinkind, das Kind, der Pubertierende, der Heranwachsende und der Erwachsene. Jeder kann auf seiner Entwicklungsstufe seine Identität, seine unverwechselbare Einheit finden. Unbenommen bleibt jedoch, daß in den verschiedenen Abschnitten seiner Entwicklung der Mensch bestimmten Formen des Einheitsverlustes und damit bestimmten Störungen gegenüber besonders anfällig ist.

Die Störbarkeit der Identität ist jedoch kein Grund, diese einem Menschen in einem bestimmten Entwicklungsabschnitt abzusprechen. Wenn wir die primären Fähigkeiten, die wir als Bedingungen der gefühlsmäßigen Beziehungen begreifen, nicht als Einzelfähigkeiten verstehen, sondern in den Ablauf der engeren zwischenmenschlichen Kommunikation integrieren, läßt sich eine idealtypische Entwicklungskette darstellen:

Unbekannte Fähigkeiten, Angst, Aggression, Nachahmung, Glaube, Zweifel, Hoffnung, Zutrauen – Vertrauen, Geduld, Gewißheit, Liebe und Einheit.

Beide Partner durchlaufen diese Entwicklungskette. Sie nehmen jedoch zumeist nicht zur gleichen Zeit die gleiche Position ein, sondern sind Phasen unterworfen. Den unbekannten Fähigkeiten des einen entsprechen Glaube, Zweifel und Hoffnung beim anderen Menschen; mit dem Zweifel des einen kann die Gewißheit des anderen korrespondieren. Wie das relative Verhältnis der Partner hinsichtlich der Entwicklungskette Konflikte verhindern mag, kann es umgekehrt durch eine konflikthafte Phasenverschiebung zu zwischenmenschlichen Dissonanzen kommen, etwa wenn ein Partner auf die Unordnung des anderen durch Aggression und Zweifel reagiert, wenn Ängste des einen Hoffnungslosigkeit beim anderen hervorrufen und konflikthafte Nachahmungen die Liebe zerstören.

Störungen und Konflikte

Einheitsverlust; Beruf als Lebensziel; Sexualität als Lebensziel; Religion als Lebensziel; Einseitigkeiten; Vorurteile; Minderwertigkeitsgefühle; Hemmungen; Verhaltensauffälligkeiten.

Angst, Aggression und Nachahmung als Konfliktpotentiale

ANGST IST ENERGIEAUFWAND OHNE ZIELSETZUNG.

Wir haben Angst, Aggression und Nachahmung als notwendige Entwicklungsschritte betrachtet. Dies bedeutet nicht, daß alle, Angst, Aggression und Nachahmung, notwendig seien. Vielmehr erweisen sie sich als wesentliche Quellen von Störungen und Einschränkungen des individuellen Glücks. Die aggressiven oder von Angst und Nachahmung geprägten Inhalte äußern sich in den Gedanken, im Sprechen und im Handeln. Dabei ist im Auge zu behalten, daß wir Angst, Aggression und Nachahmung hier als Bedingung und Folge von Störungen zwischenmenschlicher Beziehungen und innerseelischer Vorgänge werten. Sie beziehen sich auf die Verhaltenskategorien der sekundären Fähigkeiten, aber auch auf die emotionalen Kategorien der primären Fähigkeiten.

■ *In Gedanken und Traum*

Ein 9jähriger Junge, der verspielt und verträumt erscheint, Schulschwierigkeiten und Konzentrationsmangel hat und über Magenbeschwerden und Kopfschmerzen klagt, träumt seit zwei Jahren von seiner Mutter, sie sei eine Hexe oder ein Dämon.

Inhaltlich ließen sich diese Angstträume auf das Verhalten der Mutter zurückführen, die insbesondere auf Fleiß, Ordnung und Gehorsam bei dem Jungen achtete und ihn hinsichtlich dieser Aktualfähigkeiten in nahezu jeder Situation bevormundete. Das expansive und das Kind einverleibende Verhalten der Mutter wird von diesem als dämonisch erlebt und in Träumen bildlich vorgestellt.

Im Traum tragen wir die unter dem Zeichen der Aktualfähigkeiten stehenden Konflikte aus. Er ist in diesem Sinne ein Prozeß, der mit dem vorstellenden, bildhaften Denken zusammenhängt. Bei unverarbeiteten Konflikten geraten die Inhalte der Angst, Aggression und Nachahmung in den Mittelpunkt des Denkens. Man beschäftigt sich nahezu ausschließlich mit den Dingen, die einen beunruhigen. Die Schutzfunktionen verselbständigen sich: Man hat nicht die Angst (oder Aggression), sondern die Angst hat einen. Die gedachte und in Gedanken erlebte Angst und Aggression richtet sich nicht in allen Fällen gegen eine äußere Instanz, gegen das Kind, den Freund, die Ehefrau oder den gesellschaftlichen Zwang; sie kann auch ihr Ziel im eigenen Ich finden:

Ich fahre so leichtsinnig, wie ich will. Wenn ich einen Unfall habe, kann ihn sich meine Frau zuschreiben. Weshalb versteht sie mich nicht und behandelt mich nicht so rücksichtsvoll, wie es meine Mutter immer tat.

Oder:

Wenn ich jetzt Herzschmerzen habe, ist die Unordnung meines Sohnes daran schuld. Es kann sein, daß ich an Herzversagen sterbe, und dann hat er seine Strafe.

Diese nach innen gerichtete »höfliche Aggression« bewirkt vielleicht eine

Entschärfung der äußeren Konfliktsituation. Die Betroffenen stellt sie aber oft vor einen beträchtlichen Leidensdruck, der dadurch um so stärker wird, daß diese Vorstellungen außerhalb der Kontrolle des Bewußtseins wie automatisch ablaufen können. Ihre wohl extremste Ausprägung findet die innere Angst-Aggression in dem Gedankenspiel mit dem Freitod: *Was geschieht, wenn ich nicht mehr da bin?* So viel Genugtuung diese Vorstellung bereiten kann als Strafe gegenüber dem unachtsamen anderen und als Appell, so gefährlich wird dieses »Sandkastenmanöver« schließlich. Durch die ständige Beschäftigung mit dem Gedanken, wie man andere bestraft, indem man sich selbst schadet, wird in der Vorstellung ein ganzes Programm vorbereitet. Bei einem – für andere oft nichtigen – Anlaß läuft das Programm dann als Kurzschlußhandlung ab bis hin zum Selbstmordversuch. Vorbereitet wird diese Erlebnisreaktion in vielen Fällen durch ein passendes Vorbild, durch das – wenn möglich – die ganze Aktion noch einen heroischen Anstrich erhält.

■ *In der Sprache*

Über- und Untertreibungen:
Um aufzufallen, putze ich eine Geschichte entweder auf oder versuche sie herunterzuspielen, je nach Bedarf. Ich rufe meinen Mann oft an und erzähle ihm, daß ich einem Bekannten gesagt habe, was nicht ganz stimmt, damit er ihm nicht irgendwann einmal das Gegenteil sagt. (34jährige Hausfrau)

Versprechungen:
Wenn du versetzt wirst, bekommst du ein Fahrrad. Bei erfolgter Versetzung: Na ja, es hat gerade noch so geklappt, für ein Fahrrad reicht es nicht mehr. (28jähriger Ingenieur über seine Beziehung zum Vater)

Notlügen:
Wenn mein Mann abends zu Hause ist, will er auch durch das Telefon nicht mehr gestört werden. Bei einem Anruf gehe ich aus Neugierde an den Apparat, da das Gespräch evtl. auch für mich sein könnte. Ist dann doch das Gespräch für meinen Mann, muß ich dem Teilnehmer sagen: Mein Mann ist nicht zu Hause. Tue ich dies nicht, bekomme ich vorgehalten, daß ich nicht fähig bin, ihm den Feierabend zu erhalten. (35jährige Sekretärin)

Drohungen und Verwünschungen:
Wenn ich tagsüber viel gearbeitet habe und mein Mann nach Hause kommt und sich ausruht, drohe ich ihm, die Kinder verhungern und schmutzig zu lassen, denn ich hätte das Ausruhen nötiger als er. (32jährige Hausfrau)

Gerüchte und positives sowie negatives Nachreden:
Ich taste mich immer mit Lob und positiven Nachreden vor, bis ich die Meinung meines Gesprächspartners erkannt habe. Erkenne ich, daß mein Gesprächspartner auch gegen diese Person ist, dann weiß ich immer etwas Negatives zu berichten. (42jährige Hausfrau)

Sie sehen heute so blaß aus. Ich hatte einen Onkel, der sah eine Zeitlang genauso aus wie Sie, und dann stellte es sich heraus, daß er Krebs hatte. Aber bei Ihnen wird es doch hoffentlich nicht ganz so schlimm. (56jährige Witwe)
Was haben Sie doch für reizende Kinderchen. Schade aber, daß sie so verwahrlost durch die Straßen laufen. (62jährige Rentnerin)

Hänselei und Witze:
Schau mal, die roten Haare von dem Mädchen da drüben brennen wie Feuer, so eine Hexe. (7jähriger Schüler)
Ich kann nie über körperliche Mängel hänseln, weil ich als Kind so verhänselt wurde, daß ich heute noch mit Schrecken daran denke. (22jährige Büroangestellte)

Ironie und Zynismus:
Was bist du doch geschickt! (Mutter zu ihrer 5jährigen Tochter, die eine Tasse hat fallen lassen)
Gott ist tot, die Beerdigung findet übermorgen statt. Religion hilft den Menschen, sich gegenseitig zu hassen. (51jähriger Jurist)

Zwiesprache mit sich selbst:
Die kommen einfach, machen Unordnung und essen, und ich muß saubermachen... (28jährige Hausfrau über die Gäste ihres Mannes)

Schimpfen:
Ich schimpfe laufend über alles. Am meisten schimpfe ich mit den Kindern und mit meiner Mutter über die Unordnung und den Schmutz, den sie machen... (37jährige Hausfrau)
Über die Ungerechtigkeit meines Chefs rege ich mich sehr auf und schimpfe... (32jährige Sekretärin)

Schwören und Bekräftigungen:
Bei Gott, ich weiß davon nichts..., Ehrenwort, was ich sage, ist nicht übertrieben... (Aus einer psychotherapeutischen Jugendgruppe)

Fehlleistungen (sich versprechen, sich verschreiben, vergessen):
... die Lust (statt Luft) hier draußen ist wunderbar...
Deine Frau trägt immer noch den Heiligenschwein (statt Heiligenschein)... (32jährige Sekretärin zu ihrem verheirateten Freund)

Erwartungen:
So eine Unverschämtheit. Die bringen solche Kleinigkeiten zum Geburtstag des Kindes... (34jährige Mutter)
... da sieht man, was meinem Chef meine Arbeit wert ist. Schauen Sie sich das mal an, was meine Kollegin zum Geburtstag bekommen hat, und was ich dagegen bloß bekommen habe... (eine 24jährige Sekretärin)
Mein Bruder ist der Liebling meiner Mutter. Er wird mir vorgezogen... (8jähriger Schüler)

■ *Im Handeln*

Angst, Aggression und Nachahmung gewinnen im konkreten Verhalten ein neues Gesicht. Was sich bisher auf der abstrakteren Ebene der Gedanken und des Sprechens vollzogen hat, wird durch das Handeln plötzlich konkret und entwickelt eigene Konsequenzen. Aggressionen in der Erziehung nehmen hier eine eigene Stellung ein. Sie äußern sich *gesellschaftlich* in Isolierung von Minderheitsgruppen (»Spiel nicht mit den Schmuddelkindern«); Diskriminierung (»Ausländer sind dumm und unehrlich«); Zerstörung von persönlichem Eigentum (»Nach mir die Sintflut«); Gewalttätigkeit, Kriminalität und Wohlstandskriminalität; Pogrome (Massengewalttätigkeit, Gruppenegoismus und Kriege); große Diskrepanz zwischen Arbeitnehmer und Arbeitgeber bis hin zur Sklavenarbeit, Arbeitslager; gesetzlich festgelegte und sanktionierte Verfolgungen. Im *persönlichen* Bereich kommen die Ängste, Aggressionen und Nachahmungen außer in ihren offenen Formen in den drei Fluchtreaktionen zum Ausdruck: *Man flieht in die Einsamkeit, in die Aktivität oder in die Krankheit.*
Alle drei Reaktionen sind dadurch gekennzeichnet, daß man versucht, sich aus einem Konfliktbereich zurückzuziehen. Man möchte irgendwelchen Anforderungen und Spannungen dadurch ausweichen, daß man sich in sein »Schneckenhäuschen« bzw. in einen Lebensbereich, den man beherrscht, zurückzieht und als Gegengewicht zur Wirklichkeit eine eigene Welt aufbaut.

■ *Flucht in die Einsamkeit*

Kinder in einer solchen Situation spielen mit Vorliebe allein. Sie werden zu Einzelgängern und entwickeln dabei oft eine lebhafte Phantasie, die eine beliebte Unterstützung im Fernsehen findet.
Die Selbstbeschäftigung zeigt sich mitunter darin, daß ein Kind in der Nase bohrt, mit seinen Geschlechtsorganen spielt, Daumen lutscht und an den Fingernägeln kaut. Der mangelnde äußere Kontakt wird ersetzt durch Manipulationen am eigenen Körper. Aggressionen werden gegen sich selbst gerichtet. So kann es im Zusammenhang mit der »Flucht in die Einsamkeit« zu Eßstörungen kommen. Zum einen wird das Essen Ersatzbefriedigung, eine ausgesprochene Eßlust wird auffällig. Zum anderen lehnt das Kind das Essen ab, meist, um die Bezugsperson zu bestrafen. Im gleichen Zusammenhang versteht sich die Stuhlverstopfung als die trotzige Weigerung, etwas – den Stuhlgang nämlich – herauszugeben.
Der Wunsch des Kindes nach Geborgenheit und Zuwendung erhält in vielen Fällen durch ein Phänomen Ausdruck, welches für Eltern und Kinder oft mit großen Unannehmlichkeiten und verstärktem Leidensdruck verbunden ist. Gemeint ist hier das Bettnässen, das in der Tiefenpsychologie treffend als »Weinen nach unten« bezeichnet wurde.
Aus dem Rückzug auf sich selbst können sich ausgeprägte masochistische, selbstquälerische Züge entwickeln. Kinder reißen sich die Haare aus, zerbei-

ßen ihre Lippen und neigen mit auffälliger Häufigkeit dazu, sich selbst zu verletzen und in Unfälle hineinzugeraten. Gerade hier wird das verborgene Anliegen der Flucht in die Einsamkeit deutlich: durch den Rückzug und die Passivität auf das Bedürfnis nach Zuwendung, Liebe und Geduld hinzuweisen. Wird dieser Appell, den die Flucht wesentlich bedeutet, über längere Zeit nicht verstanden, beginnen sich die Reaktionen zu verselbständigen.
In der Pubertät entwickelt sich die Kontaktarmut zu einer Neigung zu häufiger Masturbation, die zum Teil auch nur als Übergangserscheinung zu betrachten ist. Die Linie der Flucht in die Einsamkeit läßt sich weiter fortsetzen: im Erwachsenenalter zeigen sich der Eigenbrötler und Einzelgänger, der sich von sozialen Aktivitäten zurückzieht und seine Freizeit nahezu ausschließlich mit Garten, Hund, Briefmarkensammeln, Fernsehen, »einsamen« Sportarten, wie alleine wandern oder Waldlauf, oder stillem Alkoholismus ausfüllt. Die passive Selbstmanipulation, die ihre auffälligste Ausprägungsform in der Drogenabhängigkeit findet, kann als typisch für die Flucht in die Einsamkeit gelten. In ihr finden Ängste und Hemmungen ihren Ausdruck.

■ *Flucht in die Aktivität*

Die Flucht in die Aktivität ist eine Flucht nach vorne. Ein Kind, das diesen Ausweg sucht, zeigt sich interessiert und geschäftig. Es ist bestrebt, Erfolge zu erzielen, die sich auf den Leistungsbereich oder auch auf den sozialen Bereich beziehen. Im Vordergrund steht dabei immer irgendeine Form von Erfolg und Anerkennung. Ort der Aktivitäten kann die soziale Umgebung sein. Das Kind benötigt ständig Freunde und Spielkameraden, die es umgeben. Es entwickelt dabei eine ausgesprochene Organisationsfähigkeit und ein Talent, mit sozialen Situationen fertig zu werden. Nimmt es im Spiel keine führende Rolle ein oder gewinnt es nicht, so wird aus ihm gerne der *Spielverderber* und der *Störenfried;* es zeigt offenes aggressives Verhalten. Ebenso kann sich eine starke Abhängigkeit von den Freunden entwickeln, ohne die es ja nicht auszukommen scheint. Ein anderer Bereich der Aktivität ist der der Leistungen in verschiedenen erwünschten Verhaltensbereichen. Ein Kind kann wochenlang täglich mehrere Stunden Fußball treten, großen Trainingsfleiß im Schwimmen oder anderen Sportarten zeigen. Oder es beschäftigt sich auffällig stark mit Büchern aus bestimmten Fachrichtungen, wird zur Leseratte oder lernt gerne auswendig. Während die Geselligkeit sich selbst bestätigt, findet hier eine besondere Belohnung der jeweiligen Erfolge statt. Der 3jährige Junge, der sich im Fußballspielen übte, wurde – außer durch den Vater, der Fußballfanatiker war – auch durch das Lob der Nachbarn (»Du wirst bestimmt ein guter Fußballer«) in seiner Aktivität bestärkt.
In solchen Fällen wird ein Bedürfnis nach Zuwendung deutlich. Dabei entwickelt sich oft eine Neigung zur Ausschließlichkeit, die als typisches Kennzeichen der Flucht betrachtet werden kann. Nur *der* Bereich wird in den Mittelpunkt gestellt, der Erfolg gebracht hat. Eine andere Aktivität wird mitunter vernachlässigt und in ihrer Bedeutung herabgesetzt: Die »Leseratte« hat

überhaupt kein Verständnis für sportliche Betätigungen und betrachtet sie als Zeitverschwendung. Der »Sportbegeisterte« unterschätzt die Bedeutung des Fleißes in der Schule. Auf die weitere Aktualfähigkeit übertragen, finden sich hier Einseitigkeiten zugunsten der sekundären Fähigkeiten, wobei die primären Fähigkeiten vernachlässigt werden. *Ordnung ist das halbe Leben; die ganze Gefühlsduselei ist Quatsch.*
Flucht in die Aktivität besitzt immer den Charakter einer Offensive. Konflikte werden nach außen getragen, Aggressionen nach außen gerichtet. Hier finden sich der laute, aktive Trotz, der Störenfried, der Bessermacher, der Spielverderber und der Streber. Bei starken inneren Spannungen wird die Aggression offen ausgetragen und kommt situationsabhängig als Angriff gegenüber Menschen und Dingen als aktive Fremdmanipulation zum Ausdruck. Es besteht dabei eine Tendenz zu sadistischen Zügen mit entsprechendem Lustgewinn.
Im Jugendalter finden sich als Auffälligkeiten der Flucht in die Aktivität die Gewalttätigkeit und Wohlstandskriminalität. Das andere Geschlecht wird als Objekt gesehen und eine Leistungsmotivation hinsichtlich der sexuellen Erfolge aufgebaut.
Auch der stillere Typ, der sich mit großem Fanatismus in politische, wirtschaftliche oder wissenschaftliche Aufgaben stürzt, ist hier zu nennen.
In dem Erwachsenenalter profilieren sich der Erfolgstyp, der Gelehrten-Typ, der Manager-Typ. Man findet die Leistungsmotivation in den verschiedensten Bereichen extrem ausgeprägt und einseitig repräsentiert. Der Zusammenhang von Leistung und Emotionalität wird hierbei in den Fällen auffällig, in denen jemand, der auf Erfolg zentriert war, seine Frau fallen läßt, nachdem er den Erfolg erreicht hat. Hier ist die Leistung das Mittel und die Waffe, vielseitige Zuwendung und Selbstbestätigung auch auf dem sexuellen Sektor zu erhalten.

■ *Flucht in die Krankheit*

Sie basiert zumeist auf Lernerfahrungen, für die Nachahmungen eine besondere Rolle spielen. Die Selbstnachahmung wird nach folgendem Muster erlernt: Das Kind hat eine Erkältung und wird von der Mutter oder einer anderen Bezugsperson besonders intensiv gepflegt und bemuttert. Das Kind, das sich u. U. zuvor unterdrückt fühlte durch Berufstätigkeit der Bezugsperson, Geschwisterrivalität oder weil die Mutter auf Ordnung und Gehorsam Wert legte, macht jetzt die Erfahrung: Wenn man krank ist, hören die Schikanen auf, man hat seine Ruhe, man wird darüber hinaus zum Mittelpunkt und erhält die Zuwendung, die man sich schon lange wünscht. Diese Lernerfahrung wird dann ausgenützt, wenn schwierige Situationen zu bewältigen sind: die Mutter schimpft, man hat Angst vor einer Prüfung, unangenehme Besuche müssen empfangen werden oder man muß Personen besuchen, denen man lieber nicht begegnen würde. Dann bleibt als erfolgversprechender Ausweg die Flucht in die Krankheit im Sinne eines Krankheitsgewinns.
Zur Fremdnachahmung kommt es folgendermaßen: Ein Kind macht die Er-

fahrung, daß die Mutter, wenn es in der Familie Ärger gibt, sich wegen Kopfschmerzen und Migräne zurückzieht und deswegen vom Vater in Ruhe gelassen und sogar gepflegt wird. Die Kinder haben für Ordnung und Sauberkeit zu Hause zu sorgen, da »die Mutter krank ist«. Diese Erfahrung wird zum Lernmodell. Es entwickelt sich folgende, zum wesentlichen Teil unbewußte Assoziation: *Wenn Schwierigkeiten auf mich zukommen, Probleme von mir nicht gelöst werden können, unangenehme Dinge bevorstehen, dann werde ich krank (wie die Mutter) und kann damit rechnen, daß ich Zuwendung von außen erhalte.* Im Laufe der Entwicklung verselbständigt sich dieses Reaktionsmuster, so daß man schließlich selbst keinen Zugang zu seinen Ursachen und Mechanismen hat. Das Kind geht von Arzt zu Arzt, wird mit Medikamenten behandelt, zur Kur geschickt usw., ohne daß wesentliche Besserungen eintreten. Der Erwachsene kultiviert weiterhin die Erfahrungen, die ihm im Sinne des Krankheitsgewinns zur Verfügung stehen.
Angst, Aggression und Nachahmung besitzen den Charakter eines Signals. Sie weisen auf einen nicht differenzierten oder einseitig entwickelten Bereich in der Persönlichkeit eines Menschen hin, durch den es zu einer Einschränkung in der Ich-Sphäre kommt. Diese Signale sind Hinweise auf einen Einheitsverlust und somit eine Chance.
Ein Mensch ist nicht dann gesund, wenn er keine Ängste und Aggressionen hat, sondern wenn er in der Lage ist, mit diesen Ängsten oder Aggressionen umzugehen und sie zu verarbeiten. Ziel der Erziehung und Erziehungskorrektur ist somit nicht nur das Austragen und Abreagieren von Ängsten und Aggressionen. Es muß auch die mangelnde Differenzierung im Bereich der primären und sekundären Fähigkeiten beachtet werden.

Sekundäre Fähigkeiten

Das Mädchen mit dem roten Samtkleid

Ein Mädchen trug ein rotes Samtkleid und war darüber ungeheuer glücklich. Es achtete auf das Kleid wie auf seinen eigenen Körper. Lag das geringste Staubkörnchen auf dem Samt des Kleides, beeilte sich das Mädchen, dieses abzuwischen. Und fielen einmal Tränen auf das Kleid, saugte das kleine Mädchen sie mit dem Munde auf. Das Kleid hatte eine ungeheure Wirkung auf die anderen Kinder; sie wünschten sich, immer in der Nähe des Mädchens mit dem schönen Kleid zu sein. Die Spielkameradinnen versuchten, das Kleid zu betasten und waren ganz stolz, wenn sie es angefaßt hatten. Eines Tages, während des Spiels, rutschte das Kind aus und fiel hin. Mit dem Kopf schlug es auf die Steine des Weges, und die Dornen zerrissen ihm das schöne Kleid. Das kleine Mädchen beachtete die Wunde an seinem Kopf gar nicht; es sah nur den Riß im Kleid und weinte. (Nach P. Etessami)

Ganz wie das kleine Mädchen benehmen wir uns im Umgang mit den anderen. Wir haben in unserem Kulturkreis eine Reihe von Aktualfähigkeiten zu unserem Kleid gemacht, das wir stolz tragen und schätzen, auch wenn wir selbst darunter leiden.

Pünktlichkeit

Das einzige Mal, wo du pünktlich warst, war bei deiner Geburt.

DEFINITION
Unter Pünktlichkeit verstehen wir die genaue Einhaltung einer erwarteten oder vereinbarten Zeiteinteilung.
PÜNKTLICHKEITSSITUATIONEN
Er kommt häufig zu spät ins Büro.
Sie läßt mit dem Abendessen auf sich warten.
Ich füttere mein Kind auf die Minute genau alle vier Stunden.
Ich hänge wie ein Sklave an der Uhrzeit.
Wir kennen keine Verspätungen. (Bahn)
Halten Sie bitte die Zeit mit Rücksicht auf die nachfolgenden Patienten ein, und sagen Sie im Verhinderungsfall rechtzeitig ab.
Sie sind gesetzlich verpflichtet, pünktlich zu erscheinen.
Bei mir jagen sich die Termine so, daß ich Herzbeschwerden bekomme.

ENTWICKLUNG
Ein Säugling bleibt in der Erfüllung seiner Triebwünsche weitgehend auf

seine Umwelt angewiesen. Die Fütterungs- und Säuberungsrhythmen bestimmten die erste Zeiteinteilung des Säuglings. Während die Psychoanalyse die Sauberkeit für die erste Kulturleistung eines Kindes hält, sehen wir sie in der Pünktlichkeit. Die Abstimmung der kindlichen Bedürfnisse mit der mütterlichen Zuwendung ist die erste wesentliche Kulturleistung. Folgende Primärerfahrungen der Pünktlichkeit können Einfluß auf die Persönlichkeitsentwicklung nehmen:

- Die Mutter erfüllt schon beim ersten Anzeichen eines Triebwunsches das Verlangen des Kindes. Sie ist gewissermaßen überpünktlich. Das Kind jedoch lernt unter solchen Bedingungen nicht, einen weiteren Spannungsbogen auszubilden: es lernt nicht warten.
- Die Triebwünsche des Kindes werden verspätet erfüllt. Man läßt das Kind warten: dabei kann es je nach Triebstärke Resignation (ruhige, triebschwache Kinder) oder Hartnäckigkeit und Aggression (triebstarke, lebhafte Kinder) ausbilden.
- Die Mutter geht unregelmäßig auf die Bedürfnisse des Kindes ein. Für dieses folgen daraus spätere Inkonsequenz und Unregelmäßigkeit hinsichtlich der Pünktlichkeit: einmal läßt es alle Termine sausen, ein anderes Mal erscheint es überpünktlich. Seine Erwartungen gegenüber seiner Umwelt können ebenso unregelmäßig sein. Dies führt zu Unsicherheit: *Du schimpfst auf mich, weil ich heute zu spät gekommen bin. Gestern und vorgestern hast du nichts gesagt.*

BEDEUTUNG UND AUSWIRKUNG

Typisch für manche Menschen ist es, daß sie in ungeheure Erregung geraten, wenn sie einen Termin nicht einhalten können. Mehr noch als diese aktive Pünktlichkeit scheint die passive Pünktlichkeit, das Warten auf jemanden, gefühlsmäßig stark besetzt zu sein. Solche Menschen werden durch die oft »chronische Unpünktlichkeit« anderer zur Verzweiflung gebracht. Folge von Unpünktlichkeit ist daher häufig der Vertrauensbruch: Man möchte mit jemandem nichts mehr zu tun haben, weil dieser seine Vereinbarungen nicht einhält. Umgekehrt können pedantische Pünktlichkeit und überspitzte Pünktlichkeitserwartung »auf die Nerven gehen«. Pünktlichkeit gerät dann zu einem Mittel der Bestrafung und im weiteren zur Selbstbestrafung.

BEISPIELE

Von anderen erwarte ich äußerste Pünktlichkeit, weil ich keine Geduld habe und nicht warten kann. Während der Wartezeit steigere ich mich so in Wut, daß ich mich sofort heftig entlade, wenn der Betreffende kommt. (33jährige Mutter von 2 Kindern, Herzschmerzen und Kopfschmerzen)

Wenn ich nach Hause komme und meine Frau das Essen noch nicht fertig hat, will ich gar nichts mehr von ihr wissen, schlage die Tür hinter mir zu und gehe ins Bett – aber ich kann nicht einschlafen. (39jähriger Architekt, Magenbeschwerden)

Die Unpünktlichkeit meines Sohnes treibt mich zur Verzweiflung. Ich wage

Situation (was liegt vor)	Ist-Wert (wie habe ich reagiert)	Soll-Wert (wie kann ich besser reagieren)
Marly kommt eine halbe Stunde zu spät aus der Schule. Das Essen ist noch warm.	Mutter: *Zur Strafe bekommst du nichts zu essen. Wenn's nicht mit Güte geht, dann eben mit Gewalt!*	Mutter: *Das kann passieren. Aber jetzt hast du natürlich eine halbe Stunde weniger Zeit zum Spielen, bis du mit den Aufgaben beginnst. Denn diese Zeit halten wir ein.*
Günter ist zu spät aufgestanden. Er befürchtet, zu spät in die Schule zu kommen, wenn er noch frühstückt. Es wäre nicht das erste Mal.	Günter: *Mutter, könntest du mich schnell zur Schule fahren, sonst komme ich zu spät, wenn ich noch frühstücke.* – Mutter: *Ja, das tue ich schnell.* (Sie denkt: was denkt die Lehrerin von uns, wenn Günter schon wieder zu spät kommt.)	Mutter: *Tut mir leid, das hast du dir selbst zuzuschreiben. Du kannst wählen, ob du auf dein Frühstück verzichten oder zu spät kommen willst!*
Der Vater hat den Kindern versprochen, am Sonntag nach dem Mittagessen mit ihnen rudern zu gehen.	Vater kommt eine Stunde später als vereinbart und sagt: *Jetzt ist es leider zu spät und es lohnt sich nicht mehr, rudern zu gehen.* Auf die Frage der Mutter nach dem Grund des Zuspätkommens antwortet er: *Ich wäre ja gerne gekommen, doch wollte ich meinen Freunden beim Frühschoppen nicht sagen, daß ich gehen muß.*	Die Freunde des Vaters beim Frühschoppen: *Was, du willst schon gehen? Das kannst du uns doch nicht antun!* Der Vater: *Ich würde gerne noch bleiben, aber diesmal habe ich meinen Kindern versprochen, mit ihnen rudern zu gehen, und deswegen möchte ich nicht zu spät kommen.*
Gaby ist zu einer Party eingeladen. Es wurde vereinbart, daß sie um 22 Uhr zurück ist. Sie kommt um 23.30 Uhr.	23.30 Uhr, die Eltern sind noch auf. Vater: *Das war das letzte Mal, daß du zu einer Party gegangen bist. Ich bin es leid!* – Mutter zum Vater: *Sei doch nicht so kleinlich. Bei jungen Mädchen ist das heute so üblich.*	Mutter: *Wenn du angerufen hättest, hätten wir wahrscheinlich nicht nein gesagt. Es geht uns hier nicht um ein Prinzip, sondern darum, daß einer sich auf den anderen verlassen kann.* (Die Eltern hatten sich abgesprochen.)

Situation (was liegt vor)	Ist-Wert (wie habe ich reagiert)	Soll-Wert (wie kann ich besser reagieren)
Ehepaar F. möchte ins Theater gehen. 15 Minuten vorher sitzt die Frau noch im Unterkleid vor dem Schminktisch.	Ehemann: *Deine verdammte Unpünktlichkeit verdirbt mir den ganzen Abend. Immer bist du unpünktlich. Auf das Theater können wir heute verzichten, und mit dem Ausflug am Wochenende brauchst du gar nicht zu rechnen!*	Ehemann: *Wenn ich dir irgendwie helfen kann, sage es mir, sonst kommen wir zu spät. Das nächste Mal werde ich dich früher daran erinnern, daß wir weggehen wollen. Dann können wir uns noch zeitiger vorbereiten.*

Störungen und Konflikte
Übertriebene Pünktlichkeit; überhöhte Pünktlichkeitserwartung; Erwartungsangst; Zeitdruck; ständige Furcht vor dem Nichtfertigwerden trotz starker Willensanspannung; Unpünktlichkeit; Unzuverlässigkeit; Vertrauensbruch; soziale Konflikte; Aggressionen; Konzentrationsschwäche; Streß; innere Unruhe; Magen-Darm-Leiden; Herz- und Kreislaufbeschwerden.

aber nichts zu sagen und bekomme starke Magenschmerzen. (32jährige Mutter von 3 Kindern)
In der Familie meines Mannes wurde immer pünktlich gemeinsam gegessen, während bei uns jeder essen konnte, wann er wollte. Ich habe einen ganz anderen Zeitrhythmus als mein Mann. Es kommt dauernd zu Reibereien zwischen uns. (29jährige Lehrerin, Sexualabwehr und Schlafstörungen)

Sauberkeit

BEVOR WIR SPAZIERENGEHEN, BÜRSTE ICH DIE GANZE FAMILIE AB.

DEFINITION
Unter Sauberkeit verstehen wir eine auf den Körper, die Kleidung, die Gegenstände des täglichen Gebrauchs, die Räumlichkeit und die Umwelt bezogene Reinlichkeit.

SAUBERKEITSSITUATIONEN
Mein Junge ist nicht dazu zu bewegen, sich vernünftig zu waschen.
Mein Mann riecht nicht gut, weil er sich nicht jeden Tag duscht.
Meine Frau hat einen Putzfimmel.
Wenn Fred aus der Schule kommt, sieht er jedesmal aus wie ein Dreckschwein.
Weg mit dem Grauschleier.
Halte deine Umwelt sauber.
Dein Mann macht einen guten Eindruck, er sieht immer gepflegt aus.

ENTWICKLUNG

Wie schon die Psychoanalyse feststellt, kommt der Einstellung der Eltern zur frühkindlichen Sauberkeit größte Bedeutung zu. Erikson beispielsweise sieht Zusammenhänge zwischen der frühkindlichen Reinlichkeitsdressur und der späteren Aggressivität. In der Psychotherapie finden sich Zusammenhänge von Sauberkeitserziehung und einzelnen Zwangshandlungen wie dem Waschzwang. Über die Reinlichkeitserziehung und das Vorbild der Eltern wird die individuelle Einstellung zum Schmutz, zur Sauberkeit und auch zum zwischenmenschlichen Kontakt (spiel' nicht mit den Schmuddelkindern...) geformt.

BEDEUTUNG UND AUSWIRKUNG

Sauberkeit ist zunächst eine Schutzfunktion. Eltern, die ihren Kindern verbieten, mit Schmutz umzugehen, tun dies, um die Kinder vor Vergiftungen und Infektionen zu schützen. Sie wissen um die Bedeutung von Mikroben, die Kinder nicht.

Von dieser Schutzfunktion müssen wir die Angsteinstellung trennen, die mit mangelnder Sauberkeit korreliert: Ein Kind, das seine schmutzigen Finger ableckt, erweckt in der Mutter die panische Angst, es könnte in den nächsten Tagen krank werden. Eine derartige Angsthaltung verhindert jedoch, daß sich ein Kind mit seinem Körper und der Umwelt, zu der auch der Schmutz gehört, vertraut macht. Da Geschlechtsorgane und Ausscheidungsorgane dicht beieinander liegen, begünstigt ihre Lokalisation im Verein mit einer Überbetonung von Sauberkeit und mangelnder sexueller Aufklärung eine Ablehnung sexueller Aktivitäten.

BEISPIELE

Wenn man bei uns nicht vom Boden essen kann, fängt mein Mann an zu toben. Seine Mutter war ständig am Putzen und das verlangt er jetzt auch von mir. (35jährige Frau, Dickdarmentzündung)

Nach jedem Gang auf die Toilette mußte ich mir drei Stunden lang die Hände waschen. In meinem Elternhaus herrschte peinlichste Sauberkeit. Mein Vater hätte am liebsten die Weinberge gebohnert. (35jähriger Mann, chronische Verstopfung)

Wenn wir im Wald picknicken, wirft Marina leere Büchsen und Abfälle in der Gegend herum. Das bringt mich zur Raserei, während meine Frau nichts dabei empfindet. Wie oft hat es deswegen schon Krach zwischen uns gegeben. (41jähriger Mann, Eheschwierigkeiten)

Gestern habe ich Lydia angebrüllt: ›Wie oft habe ich dir schon gesagt, du sollst dich draußen nicht so schmutzig machen. Bei uns sieht es immer aus, wie in einem Saustall!‹ – In meiner Kindheit mußte ich immer geschniegelt und gestriegelt herumlaufen. (40jährige Mutter, dauernde Kopfschmerzen, organisch ohne Befund)

Mein Mann riecht so übel aus dem Hals, daß ich einfach nicht mit ihm schlafen kann. Seine Wut läßt er dann an den Kindern aus. Seine Mutter war auch so eine Schlampe. (27jährige Frau, Sexualabwehr)

Auf niemanden kann man sich verlassen, alles muß man selber machen. Ich habe auf die Mitarbeit meiner Putzfrau verzichtet, weil sie alles nur halb gemacht hat. In den Ecken häufte sich der Dreck... (52jährige Hausfrau, Kopfschmerzen, kein organischer Befund)

Situation	Ist-Wert	Soll-Wert
Lydia kommt mit schmutzigen Schuhen vom Spielen nach Hause und setzt sich mit ungewaschenen Händen an den Tisch.	Die Mutter brüllt Lydia an: *Wie oft habe ich dir schon gesagt, du sollst dich draußen nicht so schmutzig machen. Bei uns sieht es immer aus wie in einem Saustall. Ich lasse dich nicht mehr runter auf die Straße.*	Die Mutter: *Ich freue mich, wenn du schön draußen spielst. Weißt du was, du ziehst dir draußen an der Wohnungstür die Schuhe aus und stellst sie zu den anderen schmutzigen Schuhen. Und jetzt wasch dir bitte noch die Hände. Es gibt leckere Klöße.*
Manfred bekleckert beim Mittagessen seine Hose.	Die Mutter: *Kannst du denn nicht aufpassen, du Schlamper? Was meinst du, was die Reinigung wieder kostet!*	Die Mutter: *Na, es ist ja eine ganze Zeit gut gegangen. Da macht ein kleiner Fleck ab und zu auch nicht viel aus. Aber wenn du nächstes Mal die Serviette nimmst, brauchen wir die Hose gar nicht in die Reinigung zu bringen.*
Der Ehemann kommt wiederholt schmutzig von der Arbeit. Seine Fingernägel sind schwarz, sein Gesicht ist staubig. Er hat keine Lust, sich abends vor dem Schlafengehen gründlich zu waschen.	Die Ehefrau sagt am Abend gar nichts; erst im Bett, als ihr Mann zärtlich werden möchte, klagt sie über Kopf- und Kreuzschmerzen und Übermüdung. Sie zieht sich an den äußersten Rand des Ehebettes zurück.	Die Ehefrau: *Ist dir schon aufgefallen, wie schmutzig du bist? Was hältst du davon, ich mache dir erst einmal eine Maniküre und dann stellen wir uns gemeinsam unter die Dusche.*

Störungen und Konflikte
Ritualisierte Sauberkeit; Überempfindlichkeit; Waschzwang; Angst; Unsauberkeit; Aggression; Vertrauensbruch; Kontaktstörungen; Sexualstörungen; Selbsthaß; Einnässen; Einkoten; Ekzeme; Allergien.

Ordnung

ORDNUNG IST DAS HALBE LEBEN.

DEFINITION
Ordnung äußert sich im räumlichen Zueinander der Dinge; keines stört das andere in seiner Funktion und jedes kann ohne Zeitverlust aufgefunden werden.

ORDNUNGSSITUATIONEN
Das Zimmer meiner Tochter ähnelt Sodom und Gomorrha.
Mein Mann hat das Aufräumen nicht erfunden.
Im Büro ist er korrekt, zu Hause schlampig.
Die Wohnung wirkt steril und ungemütlich.
Sie läßt alles liegen und stehen.
Im Gottesdienst vollzieht sich alles nach einer uralten, geheiligten Ordnung oder einem Ritus.
Außen hui – innen pfui! Man darf nicht in die Schränke schauen.
Die Firma ist gut organisiert.

ENTWICKLUNG
Auch das unordentlichste Kind hat seine Ordnung und seinen Ordnungssinn. Ordnung in diesem Verständnis ist die Fähigkeit, seine Wahrnehmungen und seine Umgebung zu organisieren und zu gliedern.
Die Ordnung, über die innerhalb einer Bevölkerungsgruppe Übereinstimmung herrscht, wird über das Vorbild der Eltern und der näheren Umgebung erworben.
Die Ordnung entfaltet sich je nach der Entwicklungsstufe des Kindes. Die scheinbare Unordnung eines Kindes, das seine Spielsachen auseinandergeschraubt hat und deren Teile umherliegen läßt, kann als eine Stufe der Entwicklung zur Ordnung gelten.

BEDEUTUNG UND AUSWIRKUNG
Ordnung spielt in eine Reihe von Aktualfähigkeiten hinein: Pünktlichkeit ist somit eine Ordnung der Zeit, Höflichkeit – Ehrlichkeit eine Ordnung der zwischenmenschlichen Beziehungen und Fleiß eine Ordnung hinsichtlich des Arbeitsaufwandes. Da die Ordnung sich nicht nur auf Äußerlichkeiten beschränkt, sondern auch eng mit dem Erleben und dessen Organisation zusammenhängt, ist diese Aktualfähigkeit besonders gefühlsbetont. So kann ein zwanghafter Mensch, für den die zwanghafte Ordnung Selbstschutz darstellt, zusammenbrechen, wenn irgend etwas an dieser Ordnung verändert wird. Werden Unordnung konsequent bestraft und peinlichste Ordnung belohnt, können sich Angst, Zwangshandlungen und Aggressionen – häufig mit psychosomatischen Beschwerden verbunden – einstellen: die Unordnung, aber auch die Pedanterie eines anderen kann auf die Galle gehen.

BEISPIELE

Wenn ich mein Zimmer nicht aufgeräumt hatte, hieß es: ›Ich habe dich nicht mehr lieb!‹ Das jagte mir panische Angst ein. Heute bin ich mehr als pedantisch und gerate dadurch oft in Konflikt mit meinem Mann und den Kindern. (39jährige Frau, chronische Verstopfung und Schlafstörungen)

Wenn ich seinen Schulranzen nicht aufräumen und die richtigen Sachen für den Unterricht am nächsten Tag nicht einpacken würde, nähme er garantiert die falschen Bücher und Hefte oder gar keine mit. Ich will nicht erleben, was es dann in der Schule gäbe. Das möchte ich dem Kind ersparen! (28jährige Mutter, Unselbständigkeit und Wutausbrüche des 8jährigen Sohnes)

Bei meinen Großeltern wurde jeder Hinweis mit den Worten bekräftigt: ›Der liebe Gott sieht alles‹, ob wir nun einen Rest im Teller ließen, ein Brot nicht fertig aßen oder unsere Kleider nicht in den Schrank hängten. Das alles war Sünde, und der liebe Gott würde uns dafür bestrafen. Heute will ich von Religion nichts mehr hören. (48jähriger Architekt, Depressionen)

Nachdem ich gesehen habe, daß bei meiner Sekretärin auch wichtige unerledigte Dinge in die Ablage gerieten, ist sie bei mir unten durch. Wenn ich den Schreibtisch schon sehe, auf dem sich alles türmt, würde ich am liebsten alles herunterwerfen! (45jähriger Betriebsleiter, Herzbeschwerden; kein organischer Befund)

Situation	Ist-Wert	Soll-Wert
Der 8jährige Martin räumt seinen Schulranzen nicht auf.	Die Mutter schafft Ordnung und packt Bücher und Hefte für den Unterricht des nächsten Tages ein.	Die Mutter erinnert Martin daran, daß er seinen Schulranzen noch nicht aufgeräumt hat. Sie räumt jedoch nicht selbst auf, sondern gibt ihm Gelegenheit, seine eigenen Erfahrungen mit der Unordnung zu machen.
Heidis Tisch im Kinderzimmer ist übersät mit Leimresten und Papierschnitzeln.	Die Mutter in lautem Ton: *Was meinst du, wenn Pappi heute abend den unordentlichen Tisch sieht! Und überhaupt: die Schulaufgaben sind noch nicht fertig, die Hände wäschst du auch nicht, und gestern abend bist du eine Stunde zu spät nach Hause gekommen!...* Sie gibt Heidi eins hinten drauf!	Die Mutter: *Dein Bett machst du ja immer recht ordentlich. Könntest du vielleicht auch den Tisch noch etwas aufräumen?*

Situation	Ist-Wert	Soll-Wert
Der Medikamentenschrank, der in den Aufgabenbereich der Ehefrau fällt, ist nicht aufgeräumt.	Der Ehemann: *Deine Unordnung bringt mich durcheinander. Erst muß ich stundenlang suchen, bis ich ein Medikament gefunden habe, und dann stecken in der Verpackung statt eines Kopfschmerzmittels deine Hormonpillen...*	Der Ehemann informiert seine Frau über die Unordnung und fragt sie: *Wann hast du einmal Zeit, damit wir gemeinsam den Medikamentenschrank aufräumen können? Deine Hilfe brauche ich dazu, damit wir beide wissen, wo wir etwas finden können.*
Der Vorgesetzte ärgert sich ungeheuer über die Unordnung auf dem Schreibtisch seiner Sekretärin.	Der Chef spricht mit anderen Mitarbeitern darüber, wie unbrauchbar doch seine Sekretärin sei.	Der Chef nimmt sich Zeit und erklärt der Sekretärin, welche Ordnung er bevorzugt und warum er das tut. Es wird vereinbart, über eventuell auftretende Probleme zu sprechen.

Störungen und Konflikte
Pedanterie; Pingeligkeit; Kontrollzwänge; Unordnung; Unachtsamkeit; Schlampigkeit; Aggression; Vertrauensbruch; Schulschwierigkeiten; berufliche Konflikte; Schuldgefühle; Angst; Kopfschmerzen.

Gehorsam

WENN ICH SAGE, DAS IST ROT, DANN IST ES AUCH ROT, UND WENN ES ZEHNMAL BLAU IST!

DEFINITION
Unter Gehorsam verstehen wir das Befolgen von Bitten, Anordnungen, Befehlen einer äußeren Autorität. Gehorsam wird vor allem bezüglich verschiedener inhaltlich umschriebener Eigenschaften (wie Ordnung, Pünktlichkeit etc.) gefordert und geleistet.

GEHORSAMSSITUATIONEN
Man muß Kindern den Willen brechen.
Kinder müssen essen, was auf den Tisch kommt!
Prügel haben noch niemandem geschadet.
Lehrjahre sind keine Herrenjahre.
Mit Disziplin und Drill haben wir schon zwei Weltkriege verloren.
Was die Eltern sagen, gilt, denn sie sind die Stellvertreter Gottes.

Gehorsam ist eine der Stützen des Militärs und Grundprinzip vieler Rechtsordnungen.
Wer nicht hören will, muß fühlen.

ENTWICKLUNG
Gehorsam wird entweder durch Strafe bzw. Strafandrohung oder durch Belohnung ausgeführter Anordnungen anerzogen. Dem Menschen bleiben drei Möglichkeiten:
Man kann sich mit der Autorität identifizieren, ihre Einstellungen und Verhaltensweisen übernehmen und sie von Dritten ebenso erwarten.
Man kann resignieren. Hier findet sich häufig die Ursache von Verhaltensstörungen wie Kontakthemmungen, Angst, Bettnässen oder psychosomatischen Symptomen wie Kopfschmerzen, Magen-Darm-Beschwerden etc.
Man kann revoltieren und seine Aggressionen entweder gegenüber der Autorität oder einem schwächeren Sündenbock abladen.
Das Verhältnis eines Erwachsenen zum Gehorsam kann seine Konfrontation mit der elterlichen Autorität widerspiegeln.

BEDEUTUNG UND AUSWIRKUNG
Gehorsam, der auf den Prinzipien von Lohn und Strafe aufbaut, ist ein – aber nicht der einzige – Faktor zwischenmenschlichen Zusammenhaltes. Gehorsam garantiert das Funktionieren einer Gruppe oder Gesellschaft.
Unbedingter Gehorsam dagegen führt zu Konflikten, wenn Gesetze und Autoritäten den Anforderungen der Zeit nicht mehr genügen. Er schränkt die Selbständigkeit im Denken und Handeln ein. Wird der Gehorsam von starren, festgefahrenen Autoritäten oder Gesetzen bestimmt, entwickeln sich Angst und Aggressionen gegen das Neue.
Ungehorsam als Auflehnung gegen Autoritäten beinhaltet ein schöpferisches Moment. Jedoch besteht die Gefahr, daß der Ungehorsam mit seiner Revolte über das Ziel hinausschießt und den zweiten Schritt vor dem ersten macht.
Gehorsam kann sich ebensogut in der Spannung zwischen Wunsch und Angst austragen. Zwei Formen lassen sich beobachten: Man ist nach außen hin gehorsam und ordnet sich unter; nach innen oder anderen gegenüber zeigt man sich aufrührerisch und mutig. Oder: Man gibt sich nach außen ungehorsam, aufgeschlossen und revoltierend. Dieser Ungehorsam ist jedoch verbunden mit einer inneren Abhängigkeit und Ausdruck für diese.

BEISPIELE
Meine Mutter verlangte absoluten Gehorsam von mir. Sie begründete dies damit, daß sie meine Mutter sei, eine von Gott gewollte Einrichtung, und daß ich sonst den Zorn Gottes auf mich herabrufen würde. Ich habe innerlich revoltiert, aber mich dann doch gefügt. Überall sah ich den lieben Gott wie einen Polizisten lauern. (22jährige Studentin, Angst, Schwitzen und Herzrasen)
Wenn wir bei Verwandten waren, sagte sie z.B.: ›Wenn die Mutti ›Ja‹ sagt, dann ist's...?‹ – worauf ich ›Ja‹ antworten mußte; und ›Wenn die Mutti

›Nein‹ sagt, dann ist's...?‹ – worauf ich ›Nein‹ antworten mußte. Sie schaute sich dann immer triumphierend um, wie nach einem gelungenen Zirkusakt, und ich bekam auch mein Stück Zucker in Form eines schmatzenden Kusses, vor dem ich mich ekelte. Ich wagte nie, aufzumucken. (19jähriger, drogenabhängiger Schüler)
Ich erinnere mich noch an einen Ausspruch meiner Mutter: ›Wenn ich dir nicht alles bis ins Kleinste vorschreibe und verbiete, klappt es überhaupt nicht. Auch so geht's noch oft genug daneben. Das beweist du doch immer wieder.‹ – Noch heute muß mein Mann mir alles vorkauen. (33jährige Hausfrau, Depressionen und Lebensangst)

Situation	Ist-Wert	Soll-Wert
Elke hat keine Lust, Klavier zu üben.	Mutter: *Wenn du jetzt nicht übst, gehe ich heute abend nicht mit dir Schlittschuhlaufen; außerdem bekommst du keinen Pudding!*	Mutter: *Ich habe Verständnis dafür, wenn du mal keine Lust zum Üben hast. Das wird auch sicher wieder anders werden. Wenn das aber ein Dauerzustand wird, müßten wir dich vom Unterricht abmelden. Wir wollen dich nicht zwingen.*
Frank möchte gerne noch länger spielen.	Vater: *Jetzt aber marsch! Ich werde dir schon beibringen, was Gehorchen heißt!* – Er gibt Frank zwei Ohrfeigen – *Mir haben Prügel auch nicht geschadet!*	Vater: *Frank, du kannst noch 5 Minuten spielen, dann komm bitte zum Essen.* – Nach 5 Minuten geht der Vater ins Kinderzimmer oder ruft: *Frank, wir wollen jetzt essen – komm bitte!* (Durch die »Vorwarnung« erreicht er, daß Frank nicht mitten aus seinem Spiel gerissen wird.)
Claudia hat morgens den Tisch gedeckt; als die Mutter aus dem Bad kommt, sieht sie »die Bescherung«.	Mutter: *Ich habe dir hundertmal gesagt, daß wir wochentags das einfache Geschirr nehmen, aber du hast das gute aufgedeckt. Los, räume alles wieder ab!*	Mutter: *Ich bin ganz überrascht! Da hast du mir aber eine Freude gemacht, daß du den Tisch schon gedeckt hast. Vati wird sich auch freuen, wenn er es hört. Du wolltest es sicher besonders schön machen, weil du das gute Geschirr ge-*

Situation	Ist-Wert	Soll-Wert
		nommen hast. Sonst benutzen wir wochentags ja das andere.
Heiner läßt seine Beatmusik nebenan bis spät in den Abend dröhnen.	Mutter zum Vater: *Sag ihm doch um Himmelswillen, er soll den Ton leiser machen, sonst drehe ich noch durch!* Vater: *Du weißt genau, daß man dem Jungen seine Freiheit lassen muß. Wir müssen das eben aushalten.*	Vater am nächsten Tag zu Heiner: *Ich sehe ein, daß du deine Platten gerne laut spielen läßt. Wie wäre es, wenn wir uns auf eine bestimmte Zeit einigten? Du könntest nachmittags die Lautstärke wählen, die du gerne möchtest, und wenn Mutter um 6 aus dem Büro kommt, leiser drehen. Von Ausnahmen abgesehen, wenn du z. B. abends mal Freunde eingeladen hast.*
Das Auto ist das liebste Kind im Haus. Der Ehemann erlaubt seiner Frau nur zu fahren, wenn er selber dabei sitzt. Um einen Einkauf schneller zu erledigen, nimmt sie den Wagen.	Ehemann: *Ich kann froh sein, daß du den Wagen nicht kaputtgefahren hast. In Zukunft fährst du das Auto gefälligst nur, wenn du es auch putzt!*	Ehemann: *Bevor du das nächste Mal allein in die Stadt fährst, üben wir noch einmal zusammen. Ansonsten können wir uns ja einigen, wann einer von uns den Wagen haben kann.*
Harald soll den Gartenzaun streichen, statt zum Fußballspiel zu gehen. Er mault.	Vater: *Wenn ich dir diesen Widerspruchsgeist nicht austreibe, wird aus dir nie was. Ich will nichts mehr hören – los, an die Arbeit!*	Vater: *Eigentlich hast du recht; den Zaun kannst du auch morgen noch streichen.*

Störungen und Konflikte
Forderung nach blindem Gehorsam; drakonische Strenge; Autoritätsgläubigkeit; Befehlsautomatie; Autoritätskrise; körperliche Bestrafung; Ungehorsam; Angst; Aggression; Trotz; Mißhandlungen; Nägelkauen; Bettnässen; Anpassungsschwierigkeiten; Ehekonflikte.

Höflichkeit

Es hiess immer nur: Was sagen die Leute!

DEFINITION
Was Höflichkeit ist, läßt sich am besten an ihren Extremen verdeutlichen: an Superfreundlichkeit, Kriecherei oder Heuchelei einerseits, schonungsloser und verletzender Rücksichtslosigkeit andererseits. Die Differenzierungsanalyse versteht Höflichkeit als eine sozialbezogene Aggressionshemmung.

HÖFLICHKEITSSITUATIONEN
Das Benehmen Ulrichs gegen seine Freunde läßt zu wünschen übrig.
Die Ausdrucksweise meines Mannes widert mich an!
Was die Leute über uns denken, ist mir gleichgültig.
Ich bin so freundlich, weil ich zuviel Liebe verlange.
Zu Fremden muß man immer nett sein.
Er tritt dauernd ins Fettnäpfchen.
Sie benimmt sich wie ein Elefant im Porzellanladen.
Höflichkeit ist die Tugend der Könige.
Diplomatie ist ein anderes Wort für Lügen.
Es gehört zum guten Ton, in die Kirche zu gehen.
Wenn Erwachsene reden, hast du sie nicht zu unterbrechen.
Wenn mein Mann mit mir spazierengeht, läuft er immer zwei Meter vor mir her. Ich komme mir dann vor wie der letzte Dreck.

ENTWICKLUNG
Für den Erwerb von Höflichkeit spielen das Lernen am Modell (zumeist am Modell der Eltern) und das Lernen am Erfolg (der eigenen Verhaltensweisen) eine Rolle. Die Reaktion der Eltern auf scheinbar unhöfliches Verhalten ihrer Kinder wiegt schwer. Mehr noch als andere Aktualfähigkeiten hängt die Art der zu erlernenden Höflichkeit von der Kultur und der sozialen Schicht ab.

BEDEUTUNG UND AUSWIRKUNG
Als Höflichkeit gilt die Einhaltung der Formen und Regeln des sozialen Kontaktes. Gewisse Spielregeln müssen befolgt werden. Eine übertriebene Höflichkeitsforderung kann provozieren, daß aggressive Impulse verleugnet oder verdrängt werden. Sie drückt innere Unsicherheit und Selbstwertproblematik aus. Höflichkeit korrespondiert immer mit Ehrlichkeit. Beide stehen in umgekehrtem Verhältnis zueinander. Zunächst wird höfliches Verhalten bestätigt: die Umwelt reagiert freundlich. Ist aber die Höflichkeit mit einem zu großen Triebverzicht erkauft, schlägt sie später in Aggression um, die sich in der Regel nach innen richtet.
Mein Mann freut sich immer, wenn ich so tue, als wäre ich mit meiner Schwiegermutter ein Herz und eine Seele. Hinterher könnte ich mich dann ärgern, daß ich der alten Schlange nicht die Meinung gesagt habe. Ich kann mich dann prompt mit Kopfschmerzen ins Bett legen. (36jährige Hausfrau)

Faustregel für die Höflichkeit: Was würden Sie sagen, wenn Ihr Gegenüber Sie in gleicher Weise behandeln würde, wie Sie es mit ihm tun?

BEISPIELE

Was man mit Anstand oder Etikette bezeichnet, davon hat meine Mutter keine Ahnung. Dies war besonders schlimm, weil ich immer auf ihrer Arbeitsstelle zum Essen gehen mußte. Wir aßen zusammen mit den Herrschaften, bei denen sie putzte. Dabei schwitzte ich immer Blut und Wasser, was meine Mutter wohl wieder anstellen würde; sie hatte nie gelernt, mit Messer und Gabel zu essen. Heute ist für mich Etikette alles. Mein Maßstab heißt: Was denken die Leute? (39jährige Mutter, Magen-Darm-Beschwerden)

Meine Mutter legte Wert auf gute Manieren. Ich war ein gut dressiertes Kind. Das änderte sich schlagartig, als ich anfing zu studieren. Ich bekam wegen meiner Umgangsformen den größten Krach mit meinen Eltern. Meine Mutter meinte einmal: ›Du bringst mich noch ins Grab!‹ Heute will kaum jemand was mit mir zu tun haben, weil ich so verletzend sein kann. Ich bin völlig isoliert. (23jährige Studentin, Sexualabwehr und Kontaktschwierigkeiten)

Situation	Ist-Wert	Soll-Wert
In der Küche.	*Los, gib schon das Brot her.*	*Würdest du mir bitte das Brot reichen?*
Im Badezimmer.	*Wenn du nicht schneller machst, gibt's was!*	*Bitte, beeile dich etwas mit dem Waschen, der Kaffee ist gleich fertig.*
Im Kinderzimmer.	*Dein Zimmer sieht aus wie ein Saustall!*	*Findest du, daß dein Zimmer aufgeräumt ist?*
Der Ehemann hat beim Umziehen seine Sachen im Schlafzimmer auf den Boden fallen lassen.	*Meinst du eigentlich, ich hätte hier aufgeräumt, nur damit der Herr des Hauses alles wieder durcheinanderbringt?*	*Ich würde mich freuen, wenn du deine gebrauchte Wäsche in den Wäschebeutel tun würdest.*
Die Ehefrau macht Frühjahrsputz.	Vater zur Mutter: *Mit deinem Putzfimmel kannst du einen zur Raserei bringen!*	*Ich freue mich auch, wenn alles sauber ist. Aber meinst du nicht, daß zweimal putzen in der Woche genügt?*
Die Sekretärin muß im Auftrag des Chefs den Urlaubsantrag einer Kollegin ablehnen.	Zur Kollegin: *Ich kann nichts dafür, daß ihr Antrag abgelehnt worden ist.*	*Der Chef hat ihren Antrag abgelehnt.*

Situation	Ist-Wert	Soll-Wert
»Doppelte Buchführung« (höflich, aber nicht ehrlich)	Sekretärin zum Chef: *Sie haben Recht, ich würde das genauso machen.*	*Ich bin zwar anderer Meinung, aber sie müssen entscheiden.*
Die Nachbarin schellt und fragt Frau M., ob sie ihre Tochter für zwei Stunden bei sich behalten könnte.	Frau M. zur Nachbarin: *Aber sicher, lassen sie Renate nur hier. Kaum ist die Nachbarin gegangen: Die dreht mir ihr Kind wirklich bei allen passenden und unpassenden Gelegenheiten an!*	*Das ist leider jetzt nicht möglich, ich möchte nämlich einkaufen gehen. In einer Stunde gerne.*
Die Mutter will ihr Kind zur Höflichkeit gegenüber der Nachbarin anleiten.	*Du mußt immer schön freundlich sein, sonst ist der liebe Gott mit dir böse.*	*Wenn du freundlich zu Frau Müller bist, freut sie sich, und ihr kommt dann gut miteinander aus.*

Störungen und Konflikte
Superhöflichkeit; Heuchelei; überzogene Höflichkeitserwartung; ritualisierte Höflichkeit; Unfähigkeit, Nein zu sagen; Unhöflichkeit; Egoismus; Taktlosigkeit; Frechheit; versteckte und offene Aggressionen; soziale Unsicherheit; Angst; mangelndes Durchsetzungsvermögen; Schuldgefühle; Kopfschmerzen; Magen-Darm-Beschwerden; Herzbeschwerden; Neigung zu Alkoholismus.

Ehrlichkeit

Mein Kind lügt wie gedruckt!

DEFINITION
Als ehrlich bezeichnen wir einen Menschen, der seine Meinung offen äußert; als unehrlich jemanden, der verschlossen oder mit (Not-)Lügen reagiert. Die Differenzierungsanalyse rechnet Wahrhaftigkeit und Redlichkeit zur *Ehrlichkeit.* Ehrlichkeit in einer partnerschaftlichen Beziehung gilt als Treue, in der sozialen Kommunikation als Offenheit und Aufrichtigkeit.

EHRLICHKEITSSITUATIONEN
Wahrhaftigkeit ist nicht die Stärke meiner Tochter ihrem Vater gegenüber.
Unser Klaus trägt sein Herz auf der Zunge.
In der Familie hält Sabine mit ihrer Meinung nicht hinter dem Berg, der Klassenlehrer hingegen muß ihr die Worte gleichsam von der Zunge holen.
Meine Frau macht mir gegenüber aus ihrem Herzen keine Mördergrube.
Im Büro sollte man nicht alles sagen, was man denkt.

Ich muß meiner Nachbarin alles weitererzählen, sonst habe ich keine Ruhe.
Unser Pfarrer will lieber unwahren Schmus hören als eine ehrliche Meinung.
Ich bin immer darauf bedacht, einer Auseinandersetzung aus dem Wege zu gehen.
Mein einziger Fehler ist, daß ich zu ehrlich bin.

ENTWICKLUNG

In dem Alter, in dem das Kind zu sprechen beginnt und sich mit Spielkameraden beschäftigt, kann es noch nicht klar zwischen Vorstellung und Wirklichkeit unterscheiden. Diese mangelnde Unterscheidung verlangt von den Bezugspersonen Verständnis und die Bereitschaft, sich mit der Erlebniswelt des Kindes auseinanderzusetzen. Versteht der Erwachsene die »Erlebnislogik« des Kindes nicht und bestraft sie als »Lüge«, um das Kind zur Ehrlichkeit zu erziehen, so kann bereits hier eine Erziehung zur Unehrlichkeit erfolgen: Das Kind lernt, aus Angst mit seiner Meinung hinter dem Berg zu halten. Weiterhin wirkt die Nichtbeachtung des normalen Verhaltens als Anreiz zur Unehrlichkeit: Um die Beachtung und Zuwendung der Bezugsperson zu erhalten, wird das Kind beginnen, aufregende Geschichten zu erzählen und sich in den Mittelpunkt stellen. Unehrliches Verhalten wird eingeübt, wenn die Eltern ihre Kinder beauftragen, kleine Lügen zu erzählen: *Wenn jemand anruft, sag, ich sei nicht zu Hause!* Solches Verhalten wirkt vorbildlich und modellhaft; man sollte auch beachten, daß Unehrlichkeit sich selber verstärkt. Lüge wird seltener bestraft, dafür häufiger belohnt: Sie hilft, unangenehme Situationen wenigstens vorübergehend zu vermeiden.

BEDEUTUNG UND AUSWIRKUNG

Ehrlichkeit und Höflichkeit stehen in enger Beziehung zueinander: *Weil ich zu höflich war, habe ich nicht ehrlich meine Meinung gesagt,* oder: *Ich bin zu ehrlich, und das halten die anderen für unhöflich.* Während Höflichkeit als Aggressionshemmung betrachtet werden konnte, besitzt Ehrlichkeit häufig den Charakter aggressiven Verhaltens: jemandem ungeschminkt seine Meinung sagen; jemandem etwas offen ins Gesicht sagen; jemanden zur Rede stellen.

Überbetonung von Ehrlichkeit kann so als Rüpelei gedeutet werden und führt nicht selten zu zwischenmenschlichen Konflikten, besonders wenn der Partner sich beleidigt zurückzieht. Unehrlichkeit, als das gegenteilige Extrem, bringt zumeist nur zeitliche Vergünstigungen mit sich. Es kommt oft zu undurchschaubaren Lügengebäuden, die ein spannungsreiches Konfliktfeld darstellen.

Extreme der Ehrlichkeit – Unehrlichkeit und Überehrlichkeit – sehen wir in: Schimpfen, übler Nachrede, Über- und Untertreibung, Hänseln anderer. In bezug auf die eigene Person treten hier Gewissensbisse, innere Unruhe und psychosomatische Störungen auf.

BEISPIELE

Wer einmal lügt, dem glaubt man nicht, und wenn er auch die Wahrheit spricht! Weil meine Mutter mir das immer wieder vorhielt, dachte ich schließlich: dann kann ich ja ruhig lügen, es glaubt mir ja doch keiner. (34jähriger Beamter, Schwierigkeiten im Berufsleben)

Mein Vater wollte uns die Ehrlichkeit regelrecht einprügeln, zwang uns aber dadurch zum Lügen. (21jährige Studentin, Kontakthemmungen)

Mein Vater sagte immer unverblümt seine Meinung und handelte sich dadurch viel Verdruß ein. Daraus habe ich gelernt: ich sage das, was die anderen hören wollen, ich ärgere mich nur im stillen. (48jährige Hausfrau, Magen-Darm-Beschwerden)

Ich habe Herzschmerzen und Magenbeschwerden, seitdem ich erfahren habe, daß mein Mann fremdgeht. Er hat es fertiggebracht, mir das jahrelang zu verheimlichen. Auch in anderen Dingen war er nicht offen. Die Kinder hatten unter unseren Spannungen zu leiden. (45jährige Hausfrau)

Situation	Ist-Wert	Soll-Wert
Achim kommt 2 Stunden später aus der Schule. Er sagt: *Der Lehrer hat länger Schule gemacht!*	Mutter: *Du lügst wie gedruckt!*	Mutter: *Das ist etwas eigenartig. Wenn du aber Nachsitzen mußtest oder nach der Schule noch etwas anderes gemacht hast, kannst du es mir ruhig sagen. Es ist nur schade, daß das Essen wieder aufgewärmt werden muß.*
Bernd hat 5 DM aus der Haushaltskasse der Mutter gestohlen.	Mutter: *Du bist ein Dieb, dir kann ich nie mehr vertrauen!*	Mutter: *Ich finde es nicht richtig, daß du mir das Geld weggenommen hast. Ich bin sogar traurig darüber. Sag mir, was du mit dem Geld wolltest. Wäre es nicht besser gewesen, du hättest mich um das Geld gebeten? Außerdem gehe ich ja auch nicht an dein Portemonnaie, und dasselbe erwarte ich von dir.*
Monika möchte mehr Taschengeld. Sie begründet diese Bitte: sie brauche das Geld für die Schule.	Vater: *Du gibst das Geld doch nur für unnützen Plunder aus!*	Vater: *Sei so gut, und bring' mir die Quittung mit. Wenn du aber sonst etwas kaufen möchtest, können wir das ja ruhig besprechen.*

Situation	Ist-Wert	Soll-Wert
Frau B. wird von ihrer Freundin zum Abendessen eingeladen. Zur gleichen Zeit hat Frau B. jedoch Französischunterricht an der Volkshochschule.	Frau B.: *Ich kann leider nicht kommen, meine Liebe, obwohl ich es gern würde. Ich habe leider heute eine schreckliche Migräne!*	Frau B.: *Ich kann leider nicht kommen, meine Liebe, obwohl ich es gern würde. Ich habe aber heute abend Französischunterricht in der Volkshochschule. Was hältst du davon, wenn wir uns statt dessen am Samstagabend treffen?*
Frau L. kommt dahinter, daß ihr Ehemann auf einem Betriebsausflug fremdgegangen ist.	Ehekrach. Der Teufel ist los. Der Scheidungsanwalt ist benachrichtigt.	Ehefrau: *Daß ich darüber nicht begeistert bin, kannst du dir wohl vorstellen. Ich möchte bloß wissen, ob das nur ein einmaliger Ausrutscher war. Ich glaube, wir sollten diese Krise einmal nützen und uns gegenseitig offen und ehrlich sagen, was wir aneinander schätzen und was wir auszusetzen haben!*

Störungen und Konflikte
Ehrlichkeitsfanatismus; Geltungsdrang; Eitelkeit; überhöhte Ansprüche an sich und andere; Unehrlichkeit; Unaufrichtigkeit; Untreue; lügenhafte Vorspiegelungen; mangelnde Unterscheidung zwischen Phantasie und Wirklichkeit; soziale Konflikte; Angst; Aggressionen; Kopfschmerzen; Herz- und Kreislaufbeschwerden.

Gerechtigkeit

Immer werden die anderen bevorzugt.

DEFINITION
Als ungerecht empfindet man eine Behandlung, die von persönlicher Zu- oder Abneigung anstatt von *sachlichen* Überlegungen diktiert wird. Das Gefühl, ungerecht behandelt zu sein, entsteht, wenn man Unparteilichkeit erwartete.

GERECHTIGKEITSSITUATIONEN
Wenn ich unpünktlich nach Hause komme, bestrafst du mich; wenn Manuela nicht rechtzeitig kommt, passiert nichts.
Sich selbst kaufte er alle möglichen teuren Sachen, aber ich mußte mich

meist mit billigem Kram zufriedengeben.
Sie ist der Ansicht, ich hätte das Geld zu verdienen, und sie könnte es ausgeben.
Wie kann Gott als gerecht empfunden werden, wenn sein Bodenpersonal (die Priester) so ungerecht ist?
Wenn die Mutter meines Mannes kommt, ist er der freundlichste Mensch; wenn aber meine Mutter kommt, sollten Sie sein Gesicht mal sehen!
Ich habe den Prozeß nur deshalb verloren, weil mein Gegner den besseren Anwalt hatte.
Nur weil mein Freund aus einer Akademikerfamilie stammt, gab ihm der Lehrer bessere Noten als mir.

ENTWICKLUNG
Gerechtigkeit und Ungerechtigkeit, die ein Mensch erfährt, prägen sein Bild von seiner Umwelt. Jeder Mensch besitzt Gerechtigkeitssinn; er entwickelt sich dank der Einzigartigkeit des Menschen sowie seines Entwicklungsstandes. Auf diese Einzigartigkeit spielt der Spruch an: Zwei Menschen gleich zu behandeln heißt, einen ungerecht zu behandeln. Auf die Entwicklung bezogen: ein 5jähriger Junge kann abends nicht so lange aufbleiben wie ein 15jähriger. Die Art, wie die Eltern ein Kind behandeln, wie gerecht sie zu ihm und zu seinen Geschwistern sind, prägt das individuelle Bezugssystem dieses Kindes für die Gerechtigkeit. Die Art, wie gerecht oder ungerecht sich die Eltern gegenseitig behandeln, kann für das Kind zum Modell späterer Partnerbeziehungen werden. In ungerechter Behandlung wurzeln tiefste Vorurteile gegen andere Menschen, aber auch gegen andere Religionen.

BEDEUTUNG UND AUSWIRKUNG
Wie Gerechtigkeit das Gefühl von Vertrauen und Hoffnung hervorruft, bedingt Ungerechtigkeit, Auflehnung, Verzweiflung, Resignation und Hoffnungslosigkeit. Gerechtigkeit nimmt Einfluß auf die Erwartungen, die ein Mensch seiner Zukunft gegenüber stellt. Inhaltlich kann sich Gerechtigkeit auf unterschiedliche Verhaltensbereiche beziehen: Pünktlichkeit (Sven findet es gerecht, daß sein Bruder zur gleichen Zeit zu Hause sein soll wie er), Sauberkeit (Helga empfindet es als ungerecht, daß sie noch einmal aus dem Bett geholt wird, weil sie sich nicht gewaschen hat), Fleiß (Manuela schäumt vor Wut, weil ihr Bruder spielen darf, während sie selbst noch immer an den Hausaufgaben sitzen muß). Im partnerschaftlichen Verhältnis wie in der Erziehung bewegt sich das gegenseitige Verhalten zwischen den Extremen Gerechtigkeit und Liebe.

BEISPIELE
Bei Weihnachtsgeschenken achtete meine Mutter streng darauf, daß alle Geschenke dem gleichen Wert entsprachen. Das war bei uns immer ein Problem, denn man mußte stets genau im gleichen Wert zurückgeben. Ich empfand diese ›Gerechtigkeit‹ damals als Zwang und als entwürdigenden Tauschhandel. Heute kann ich nichts verschenken, ohne mir einzubilden, ich würde den

anderen damit nötigen, mir etwas Wertvolles zurückzuschenken. (36jährige Hausfrau, Kopfschmerzen und Schlafstörungen)
Ihre Minderwertigkeitskomplexe hinderten sie (die Mutter) daran, gerecht zu sein; wenn mich jemand geschlagen hatte, waren es meist Kinder aus ›besserem Hause‹, und die hatten sowieso immer recht. Ihre Antwort war immer: ›Die werden schon gewußt haben, warum sie das getan haben. Wer weiß, was du wieder angestellt hast! (23jähriger Student, Kontakthemmungen, Depressionen und Lebensangst)
Wenn bei uns zu Hause mal was war, dann hieß es gleich: ›Das bist du gewesen, denn wer soll es sonst schon gewesen sein.‹ Diese Ungerechtigkeit kränkte mich immer sehr. Erst vor kurzem ist es mir bewußt geworden, daß ich es mit meinen Kindern genauso gemacht habe. Nur daß meine Kinder sich dagegen wehren, im Unterschied zu mir damals. Ich fresse noch heute alles in mich hinein. (27jährige Hausfrau, Magen-Darm-Störungen)
Jochen (9 Jahre) kam vor ein paar Tagen zu mir: ›Die Heidi braucht nur zu husten, dann rennst du schon zu ihr hin. Aber mit mir hast du nie Zeit zu spielen!‹ Meine Antwort: ›Die Heidi benimmt sich auch anders als du; du kannst dir von ihr eine Scheibe abschneiden. Sieh dir bloß mal an, wie ihr Zimmer und wie deins aussieht.‹ (41jährige Hausfrau)

Situation	Ist-Wert	Soll-Wert
Petra zur Mutter: *Du hast mich nicht mehr gern – den Bernd nimmst du so oft auf den Arm!*	Mutter: *Das stimmt nicht, du weißt genau, daß ich euch gleich behandele. Schließlich muß ich gerecht sein.*	Mutter nimmt Petra in den Arm: *Petra, du weißt doch, daß ich euch beide gern habe. Keiner von euch soll zu kurz kommen!*
Der 12jährige Werner zum Vater: *Immer muß ich auf Katja (2 J.) aufpassen! Ich kann nie zum Spielen runter wie Sven.*	Vater: *Du solltest froh sein, daß du ein Schwesterchen hast. Immer bist du am Meckern. Ich glaube, du hast sie gar nicht gern. Schäm dich was!*	Vater: *Du weißt, daß es für die nächsten Wochen nicht anders geht, bis Mutter aus dem Krankenhaus zurück ist. Aber du sollst auch noch Zeit zum Spielen haben. Laß uns mal überlegen, wie wir das anstellen können.*
Frau F. hat mit 3 Kindern und Haushalt genug zu tun.	Herr F. zu seiner Frau: *Schau dir mal unsere Nachbarin an: sie geht arbeiten, macht nebenbei noch ihren Haushalt und sieht trotzdem immer sehr charmant aus.*	Herr F. zu seiner Frau: *Ich finde die Leistung unserer Nachbarin erstaunlich. Ich glaube aber, uns ist die Erziehung unserer kleinen Kinder wichtiger, als daß du auch noch Geld ver-*

Situation	Ist-Wert	Soll-Wert
		dienen gehst. Wenn du später einmal Lust hast, wieder zu arbeiten, werden wir versuchen, etwas Geeignetes zu finden.
Der Ehemann geht häufig mit seinen Arbeitskollegen weg. Die Ehefrau fühlt sich dadurch ungerecht behandelt.	Ehefrau schweigt, kommt abends nicht einmal aus der Küche heraus und legt sich früh schlafen.	Ehefrau: *Es gefällt mir nicht, die langen Abende immer allein zu sein. Was hältst du davon, wenn wir deine Freunde einmal zu uns einladen? Ansonsten könnten wir beide auch einmal etwas Gemeinsames unternehmen.*
Die 7jährige Monika zur Mutter: *Du hältst immer zu Gabriele, wenn wir Krach haben; und ich bin es dann immer gewesen. Das tust du absichtlich.*	Mutter: *Du bist die Ältere und solltest dich schämen, immer auf der Kleinen rumzuhacken. Ich muß sie ja vor dir in Schutz nehmen.*	Mutter: *Nein, Monika, du bist es nicht immer, das weißt du. Ab und zu gehen mir mal die Nerven durch. Ich schlage euch folgendes vor: In Zukunft werdet ihr euch selbst einig, ich mische mich da nicht ein. Du bist ja schon so vernünftig, daß du Gabriele nicht weh tust. Wenn ihr nicht einig werden könnt, dann kommt beide zu mir.*

Störungen und Konflikte
Gerechtigkeitstick; Selbstgerechtigkeit; Überempfindlichkeit; Gefühl der Schwäche; Depressionen; Ungerechtigkeit; Vergeltung; soziale Ungerechtigkeiten; individuelle und kollektive Aggressionen.

Fleiß – Leistung

Ohne Fleiss kein Preis!

DEFINITION
Unter Fleiß verstehen wir die Bereitschaft, eine meist anstrengende und ermüdende Verhaltensweise über kürzere oder längere Zeit hinweg beizubehalten, um ein bestimmtes Ziel zu erreichen. Fleiß ist ein Kriterium gesellschaftlichen Erfolges.

FLEISSITUATIONEN

Vor den Erfolg haben die Götter den Schweiß gesetzt.
Unser Sohn ist in der Schule kein bißchen strebsam.
Sie ist eifrig bei der Arbeit, wenn es um die Wohnung geht, aber für mich tut sie keinen Schlag.
Er hat den Ehrgeiz, beruflich selbständig zu werden.
Fleiß und Gründlichkeit sind deutsche Tugenden.
Gott hat uns nicht als Nichtstuer geschaffen.
Mit seiner Drückebergerei stiehlt er dem lieben Gott die Zeit.
Müßiggang ist aller Laster Anfang.
Du bist soviel wert, wie du leistest.
Ich habe auch geschwitzt, bis ich es geschafft habe.
Ich stehe den ganzen Tag über unter Leistungsdruck.

ENTWICKLUNG

Das Spiel stellt in der Entwicklung eines Kindes die Vorstufe für Fleiß und Leistung dar. Im Spiel lernt das Kind seine Umgebung und damit seine eigenen Grenzen kennen. Durch das Spielen mit dem eigenen Körper, mit den Eltern, Spielkameraden, Tieren, Pflanzen und Dingen gewinnt es eine Beziehung zu sich und zu seiner Umgebung.
Je nach Ausprägung dieser Beziehung kann sich später der Fleiß als Zuwendung zu einer Aufgabe entwickeln. Das Kind muß dabei im Spiel die Möglichkeit erhalten, selbst und nach eigener Vorstellung mit den Spielsachen umzugehen. Es bleibt nicht ohne Effekt, wenn Eltern und Verwandte die Kinder mit Spielzeug oder unverbindlichen Alternativvorschlägen überhäufen, wenn sie den Kindern das Spiel bis ins kleinste Detail vorschreiben oder für das eigenständige Spiel des Kindes nur wenig Geduld aufbringen.
In der Schule wird Fleiß mit ernsthafterem Anspruch gefordert. Er geht dann mit Verzicht auf andere, eventuell leichtere Triebbefriedigungen einher. Dem Kind fällt es daher um so leichter, fleißig zu sein, wenn es die Beschäftigung mit einer Aufgabe selbst als belohnend empfinden kann. Der Erfolg hängt zwar eng mit dem Fleiß zusammen, betrifft aber darüber hinaus noch andere Faktoren, unter denen die Aktualfähigkeiten, Ordnung, Pünktlichkeit, Sauberkeit, Höflichkeit usw. eine bedeutsame Rolle spielen.
Wenn Eltern Leistungen von ihrem Kind fordern, sollten sie sich der Einzigartigkeit der Fähigkeiten ihres Kindes immer bewußt sein.

BEDEUTUNG UND AUSWIRKUNG

Über die Folgen der Faulheit – als Flucht aus dem Feld der Anforderungen – brauchen wir uns weniger auszulassen; sie dürften allgemein bekannt sein. Fleiß kann jedoch seinerseits zum Problem werden: wenn Fleiß, Leistung und Erfolg isoliert zum Wertmaßstab für die Qualität einer Persönlichkeit geraten. Solch einseitige Betrachtungsweisen vernachlässigen die primären Fähigkeiten wie Geduld, Vertrauen und Hoffnung.
Konkurrenzkampf, Angst vor der Niederlage, das Gefühl maßloser Unterlegenheit, anmaßende Vollkommenheit und Selbstwertprobleme resultieren

daraus. Fleiß kann selbst als Flucht aus anderen Konflikten in die Arbeit gesehen werden.
Als »positive« Einstellungen zum Fleiß finden sich Haltungen wie der sich Bescheidende, der Angst vor Änderungen im Beruf hat; der aufopfernde Arbeiter, der Streber, der Erfolgstyp und der Quartalsarbeiter, der nur dann eine optimale Leistung zeigt, wenn sich genügend Arbeit angehäuft hat.

BEISPIELE
Manchmal habe ich das Gefühl, daß ich unsagbar faul bin. Aber nur, wenn's ums Lernen geht. Mir wächst dann manchmal alles über den Kopf. Dann werde ich einfach apathisch und lege mich ins Bett. Wenn ich den Putzteufel habe, passiert mir das nie. Meine Mutter hat ihr ganzes Leben lang nur geschuftet, und die Arbeit ist ihr zum Lebenszweck geworden. Allerdings nur körperliche Arbeit, denn eine andere Arbeit gibt es in ihren Augen nicht. Sie ist stolz darauf, wie ein Pferd arbeiten zu können. (22jährige Studentin, Lernschwierigkeiten und Müdigkeit)
Eine Mutter berichtet: Wenn mein Mann zu unserem Sohn sagt: ›Die Aufgabe hast du gut gelöst!‹, dann beginnt er Grimassen zu schneiden in einer richtigen Mainzelmännchentour. Das Kind will sich keinerlei Pflichten unterziehen. Auch Schimpfen nützt nichts. Wenn ich ihm irgendeinen Auftrag gebe, wird er bestimmt nicht ausgeführt. Er ist den ganzen Tag aktiv, nur nicht bei den Schularbeiten. (28jährige Mutter, Erziehungsschwierigkeiten)
Meine Mutter war sehr ordnungsliebend, daher durfte ich nicht in der Wohnung spielen. Diese Übersauberkeit meiner Mutter übertrug sich scheinbar sehr auf mich. Denn wenn ich es mir heute überlege, war alles, was ich tat, niemals ein Spielen. Die Puppenstube staubte und fegte ich immer aus. Die Puppenkleider wurden täglich gewaschen. Die Puppenhaare täglich frisiert. Nur Schönes und Gutes wollte ich haben. (35jährige Mutter von 3 Kindern, Erwartungsangst)

Situation	Ist-Wert	Soll-Wert
Der vierjährige Thomas möchte für seine Mutter einkaufen gehen.	Mutter: *Das kannst du nicht, dafür bist du noch zu klein!*	Mutter: *Da freue ich mich aber! Weißt du was, ich schreibe dir alles auf einen Zettel, den gibst du der Verkäuferin. Das schaffst du bestimmt.*
Die Oma kommt jede Woche zu Besuch. Jedesmal bringt sie der 5jährigen Gisela ein Spielzeug mit. Gisela spielt eine halbe Stunde damit, möchte dann aber wieder ein anderes Spielzeug haben. Bekommt	Mutter zur Oma: *Wie nett von dir. Da wird Gisela sich aber freuen.* In Wirklichkeit ärgert sich die Mutter. Sie denkt: *Eigentlich müßte ich die Oma bitten, Gisela nur noch zum Geburtstag und zu Weih-*	Mutter vor dem nächsten Besuch der Oma: *Ich weiß, daß du Gisela gerne hast und ihr eine Freude machen willst. Gisela hat genug Spielzeug, benötigt aber andere Dinge. Sprich bitte mit uns, wenn du ihr et-*

Situation	Ist-Wert	Soll-Wert
sie es nicht, beginnt sie zu weinen.	*nachten etwas zu schenken. Aber dann wäre meine Mutter zu Tode beleidigt. Das kann ich ihr nicht antun.*	*was schenken willst.*
Wolfgang bastelt an einer für ihn komplizierten Konstruktion seines technischen Baukastens, findet aber die Lösung nicht. Schließlich wirft er die Flinte ins Korn: *Das kann ich nicht.*	Vater: *Du bringst auch gar nichts fertig! Komm mal her, ich mach's selbst.* Oder: *Wer A sagt, muß auch B sagen. Du bleibst so lange sitzen, bis du die Lösung hast!* Oder: *Wenn du damit nicht fertig wirst, dann laß es und nimm etwas anderes.*	Vater: Das ist tatsächlich schwierig. Weißt du was, willst du es nicht einmal so versuchen? Er gibt seinem Sohn einen Tip, eine kleine Hilfe, läßt ihn jedoch die Aufgabe selbst zu Ende führen, um ihm das Gefühl der Sicherheit zu geben.
Anita ist total am Boden zerstört. In der letzten Zeit hat sie wiederholt im Englischlesen versagt.	Mutter: *Du setzt dich jetzt endlich hin und bleibst solange sitzen, bis du es kannst!*	Mutter: *Du redest die ganze Zeit von der Schule. Geh erst mal richtig spielen, du wirst sehen, dann fällt es dir leichter, ohne Fehler zu lesen.*
Herr B. hat eine sehr verantwortungsvolle Position. Abends kommt er sehr spät nach Hause. Seine Kinder sehen ihn fast nur noch am Sonntag. Zeit zum Spielen hat er so gut wie nie, da er am Wochenende private Korrespondenz erledigt.	Ehefrau: *Lebst du für deinen Beruf oder für mich und die Kinder? Du kannst dich jetzt entscheiden!*	Ehefrau: *Ich weiß, wie anstregend dein Beruf ist, und wir wissen deine Leistungen auch zu schätzen. Können wir dir irgendwie helfen, daß du auch einmal Zeit für die Kinder und mich hast? Wir wollen versuchen, die Durststrecke gemeinsam zu überwinden.*

Störungen und Konflikte
Flucht in die Arbeit; Strebertum; Leistungszwang; Streß; Überforderung; Angst vor dem Versagen; Zivilisationsmüdigkeit; Arbeitshemmung; Faulheit; Flucht in die Einsamkeit und Krankheit; Konkurrenzkampf; Neid; Aggressionen; Depressionen; Ängste; Herzbeschwerden; Neigung zu Magenbeschwerden; Kopfschmerzen; Neigung zu Alkoholismus und Drogenabhängigkeit.

Sparst du was, dann hast du was – Hast du was, dann bist du was!

DEFINITION
Unter Sparsamkeit verstehen wir den ökonomischen Umgang mit Geld und Sachwerten. Sie verträgt sich durchaus mit Großzügigkeit, weniger aber mit den Extremen Verschwendung und Geiz.

SPARSAMKEITSSITUATIONEN
Mein Sohn wirft das Geld mit vollen Händen zum Fenster hinaus!
Ich ärgere mich darüber, daß mein Mann jeden Pfennig zehnmal umdreht, wenn es ums Haushaltsgeld geht.
Manchmal kaufe ich spontan etwas und ärgere mich hinterher, daß ich unnötig Geld ausgegeben habe.
Seinen Freunden und Kollegen im Büro gegenüber ist er fast verschwenderisch und ist deshalb als großzügig bekannt. Sie sollten ihn aber mal zu Hause erleben! Da scheint er alles wieder einsparen zu wollen.
Meine Schwiegermutter spendet der Kirche viel Geld, aber mein Mann mußte als Junge abgetragene Sachen anziehen.
Auf meinen Untermieter kann ich verzichten. Der läßt bis in den späten Abend hinein das Licht brennen.
Meine Sekretärin nimmt für jede Notiz ein neues Blatt Papier. Darüber kann ich mich aufregen!

ENTWICKLUNG
Behalten und Hergeben werden erlernt. Sparsamkeit hat im engeren Sinne damit zu tun, ob man etwas festhält oder losläßt. Das Festhalten kann sich bis zum Geiz hin, das Loslassen bis zur Verschwendungssucht steigern.
Die Psychoanalyse hat dementsprechend versucht, die Reinlichkeitserziehung mit der Sparsamkeit in Verbindung zu bringen. Das Kind schöpft die Grundfunktionen der Sparsamkeit aus, das Behalten und Hergeben, indem es lernt, seinen Stuhl so lange wie erwünscht festzuhalten. Geiz entspricht in diesem Sinne dem krampfhaften Verhalten bei einer Verstopfung – Verschwendungssucht dem unbeherrschten Durchfall. Sparsamkeit kann sich weiter auf die frühen Eßgewohnheiten beziehen: *Es kann den Hals nicht voll genug kriegen.* Um mit Geld umgehen zu lernen, muß das Kind erst den Wert des Geldes erfassen können; es begreift ihn über den Aufwand an Fleiß und Leistung am besten. Darüber hinaus kann Sparsamkeit eingeübt werden; auch das Vorbild spielt mit. Als Möglichkeit, Sparsamkeit zu üben, bietet sich das Taschengeld an.

BEDEUTUNG UND AUSWIRKUNG
Sparsamkeit mit ihren extremen Ausbildungsformen, dem Geiz und der Verschwendung, zielt auf:

Unabhängigkeit – man möchte über Geld und Dinge verfügen, um von anderen unabhängig zu sein;
Macht – man häuft Güter an, um Macht anderen gegenüber auszuüben; allein die Vorstellung der Macht genügt;
Liebesersatz – man versucht, mit Geld Freunde, emotionale Zuwendung und Liebe zu erkaufen. Das vernachlässigte Kind versucht, sich durch Spielsachen und Süßigkeiten beliebt zu machen. Geltungsbedürftige Erwachsene versuchen, die Anerkennung durch Freizügigkeit den Freunden gegenüber zu erwerben. Dem Liebebedürftigen gilt der Nerz als Zahlungsmittel für die Liebe, die er erwartet.

BEISPIELE
Mein Mann sagt immer: ›Wir müssen Licht sparen, eine 40-Watt-Birne statt einer 60-Watt-Birne tut's auch.‹ Das hat er von seiner Mutter übernommen, die war manchmal direkt geizig. Andererseits überhäuft er die Kinder mit Spielsachen. (33jährige Frau, Sexualabwehr)
Ich habe mich für die Kinder geopfert und mir jeden Bissen vom Mund abgespart, damit es ihnen einmal besser gehen sollte. Ich habe mir nichts gegönnt. Aber sie haben das Geld sinnlos verjubelt. Heute ist es für mich zu spät. (56jährige Frau, Depressionen und Herzbeschwerden)

Situation	Ist-Wert	Soll-Wert
Die Mutter gönnt sich selbst nichts; sie opfert den letzten Groschen, um den Kindern ihre Wünsche zu erfüllen.	Ulrike und Thomas: *Wir brauchen Geld, um uns neue Schlittschuhe zu kaufen!* Mutter: *Na gut, dann muß ich eben auf mein Theaterabonnement verzichten.*	Die Kinder lernen in der Familien-Gruppe, daß alle Familienmitglieder ein Recht darauf haben, vom finanziellen »Kuchen« ihren Teil abzubekommen. – Vater: *Auch Mutter braucht Geld für ihre Freizeitgestaltung.* Eine Umverteilung wird schrittweise vorgenommen.
Die Tochter bittet um Erhöhung ihres Taschengeldes.	Der Vater lehnt ohne Begründung ab: *Ach was, du kommst schon damit aus!*	Der Vater: *Wir könnten zunächst besprechen, welche Gründe du hast, und dann entscheiden.*
Der Sohn bittet um einen Zuschuß zum Taschengeld, das ihm bereits zur ersten Monatshälfte ausgegangen ist.	Mutter: *Wenn du nicht soviel unnützes Zeug gekauft hättest, wärst du ausgekommen. Kommt also nicht in Frage!*	Mutter: *Du weißt, daß du dein Taschengeld ausgeben kannst wie du willst, und daß wir dich dabei nicht kontrollieren. Du sollst aber auch lernen, dein Geld einzutei-*

Situation	Ist-Wert	Soll-Wert
		len. Wie wäre es, wenn du dir für jeden Monat einen Finanzplan aufstellst?
Die Ehefrau hat nach der Geburt des ersten Kindes ihre gut bezahlte berufliche Stellung aufgegeben. Sie ist nun auf ihren Mann angewiesen.	Ehemann: *Wenn ich müde von der Arbeit nach Hause komme, kann ich erwarten, daß alles in Ordnung ist. Schließlich bin ich der einzige Verdiener in der Familie.*	Ehemann: *Nachdem du deinen Beruf aufgegeben hast, hast du bestimmt weniger Geld zur freien Verfügung. Zur Zeit verdiene ich zu wenig, als daß ein größeres Taschengeld für uns beide dabei herausspringen könnte. Bei der nächsten Gehaltserhöhung können wir das hoffentlich ändern.*

Störungen und Konflikte
Übertriebene Sparsamkeit; Geiz; Geld als Machtmittel; Verschwendung; Selbstüberschätzung; Geltungssucht; Hochstapelei; passive Erwartungshaltung; naiver Optimismus; Verantwortungslosigkeit; Lebensangst; Depressionen; überhöhte Stimmung; Ratlosigkeit; innere Unruhe; Schuldgefühle.

Zuverlässigkeit – Genauigkeit – Gewissenhaftigkeit

KEIN WUNDER, WENN MIR BEI DIESER SCHLAMPEREI DER GEDULDSFADEN REISST!

DEFINITION
Von Zuverlässigkeit sprechen wir, wenn wir uns auf einen Menschen verlassen können. Er wird auch in unserer Abwesenheit eine Aufgabe in der vereinbarten Art erfüllen und unsere Erwartung nicht enttäuschen.
Genauigkeit bedeutet, daß eine Aufgabe wie vorgeschrieben erledigt wird. Je größer die Genauigkeit, um so geringer ist die Wahrscheinlichkeit von Fehlern. Gewissenhaftigkeit setzt einen inneren Maßstab für Genauigkeit, Sorgfalt und Korrektheit voraus. Man spricht von Gewissenhaftigkeit, wenn eine Leistung diesem inneren Maßstab entspricht, also mit dem »Gewissen« vereinbar ist.

ZUVERLÄSSIGKEITSSITUATIONEN
Mein Sohn ist schon ein Prinzipienreiter wie sein Vater.
Meine Frau gibt jeder Laune nach und schwankt hin und her wie ein Rohr im

Wind. Was sie gestern oder vor einer Stunde gesagt hat, streitet sie im nächsten Augenblick ab.
Mein Perfektionismus im Büro führt dazu, daß ich jede Warenliste fünf- bis sechsmal überprüfe. Manchmal sitze ich abends um 11 Uhr noch da.
Kaum komme ich aus dem Beichtstuhl, bekomme ich schon Skrupel, ob ich auch alles vollständig gebeichtet habe. Dann stelle ich mich sicherheitshalber wieder hinten an, und wenn ich an der Reihe bin, ist mir sicher noch eine Sünde eingefallen. Oder ich erfinde eine dazu, die ich vielleicht getan haben könnte.
Seit ich die Menschen kennengelernt habe, verlasse ich mich nur noch auf meinen Hund.
Wenn er einmal etwas versprochen hat, hält er sich stur daran, auch wenn die Situation sich vollkommen geändert hat.
Meine Frau ist unberechenbar: heute so – morgen so.
Nur der vorschriftsmäßige Gebrauch der Apparatur gewährt Sicherheit.

ENTWICKLUNG
Wie schon die Definition zeigt, sind Zuverlässigkeit, Genauigkeit und Gewissenhaftigkeit drei komplexe Verhaltensbereiche, die sich aus der Erziehungssituation heraus entwickeln. Es ist immer danach zu fragen, in bezug auf welche Aktualfähigkeiten Zuverlässigkeit, Genauigkeit und Gewissenhaftigkeit verlangt und entwickelt wurden. Die Zuverlässigkeit eines Menschen gibt zumeist die Haltung wieder, die seine Bezugspersonen ihm gegenüber gezeigt hatten:
Laß das ruhig so liegen, ich mache es nachher.
Wehe, wenn du noch einmal zu spät kommst!
Nimm doch deine Sachen da weg, laß' mich aber sonst in Ruhe.

BEDEUTUNG UND AUSWIRKUNG
Zuverlässigkeit und Vertrauenswürdigkeit gehören zu den Eigenschaften, die grundlegende Bedeutung für die zwischenmenschlichen Beziehungen besitzen. Sie schaffen eine Atmosphäre der Sicherheit, Freundschaft und Freiheit. Kontrapunkte der Zuverlässigkeit sehen wir einerseits im starren Festhalten an einem einmal gegebenen Wort oder einer Gewohnheit (was oft mit Treue verwechselt wird), andererseits in der Unzuverlässigkeit, die der Partner als Unberechenbarkeit und Charakterschwäche registriert. Ebenso kann Genauigkeit in zwei entgegengesetzte Extreme ausarten: die zwanghafte Pedanterie – verwandt sind die Begriffe Gründlichkeit, Skrupelhaftigkeit, Perfektionismus und Grübelei. Typischer Vertreter ist der Prinzipienreiter. Zum anderen die bedenkenlose »Schlamperei« (die Genauigkeit schwankt haltos und je nach Laune).

BEISPIELE
Auf ihrer Arbeitsstelle war meine Mutter eine zuverlässige, gewissenhafte Arbeitskraft. Den fremden Leuten gegenüber verspürte sie eine große Verantwortung, und außerdem lebte sie von der Bestätigung, die gute Arbeitskraft

zu sein. Zu Hause brauchte sie niemandem zu imponieren, denn meine Zuneigung konnte sie auf andere Art erzwingen oder es wenigstens versuchen. Da sie mit mir ohnehin machte, was sie wollte, konnte sie ihr Wort zurücknehmen, ohne daß ich etwas machen konnte. Sie war einfach die Stärkere. Das habe ich mir gemerkt und später ähnlich gehandelt. Mein Mann ließ das mit sich machen, bis unsere Ehe ›unvermutet‹ in die Brüche ging. (36jährige geschiedene Frau)

Mit Monika ist es schrecklich: keinen Auftrag, keine Aufgabe bringt sie bis zum Ende. Alles bleibt halbfertig liegen. Woher hat sie das nur? Mein Mann und ich sind doch ganz anders! [Anmerkung: Der Vater tyrannisiert durch seine Pedanterie die Familie] (10jähriges Mädchen, Konzentrationsmangel, Schulschwierigkeiten, Aggressivität, Bettnässen)

Wie oft habe ich Bernd schon vorgehalten, daß man sich nicht auf ihn verlassen kann, und daß aus ihm nie etwas wird, wenn er so weitermacht. Aber es hilft alles nichts; im Gegenteil, es wird immer schlimmer. (12jähriger Junge mit »Ungehorsam«: der Junge verhält sich nicht immer so, wie die Eltern es ihm vorsagen)

Meine Mutter war ein Musterbeispiel an Genauigkeit. Alle Abweichungen von der von ihr gesetzten Norm wurden bestraft. Wenn ich einkaufen ging, wurde mir genau gesagt, welche Margarine usw. ich zu bringen hatte. Wenn ich nun aus Versehen eine andere brachte, die genauso teuer war, wurde ich zurückgeschickt und mußte die Ware umtauschen, da sie ja X verlangt hatte, die ›viel besser schmeckt‹, während ›das andere Zeug nicht zu genießen‹ sei. Ich bin ins andere Extrem umgeschlagen: zeitweise war ich eine richtige Schlampe, und das hat mir mein Mann übelgenommen. (44jährige Frau, Eheschwierigkeiten)

Situation	Ist-Wert	Soll-Wert
Michael hat einen Text abgeschrieben. Die Abschrift weist viele Flüchtigkeitsfehler auf. Mehrere Sätze fehlen.	Mutter: *Du schreibst den Text so lange ab, bis er fehlerfrei und vollständig ist. Und wenn du bis heute abend hier sitzt!*	Mutter: *Du hast ja eine ganze Menge Wörter richtig abgeschrieben. Bitte verbessere jetzt die Fehler und schreibe die fehlenden Sätze noch hin, dann werden wir es zusammen nochmal nachschauen.*
Herr Dr. M. hat eine neue Arztsekretärin. Diese erfüllt seine Erwartungen nicht.	Dr. M.: *eine solche Unkorrektheit ist bei meiner vorigen Sekretärin nicht vorgekommen.*	Dr. M.: *Sie wissen, sie haben sich in einen neuen Arbeitsbereich einzuarbeiten. Dies verlangt besondere Aufmerksamkeit von ihnen. Hier habe ich ein Muster, wie ein solches Gutachten geschrieben wird. Wenn sie Fra-*

Situation	Ist-Wert	Soll-Wert
		gen und Vorschläge haben, sprechen sie mit mir. Ich werde die Arbeit noch kontrollieren.
Verschiedene Geschäftsfreunde rufen bei Herrn S. zu Hause an. Seine Frau nimmt diese Gespräche entgegen. Bis ihr Mann abends heimkommt, hat sie jedoch einen Teil vergessen.	Herr S.: *Mit deiner Schlamperei und Vergeßlichkeit bringst du mich noch zum Ruin! Der Anruf war für mich sehr wichtig.*	Herr S.: *Schade, daß du vergessen hast, wer angerufen hat. Was hältst du davon: wir legen einen Notizblock mit Kugelschreiber neben das Telefon. Dann kannst du sofort notieren, wer angerufen hat und was er wollte. Und dein Gedächtnis wird nicht überstrapaziert. Außerdem können unsere Kinder davon lernen.*

Störungen und Konflikte
Übertriebene Genauigkeit; Perfektionismus und Umständlichkeit; mangelnde Flexibilität; Ungenauigkeit; Unzuverlässigkeit; Oberflächlichkeit; Vertrauensbruch; Angst vor dem Versagen; soziale Konflikte; innere Unsicherheit; Enttäuschungen; Überforderungen; Depressionen; Schuldgefühle; Schlaflosigkeit.

KAPITEL III

Mißverständnisse in der Erziehung. Partnerschaft und Psychotherapie

EIN GROSSTEIL MENSCHLICHER KONFLIKTE BERUHT AUF MISSVERSTÄNDNISSEN.

Mißverständnisse

Die Krähe und der Pfau

Im Park des Palastes ließ sich eine schwarze Krähe auf den Ästen eines Orangenbaumes nieder. Auf dem gepflegten Rasen stolzierte ein Pfau. Die Krähe krächzte: »Wie kann man überhaupt einem solch merkwürdigen Vogel gestattten, diesen Park zu betreten. Er schreitet so arrogant, als wäre er der Sultan persönlich, und dabei hat er doch ausgesprochen häßliche Füße. Und sein Gefieder, in was für einem häßlichen Blau! Eine solche Farbe würde ich nie tragen. Seinen Schweif zieht er hinter sich her, als wäre er ein Fuchs.« Die Krähe hielt inne und schwieg abwartend. Der Pfau sagte eine Zeitlang gar nichts, dann begann er wehmütig lächelnd: »Ich glaube, deine Aussagen entsprechen nicht der Wirklichkeit. Was du an Schlechtem über mich sagst, beruht auf Mißverständnissen. Du sagst, ich bin arrogant, weil ich meinen Kopf aufrecht trage, so daß meine Schulterfedern sich sträuben und ein Doppelkinn meinen Hals verunziert. In Wirklichkeit bin ich alles andere als arrogant. Ich kenne meine Häßlichkeiten. Und ich weiß, daß meine Füße ledern und faltig sind. Gerade dies macht mir soviel Kummer, daß ich meinen Kopf hoch trage, um meine häßlichen Füße nicht zu sehen. Du mißdeutest das als Arroganz. Du siehst auch nur meine Häßlichkeiten. Vor meinen Vorzügen und meiner Schönheit verschließt du die Augen. Ist dir das nicht schon aufgefallen? Was du häßlich nennst, bewundern die Menschen an mir. Warum siehst du mich nicht so, wie ich bin?« (nach P. ETESSAMI)

Partner und ihre Handlungsweisen beurteilen wir nicht objektiv; vielmehr unterscheidet sich diese Wahrnehmung von Person zu Person: nach den Erfahrungen, der Tiefe emotionaler Beziehungen und den Erwartungen, die man in einen Partner setzt. Folge dieser Subjektivität in der Partnerwahrnehmung sind Mißverständnisse, die man, wenn man selbst der Beteiligte ist, nur schwer als solche erkennt. Oft genug besteht jedoch ein vages Gefühl. Wir fragen uns:

Habe ich meinen Partner richtig verstanden?
Habe ich mich verständlich ausgedrückt?
Warum konnte er mich nicht richtig verstehen?
Wie kam es zu dem Mißverständnis?
Bricht mir ein Zacken aus der Krone, wenn ich ein Mißverständnis eingestehe?
Wenn sich mein Partner Mühe gibt, mich zu verstehen, werde auch ich in der Lage sein, Zugeständnisse zu machen?

Wir wollen im folgenden versuchen, einige typische Mißverständnisse aufzuzeigen, die immer wieder in den zwischenmenschlichen Beziehungen auftreten. Unter *Merke* fassen wir das jeweilige Mißverständnis zusammen; außerdem wurden die wesentlichen Unterscheidungen in eine Vorsatzformel gefaßt, die wir als *Psychoserum* bezeichnen. Es sollte im Konfliktfall erinnern: Ich muß nicht so handeln wie ich es tue, ich kann es auch anders.

MAN KÖNNTE ERZOGENE KINDER GEBÄREN, WENN DIE ELTERN ERZOGEN WÄREN. *(Goethe)*

Erziehungsziel und Erziehungsinhalt

Mißverständnis: *Hast du was, dann bist du was.*

Von Kind auf bin ich zur Leistung gedrillt worden. Meine Eltern haben, solange ich mich erinnern kann, darauf geachtet, daß ich fleißig bin und mich von Kindheit an mit Aufgaben überhäuft. Bevor ich überhaupt zur Schule ging, beherrschte ich Schreiben und Lesen und bekam von meinen Eltern jeden Tag Hausaufgaben. Meine Mutter achtete darauf, daß ich in Schönschrift schrieb. Wenn etwas nicht richtig klappte, sprach sie über Stunden kein Wort mit mir. Obwohl ich immer einer der Besten war, hatte ich die Schule satt, durfte es mir aber nicht anmerken lassen, sonst hätte es wieder Ärger gegeben. In meinem Beruf bin ich als Jurist sehr erfolgreich. Der Beruf macht mir sogar Spaß, aber ich habe keine Beziehung zu anderen Menschen. Mit meinen Kindern kann ich auch nicht viel anfangen. Freizeit ist für mich eine Qual... Ich habe aber mein Ziel erreicht. Für meine Eltern und für mich ist es wichtig, daß ich Akademiker bin...

Aus dem Bericht des 42jährigen promovierten Rechtsanwaltes erfahren wir mehr als ein karikierendes Exempel einseitiger Erziehung: Leistungsorientierung gilt im Menschenbild unserer heutigen Gesellschaft als gesellschaftlicher Maßstab, dem sich jedes Individuum zu unterwerfen hat. Was im Beispiel des Rechtsanwaltes als Übertreiben des Fleißes imponiert, findet sich in einer Unzahl von Familien, auch hinsichtlich der anderen sekundären Fähigkeiten, wie z.B. Ordnung, Sauberkeit, Pünktlichkeit, Höflichkeit. Alle diese sekundären Fähigkeiten wurden erlernt, ähnlich wie nahezu jeder die beim Studium der Anatomie, Physiologie oder Physik vermittelten Inhalte im Rahmen seiner Ausbildung erlernen kann.

Die Liebe zu sich selbst und zu einem Partner kann jedoch nicht in gleichem Sinne erlernt werden. Sie ist das Ergebnis einer Entwicklung seit der frühesten Kindheit und wurde in der Auseinandersetzung mit den Bezugspersonen geprägt. Ist das Lernen von Wissensinhalten und sozialen Normen ein Ergebnis der Ausbildung, so betrifft das Erfahren emotionaler Beziehungen die Bildung bzw. Charakterbildung. Obwohl die Frage des Erziehungszieles bewußt gestellt und beantwortet werden kann, wird sie in den meisten Fällen unbewußt entschieden. Man erzieht das Kind entsprechend der eigenen Lebenserfahrung, ohne sich darüber Rechenschaft abzulegen, ob sie den Fähigkeiten des Kindes, der Zeit oder der Notwendigkeit seiner Entwicklung entspricht.

Meine Eltern waren sich nie einig

Meine Eltern waren sich in der Erziehung ihrer Kinder nie einig. Ihre Vorstellungen waren sogar kraß entgegengesetzt. Bei meiner Mutter galt die Devise: Freiheit über alles, wobei sie sich wohl hin und wieder auch einmal hinsichtlich Gehorsam und Ordnung aufregen konnte. Aber konsequent hat sie uns nie zu etwas erzogen. In moralischer Hinsicht allerdings hatte ich immer den Eindruck, daß sie uns trotz nie gesetzter Grenzen überwachte. Bei meinem Vater galt nur strikter Gehorsam und Unterwerfung in jeder Hinsicht, was bei uns immer auf Widerstand stieß. Welches Ziel mein Vater für uns setzte, kann ich nur sehr schwer erkennen. Ich könnte mir denken, als ehrbares Mädchen unter die Haube zu kommen. Bei meiner Mutter empfand ich, daß sie bei uns Mädchen lediglich wollte, daß wir uns gut und wohl auch glücklich verheirateten. (33jährige Mutter von 2 Kindern, Erziehungsschwierigkeiten)

Wir sollten um jeden Preis anständige Menschen werden

Meine Mutter hatte sicher nur ein Ziel, nämlich eine ordentliche und anständige Frau aus mir zu machen. Auch galt das Motto ›Hast du was, dann bist du was.‹ Wir waren nämlich nur deshalb so angesehen im Dorf, weil wir das meiste Land besaßen. Auch sollte ich eine ›schöne, kräftige‹ Frau werden, denn bei uns drehte sich von morgens bis abends alles nur ums Essen und Arbeiten. Noch heute findet mich die gesamte Verwandtschaft häßlich und dünn, als hätten wir nicht genug zu essen. (34jährige Hausfrau, Herz- und Magenbeschwerden)

Das Mißverständnis »Erziehungsziel und Erziehungsinhalt« trifft sich mit der Verschiebung von Ausbildung und Bildung. Das Fatale dieses Mißverständnisses ist, daß es zumeist nicht als solches im Bewußtsein der Erzieher erscheint. Diese stehen plötzlich den Folgen ratlos gegenüber.

STÖRUNGEN UND KONFLIKTE

Einseitigkeit; Unterforderung; Überforderung; Verzweiflung; Flucht in die Arbeit; Flucht in die Einsamkeit; Flucht in die Krankheit.

MERKE

Ein Mensch benötigt nicht nur Informationen im Sinne der Ausbildung. Er benötigt auch eine emotionale Basis, um dieser Ausbildung Herr zu werden. Zwar kann reine Ausbildung als Charakterbildung wirken; nur gerät sie dann aus der Kontrolle des Erziehers und wird zur Quelle von Konflikten, Auseinandersetzungen und Störungen. Bewußte Erziehung heißt, nicht nur die Erziehungsinhalte kennen, sondern sich des Erziehungsziels bewußt sein:
Warum, wozu und wofür erziehe ich mein Kind?
Für mich? Für sich? Für die Menschheit?

PSYCHOSERUM
Lerne zu unterscheiden zwischen Ausbildung und Bildung.

ES BESTEHT EIN UNTERSCHIED ZWISCHEN DEM, DER SEINE GELIEBTE BEI SICH HAT, UND DEM, DER WARTEND IHR KOMMEN ERSEHNT. *(Saadi)*

Relativität der Werte

Mißverständnis: *Ich verlange von meiner Familie, daß sie ordentlich und sauber ist, und zwar genauso, wie ich es mir vorstelle.*

Wenn mir mal meine Kinder und mein Mann helfen, z. B. Wäsche aufzuhängen, prüfe ich genau nach, ob es auch so ist, wie ich es immer mache. Wenn nicht, kritisiere ich und hänge die Wäsche so, wie ich es haben will. Andererseits schimpfe ich wieder, daß ich alles alleine machen muß. Ich setze voraus, daß alle wissen, wie ich es gerne möchte. Wenn ich putzen wollte, habe ich oft ein Bauwerk meiner Kinder zerstört, weil ich es für unwichtig hielt. Erst an der Reaktion der Kinder merkte ich, daß es ihnen wertvoll war. (35jährige Mutter von zwei Kindern)

Unterschiede in lebensgeschichtlichen, familiären und kulturellen Bedingungen führen zu einer unterschiedlichen Entwicklung. Bemerkenswert ist dabei, daß die Gesellschaft als wesentlicher Träger bewertender und beurteilender Verhaltensnormen wirkt. Verschiedene Gesellschaften zeigen unterschiedliche Wertmaßstäbe, abhängig von der Zeit. Diese Relativierung gewinnt insbesondere in der heutigen Zeit an Gewicht, da es keine allgemein verbindlichen Kriterien für die Richtigkeit eines Wertmaßstabes zu geben scheint. Der Relativismus unserer Zeit findet sich in der Orientierungskrise der Erziehung wieder. Erziehung meint dabei nicht nur den Einfluß der Eltern und Lehrer auf die Kinder zwischen der Geburt und dem 14. Lebensjahr. Erziehung erscheint weitaus komplexer und betrifft den gesamten Entwicklungsverlauf eines Menschen als Einzel- und Gruppenwesen. Ähnlich wie sich die Kulturen unterscheiden, unterscheiden sich die Menschen in ihnen. Es unterscheiden sich Interessengruppen, Familiengruppen, Generationsgruppen und Geschlechter. Es unterscheiden sich aber auch die Einzelmenschen untereinander. Ein gutes Beispiel dafür stellt die Situation der dreiköpfigen Familie St. dar:
Für den Familienvater ist es sehr wichtig, daß Pünktlichkeit und Ordnung herrschen. Die Unordnung von Frau und Kindern bringt ihn in innere Unruhe und Wut. Nicht so genau nimmt er es mit der Ehrlichkeit im ehelichen Leben. Er stellt sich vor, eine Freundin als Zweitfrau zu haben; es würde ihm gar nicht schwerfallen, Gründe zu finden, um sein Verhalten zu rechtferti-

gen. Die Ehefrau ist ein Musterbeispiel an Reinlichkeit und Sauberkeit. Sie kann kein Staubkörnchen auf einem Möbelstück liegen sehen. Auch die Höflichkeit spielt für sie eine große Rolle. Sagt das Kind einmal einem Besucher nicht ordentlich Guten Tag, ärgert sie sich darüber oder zieht sich von dem Kind zurück. Die Tatsache, daß sie auch auf Ehrlichkeit großen Wert legt, hat zur Folge, daß sich ein immer stärker werdendes Spannungsfeld zwischen Mann und Frau entwickelt, aus dem echte Konflikte und Probleme entstehen können.

Betrachten wir die beiden Eheleute genauer: Der Mann arbeitet für seine Familie, verdient Geld, treibt Sport und kümmert sich um die Kinder. Er meint, damit seinen Aufgaben genügt zu haben und leitet das Recht ab, seine Frau hinters Licht zu führen. Die Ehefrau opfert sich in ihrem Haushalt auf und erwartet die volle Zuneigung ihres Ehemannes und ihrer Kinder. Sie meint, daß die vollkommene Ehrlichkeit ohne jede Kompromisse Grundbestand jeder Ehe sei.

Deutlich können wir hier schon sehen, daß die beiden Partner bestimmte Einstellungen haben, die sie manche Dinge besonders scharf beachten lassen, durch die sie aber für andere Dinge blind werden. Man kann sich gut denken, daß die Kommunikation, die Verständigung zwischen den beiden Partnern, nicht ohne weiteres möglich ist, weil jeder etwas anderes meint. Die Folgen sind Aggressionen, die offen gegeneinander und gegenüber den Kindern ausgetragen werden, und Ängste, die sich nach innen richten. Unehrlichkeit und Pedanterie stellen aber keine Privilegien der Männer dar, (Sauberkeitsfimmel ist keine spezifische Eigenschaft der Frauen).

Ganz ähnliche Verständigungsschwierigkeiten fanden sich in dieser Familie auch in der Beziehung zwischen der Mutter und der achtjährigen Tochter. Die Mutter ärgert, daß sich das Mädchen vor dem Waschen drücken will, die Schulaufgaben so nachlässig gemacht sind, die Ordnung im Kinderzimmer erheblich zu wünschen übrig läßt. Die Tochter dagegen hält ihre Mutter für übernervös und manchmal sogar ekelhaft. Beide verstehen eben etwas anderes unter *Ordnung, Sauberkeit* oder *Fleiß*. Für die Unordnung und das Schulversagen des Kindes macht nun der Vater, der sich selbst im Recht glaubt, die Mutter verantwortlich, und die sieht die Ursache allein darin, daß der Vater sich zu wenig um die schulischen Belange kümmert. Sehen wir uns weitere Beispiele an:

Mein Mann braucht seine Ruhe

Wenn mein Mann von der Arbeit kommt, wäscht er sich, ißt und setzt sich vors Fernsehen. Es ist gar nicht daran zu denken, daß wir mal zusammen ausgehen. Ich muß raus, wenn ich mich den ganzen Tag mit den Kindern beschäftigt habe. (37jährige Hausfrau, Mutter von drei Kindern)

Kinderzimmer und Spielplatz sind zweierlei

Für mich ist es so, daß alles bei mir immer tiptop aufgeräumt sein muß, damit ich mich wohlfühlen kann und damit es gemütlich ist. Bei meinen Kindern ist es aber oft umgekehrt. Sie schleppen Steine, Kartons und Stöcke in die Wohnung und bauen sich davon eine Hütte oder sonst irgend etwas. Dagegen sträubt sich dann mein ordnungsliebender Sinn, denn ich sage mir, daß man zwischen einem Kinderzimmer und einem Spielplatz differenzieren sollte. Vor allem der Gedanke, daß die Zimmer neu tapeziert wurden, verursacht mir Unbehagen. (26jährige Hausfrau, kam wegen des Stotterns des jüngsten Sohnes in psychotherapeutische Behandlung.)

Die Einstellungen und Haltungen gegenüber bestimmten Lebensbereichen und Wertvorstellungen besitzen, wie wir sehen konnten, eine zentrale Bedeutung im zwischenmenschlichen Zusammenleben. Insbesondere in der Interaktion zwischen Eltern und Kind wird das Mißverständnis der Relativität der Werte aktuell.

Kinder haben andere Spielregeln als Erwachsene

Der Vater, der seinem Kind zum Geburtstag und damit meistens sich selbst eine Eisenbahn geschenkt hat, erwartet von dem Kind, daß es so damit spielt, wie er, der Vater, es täte. Das kann das Kind nicht. Es muß mit der Eisenbahn auf seine eigene Weise seine eigenen Erfahrungen machen. Wird ihm die Möglichkeit zu diesen Erfahrungen abgeschnitten, bleiben die Eisenbahn und die gesamte Situation, die damit zusammenhängt, für das Kind etwas Fremdes. Es wendet sich entweder von diesem Spielzeug ab oder verhält sich gleichgültig, was die Eltern nicht selten als Undankbarkeit verstehen; oder aber die Eisenbahn wird für das Kind etwas Beängstigendes, Bedrohliches. Es träumt, die Eisenbahn werde es überrollen oder sich plötzlich in ein böses Tier verwandeln, das im Traum das Kind verfolgt.
Solche Träume sind eine Form der seelischen Verarbeitung. Erst, wenn es die Eisenbahn hat begreifen können, wird es mit ihr vertraut. Zu diesem Begreifen gehört nicht nur das Spielen nach gewissen Spielregeln, wie es für die Erwachsenen üblich ist. Es betrifft vielmehr die gesamte Aktivität des Kindes. Die Eisenbahn wird auseinandergenommen, zerlegt, das Innere der Maschine nach außen geholt. Die Räder werden demontiert. Dieses Verhalten entspricht dem Interesse des Kindes; es will wissen, warum denn die Eisenbahn sich bewegt oder Rauchwolken ausstößt. Es stellt eine Form des kindlichen Forscherdranges dar, seines Versuches, die Welt und ihre Zusammenhänge zu verstehen.
In den Augen der Erwachsenen, die kindliches Verhalten nicht im Entwicklungsbezug sehen, ist das Kind ein Kaputtmacher und Zerstörer. Auf den Erwachsenen übertragen, sähe dieser Vorwurf folgendermaßen aus: Ein Mann sitzt in einem Restaurant und verspeist ein delikates Gericht. Ein anderer Mann setzt sich zu ihm und sieht ihn kritisch und analysierend an, wie er das Fleisch zerteilt, mit der Gabel aufspießt, zum Mund führt und mit den Zähnen zerkaut. Während er jeden einzelnen Vorgang des Essens mit den Blicken verfolgt, beginnt er zu sprechen. Er macht Vorwürfe: »Fällt es ihnen

überhaupt auf, daß sie die Nahrungsmittel, das Fleisch, den Salat ganz zerstören, bis zur Unkenntlichkeit zerkleinern, wenn sie sie verzehren? Sie machen die ästhetisch schöne Platte, die vor ihnen steht, kaputt.« Während unserem Gast schon der Appetit vergeht, spricht sein Gegenüber weiter von einer destruktiven Ernährungsphase, aggressiven Impulsen und dergleichen mehr. So absurd eine derartige Szene uns erscheint, so sehr gleicht sie dem Beispiel des Kindes mit der Eisenbahn. Vielleicht kam unserem Gourmet noch nie die Idee, den Vorgang des Kauens, Schluckens und Verdauens als einen Zerstörungsakt zu betrachten, obgleich es sich in der Tat um einen solchen handelt. Wir können aber voraussetzen, daß beim Essen die Zerstörung nicht das primäre Bedürfnis ist. Wohl selten beklagen sich Patienten bei ihrem Arzt mit den Worten, daß ihr Gebiß oder ihr Magen nicht mehr genügend Zerstörungskräfte habe. Und doch ist gerade diese Zerstörung nötig, um das Wachstum und die Erhaltung des Organismus zu gewährleisten. Gleichgültig, was wir an Nahrungsmitteln zu uns nehmen: Reis, Kartoffeln, Fleisch, Gemüse oder Obst; sie werden physikalisch zerstört und chemisch im Mund, Magen und Darm zerlegt. Sie werden gewissermaßen in eigenes Fleisch und Blut verwandelt. Bildlich gesprochen: Wenn wir ein Schweineschnitzel essen, wollen wir kein Schweine-Eiweiß in unseren Muskeln haben, sondern eigenes Eiweiß. Zu diesem Zweck müssen wir die Nahrung in so kleine Bausteine zerlegen, bis wir aus diesen das arteigene Eiweiß wieder aufbauen können. Dieses Bild sollte man sich vor Augen halten, wenn man an die sogenannten Bemächtigungs-Schritte denkt, die ein jedes Kind tun muß. Das Kind zerlegt seine Umwelt – tatsächlich, wie im Beispiel der Eisenbahn, oder in seinen Vorstellungen – in so kleine Elemente wie notwendig, um sich daraus eine »arteigene« vertraute Welt aufbauen zu können. Aus diesem vertrauten Weltbild entwickelt es schließlich sein Verhältnis zu seiner Umwelt. Die Bemächtigungstendenzen stehen in konfliktgeladenem Kontrast zu dem Wert- und Ordnungssystem, das das »Nest« stabil halten will.

Die Relativität der Werte zeigt sich noch deutlicher, wenn Erwachsene einem Kind etwas schenken, was sie für sehr wertvoll halten, das Kind aber ein Spielzeug bevorzugt, das einen weitaus geringeren Geldwert besitzt. Ebenso können innerhalb einer Familie die unterschiedlichen Haltungen zum gleichen Gegenstand zu Mißverständnissen führen:

Eine 32jährige Mutter hat erhebliche Dissonanzen mit ihren Schwiegereltern. Diese überhäufen das Kind seit Jahren mit Spielzeug: *Ich weiß nicht, wohin mit den Spielsachen. Die denken gar nicht daran, etwas Praktisches wie Kleidungsstücke zu schenken. Das macht mich wahnsinnig.* Die Analyse zeigt, daß der Schwiegervater während der Kindheit seines Sohnes im Krieg war und nicht mit ihm spielen konnte. Dies versucht er gewissermaßen dadurch nachzuholen, daß er seinen Enkeln Spielzeug schenkt. Das Spielzeug besitzt also für Mutter und Schwiegervater andere Bedeutung, nämlich *Be*lastung und *Ent*lastung.

Unterschiedliche Bewertungen durch das Kind werden von dem Erzieher oft als Unhöflichkeit, Undankbarkeit, Frechheit und Aggression mißdeutet.

ENTLASSUNG AUS DEM KRANKENHAUS

Zwei nahezu gleichaltrige Jungen, die appendektomiert worden waren, zeigten nach einer Woche Krankenhausaufenthalt ein ganz unterschiedliches Verhalten. Der eine Junge war fügsam und schien sehr zufrieden mit der Atmosphäre im Krankenhaus. Wenn mit ihm über Entlassung gesprochen wurde, gab er zu erkennen, daß er doch lieber länger bleiben würde. Der andere Junge wurde von Tag zu Tag ungeduldiger. Er fragte dauernd die Krankenschwester und den Arzt: *Wie lange muß ich noch hierbleiben, wann kann ich endlich nach Hause?* Seine Haltung wurde von den Schwestern als Frechheit und Unverschämtheit empfunden. Der Arzt interpretierte sie als Aggressivität. Hinter diesen unterschiedlichen Verhaltensweisen standen aber unterschiedliche Bedingungen. Der erste Junge kam aus einem Elternhaus, in dem die Eltern geschieden waren. Die berufstätige Mutter hatte selten Zeit für ihn. Deswegen empfand er die Zuwendung in der Klinik als angenehm und wünschte sich, daß dieser Zustand noch länger anhalten würde. Der andere Junge hatte hingegen eine ausgesprochen gute Beziehung zu seinen Eltern. Er war begeisterter Schwimmer, und sein Lieblingsverein veranstaltete in den folgenden Tagen einen Wettkampf in seiner Heimatstadt, den er um keinen Preis versäumen wollte.

Von den unterschiedlichen Erlebnissen der Kinder und den verschiedenen Positionen Arzt – Schwester – Patient her wurde das gleiche Ereignis »Entlassung aus dem Krankenhaus« völlig unterschiedlich bewertet.

STÖRUNGEN UND KONFLIKTE

Einmischungen; Fixierung; mangelnde Flexibilität; partnerschaftliche Konflikte; Erwartungen; Enttäuschungen; Angst; Aggression; Vereinsamung; Flucht in die Arbeit; Verzweiflung; Denk- und Willenshemmung; Ratlosigkeit; Tobsucht; Schimpfen; das Gefühl, nicht verstanden zu werden.

MERKE

Die unterschiedlichen Wertmaßstäbe hängen ab vom Alter, vom Geschlecht, von persönlichen Erfahrungen, der Ausbildung, der sozialen Schicht, der sozialen Umgebung, der philosophischen, weltanschaulichen oder religiösen Einstellung, der politischen Meinung und der situationsabhängigen Stimmung. Dabei gibt es verschiedene Maßstabstypen: Man mißt etwas an seinem Geldwert, an seinem Seltenheitswert, an seinem Gebrauchswert, an seinem Prestigewert oder an seinem Gefühlswert. Inhaltlich können alle Aktualfähigkeiten als derartige Wertmaßstäbe fungieren. Die unterschiedlichen Maßstäbe sind die häufigsten Ursachen für soziale Mißverständnisse und zwischenmenschliche Konflikte. Besonders anfällig für solche Konflikte sind Menschen, die feste Wertmaßstäbe besitzen, sie für unwandelbar halten und dabei mit Menschen konfrontiert werden, die andere Wertmuster vertreten. Weiterhin entstehen Probleme dort, wo Wertmaßstäbe innerhalb sozialer Beziehungen im Wandel begriffen sind. Wir stehen diesen unterschiedlichen und sich ändernden Bewertungen oft hilflos gegenüber und setzen unsere Ratlosigkeit in nicht seltenen Fällen in Aggressionen um.

PSYCHOSERUM
Lerne zu unterscheiden zwischen absoluten und relativen Werten.

JEDES ZEITALTER HAT SEINE EIGENEN PROBLEME, JEDE SEELE IHRE BESONDERE SEHNSUCHT. *(Baha'u'llah)*

Dimension der Zeit und Menschenbild

Mißverständnis: *Ich finde mich in der modernen Kindererziehung nicht mehr zurecht.*

Die gesellschaftlichen Bedingungen haben sich besonders in den letzten 50 Jahren grundlegend gewandelt. Diese Wandlung wurde nur zum Teil im Bewußtsein der Menschen realisiert. Zurück blieben unzeitgemäße Vorstellungen, die ein unzeitgemäßes Menschenbild zur Folge haben. Dieses ist dann die Ursache von Mißverständnissen. Vergleicht man die heutigen gesellschaftlichen und sozialen Bedingungen mit früheren Epochen, fällt eine Entwicklung ins Auge, die durch folgende drei Prozesse beschrieben werden kann.

■ *Vermehrung:* Um Christi Geburt lebten etwa 200 Millionen Menschen auf der Erde. Im Jahre 1950 waren es zirka 3 Milliarden Menschen. Für 1990 schätzt man 6 Milliarden, 12 Milliarden im Jahr 2030, 24 Milliarden im Jahr 2070 usw. (NIEMÖLLER, 1968). Dieser Vorgang ist nicht nur ein Vorgang der quantitativen Zunahme. Er steht in engem Zusammenhang mit einer Anzahl von Problemen, die für uns immer wichtiger werden. Fragen wie die Ernährung des Menschen, die Umweltproblematik und die sozioökonomischen Verhältnisse spielen hier eine Rolle. 57 % der 3 Milliarden Menschen, die 1950 lebten, wurden nach den Schätzungen der Experten der UNO nicht ausreichend ernährt. Die Erdbevölkerung bestand demnach aus 1,7 Milliarden Hungrigen und 1,3 Milliarden Satten. Für das Ende unseres Jahrhunderts wird mit einer Gesamtzahl von 7 Milliarden Menschen gerechnet. Die Menschheit wächst also nach diesen Prognosen zwischen 1950 und 2000 von 3 Milliarden auf 7 Milliarden Menschen an. Zugleich deuteten die Experten an, daß die Kurve der Bevölkerungszahl wesentlich stärker ansteigt als die Kurve der Produktionsvermehrung. Diese Prognose hat sich leider in der bisherigen Entwicklung bestätigt, was schließlich bedeutet, daß im Jahre 1999 der Anteil der Hungrigen von 57 % auf 75 % ansteigt: auf 5,6 Milliarden. Mit anderen Worten: Auf einen satten Menschen, der genug zu Essen hat, kommen dann drei hungrige Menschen, deren Ernährung unzureichend ist (zit. nach NIEMÖLLER, 1968). Die quantitative Entwicklung leitet eine Umstrukturierung ein.

■ *Verstädterung:* Der Prozeß der Urbanisation steht in deutlicher Beziehung zu dem der Vermehrung. Bis vor wenigen Generationen war die Mehrheit der Weltbevölkerung bäuerlich. Dieser Zustand änderte sich in manchen Teilen der Welt drastisch. So leben zur Zeit etwa 3/4 der Gesamtbevölkerung der USA in Großstädten und Ballungszentren. Dieser Trend läßt sich – wenngleich mit unterschiedlichem Tempo – in beinahe allen Teilen der Welt beobachten. Für die psychologische Bedeutung der Verstädterung wurde man erst in der letzten Zeit sensibilisiert, da ihre Konsequenzen unabsehbare Ausmaße anzunehmen drohen.
Für die Erziehungssituation und die zwischenmenschliche Beziehung bringt die Verstädterung ganz besondere Probleme mit sich. Wohl haben sich hygienische Errungenschaften ausbreiten können, mit ihnen verbindet sich jedoch häufig ein steriles Lebensklima. Das Kind, das in einer bäuerlichen Gesellschaft den Misthaufen noch als Spielplatz benutzt, ist in dem modernen Stadtbild auf die elterliche Wohnung angewiesen. Diese Umgebung schränkt seine Entfaltungsmöglichkeiten erheblich ein und bedingt neue Konflikte. Der Ausweg auf den Spielplatz ist in vielen Fällen entweder nur Theorie oder sogar die schlechtere Alternative. Die räumliche Dichte der Stadt bietet die Möglichkeit einer intensiveren Beziehung zur sozialen Umwelt. Diese intensivere Beziehung ist zugleich ein erhebliches Konfliktpotential. Fühlten sich früher vornehmlich die Mitglieder der Großfamilie für die Erziehung verantwortlich, ging diese Funktion heute allem Anschein nach auf die Nachbarn über. Die Mutter eines neunjährigen Kindes klagt: *Ich habe wegen meines Sohnes mit meinen Nachbarn Schwierigkeiten. Sie sagen mir, ich sollte besser auf mein Kind aufpassen und es härter anfassen. Ich finde es störend, wenn andere miterziehen wollen. Mein Sohn wird beschimpft, er habe nichts auf der Straße zu suchen. Dabei weiß er, daß ich es ihm ausdrücklich erlaubt habe. Weil er nicht sofort kuscht, ist er nicht beliebt. Liegt ein Stück Papier auf dem Rasen, war mein Sohn natürlich für sie der Übeltäter. Diese Schwierigkeiten mit meinen Nachbarn bringen mich zur Verzweiflung. Ich habe wegen der Ungerechtigkeit gegenüber meinem Sohn fast den ganzen Nachmittag geweint.*

■ *Differenzierung:* Der wissenschaftliche Fortschritt im Zusammenhang mit den gesellschaftlichen und ökonomischen Entwicklungen leitete einen Prozeß der Differenzierung ein. Dieser Begriff deckt sich in gewisser Hinsicht mit dem der Arbeitsteilung. In früheren Zeiten hatte eine Person die Rollen des Häuptlings, Priesters, Richters und Arztes in sich vereint. Heute finden wir die verschiedenen Funktionen voneinander getrennt und teilweise so hoch spezialisiert, daß manche Berufsgruppen nur durch eine begrenzte Anzahl bestimmter Handbewegungen definiert sind, wie der Beruf der Fließbandarbeiter.
Mit zunehmender Differenzierung wurden Beschäftigungsarten, Berufe, gesellschaftliche Rollenaufgaben, Wissenschaften und Verwaltungsinstitutionen unterschieden.
Eine analoge Differenzierung findet sich im Bereich der Familie. In den vor-

wiegend traditionsgelenkten Gesellschaften herrschte die Großfamilie vor, in der mehrere Generationen vertreten waren; heute liegt die Kleinfamilie vorne. Hier leben zumeist nur Eltern und Kinder zusammen, Großeltern gehören nicht mehr im gleichen Maße in die familiäre Einheit und treten häufig in Teilfunktionen in Erscheinung, z. B. als Babysitter. Die Funktionsteilung hat weiterhin zur Folge, daß die Erziehung auf eine Anzahl von Institutionen übertragen wird. Es beginnt damit, daß ein Kind in der Klinik geboren und von Säuglingsschwestern versorgt wird. Die Erziehung wird teils vom Vater, teils von der Mutter, von den Großeltern, einem Babysitter, dem Kindergarten, der Schule, dem Internat, der Fraueninitiative usw. übernommen. Diese Differenzierung der Erziehungsfunktionen besitzt nicht unbedingt negativen Charakter. Sie bringt nur ihre eigenen typischen Probleme mit sich, die in der bewußten Erziehung Berücksichtigung finden müssen. Erziehung kann, stellen wir die Veränderung der sozialen Umwelt in Rechnung, nicht mehr so erfolgen wie in früheren Zeiten.
Meint man aber, man könnte noch so erziehen, wie es damals üblich war, unterliegt man einer Täuschung. Die neue Zeit nämlich hat Bedingungen geschaffen, die die Entwicklung jedes Menschen beeinflussen, auch wenn wir die Augen davor verschließen wollen.

STÖRUNGEN UND KONFLIKTE

Angst vor Veränderungen; Neigung, einen gewohnten Zustand beizubehalten; mangelnde Flexibilität; Nachahmungstendenzen; Generationskonflikte; Abhängigkeit von der Meinung anderer; Ablehnung und Verdrängung der eigenen und kollektiven Vergangenheit; Fremdbestimmtheit; Flucht in Wunschwelten; Angst vor der Zukunft.

MERKE

Im größeren Rahmen unterliegen die Gruppe, in der ein Mensch lebt, und die Gesellschaft der Dimension der Zeit. Inhaltlich bedeutet dies, daß die Anforderungen und Erwartungen der Gesellschaft sich in der beschriebenen Weise verändern (Prozeß der Vermehrung, der Verstädterung, der Differenzierung). Die Umwelt ist somit selbst von der Zeit abhängig. Dieser Wandel der Umwelt bleibt nicht ohne Folgen für die Gesellschaft und die Menschen, die in ihr leben. Die Rollenerwartungen, die an Menschen gestellt werden und die sie selbst stellen, verändern sich mit den Bedürfnissen und Nöten der Umgebung. Würde man einen Menschen heute in der modernen Gesellschaft so behandeln, wie es einst in der Gesellschaft der Jäger und Sammler üblich war, würde man ihn Konflikten aussetzen, die aus einer Verschiebung der Dimension der Zeit herrühren.

PSYCHOSERUM:

Lerne zu vereinigen: Vergangenheit, Gegenwart und Zukunft.

Die Milch muss im richtigen Verhältnis gegeben werden. Es ist die Milch, die den Säugling kräftigt, damit er später imstande ist, festere Speisen zu verdauen. *(Baha'u'llah)*

Entwicklung

Mißverständnis: *Mein Sohn erinnert mich immer daran, daß er doch kein Baby mehr sei.*

Der Mullah, ein Prediger, kam in einen Saal, um zu sprechen. Der Saal war leer, bis auf einen jungen Stallmeister, der in der ersten Reihe saß. Der Mullah überlegte sich: »Soll ich sprechen oder es lieber bleiben lassen?« Schließlich fragte er den Stallmeister: »Es ist niemand außer dir da, soll ich deiner Meinung nach sprechen oder nicht?« Der Stallmeister antwortete: »Herr, ich bin ein einfacher Mann, davon verstehe ich nichts. Aber wenn ich in einen Stall komme und sehe, daß alle Pferde weggelaufen sind und nur ein einziges dageblieben ist, werde ich es trotzdem füttern.« Der Mullah nahm sich das zu Herzen und begann seine Predigt. Er sprach über zwei Stunden lang. Danach fühlte er sich sehr erleichtert und glücklich und wollte durch den Zuhörer bestätigt wissen, wie gut seine Rede war. Er fragte: »Wie hat dir meine Predigt gefallen?« Der Stallmeister antwortete: »Ich habe bereits gesagt, daß ich ein einfacher Mann bin und von so etwas nicht viel verstehe. Aber wenn ich in einen Stall komme und sehe, daß alle Pferde außer einem weggelaufen sind, werde ich es trotzdem füttern. Ich würde ihm aber nicht das ganze Futter geben.« (Persische Geschichte)
Die Geschichte des Mullah und des Stallmeisters verdeutlicht uns die Probleme der Erziehung: Entweder gibt man zuwenig oder man gibt zuviel auf einmal. Man läßt ein Kind gewähren oder erdrückt es mit Fürsorglichkeit. In beiden Situationen wird die Entwicklung des Kindes verkannt.

Mein Sohn benimmt sich wie ein Baby

Ich nehme meinen Sohn auf den Arm, liebkose ihn und spreche mit ihm, als wäre er erst drei Jahre alt, obwohl er doch schon sieben ist. Er erinnert mich dann immer daran, daß er doch kein Baby mehr sei, er wäre jetzt groß. Wenn ich schlecht gelaunt bin oder er mich ärgert, dann halte ich ihm vor, er benehme sich wie ein Baby. (34jährige Mutter)
Nichts führt daran vorbei, daß man zeitlebens Kind seiner Eltern bleibt. Dies ist ein natürlicher und unumgänglicher Zusammenhang. Oft verbirgt sich dahinter aber noch etwas anderes: Das Kind wird von seinen Eltern auch dann noch als Kind angesehen und bevormundet, wenn es längst Jugendlicher oder Erwachsener ist. Die mit dem jeweiligen Entwicklungszustand zunehmende Selbständigkeit wird gern von den Eltern ignoriert. Jeder Mensch benötigt Zeit für seine Entwicklung. Er braucht sie für seine körperliche Reifung,

seine seelische Differenzierung und die Entfaltung im sozialen Zusammenleben. Umgekehrt fordert man von ihm, daß er selbst den anderen Zeit gewährt. Alle Störungen in der Erziehung können auf eine unzeitgemäße Rollenübernahme und Rollenerwartung zurückgeführt werden. Überforderung, Unterforderung und Inkonsequenz sind hierbei die zentralen Ursachen. Sie treten besonders dann in Erscheinung, wenn die Entwicklung des Kindes, des Erziehers und der Gesellschaft ineinandergreifen. Hier potenzieren sich die Wirkungen. Nebensächlich erscheinende Ursachen steigern sich zu dramatischen Konfliktpotentialen.

■ *Unterforderung: Mutter schreibt mir vom Küchengerät bis zum Arzt alles vor und zeigt sich gekränkt, wenn ihre Vorschläge nicht befolgt werden. Sie versucht, mich genauso zu behandeln wie vor 25 Jahren.* (32jährige Mutter von 2 Kindern)
Hier liegen typische Zusammenhänge für eine Unterforderung vor; die Fähigkeiten des Menschen werden nicht entsprechend seiner Entwicklung herausgefordert. Als Beispiel mag folgender Fall dienen: Eine 35jährige geschiedene Frau lebt mit ihrer Mutter zusammen. Die Mutter verhält sich ihr gegenüber, als hätte sie ein siebenjähriges Kind vor sich, obwohl die Frau gut intelligent ist. Sie wird von ihrer Mutter mit Reglementierungen überschüttet wie: *Warst du schon auf der Toilette? Komm, hier hast du mein Taschentuch, putz' dir die Nase! Ziehe das geblümte Kleid an. Komm nicht später als sieben Uhr nach Hause. Wozu mußt du arbeiten, wir haben Geld genug. Du hast es bei mir gut, wozu brauchen wir andere Leute bei uns im Haus?*
Gelegentliche Befreiungsversuche der Tochter, beispielsweise dadurch, daß sie versucht, eine Arbeit aufzunehmen oder Kontakt zu anderen zu finden, werden dadurch abgeblockt, daß die Mutter dies als Aggression des »Kindes« und Unhöflichkeit betrachtet. Sie reagiert darauf, indem sie Herzbeschwerden entwickelt (*Wegen dir bekomme ich noch einen Herzschlag*). Dadurch ist die Tochter wiederum gezwungen, sich der Mutter zuzuwenden und den Versuch der Selbstbehauptung fallen zu lassen. Anzumerken ist, daß die Scheidung der Tochter auf das Betreiben der Mutter erfolgt war.

■ *Überforderung:* Ein sechsjähriges Kind, das irrtümlicherweise 1½ Jahre zu früh eingeschult worden war, zeigte Mängel in der Schule. Ein begutachtender Pädagoge bescheinigte daraufhin eine *nicht altersgemäße Entwicklung auf der Basis mangelnder Intelligenz.* Eine Überprüfung dieses Gutachtens zeigte, daß das Kind altersgemäß sogar gut entwickelt war, der Pädagoge aber nicht das tatsächliche Alter des Kindes, sondern das durchschnittliche Alter seiner Klassenkameraden berücksichtigt hatte.
Überforderung muß nicht notwendigerweise zu einem Rückzug des Kindes führen. Sie kann sich ebenso gut in einer Angleichung an die Forderung auswirken und ein altkluges Verhalten zur Folge haben:
Mein Sohn ist ein Genie: Der fünfjährige Junge eines Studentenehepaares, dessen Mutter berufstätig war und dessen Vater Politikwissenschaften studierte, sollte ursprünglich jeden Morgen gegen neun Uhr vom Vater in den

Kindergarten gefahren werden. Da der Vater aber bis spät in die Nacht hinein zu lesen pflegte und am Morgen ausschlafen wollte, gab er ohne Wissen seiner Frau dem Kind herumliegende Medikamente, so daß es bis um 11 Uhr schlief. Danach beschäftigte sich der Vater, gewissermaßen als Ersatz für den Kindergarten, mit seinem Sohn. Er versuchte, seinem Sohn technisches, politisches und philosophisches Wissen beizubringen. Das Kind begann, um noch mehr die Zuwendung seines Vaters zu erlangen, die angebotenen Inhalte aufzunehmen und sich schließlich so zu verhalten, wie es der Rollenerwartung entsprach, die der Vater ihm gegenüber hatte. Das Kind verhielt sich dabei »vernünftig«, zurückhaltend, hatte wenig Kontakt mit Gleichaltrigen und entwickelte starke Hemmungen, die zu Verhaltensstörungen führten.

■ *Inkonsequenz:* Die Fähigkeiten des Kindes werden ungleichmäßig beansprucht. Das Kind wird vor Aufgaben gestellt, die es altersgemäß nicht lösen kann. Bemerkt der Erzieher dies, steckt er sofort zurück, bemitleidet das Kind und nimmt ihm die Lösung der Aufgabe ab. Die zunächst auftretende Überforderung bringt das Kind in einen Selbstwertkonflikt. Danach gibt ihm die Bezugsperson durch ihr Zurückstecken eine unangemessene Lösungsmöglichkeit: Das Kind wird erwarten, daß schwierige Probleme ohne sein Zutun durch Zuwendung von außen gelöst werden. Daraus folgt, daß ein konsequentes Problemlösungsverhalten nicht ausgebildet ist und das Kind sich nicht über längere Zeit mit einer Aufgabe beschäftigen wird. *Wenn ich mit einem Spiel nicht weiterkam, sagte meine Mutter: ›Mach halt was anderes!‹*

STÖRUNGEN UND KONFLIKTE
Überforderung; Unterforderung; Ungeduld; Schwanken zwischen Wunsch und Angst; überhöhte Erwartungen; Enttäuschungen; Resignation; emotionale Abhängigkeit; Streben nach Selbständigkeit; Ablösungsproblematik.

MERKE
Eine entwicklungsgemäße Erziehung bedeutet, daß man die Bedürfnisse und Nöte eines Menschen entsprechend dessen Entwicklungsstufe befriedigt.

PSYCHOSERUM
Lerne, dem Kind das zu geben, was es auf seiner Entwicklungsstufe benötigt.

Junge Leute leiden weniger unter eigenen Fehlern als unter der Weisheit der Alten. *(Vauvenargues)*

Identitätskrise

Mißverständnis: *Ich weiß nicht, wer ich bin!*

Die Persönlichkeit eines Menschen und sein Selbstverständnis entwickeln sich entsprechend den Fähigkeiten und Möglichkeiten in der Zeit schrittweise. In der Auseinandersetzung mit der Umwelt werden diese Fähigkeiten weiter differenziert; man bleibt also nicht der gleiche. Auch wenn charakteristische Wesenszüge kaum einer Veränderung unterliegen, begegnet man sich selbst doch immer wieder neu. Man erfährt Fähigkeiten und Einschränkungen, von denen man zuvor nichts wußte oder nichts wissen wollte. Fähigkeiten und Einstellungen verändern sich. Das Kind lernt, seine Sinne zu entwikkeln, obwohl sie voll und ganz da sind. Es erlernt die Verhaltensnormen, seine Phantasie entfaltet sich, sein Verstand wird differenzierter, die ursprüngliche Beziehung zur Mutter wird ausgeweitet auf die übrige Familie und auf soziale Gruppen. Jede einzelne Entwicklungsstufe besitzt ihre eigenen charakteristischen Probleme und Konflikte, die wir als *Entwicklungskrisen* bezeichnen. Werden diese Entwicklungskrisen verarbeitet, als *Identitätsstufen* durchlaufen, kann sich die Persönlichkeit entwicklungsgemäß entfalten.
In verschiedenen Abschnitten des menschlichen Lebens wird das Individuum mit einer Vielzahl von Problemen auf einmal konfrontiert. Im Erleben spiegelt sich diese Konfliktlage in der Feststellung wider: *Ich weiß nicht, wer ich bin.* Ein derartiger konfliktgeladener Abschnitt liegt in der Pubertät. Der Jugendliche ist nicht mehr Kind und noch nicht Erwachsener. Er wird mit Erlebnissen konfrontiert, die ihn zutiefst aufwühlen. Es sind dies die Probleme der Sexualität, die jetzt zum Ausdruck kommen. Weitere Fragen werden hier bedeutsam: die Frage nach dem, was man später sein wird, welchen Beruf man ergreifen möchte, wie man sich seiner Umwelt gegenüber verhalten soll. Dem Jugendlichen wird also eine Anzahl von teilweise sogar sich widersprechenden Rollen-Aspekten zugemutet, die er in sein Persönlichkeitsbild integrieren muß. Mit dem Übergang ins Erwachsenenalter werden an ihn bestimmte Erwartungen gestellt, die er als seine eigenen übernimmt. Drei Kriterien charakterisieren unsere Anforderungen an die Erwachsenen: Gleichberechtigung, Freiheit und Verantwortung.

■ *Gleichberechtigung:* Der Jugendliche, der bislang als Kind behandelt wurde, wird von den Erwachsenen nur zum Teil gleichberechtigt behandelt. Er selbst fordert diese Gleichberechtigung für sich. Dieses zwiespältige Verhältnis gegenüber den Rechten des Jugendlichen führt zu Spannungen in der Erziehung. Gleichberechtigung bedeutet letztlich: Man ist bereit zu geben und zu nehmen, zu sprechen und zu hören, kritisiert zu werden und zu kritisieren, zu lieben und geliebt zu werden. Mit Gleichberechtigung ist somit ein Balancezustand gemeint, der nicht von vornherein gegeben ist, sondern in der Auseinandersetzung mit der Umwelt geschaffen werden kann.

■ *Freiheit:* Die äußere Freiheit umfaßt alle persönlichen, wirtschaftlichen und technischen Möglichkeiten, über die der Jugendliche bislang noch nicht verfügen konnte: er kann solange aufbleiben, wie er möchte. Er kann sich mit den Menschen treffen, die für ihn interessant sind. Er kann sich Dinge kaufen, ohne die Eltern vorher fragen zu müssen. Das Gegenteil äußerer Freiheit zeigen folgende Beispiele. Eine Mutter erzählt: *Kürzlich habe ich bei dem Besuch der Schwiegereltern zum ersten Mal nach über fünf Jahren Ehe gewagt, nachmittags zum Kaffeetrinken statt einer weißen eine sehr schöne rosa Tischdecke aufzulegen. Es war eine Katastrophe.*
Ein 17jähriges Mädchen berichtet über das Verhalten seines Vaters: *Ich durfte niemals wagen, auch nur den geringsten Gegenstand für mein Zimmer zu kaufen, der von ihm vorher nicht begutachtet worden war. Dabei nehme ich schon seit Jahren, außer dem letzten Semester, mit Erfolg Malunterricht. Ein Bild wurde sogar schon einmal ausgestellt. Ich meine nur damit, so schlecht kann mein Geschmack dann doch eigentlich gar nicht sein. Einmal habe ich über mein Bett ein Bild von Picasso gehängt, es sollte nur vorübergehend sein. Mein Vater war so beleidigt darüber, daß ich es dann nach einigen Tagen wieder herunternahm.*
Die *innere Freiheit* hat etwas mit der Planung zu tun, wie die einzelnen Bereiche der äußeren Freiheit eingeschätzt und bewertet werden. Man unterscheidet aufgrund seiner bisherigen Erfahrungen, welches Ziel man sich setzt, in welchem Bereich sich die Kräfte und Energien kanalisieren, wofür man sich engagiert. Mit dem Jugendlichen, welchem die Möglichkeit der Freiheit zugebilligt wird, verhält es sich ähnlich wie mit jemandem, der plötzlich über viel Geld verfügt. Wenn er nicht weiß, wie er das Geld anwenden kann, wenn er es nicht gelernt hat, wird es ihm wenig nützen oder sogar Schwierigkeiten bereiten. Die innere Freiheit ist also die Freiheit des Unterscheidens.

■ *Verantwortung:* Sie ist das Gegenteil von passiver Toleranz. Man kann jemanden als gleichberechtigt ansehen und ihm seine Freiheit zubilligen. Die Toleranz, die man dabei wahrt, ist jedoch häufig ein Zeichen von Indifferenz und Gleichgültigkeit. Erst wenn man sich verantwortlich fühlt, also den verpflichtenden Charakter von Freiheit und Gleichberechtigung akzeptiert, kann eine aktive Toleranz entwickelt werden. Die aktive Toleranz betrifft die Fähigkeit, sich mit dem anderen zu identifizieren und über seine einzelnen Fähigkeiten hinaus die Einzigartigkeit seiner Persönlichkeit anzuerkennen: ihn also anzunehmen, wie er ist.
Gleichberechtigung, Freiheit und Verantwortung sind Aufgaben, die von dem Jugendlichen nicht von einem Tag auf den anderen gelöst werden können.
In drei Monaten bin ich 18, dann kann ich machen, was ich will.

Die gesetzlich zugestandene Freiheit besteht für jeden Jugendlichen, ob die Eltern wollen oder nicht. Wie aber diese äußere Freiheit genutzt wird, das hängt von der frühesten Kindheit an vom Angebot der Eltern und Erziehungsinstitutionen ab. Wurde bis zum gesetzlich vorgeschriebenen Erwachsenenalter ein Jugendlicher von allen Aufgaben der Erwachsenen ferngehalten, befindet er sich in einer ähnlichen Situation wie der Junge, der das Wasser nur zum Händewaschen kennt und plötzlich ins Meer geworfen wird: Ob er dann schwimmen kann, ist kaum mehr als Glückssache. Für den Erzieher ergibt sich die Aufgabe, von Kindheit an die Entwicklungsmöglichkeiten des Kindes auf die zu erwartenden Probleme und Aufgaben hin zu entfalten.
Die drei genannten Kriterien des Erwachsenenalters werden in den Beziehungen des Menschen zu sich selbst, zum Partner, zu Mitmenschen und sozialen Gruppen und schließlich zum Unbekannten und Unerkennbaren konkretisiert. Da sich der Mensch nicht nur in einem dieser Bereiche, sondern in allen Bereichen entwickeln kann, sind mögliche Einseitigkeiten die Quelle für Entwicklungsstörungen.

Ich habe keine Energie mehr

Ein 17jähriger Junge leidet unter Apathie, Arbeitsunlust, Hemmungen und Schlafstörungen. Er beklagt sich darüber, daß er sich nicht mehr konzentrieren könne und die Schule für ihn ein unerträglicher Ballast sei. Er habe für die Anforderungen der Schule überhaupt keine Energie und keine Kraft mehr. Die Analyse seines Tageablaufes zeigt, daß er seine Energien hauptsächlich auf die Beziehung zu einer Freundin (16 Jahre) zentralisiert. Er trifft sich etwa drei bis vier Stunden pro Tag mit ihr, denkt nachts an sie und kommt selbst in der Schule nicht von dem Gedanken an sie frei. Er kann also kaum mehr Energien für sich, seine Eltern, für andere Menschen und für seine schulische Ausbildung aufbringen.
Schematisch zeigt sich die Aufteilung der Energie auf die verschiedenen Bereiche:

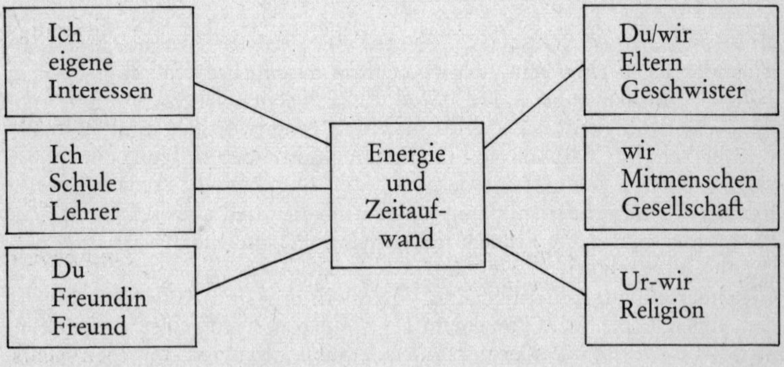

In dem beschriebenen Fall schätzte der Jugendliche den jeweiligen Energieaufwand für die verschiedenen Bereiche wie folgt ein:
eigene Interessen 5 %, Schule 5 %,
Freundin 85 %, Eltern 1 %,
Mitmenschen 3 %, Religion 1 %.
Es lag hier nicht Mangel an Energie oder Faulheit vor, also eine Schwäche, sondern eine einseitige Aufteilung der Energie auf die verschiedenen für den Jugendlichen wichtigen Bereiche.
Wichtig ist, wie die Energie in den verschiedenen Entwicklungsphasen kanalisiert und gesteuert wird. Durch die starke Besetzung einzelner Bereiche und die mangelnde Besetzung anderer kommt es zu Konfliktbereitschaften gegenüber der Umwelt. Die Bezugspersonen werden mit den Folgen dieser Entwicklung konfrontiert, besitzen jedoch in der Regel keine Einsicht in deren Bedingungen. Identität wird nicht durch den Rückbezug auf sich selbst, sondern durch die Öffnung für und Erweiterung auf alle Bereiche der sozialen Erfahrung gefunden.

STÖRUNGEN UND KONFLIKTE
Identitätskrise; Unsicherheit; Entschlußunfähigkeit; ohne eigene Leitlinie; fehlender innerer Kompaß; Angst; Flucht in die Sexualität, in Geselligkeit, in Vereine und Parteien; Enttäuschungen; Schwunglosigkeit; Selbstvorwürfe; Depressionen; Überforderung; Unterforderung.

MERKE
Für Eltern, Erzieher und andere Bezugspersonen stellt sich die wichtige Aufgabe, dem Kind, dem Jugendlichen oder dem Partner in den verschiedenen Abschnitten der Entwicklung die Verarbeitung der Identitätskrise zu erleichtern. Voraussetzung dafür ist das Vertrauen zwischen den beiden »Parteien«. Auf dieser Basis kann man seine Einsicht in die Probleme des anderen erweitern. Erst dann ist man in der Lage, die Entwicklung in den verschiedenen Bereichen zu unterstützen.

PSYCHOSERUM
Lerne zu unterscheiden zwischen Energiemangel und falscher Kanalisierung.

AN DIESEM TAG WERDEN WIR DEINEN BLICK MIT UNTERSCHEIDUNG BEGABEN.
(Mohammed)

Mensch – Tier

Mißverständnis: *Die bisherige Entwicklung des Menschen scheint mir keiner anderen Erklärung zu bedürfen als die der Tiere.* (S. Freud)

FREUDS Feststellung, daß er trotz aller Bemühungen beim Menschen nichts finden könne, was nicht schon beim Tier anzutreffen ist, ist mehr als nur die

unverbindliche Meinung eines Wissenschaftlers. Sie gründet nicht auf Tatsachen, sondern stellt ein Menschenbild auf, das Trotz und Menschenverachtung enthält: Trotz gegen die Behauptungen der Religionen, der Mensch sei die Krone der Schöpfung, und der Menschenverachtung angesichts seiner individuellen oder kollektiven Schwierigkeiten. Die Frage, ob für die Menschen ausschließlich die gleichen Gesetzmäßigkeiten gelten wie für das Tier, hat weniger theoretische, als vielmehr erhebliche praktische Bedeutung.
Es wird hier die Frage angeschnitten, als was der Mensch zu betrachten ist, wie er infolgedessen behandelt werden kann und muß, und welche Möglichkeiten der Entwicklung einem Menschen zugestanden oder abgesprochen werden. Die Frage Mensch–Tier beinhaltet somit erhebliche Konsequenzen für die Erziehung, für das Verhältnis zum Menschen allgemein und für die Psychotherapie.
Um das Verhältnis von Mensch und Tier zu charakterisieren, eignet sich weniger der globale Vergleich, als der Vergleich der drei Funktionsbereiche: Körper, Umwelt und Zeit.

■ *Körper:* Als prinzipielle Gemeinsamkeit von Mensch und Tier gilt der Bereich des Körpers. In der Tat weisen die Anatomie des menschlichen und des tierischen Körpers sowie die Funktionsweisen der Organe eine grundsätzliche Ähnlichkeit auf; sie verleitete dazu, aus der Vergleichbarkeit eine Gleichheit werden zu lassen. Dabei macht man sich jedoch einer Vereinfachung schuldig: um Mensch und Tier zu identifizieren, werden Besonderheiten und typische Unterschiede vernachlässigt.
Im Gegensatz zum Tier verfügt der Mensch über eine unvergleichlich höhere Organisation des Gehirns, die sich insbesondere in der Zunahme und feineren Strukturierung des Großhirns bemerkbar macht. Darüber hinaus verfügt er über eine Fähigkeit, die gewissermaßen als seelisches Gegenstück der Differenziertheit des Gehirns aufgefaßt werden kann: Das Tier lebt durch den Körper. Auch der Mensch lebt durch den Körper, er besitzt aber zugleich die Fähigkeit, seinen Körper zu erleben. Er kann sich daher von seinem Körper distanzieren und ihn zum Gegenstand seiner Gedanken machen. Er wird also nicht nur von seinem Körper beeinflußt, sondern kann auch selbst Einfluß auf seinen Körper nehmen. Wenn ein Tier krank ist, bleibt es ausschließlich auf die Funktionen und Selbstheilungstendenzen des Organismus angewiesen. Das trifft auch für den Menschen zu. Er kann aber darüber hinaus den Körper bewußt und aktiv beeinflussen. Durch die Kraft seiner Gedanken, Erwartungen, Wünsche und Konflikte übt er einen Einfluß auf die Funktionen des Körpers aus und darauf, wie diese erlebt werden. Beispiele dafür finden sich im psychosomatischen oder somatopsychischen Bereich: Hunger versetzt einen Menschen in Unruhe. Herzfunktionsstörungen bereiten ihm Lebensangst. Umgekehrt: Aufregung erhöht unseren Pulsschlag und den Blutdruck. Niedergeschlagenheit ist zumeist mit einer Senkung des Blutdrucks verbunden. Gedanken sind, wie diese Beispiele zeigen, Keime: *Ich werde das erfahren, was ich erwarte. Was ich denke, beeinflußt meinen Körper.*

■ *Umwelt:* Die Dimension der Umwelt betrifft die Beziehungen des Menschen zu seiner gesamten Umgebung. Sie umfaßt das Verhältnis eines Menschen zu einem Partner oder zu sozialen Gruppen, sein Verhältnis zu Tieren, Pflanzen und allen Dingen der Welt.
Während das Tier nach der Geburt instinktmäßig reagiert und nicht anders reagieren kann, bleibt dem Menschen während der Sozialisation, dem Lernen von sozialem Verhalten, noch ein Freiheitsspielraum. Seine Fähigkeiten können durch die Umwelt entwickelt werden; zu ihnen zählen die Eigenschaften und Eigenarten eines Menschen. Inhaltlich aufgeschlüsselt handelt es sich vor allem um die primären und sekundären Fähigkeiten. Das Tier zeigt wohl ein gewisses Sauberkeits-, Sparsamkeits-, Ordnungs- und Fleißverhalten. Diese Fähigkeiten sind instinktiver Art. Sie sind angeboren und weitgehend unveränderlich. Der Mensch als soziales Wesen besitzt prinzipiell die Möglichkeit zu den einzelnen Aktualfähigkeiten. Diese werden aber erst im Laufe der Sozialisation durch Lernerfahrungen entwickelt, ergänzt, entfaltet und verfeinert. Die Bedeutung der primären und sekundären Fähigkeiten für die sozialen Beziehungen zeigt einen grundsätzlichen Unterschied zwischen Mensch und Tier.
Für die Tiergruppe fungieren Instinktmechanismen als Grundlage des sozialen Lebens. Während dem Tier die Regeln des sozialen Verhaltens quasi angeboren sind, ist die menschliche Gesellschaft dagegen darauf angewiesen, daß ihre Mitglieder soziale Regeln und Normen lernen und befolgen. Die Struktur der Aktualfähigkeiten und ihrer Bewertungen wird beim Menschen von Generation zu Generation als Inhalt der Tradition weitergegeben. Primäre und sekundäre Fähigkeiten sind Sozialisationsmuster und damit zugleich Inhalte zwischenmenschlicher Kommunikation und individuellen Erlebens.

■ *Zeit:* Der Mensch unterscheidet sich vom Tier durch das Bewußtsein, die Fähigkeit, über die Kategorien »Vergangenheit«, »Gegenwart« und »Zukunft« zu verfügen. Die Schärfe, mit der sich ein Mensch der Kategorien der Zeit besinnt und sich ihrer zu bedienen versteht, charakterisiert seine Befähigung, die Anforderungnn des Lebens zu bewältigen.
Schon der Höhlenbewohner der Frühzeit war auf Zeitsinn angewiesen, um die Herrschaft über die ihm physisch überlegenen Tiere zu erlangen. Und eben in dieser Fähigkeit, künftige Bedürfnisse ins Auge zu fassen und in der Gegenwart auf die Erfahrungen der Vergangenheit zurückzugreifen, um den Forderungen der Zukunft zu begegnen, liegt der Erfolg des Menschengeschlechts im Kampf ums Dasein begründet. Sie hat ihm nicht nur die endgültige Herrschaft über die Rivalen aus dem Tierreich gesichert. Sie ermöglichte dem Menschen, die ganze Welt zu beherrschen und deren Schätze für seine Bedürfnisse auszubeuten.
Anders als das Tier kann der Mensch auf eigene lebensgeschichtliche Erfahrungen und die anderer Menschen vor ihm bewußt zurückgreifen. Er hat die Chance, sich auf der geschichtlichen Ebene weiterzuentwickeln, indem er auf den Erfahrungen der kollektiven Vergangenheit aufbaut.

STÖRUNGEN UND KONFLIKTE

Identitätskrise; Selbstüberschätzung; Mißerfolgsangst; Minderwertigkeitsgefühle; Einheitsverlust; Egoismus; Abhängigkeit von Freunden und Gegenständen; Neigung zu Roheit, Grausamkeit und Tierquälerei; übermäßige Liebe zu Tieren (man geht lieber mit seinem Hund spazieren als mit der eigenen Frau); Unfähigkeit, im Familienkreise Liebe zu erweisen oder zu erwerben; »stahlharte« Persönlichkeiten, die »über Leichen gehen« und in der Durchsetzung ihrer Ziele weder Rücksicht noch Mitleid kennen; Widerstandslosigkeit gegenüber Einflüssen.

MERKE

Die Gleichsetzung von Mensch und Tier billigt dem Menschen fast ausschließlich ein triebgesteuertes und instinktbeschränktes Verhalten zu. Gesellschaftliche Normen hätten in diesem Sinn nur den Charakter der Unterdrückung zerstörerischer und die Gesellschaft gefährdender Triebimpulse. Der Mensch weist gegenüber dem Tier Unterschiede im Bereiche des Körpers, der Umwelt und der Zeit auf. Er braucht also nicht, wie das Tier, dressiert zu werden. Seine Triebe müssen nicht unterdrückt werden. Vielmehr kommt es darauf an, Fähigkeiten zu differenzieren und zu entwickeln.

PSYCHOSERUM

Lerne zu unterscheiden zwischen durch den Körper leben und den Körper erleben.

DIE SÜNDEN DER VÄTER WERDE ICH AN DEN KINDERN HEIMSUCHEN, BIS INS DRITTE UND VIERTE GLIED. *(Altes Testament)*

Angeboren – Erworben

Mißverständnis: *Meinem Sohn brauchte ich Ordnung gar nicht erst beizubringen, die hat er von Geburt an.*

... ich hörte als Kind immer nur, meinen Trotzkopf hätte ich von Tante Tilly, aber die hätte ja keinen Mann bekommen, und mir erginge es auch mal so. Meine guten Eigenschaften, wie meine sportliche und musikalische Begabung, hatte ich garantiert von Oma und Opa. Da wurden immer sehr nahe Verwandte ausgesucht und das nur, wenn wir uns im Augenblick mit denen gut verstanden haben. Nur Eigenschaften, die zu unserer Familie angeblich nicht paßten, die hatte ich durch den schlechten Umgang mit meinen Freundinnen angenommen. Wußte man gar keinen Ausweg, dann hatte eben der liebe Gott meine Mutter und Oma mit mir bestraft...

Wir alle kennen das Ratespiel, in dem gefragt wird, wem ein Kind ähnlicher sieht und von wem es gerade diese oder jene gute oder schlechte Eigenschaft geerbt hat. Wenn ein Kind besonders träge oder besonders temperamentvoll ist, wenn es seinen Dickkopf zeigt, lügt, stiehlt oder gute Umgangsformen an den Tag legt, ausgezeichnete Schulnoten erzielt, ordentlich ist, findet sich bestimmt jemand, eine Großmutter, Tante oder alte Bekannte, die genau weiß, von wem das Kind das hat. Unwillkürlich nimmt man das Kind im Sinne eigener Erwartungen wahr.

Meine Tochter war von Geburt an unordentlich

Meine 12jährige Tochter war von Geburt an unordentlich. Immer hatte ich mit ihr Schwierigkeiten. Jetzt ist sie sogar in der Schule schlecht. Ihre Unordnung ist nicht auszuhalten. Sie ist das genaue Gegenteil von ihrem 9jährigen Bruder. Er war von Geburt an ordentlich. Kann man bei Kindern, die von Geburt an unordentlich sind, noch etwas machen? Gefragt, wie sie sich gegenüber der Unordnung der Tochter verhalten habe, antwortete die Mutter: *Ich habe geschimpft und nicht selten hat es eine Tracht Prügel gegeben... Meinem Sohn brauchte ich Ordnung gar nicht erst beizubringen, die hat er von Geburt an...* (34jährige Mutter, Erziehungsschwierigkeiten)

Was der Mutter als »angeboren« erscheint, ist in Wirklichkeit das Ergebnis von Einstellungen und unterschiedlichen Erziehungspraktiken. Der Unterschied hinsichtlich der Ordnung von Sohn und Tochter fand hier eine einfache Erklärung: Die positive Ordnung des Sohnes ging auf ein Lernverhalten zurück. Er konnte nahezu regelmäßig erfahren, wie die ältere Schwester bestraft wurde, wenn sie die Ordnung der Mutter nicht anerkannte. Um die Strafe zu vermeiden und einem drohenden Liebesentzug auszuweichen, lernte er nun am Modell seiner Schwester den Anlaß für die Schwierigkeiten zu vermeiden, also so ordentlich zu sein, wie die Mutter es wünschte. An solchen Beispielen läßt sich belegen, daß scheinbar »angeborenes Verhalten« erst durch bestimmte Erziehungs- und Umwelteinflüsse zustande kommt.

In einem anderen Bericht schreibt eine 34jährige Mutter von zwei Kindern, deren geschiedener Mann an Depressionen erkrankte: *Ich litt immer unter einer fürchterlichen Angst, daß sich die Krankheiten meines Mannes auf die Kinder auswirken, vererben würden. Besonders bei meinem ältesten Sohn war dies der Fall. Ich führte sein unberechenbares Verhalten und seine Wutanfälle auf eine erbliche Belastung seitens meines Mannes zurück.*

Die Frage, ob etwas angeboren oder erworben ist, berührt die Probleme vieler Eltern, Erzieher und Ehepartner aus lebensnahem Interesse: Das Wort »angeboren« wird unwillkürlich mit einer zwingenden, nicht beeinflußbaren, hoffnungslosen Entwicklung verknüpft. Beim Wort »erworben« klingt dagegen mit, daß man Erworbenes wieder ändern kann, daß die Umwelt starken Einfluß ausübt und letztlich, daß bei Störungen, die als erworben betrachtet werden, Hoffnung auf Änderung besteht. Während die Vorstellung, ein Verhalten sei erworben, die Bezugsperson und den Erzieher vor immer neue Aufgaben stellt, wirkt die Vorstellung, ein Verhalten sei angeboren, wie ein Schlußstrich unter einem Kapitel.

Ich fand immer eine Person in der Verwandtschaft mit einer Eigenschaft, die meine Kinder geerbt hatten. Damit beruhigte ich mich und stellte dann immer wieder fest, daß doch alles angeboren bzw. vererbt sei... (43jährige Hausfrau)
Meine Mutter war sehr phlegmatisch, und ich habe das übernommen. Das kann man nicht ändern, es ist eben nichts zu machen. (15jähriger Lehrling)
Meine Tochter ist eben wie ihr Vater, da kann man nichts machen. (35jährige Hausfrau)

Die Vererbungsideologie wird hier zur Rationalisierung und zur Ausrede. Die Bedeutung der wissenschaftlichen Vererbungsforschung wird durch diese Feststellung jedoch nicht im mindesten eingeschränkt.
Gern übersehen wird bei derartiger Argumentation der Stellenwert der Erziehung oder allgemeiner, der Umwelt. Der Großmogul AKBAR – er lebte vor etwa 700 Jahren – wollte wissen, welche die angeborene Sprache des Menschen sei. Er ließ daher eine Anzahl von Säuglingen von ihren Eltern trennen und so aufziehen, daß die Pfleger nur die notwendige Nahrung und Pflege geben, nicht aber mit den Kindern sprechen oder ihnen Zuwendung gewähren durften. Die Folge war erschütternd. Als die Kinder entlassen wurden, verfügten sie über keine Sprache und vermochten sie sich auch nicht anzueignen. Sie waren nicht mehr erziehbar und völlig ungelehrig, so daß selbst der Versuch, sie im Heeresdienst zu gebrauchen, fehlschlug (STOKVIS, 1965). Ein ganz ähnlicher Versuch wurde von Friedrich von Hohenstaufen durchgeführt. Die Kinder, die ohne Sprache und Liebeszuwendung erzogen wurden, erwiesen sich als sehr anfällig und starben nach relativ kurzer Zeit (MITSCHERLICH, 1967).
Dieses Ergebnis findet sich heute in ähnlicher Form wieder: Drei Gruppen von Kindern, bei denen die Eltern ursprünglich aus etwa der gleichen sozialen Schicht stammten, wurden miteinander verglichen. Die erste Gruppe umfaßte Kinder, die in normalen Familiensituationen aufwuchsen. In der zweiten Gruppe befanden sich Kinder, deren Mütter Gefängnisinsassinnen waren (Mütter und Kinder konnten täglich etwa zwei Stunden zusammen sein). Kinder aus Waisenhäusern stellten die dritte Gruppe. Nur die notwendigsten Bedürfnisse dieser Kinder wurden gestillt. Die Kinder der letzten Gruppe zeigten die größte Sterblichkeitsrate, waren später vermehrt sozial auffällig und wiesen die niedrigsten Intelligenzleistungen im Vergleich zu den übrigen beiden Gruppen auf. Kinder, die in der normalen Familiensituation aufwuchsen, schnitten hinsichtlich der Intelligenz und des körperlichen Zustandes am besten ab und waren emotional am wenigsten störanfällig (vgl. SPITZ, 1960, 1967; BOWLBY, 1952). Aus diesen Versuchen läßt sich eine Tatsache klar und deutlich ablesen: Die Erziehung bestimmt die Entwicklung des Menschen.
HARLOW u. CLARK führten Versuche mit Rhesusaffen durch; diese Tiere sind stammesgeschichtlich eng mit dem Menschen verwandt. Ihre Entwicklung

ähnelt der des Menschen bis zum ersten Lebensjahr in vieler Hinsicht (Schmidbauer, 1972): »Die Aggressivität der Rhesusaffen wird bei normalen Tieren sowohl durch die Gefühlsbindung wie durch die Angst gezügelt. Isoliert man diese Tiere in ihrer frühen Entwicklung, werden sie nur durch ihre Angst gehindert, aggressiv zu sein. Ein sogenanntes ambivalentes Verhalten ist die Folge: Angst ist mit rücksichtsloser Grausamkeit gepaart. Während der normale Rhesusaffe für die Schwächeren Partei ergreift und für seine Kinder sehr rücksichtsvoll sorgt, verhalten sich die geschädigten Affen wie Radfahrer, die nach oben kuschen und nach unten treten.«
Daß es sich bei den vermittelten Erziehungsinhalten nicht um unveränderliche und allgemein gültige Normen handelt, sondern um solche, die von den jeweiligen gesellschaftlichen und kulturellen Bedingungen abhängen, zeigen Beobachtungen von M. Mead (1970) und E. H. Erikson (1971): »Welchen Faktoren in der Erziehung des Kindes ist es zu verdanken, wenn es sanft, zufrieden, warmherzig und vertrauensvoll und weder aggressiv noch ehrgeizig oder draufgängerisch wird?« Mead gibt darauf, ausgehend von den anthropologischen Studien, die Antwort: »Zwischen der Art und Weise, wie ein Kind ernährt wird, schlafen gelegt, gebändigt, Selbstbeherrschung gelehrt, liebkost, bestraft und ermutigt wird und der endgültigen Ausrichtung des Erwachsenen besteht ein sehr feiner und eindeutiger Zusammenhang.«
Erikson bestätigt die grundsätzlichen Ergebnisse dieser Untersuchungen durch eigene, die er unter Sioux- und Yurok-Indianern anstellte. Er betrachtete insbesondere die Maßnahmen der Reinlichkeitserziehung und die Fütterungsrituale im Zusammenhang mit dem eher aggressiv-resignierten Charakter der Sioux und dem zwanghaft-ordentlichen und sauberen Verhalten der mehr friedlichen Yurok-Indianer. Erikson erweitert diesen Vergleich auf die westlichen Kulturen: »Es gibt, wie wir sehen werden, Kulturen, wo die Eltern das anale Verhalten ignorieren und es den größeren Kindern überlassen, das Krabbelkind in die Büsche zu führen, so daß dessen Wunsch, die Angelegenheit zu erledigen, allmählich mit dem Wunsche zusammenfällt, die Älteren zu imitieren. Unsere westliche Zivilisation hingegen hat sich entschlossen, die Sache ernster zu nehmen, wie ernsthaft, hängt dabei von der Verbreitung der mittelständischen Moral und des Ich-Ideals eines mechanisierten Körpers ab. Es wird dabei nämlich angenommen, daß frühe und rigorose Reinlichkeitserziehung nicht nur die häusliche Atmosphäre »anständiger« gestaltet, sondern daß sie für die Entwicklung von Ordnung und Pünktlichkeit absolut unerläßlich ist. Ob dem so ist oder nicht, wollen wir später besprechen. Zweifellos aber gibt es unter den Neuroseträgern unserer Zeit jenen Zwangstyp, der mehr mechanische Pünktlichkeit und Sparsamkeit, sowohl in Dingen der Zuneigung wie der Fäzes besitzt, als für ihn und auf die Dauer auch für die Gesellschaft gut ist. In weiten Kreisen unserer Kultur ist die Reinlichkeitserziehung zu dem offenbar schwierigsten Punkte in der Erziehung des Kindes geworden« (1971).
Am besten zeigt sich das Verhältnis von Vererbung und Erziehung an den Ergebnissen der Zwillingsforschung. Wurden eineiige Zwillinge in verschiedenen Familien oder unter unterschiedlichen sozial-ökonomischen Bedingun-

gen aufgezogen, ergaben sich hinsichtlich des Verhaltens trotz auffälliger Gemeinsamkeiten in der Regel ausgeprägte Unterschiede. Diese lassen sich am besten an dem anekdotisch anmutenden Fall veranschaulichen, in dem eineiige Zwillingsbrüder durch verschiedene Umwelteinflüsse zu unterschiedlichen Charakterausprägungen gelangten. Der eine wurde Kriminalist, der andere Krimineller.

Viele Verhaltensnormen, die man für angeboren hält, sind in Wirklichkeit das Ergebnis in frühester Kindheit erfolgter Prägungen. Ein Beispiel aus dem Tierreich soll dies veranschaulichen. Der Tiger jagt und tötet seine Beute. Die Verhaltensforschung konnte nachweisen, daß das Jagen dem Tiger angeboren, das Töten des Opfers aber erst von der Mutter erlernt wird. Wir ersehen daraus ferner: Eine Verhaltensweise, die man gemeinhin für einheitlich hält, setzt sich aus unterschiedlichen Teilverhalten zusammen, die einen gänzlich verschiedenen Ursprung haben können. Beim Menschen, der ohnehin nur über Instinktansätze verfügt, muß das Verhältnis von »angeboren« und »erworben« bezüglich der einzelnen Verhaltensweisen viel komplexer sein.

STÖRUNGEN UND KONFLIKTE
Selbstentfremdung; Überforderung; Unterforderung; Versäumniserlebnisse; Eifersucht; Haß; Neid; Ablehnung; Riesenerwartung; Enttäuschung; pessimistische Lebensauffassung; weltverneinende, skeptische und mißtrauische Persönlichkeiten.

MERKE
Jedem Menschen ist eine Fülle von Fähigkeiten angeboren. Welche Fähigkeiten aber entwickelt oder nicht entwickelt werden, hängt letztlich von dem fördernden oder hemmenden Einfluß der Umwelt ab.
Der Erzieher kann sich nicht auf der Feststellung, etwas sei angeboren, ausruhen. Es kommt vielmehr darauf an, die Chancen, die trotz oder wegen einer Störung in einem Bereich bestehen, zu erkennen und zu nutzen.

PSYCHOSERUM
Lerne zu unterscheiden zwischen angeboren und erworben.

DIE ARBEIT DES ERZIEHERS GLEICHT DER EINES GÄRTNERS, DER VERSCHIEDENE PFLANZEN PFLEGT. *('Abdu'l-Bahá)*

Einzigartigkcit

Mißverständnis: *Ich verlange von meinem Mann gerade das, was mir bei anderen Männern gefällt.*

Die Arbeit des Erziehers gleicht der eines Gärtners, der verschiedene Pflanzen pflegt. Eine Pflanze liebt den strahlenden Sonnenschein, die andere den kühlen Schatten; die eine liebt das Bachufer, die andere die dürre Bergspitze. Die eine gedeiht am besten auf sandigem Boden, die andere in fettem Lehm. Jede muß die ihrer Art angemessene Pflege haben, andernfalls bleibt ihre Vollendung unbefriedigend. ('ABDU'L-BAHÁ)

Ich halte meinen Kindern vor, was andere Kinder besser machen

Ärgere ich mich über irgend etwas, dann sage ich z.B. zu meiner Tochter: ›Sieh dir mal deinen Bruder an, wie er geduldig ist und so schön mit Lego baut. Du blödelst nur rum wie eine Fünfjährige.‹ Zu meinem Sohn sage ich: ›Deine Schwester ist mit sechs Jahren schon allein geblieben oder hat mir mal etwas eingekauft. Du bist noch wie ein Baby und hängst mir am Rockzipfel.‹ Bei jeder Gelegenheit hielt ich meinen Kindern vor, was andere Kinder besser machen. Dies machte ich solange, bis sie die betreffenden Kinder zu hassen begannen. (32jährige Mutter)

Ein Mann beklagt sich: *Warum kann meine jetzige Frau nicht so sein wie meine verstorbene Frau?*

Typisch für diese Beispiele ist, daß der Partner in seiner Einzigartigkeit verkannt wird. Es wird der Versuch unternommen, ihn zu vergleichen. Dieser Versuch erscheint im großen und ganzen legitim, wenn er sich auf einzelne Fähigkeiten bezieht. Das Leistungssystem unserer Zivilisation, von der Schule angefangen bis zum Beruf, beruht auf dieser Vergleichbarkeit. Gerade dies gibt Anlaß genug, sich Gedanken zu machen. Die tägliche Erfahrung zeigt, daß Menschen, obwohl sie als Menschen untereinander eine gewisse Ähnlichkeit haben, sich in unzähligen Einzelheiten voneinander unterscheiden. Diese Unterschiede treten in den Bereichen des Körpers, der Umwelt und der Zeit auf.

■ *Einzigartigkeit und Körper:* Trotz aller Regelhaftigkeiten und Gesetzmäßigkeiten, welche die Wissenschaften der Anatomie, Physiologie, Pharmazie und Biochemie für Aufbau und Funktionen des menschlichen Körpers festgestellt haben, stoßen selbst diese Wissenschaften immer wieder auf die Bedeutung der Einzigartigkeit des Menschen. Sie zeigt sich hier vor allem durch Abweichungen von der statistischen Norm, die jedoch nicht unter den Krankheitsbegriff fallen.

Besonders auffällig wird die körperliche Einzigartigkeit in der ärztlichen Praxis, wenn es darum geht, einen Patienten individuell auf bestimmte Medikamente einzustellen. Man macht dabei immer wieder die Erfahrung, daß Menschen unterschiedlich auf Medikamente reagieren. Eine besondere Disziplin, die Pharmakopsychologie, hat sich mit den individuellen Unterschieden in der Reaktionsweise auf Psychopharmaka beschäftigt. Sie konnte nachweisen, daß einzelne Individuen paradox auf Medikamente reagierten (EYSENCK). Eine Schlußfolgerung, die daraus zu ziehen ist, lautet: Art und Menge eines Medikaments sind individuell zu bestimmen. Die Individualität findet sich ebenso im Bereich des Stoffwechsels und der Ernährung. Während manche Menschen durch den Genuß von Kaffee angeregt werden und nach einer

Tasse Kaffee am Abend nicht schlafen können, bleibt bei anderen Kaffee ohne Einfluß auf den Schlaf. Das menschliche Nervensystem belegt exemplarisch die Tatsache der Individualität und Einzigartigkeit: Die Gehirne der Menschen unterscheiden sich derart in Struktur, Masse und Gewicht, daß man behaupten kann, daß es keine zwei Menschen mit einem gleichen Gehirn gibt. Dieser anatomische Sachverhalt spiegelt sich in den individuellen Erlebnisweisen wider. Untersuchungen zum Tastsinn, zur Wärme- und Kälteempfindung und zur Schmerzempfindlichkeit zeigen, daß jeder Mensch auf entsprechende Reize unterschiedlich reagiert.
Mit anderen Worten: Jeder erlebt die Welt auf seine Weise. Weicht ein Mensch von einem anderen in irgendeiner Weise ab, läuft ein Kind später, ißt es weniger, braucht es mehr Schlaf, so ist dies nicht unbedingt ein Anzeichen von Abnormität und Krankheit. Es kann vielmehr ein Merkmal seiner Individualität, d. h. seiner Einzigartigkeit sein. An der Umwelt liegt es nun, die Einzigartigkeit des Individuums zu gestalten, zu fördern und zu unterstützen.

■ *Einzigartigkeit und Umwelt:* Die Variationsmöglichkeiten hinsichtlich der Einzigartigkeit des Körpers und der Sinne werden um ein Mehrfaches gesteigert, wenn man den Einfluß der Umwelt mit berücksichtigt. Die Umwelt wirkt auf jeden einzelnen, jeden Tag und jede Nacht. Die Art und Weise, wie die Eltern das Kind behandeln, welche Geduld sie aufbringen, welche Position das Kind in der Geschwisterreihe hat – Erstgeborenes, Nesthäkchen oder »Sandwich« – nimmt Einfluß auf die Entwicklung des Kindes. Kindergarten, Schule und das Verhältnis zu Gleichaltrigen spielen für das Wachstum des Kindes eine Rolle. In der Entwicklung eines Menschen wirken auf ihn später die beruflichen Möglichkeiten, die Berufswahl, die Erfahrungen mit Partnern, die Art der zwischenmenschlichen Beziehungen und die Religion oder Überzeugung, der man angehört.
Die unterschiedliche Entwicklung eines Menschen basiert somit einerseits auf der Einzigartigkeit der Fähigkeiten, andererseits auf dem Einfluß der Umwelt:
Manche Kinder beginnen früher zu fragen als andere. Die einen entwickeln eine große Ausdauer und Intensität beim Fragen, die anderen fragen weniger.
Manche Kinder interessieren sich mehr für Märchen und sind früher bereit, Märchen zu hören, als andere.
Manches Kind entwickelt eine lebendige Phantasie, ein anderes bleibt hingegen mehr auf der Ebene der Realität.
Es gibt Kinder, die in einem bestimmten Entwicklungsabschnitt zum einen Elternteil eine intensivere emotionale Beziehung entwickeln.
Ein Kind bevorzugt beim Spiel seine Geschwister, ein anderes spielt lieber alleine, das dritte ist im Spiel auf die Gemeinschaft anderer angewiesen.

■ *Einzigartigkeit und Zeit:* Körper und Umwelt sind ihrerseits wieder von einem anderen Faktor abhängig, nämlich dem der Zeit. Körper und Umwelt sind keine statischen Bereiche. Sie unterliegen ständigem Wechsel. Die Einzigartigkeit des Körpers ist daher immer in Verbindung mit der Zeit zu sehen. Wie unsere Beispiele zur Einzigartigkeit zeigen, ist diese von dem Entwicklungsstand eines Menschen abhängig. Der Begriff der Einzigartigkeit soll jedoch nicht dazu dienen, alle möglichen auftretenden Entwicklungsstörungen zu verdecken. Deshalb läßt sich die Entwicklung eines Menschen erst dann verstehen, wenn man dessen Einzigartigkeit mit dem zu erwartenden Entwicklungsverlauf, den die Entwicklungspsychologie und -physiologie beschreibt, vergleicht.

Einmaligkeit ist Einzigartigkeit, abhängig von der Zeit. Wenn ein Kind lügt, kommt es auf das Verhalten der Eltern an, welche Konsequenzen dies für die spätere Entwicklung des Kindes hat. Wird das Verhalten des Kindes unter dem Aspekt der Zeit-Dimension gesehen, erkennt man seine Einmaligkeit: Das Kind kann morgen, übermorgen oder nächstes Jahr bei veränderter Umweltsituation ein anderes Verhalten zeigen. Wird die Einmaligkeit verkannt, wird eine Situation der Einzigartigkeit angelastet, so verwechselt man ein konkret-situatives Verhalten eines Kindes mit seinem Wesen. Daher kann eine Bezugsperson Verhaltensauffälligkeiten unterschiedlich auffassen. Eine Enttäuschung beispielsweise braucht somit nicht notwendigerweise als solche erlebt zu werden, sondern kann ebensogut zur Erweiterung der Erkenntnis führen. Die Fähigkeit, über die Gegenwart hinauszugehen, beinhaltet zugleich die Fähigkeit, einen Menschen, über den man sich ärgert und den man sogar haßt, dennoch zu akzeptieren. Man behält somit die Flexibilität, entsprechend einer neuen Situation zu handeln, welche die alte in einem anderen Licht erscheinen läßt.

Auch wenn sich viele Ereignisse und Erlebnisse bewahren lassen, steht dem Menschen innerhalb seiner Entwicklung nur eine begrenzte Lebenszeit zur Verfügung, innerhalb der aber die Fähigkeiten entwickelt werden müssen. Für die Entwicklung des Körpers sowie der Aktual- und Grundfähigkeiten steht eine gewisse Zeit zur Verfügung (Endlichkeit). Wird diese Zeit vertan, hat der Mensch große Schwierigkeiten, das Versäumte nachzuholen; in bestimmten Fällen ist ein Nachholen aus eigener Kraft nicht möglich. Um ein Beispiel aus dem Bereich des Körpers zu wählen: Die Koordination der Augenbewegungen wird nur bis zu einem bestimmten Alter selbstregulativ entwickelt. Danach läßt sich die Störung nur durch Operation beseitigen. Ein Beispiel aus der Umwelt: Ein Kind, dem die Möglichkeit zum Spielen aus irgendeinem Grund genommen wurde, kann sich zum Störenfried oder Eigenbrötler entwickeln. Auch hier kann meist nur eine Hilfe von anderen, beispielsweise durch Spieltherapie im Sinne einer Psychotherapie, helfen.

Die Änderungsmöglichkeiten des menschlichen Verhaltens sind relativ groß, gemessen an dem, was man bisher für veränderbar hielt. Ein Kind ist nicht zu dem verurteilt, was es im Augenblick ist. Dies gilt für körperliche Leiden wie für seelische Störungen. Dennoch finden die Änderungsmöglichkeiten ihre Grenze in der Zeit.

Da jeder Mensch hinsichtlich seines Körpers und des Erlebens seiner Umwelt Einzigartigkeit besitzt, ist es zumindest problematisch, von sich auf den an-

deren oder von anderen auf sich zu schließen. Das gilt für Aussagen wie:
Die Peitsche hat mir auch nicht geschadet, warum soll sie meinem Kind schaden? (42jähriger Rechtsanwalt)
Meine Eltern haben für mich auch keine Zeit gehabt. Ich habe es trotzdem zu etwas gebracht. Es ist nicht einzusehen, wieso die Schwierigkeiten meines Kindes darauf zurückgehen sollen, daß ich zu wenig Zeit habe. (45jähriger Bauunternehmer)
Mein Freund trinkt noch mehr Alkohol als ich, warum soll es mir dann schaden? (24jähriger Student)
Ich habe das Medikament, das mir so gut getan hat, meiner Freundin gegeben. (32jährige Hausfrau)
Alle männlichen Familienmitglieder sind Ingenieure geworden. Es ist gar nicht einzusehen, warum unser Jüngster Kunst studieren möchte. (44jähriger Ingenieur)
Für uns gilt es, die besonderen und individuellen Stärken und Fähigkeiten des Parnters zu erkennen. Es kommt nicht so sehr darauf an, daß er mit Altersgenossen hinsichtlich einer Fähigkeit gut konkurrieren kann und sich sogar dort als der Beste erweist. Wichtiger erscheint vielmehr, unabhängig von einem derartigen Vergleich die besonderen Fähigkeiten zu erkennen und ihre Entwicklung zu unterstützen. Manche Menschen sind mehr praktisch begabt, andere besitzen mehr abstrakte Fähigkeiten. Manche zeigen organisatorische Fähigkeiten, wieder andere zeigen sich auf künstlerischem Gebiet erfolgreich. Es gibt somit genügend Möglichkeiten, innerhalb derer jemand seine besonderen Fähigkeiten entwickeln kann.
Darüber hinaus können wir nicht die Augen vor den eigenen Schwächen und den Schwächen des Anderen verschließen. Erst die Erkenntnis der Schwächen gibt die Möglichkeit, diese zu beheben. Wenn ein Kind in der Schule Desinteresse zeigt, die Leistungen in der Mathematik nachlassen, braucht dies nicht unbedingt eine mangelnde Aufmerksamkeit als erste Ursache zu haben. Das Kind könnte auch an Sehstörungen leiden: was vorne an der Tafel vor sich geht, sieht es nicht richtig. Vorwürfe verschlimmern die Situation noch. Wird die Ursache der Schwäche richtig erkannt, läßt sich in diesem Beispiel mit einer Brille leicht Abhilfe schaffen. Werden die Schwächen nicht erkannt, kann es außer zur Resignation zu einem verzweifelten Konkurrenzkampf kommen: man möchte die Leistungen der anderen erreichen, obwohl die Voraussetzungen voneinander abweichen. Daraus resultieren übertriebene Aktivität, um Ausgleich zu schaffen, Aggressivät gegen die Mitschüler, Neid, Mißgunst, Eifersucht und schließlich permanente Enttäuschungen.
Ähnliche Folgen treten in Erscheinung, wenn Hörschäden, Stoffwechselstörungen oder hirnorganische Störungen bestehen. Für die Schule sollte die sogenannte Legasthenie bedacht werden, die durch gezieltes Training zu korrigieren ist.
Für die Einzigartigkeit eines Menschen werden seine persönliche Aktivität und sein individueller Einsatz bedeutsam. Er selber ist nicht nur das Produkt von Körper und Umwelt, sondern produziert sich in jedem Augenblick selbst.

STÖRUNGEN UND KONFLIKTE
Entscheidungsunfähigkeit; Identitätskrise; Selbstwertverlust; Selbsthaß; Eifersucht; Rivalität; Kontaktstörungen; Mißtrauen; Identifikation; Projektion; Minderwertigkeitsgefühle; Enttäuschungen; Aggressionen; Resignation.

MERKE
Vergleicht man sich oder seinen Partner mit anderen, reicht es nicht aus, nur von einer einzigen Fähigkeit auszugehen. Vielmehr ist es nötig, die Einzigartigkeit eines Menschen mit ihren Bedingungen in den verschiedenen Bereichen einzubeziehen: Menschen, die man gleich behandelt, behandelt man ungleich.

PSYCHOSERUM
Lerne zu unterscheiden zwischen Einzigartigkeit und Einförmigkeit.

MORGENS LACHT' ICH VOR LUST; UND WARUM ICH NUN WEINE BEI DES ABENDS SCHEINE, IST MIR SELBST NICHT BEWUSST. *(Hafis)*

Das Unbewußte

Mißverständnis: *Ich weiß nicht alles über mich selbst.*

Das Ehepaar B. kam wegen Eheschwierigkeiten in die psychotherapeutische Behandlung. Herr B., 42 Jahre, Frau B., 34 Jahre, beide Akademiker, klagten über familiäre Spannungen in den letzten Jahren, obwohl sie ansonsten eine gute Ehe geführt hatten. In ihren Berichten kamen sie immer wieder auf Schwierigkeiten mit den Kindern zu sprechen, wobei der 9jährige Sohn die zentrale Rolle spielte. Als jüngstes von drei Geschwistern und ausgesprochenes Nesthäkchen hatte er eine intensive Bindung zur Mutter entwickelt. Der Vater hatte in den letzten Jahren wegen einer wissenschaftlichen Arbeit nur wenig Gelegenheit, mit dem Kind zusammenzusein. Trafen Vater und Sohn zusammen, überfiel ihn der Sohn mit einer Anzahl von Wünschen, die er ihm nicht erfüllen konnte und wollte. Konnte der Junge seinen Kopf nicht durchsetzen, begab er sich eilends zur Mutter, um sich zu beschweren: *Vati ärgert mich . . .* Die Mutter nahm das Kind in Schutz und versuchte, das Verbot des Vaters dadurch wieder gut zu machen, daß sie sich besonders mit ihrem Kind beschäftigte. Ihr Verhalten wirkte im Sinne einer Belohnung. Dies führte im Laufe der Zeit dazu, daß sich die Mutter zum Anwalt ihres Sohnes machte und es zu offenen Auseinandersetzungen zwischen den Eltern kam. Daraus resultierte ein Mechanismus: *Ich provoziere meinen Vater so lange mit Wünschen, bis er diese ablehnt. Dann gehe ich zur Mutter. Sie setzt sich für mich*

ein und hat für mich viel Zeit. Damit habe ich einen Vorteil vor den anderen Geschwistern.
Dieser Mechanismus war sowohl dem Kind als auch den Eltern unbewußt. Er schob sich wie ein Keil zwischen die Eltern. Erst seine Aufdeckung dadurch, daß man sich seiner bewußt wurde und Konsequenzen daraus zog, brachte eine Entspannung der gesamten familiären Situation mit sich.
Ein Großteil aller seelischen Funktionen und zwischenmenschlichen Beziehungen wird durch Einstellungen und Verhaltensweise diktiert, deren Ursprünge und Motive nicht bewußt sind. Aus ihnen entwickeln sich neben den unwillkürlichen treffenden Reaktionen Prozesse, die man bewußt nicht beabsichtigt, und deren Folgen man nicht gewollt hat.
Die Funktion des *Unbewußten* läßt sich durch ein einfaches Beispiel verdeutlichen: Wenn wir gegessen haben, wird eine Anzahl von körperlichen Prozessen und Stoffwechselvorgängen in Gang gesetzt. Obwohl sie geschehen, werden sie uns nicht bewußt, es sei denn, eine Störung tritt auf, und Schmerzen und Unbehagen signalisieren diese Störung. Ähnlich verhält es sich mit den zwischenmenschlichen Beziehungen. Wie oft ertappen wir uns dabei, etwas zu tun, was wir nicht beabsichtigt hatten. Obwohl wir beispielsweise eingesehen haben, daß Prügel nicht das geeignete Erziehungsmittel sind und Ungeduld uns nur in Unruhe versetzt, geraten wir oft schon beim anscheinend kleinsten Anlaß außer Fassung und werfen unsere Prinzipien über den Haufen. Hinterher ärgern wir uns über unser Verhalten: *Ich tue manchmal etwas, was mir hinterher leid tut und was auch ansonsten gegen meine Prinzipien verstößt. Bei meiner Tochter rege ich mich über alles auf, schreie sie an, sage unschöne Sachen, obwohl ich mir täglich vornehme, nett zu ihr zu sein...*
Als Inhalte des Unbewußten spielen die Aktualfähigkeiten eine besondere Rolle. Einseitigkeiten im Muster der Aktualfähigkeiten werden in den meisten Fällen als selbstverständlich erachtet und geraten somit nicht ins Bewußtsein. Dennoch werden sie mit starken Gefühlen besetzt und führen gewissermaßen ein Eigenleben, dessen Folgen in den Beziehungen zu anderen Menschen wirksam werden. Erlebnisse, die zu einer Auseinandersetzung der eigenen affektbesetzten Aktualfähigkeiten mit der Umwelt führten, können verdrängt werden: sie verschwinden aus dem Bewußtsein. Man erinnert sich nicht mehr an sie, obwohl sie in Gedächtnisspuren gespeichert noch da sind. Wir definieren diesen Vorgang als *Verdrängung*. Die nicht verarbeiteten Erlebnisse entwickeln eine eigene Dynamik und kommen von Zeit zu Zeit in mehr oder weniger offener Form in Träumen, Gedanken, im Sprechen und im Handeln zum Vorschein.

DIE LÄSTIGE MUTTER

Ein 17jähriges Mädchen leidet unter Hemmungen und Kontaktarmut. Die Familiensituation ist dadurch gekennzeichnet, daß alle darum bemüht sind, offene Spannungen zu vermeiden. Lautstarke Auseinandersetzungen gibt es nicht, obwohl genügend Probleme zwischen den Familienmitgliedern bestehen. Der Vater selbst kümmert sich mehr um seine Mutter, die im Haus wohnt, als um seine Frau. Die Frau nimmt dies zum Anlaß, sich jeden Abend, an dem ihr Mann zu seiner Mutter hochgeht, bei ihrer Tochter zu beklagen. Diese hört während des Essens und des übrigen Abends zu. Das ausschließliche Gesprächsthema sind Vater und Schwiegermutter. Dieser Ablauf hat sich zu einem Ritual eingespielt, das jeden Tag »aufgeführt« wird. Die Tochter hat den Wunsch, etwas anderes zu unternehmen und auszugehen. Der Wunsch ist um so stärker, als sie seit einiger Zeit einen Freund hat. Die Vorstellung aber, ihre Mutter müsse den ganzen Abend über alleine in der Küche sitzen, macht es ihr unmöglich, sich ihren eigenen Wunsch zu erfüllen.

Die sicherlich aggressive Ehrlichkeit wurde verdrängt, weil Angst davor bestand, sich Schuld aufzuladen. Allein der offene Wunsch, wegzugehen, wurde schon mit Schuldgefühlen belastet. So verhielt sich das Mädchen seiner Mutter gegenüber gehorsam und höflich, verdrängte aber seine eigenen Wünsche und damit den Bereich der Ehrlichkeit und Offenheit.

Es handelt sich hier um eine zum wesentlichen Teil unbewußte Konfliktsituation zwischen Höflichkeit (Unterordnung als Verteidigung) und Ehrlichkeit (Durchsetzung als Bedrohung des Selbstwertes durch Schuldgefühle). Ähnlich dem dargestellten Konflikt zwischen Höflichkeit und Ehrlichkeit kann es zu Komplikationen auch zwischen anderen Aktualfähigkeiten durch deren unbewußte affektive Besetzung kommen.

Meine kleine Welt

Ein Vater beschwert sich über seine 18jährige Tochter, die in der letzten Zeit trotzig und aggressiv sei. Der Vater war ein etwas zurückgezogener Mensch, der seine Interessen und seine Arbeitskraft nur für die Familie einsetzte. Als das Mädchen begann, sich zu emanzipieren, wurde der geschlossene Kreis der Familie aufgebrochen. Der Vater erlebte dies als Bedrohung seiner Welt, denn anderen Menschen gegenüber war er mißtrauisch. Während also die Beziehung zum »Du« besonders gut ausgeprägt war, zeigte sich die Beziehung zum »Wir« als unvollständig und labil.

Eine in der Regel unbewußt ablaufende Schutzfunktion spielt sich in ihrer Grundstruktur so ab, daß man Probleme aus einem Lebensbereich, die man dort nicht angemessen lösen kann, auf einen anderen Bereich überträgt:

Meine armen Kinder

Mein Mann ist manchmal sehr unhöflich zu mir. Ich wage ihm das aber nicht zu sagen, aus Angst, daß er brüllt. Meine Wut lade ich aber auf meine Kinder ab. Hinterher tut es mir leid, und ich entschuldige mich bei ihnen. (43jährige berufstätige Mutter)

In Oliver sah ich immer meinen geschiedenen Mann

Früher habe ich meinen Sohn Oliver beim geringsten Anlaß angebrüllt und bestraft, kam aber nicht dahinter, warum. Heute weiß ich es. Olivers Gesichtszüge ähneln sehr stark denen meines geschiedenen Mannes. Ich fand den Vater meines Sohnes einfach häßlich und dieses Gefühl der Häßlichkeit habe ich dann auf meinen Sohn übertragen und ihn abgelehnt.

Mit diesem Typ Frauen kam ich nie zurecht

Meine Mutter konnte sich ihrer Schwägerin gegenüber nicht behaupten, und diese Haltung haben wir Kinder jahrelang nachgeahmt, bis wir erwachsen wurden. Mir fällt dabei auf, daß ich eigentlich immer in meinem Leben gerade mit diesem Typ Frauen nicht zurecht kam und mich nie richtig gegen sie durchsetzen konnte.

STÖRUNGEN UND KONFLIKTE
Verdrängungen; Rationalisierung; Täuschungsmanöver; Fehlleistungen; symbolische Träume; innere Widerstände; Überkompensation; Mißverständnisse und soziale Konflikte.

MERKE
Das Paradoxe des Konfliktpotentials »das Unbewußte« ist, daß zwar eine gewisse Abschirmung erreicht wird, sich aber unter diesem Schutzschild Konflikte bis hin zu einem offenen Ausbruch steigern können, da der Schutzschild einer Aufarbeitung der Konflikte geradezu im Wege steht. Außer der Schutzfunktion der Verdrängungsmechanismen treten im Unbewußten andere Funktionen auf, die zu weiteren Mißverständnissen führen können.

PSYCHOSERUM
Lerne zu unterscheiden zwischen Bewußtem und Unbewußtem.

Wenn jeder alles von den anderen wüsste, es würde jeder gern und leicht vergeben. *(Hafis)*

Identifikation – Projektion

Mißverständnis: *Es bleibt mir nichts anderes übrig, als selbst heimlich vor dem Spiegel den ›Schwanensee‹ zu tanzen.*

Ein orientalischer Kaufmann besaß einen Papagei. Eines Tages stieß der Vogel eine Ölflasche um. Der Kaufmann geriet in Zorn und schlug den Papagei mit einem Prügel auf den Hinterkopf. Seit dieser Zeit konnte der Papagei, der sich vorher sehr intelligent gezeigt hatte, nicht mehr sprechen. Er verlor die Federn auf dem Schädel und wurde bald ein Kahlkopf. Eines Tages, als er auf dem Regal des Geschäftes seines Herrn saß, betrat ein glatzköpfiger Kunde den Laden. Sein Anblick versetzte den Papagei in höchste Erregung. Flügelschlagend sprang er umher, krächzte und fand schließlich zur Überraschung aller die Worte: »Hast du auch die Ölflasche heruntergeworfen und einen Schlag auf den Hinterkopf bekommen, da du auch keine Haare mehr hast?« (Nach J. Rumi)

Diese Geschichte zeigt uns, wie man bewußt oder unbewußt, frühere Erfahrungen, Entmutigungen und Enttäuschungen auf andere Situationen und ebenso auf andere Menschen überträgt. Psychologisch stellt sich der Vorgang der *Projektion* so dar:

Wir haben einen Wunsch oder ein Bedürfnis. Um diesen Wunsch in die Wirklichkeit umzusetzen, verhalten wir uns entsprechend. Das Bedürfnis und den Wunsch nennen wir die Motivation des Verhaltens. Aus der Motivation als treibender Kraft entwickelt sich das Verhalten:

$$\text{Motivation} \rightarrow \text{Verhalten}$$

Wenn wir nun andere Menschen beobachten und deren Verhalten sehen, meinen wir, daß ihm die gleiche Motivation zugrunde liegt, die uns in einem ähnlichen Fall bewegte. Wir setzen also eine feste Verknüpfung von Verhalten und Motivation voraus und schließen vom Verhalten auf die Absicht:

$$\text{Motivation} \leftarrow \text{Verhalten}$$

Diese Methode führt uns zwar zu Schlußfolgerungen über die Ursachen, die den Verhaltensweisen eines anderen Menschen zugrunde liegen können, sie birgt jedoch die Gefahr eines Irrtums in sich: jeder Ball ist rund, aber nicht alles, was rund ist, ist ein Ball.

Du siehst aus wie ein Affe

Ein neunjähriger Junge bezeichnete die fünfjährige Tochter eines Gastes als Affe. Die Mutter des Mädchens reagierte sofort beleidigt, weil sie das Kompliment, das in dieser Feststellung lag, nicht verstand. Der Junge hatte großes Interesse an einer Fernsehsendung, in der ein Affe eine Hauptrolle spielte. Er war begeistert von diesem Äffchen, an das er sich durch das muntere Verhalten des Mädchens erinnert fühlte. Das Mädchen sehe aus wie ein Affe, besagte: das Mädchen ist mir sympathisch. Wenn die Mutter des Mädchens das Wort Affe gebraucht hätte, dann als Schimpfwort. Eben diesen Beweggrund unterstellte sie dem neunjährigen Jungen, für den das Wort Affe im gegebenen Zusammenhang mehr den Charakter eines Kompliments hatte.

In der gleichen Weise bezeichnen Kinder ihre Mutter beispielsweise als Kuh, den Vater als Pferd, wobei sie den Schimpfwortcharakter dieser Äußerungen nicht kennen, aber letztlich dafür bestraft und als unhöflich bezeichnet werden. Die milchspendende Kuh wird mit der Mutter, die den Kakao einschüttet, verglichen. Der Vater, der wegen seiner Arbeit kaum zu Hause ist, hat in der Phantasie des Kindes Ähnlichkeit mit dem Arbeitspferd. Warum sollte es nicht sagen, was es denkt? Das hatte es schließlich als »Ehrlichkeit« gelernt.

Der Schluß von sich selbst auf andere, der in einigen Fällen das Verständnis ermöglichen kann, ist auch in anderen Fällen die Ursache von Mißverständnissen.

Wenn du mit einem Kind ankommst, dann fliegst du raus

Die 17jährige Tochter der Familie R. hatte für eine Party Ausgang bis Mitternacht bekommen. Um halb eins war die Tochter immer noch nicht da. Der Vater schlief schon, die Mutter machte sich Gedanken und weckte schließlich ihren Mann: *Guck mal, es ist schon halb eins und unsere Sabine ist noch nicht da.* Die Beunruhigung der Eltern führte letztlich dazu, daß die Mutter dem Vater vorwarf, er sei schuld, denn er habe ja dem Mädchen erlaubt, wegzugehen. Gegen halb zwei kam endlich die Tochter und wurde sofort ins Gebet genommen: *Man kann sich nicht auf dich verlassen. Du nützt unsere Gutmütigkeit aus, das ist das letzte Mal, daß so etwas vorgekommen ist, wer weiß, mit wem du dich herumtreibst. Wenn du mit einem Kind ankommst, dann fliegst du raus...*

Die Eltern übertrugen ihre Sorgen, aggressiven Vorstellungen und Wünsche auf die Handlung ihrer Tochter, ohne die tatsächlichen Motive zu erfragen. Welche waren die eigentlichen Motive des Zuspätkommens? In der Nacht hatte es Glatteis gegeben und der Sohn der Familie, bei der Sabine zu Besuch war, verzichtete aus Sicherheitsgründen darauf, sie mit dem Auto nach Hause zu fahren, und begleitete sie zu Fuß. Die Eltern von Sabine besaßen jedoch kein Telefon, so daß sie nicht benachrichtigt werden konnten.

In der Erziehung äußert sich das Mißverständnis Identifikation – Projektion in zwei typischen Formen: *Mein Kind soll das erreichen, was ich erreicht habe; es soll sich an mir ein Vorbild nehmen.* Tiefenpsychologisch ausgedrückt lautet dieser Spruch etwa:

Warum soll mein Kind es besser haben, als ich es gehabt habe?

Vor einiger Zeit war ich Zeuge einer Auseinandersetzung. Zwei Erwachsene diskutierten heftig über Erziehung. Ein verschüchterter kleiner Junge stand abseits und biß auf den Fingernägeln herum. Der eine Mann – er war anscheinend der Vater des Kindes – äußerte nach einem längeren Streitgespräch erregt, aber mit voller Überzeugung: *Mein Urgroßvater ist so erzogen worden. Es hat ihm nichts geschadet. Mein Großvater ist so erzogen worden, und ich bin so erzogen worden. Uns allen hat diese Erziehung nicht geschadet. Wir sind alle anständige, fleißige und ordentliche Menschen geworden. Mein Großvater ist dabei über 80 Jahre alt geworden. Ich sehe nicht ein, weshalb diese Erziehung meinem Sohn schaden soll. Er wird sich später dankbar an die Ohrfeigen erinnern, die er von mir bekommen hat.*

Diese Auffassung steht für ein bestimmtes Erziehungsmotiv, welches darin besteht, daß eine Bezugsperson ihren Partner und dessen Fähigkeiten und Eigenarten mit sich selbst verwechselt. Aus den eigenen Bedürfnissen und Wünschen werden Erwartungen abgeleitet, die dem jeweiligen Partner gegenüber gestellt werden. Gehen diese Erwartungen nicht in Erfüllung, fühlt man sich enttäuscht: *Du bist das Vertrauen, das ich in dich gelegt habe, nicht wert.*

Eigentlich wollte ich immer ein Chemiker werden

Seit ich mich an einen Berufswunsch erinnern kann, wollte ich Chemiker werden. Mich interessierten die chemischen Elemente und die Vorgänge, die man erzeugen konnte. Schon als Kind habe ich mit Chemikalien herumgebastelt. Mich interessiert der Aufbau von Molekülen ungeheuer. Ich kann jetzt immer noch das Periodensystem auswendig. Mein Vater wollte dagegen immer, daß ich Arzt werde. Er ist nämlich selbst ein ganz guter Arzt mit vielen Patienten. Ich habe aber keine Lust, mit Patienten umzugehen. Es gab deswegen oft fürchterlichen Ärger. Mich interessieren halt Chemikalien mehr als Menschen. Jetzt habe ich gar keinen richtigen Beruf, sondern 22 verschiedene Berufe und Arbeitsstellen gewechselt. (28jähriger Patient, der seit Jahren wegen Schizophrenie behandelt wurde)

Mein Kind soll es anders haben als ich . . . Mein Kind soll es leichter haben

Tiefenpsychologisch bedeutet dies kaum etwas anderes als: *Mein Kind soll das erreichen, was ich nicht erreicht habe.* Dabei werden unerfüllte Wünsche, unbefriedigte Bedürfnisse und nicht erlebte Erlebnisse von den Erwachsenen auf das Kind übertragen. Die Differenz zwischen dem erreichten Entwicklungsstand des Erwachsenen und dem des Kindes wird geflissentlich übersehen, was dazu führt, daß das Kind durch den Anspruch seiner Erzieher überfordert wird. In diesem Sinne ist auch der Ausspruch des kleinen Mädchens zu verstehen, welches – antiautoritär erzogen – sagt: *Mutti, muß ich heute wieder das spielen, was ich will?* Der Gegenpol würde lauten: *Mutti, muß ich heute wieder das spielen, was du willst?*
Die Bezugspersonen verdrehen dabei die Erziehungspraktiken, die sie in ihrer Kindheit genossen haben, ins Gegenteil, um eigene, unerfüllt gebliebene Wünsche wenigstens bei ihren Kindern oder Partnern nachzuholen:
Zu meinen Kindern habe ich mich genau entgegengesetzt verhalten. Das heißt, ich habe die Verhaltensweisen meiner Eltern übernommen, aber ich habe sie um 180° herumgedreht. (41jähriger Bankkaufmann)
Ich habe mich sehr bemüht, meinen Kindern ein gutes Vorbild zu sein, denn ich wollte ja nicht, daß es meinen Kindern ähnlich erginge wie mir. Ich bin daraufhin in das andere Extrem verfallen und wollte – und will es zum Teil heute noch – alles hundertprozentig perfekt machen. (38jähriger Betriebsleiter)

Zu Beginn war meine Haltung meinem Kind gegenüber von der Tradition her bestimmt. Wenn es z.B. draußen spielte, war ich dauernd am Fenster und habe nach ihm gerufen, da konnte ich mich fast nicht auf meine Arbeit konzentrieren (wie Mutter). Oder ich habe den kleinen Kerl mit seinen kurzen Beinchen aus dem Omnibus gezerrt, weil hinter uns noch Leute kamen, und ich Angst hatte, sie könnten eine Bemerkung machen, weil es nicht schnell genug ging. Oder wenn ich immer so empfindlich reagierte, wenn er auf dem Tisch sein Getränk umgestoßen hatte, und gerade darin war er meisterhaft. Oder wenn ich so allergisch auf Krümel auf der Decke oder auf dem Fußboden reagierte. Es stimmt, daß ich dann nach der entgegengesetzten Richtung ausschlug. In mir war auf einmal viel Rebellion, ohne sie wäre ich nicht herausgekommen. Gegen meine Mutter habe ich jahrelang gewütet. Ich wurde ein Anhänger der antiautoritären Erziehung, und mein Ordnungs- und Sauberkeitswahn schlug um in Schlamperei. (36jährige Hausfrau, Mutter von 3 Kindern)

In den meisten Fällen ist der projizierte Wunsch jedoch dem Entwicklungsstand und den Möglichkeiten des Partners nicht angemessen, weil bei diesem Fähigkeiten vorausgesetzt werden, die eigentlich erst Schritt für Schritt entwickelt werden müßten. Man geht hier also den zweiten Schritt vor dem ersten. Durch die Projektion der eigenen Wünsche und die Forderung, sich mit diesen zu identifizieren, wird der Partner, aber auch man selbst, emotional überfordert.

Mein sehnlichster Wunsch war seit meiner frühesten Kindheit das Ballettanzen. Ich durfte nie. Als ich eine Tochter bekam, war es für mich schon klar, daß sie ins Ballett durfte bzw. mußte. Als sie endlich dreieinhalb Jahre alt war, kam sie in die Ballettschule. Mein Traum schien erfüllt. Aber meine Tochter wollte leider anders. Ihr gefiel das nicht, und ich mußte sie schweren Herzens nach zwei Jahren wieder abmelden. Es bleibt mir nichts anderes übrig, als selbst heimlich vor dem Spiegel den ›Schwanensee‹ zu tanzen! (28jährige Mutter von 2 Kindern)

Kinder sehen nicht nur, was auch ihre Eltern sehen: sie erleben es durch die Identifikation auch in ähnlicher Weise. Das Erlebnis, daß man bei sich Verhaltensweisen und Einstellungen entdeckt, die für die eigenen Eltern, für Freunde und Verwandte typisch waren, kann jeder nachvollziehen. Oft passiert es aber, daß sich das Vorbild verselbständigt: Man denkt, spricht und handelt nicht so, wie man es aufgrund der eigenen Überzeugung tun würde, sondern wie es das Vorbild in der gleichen Situation getan hätte.

Obwohl ich weiß, daß jedes Kind seinen Freiheitsraum braucht, rege ich mich über die Unordnung meiner Tochter genauso auf, wie sich meine Mutter über meine Unordnung aufregte. Dabei geht es mir schon auf die Nerven, daß ich die gleichen Argumente und Worte benutze wie meine Mutter...

Es kommt in diesem Sinne zu einer Vorurteils- oder Symptomtradition. Die Einstellung der Eltern zu Dingen der Umwelt wird für das Kind zur selbstverständlichen und einzig möglichen Haltung. Man kann von ihr als von einer zweiten Natur sprechen. Dabei kann der Zugang zur ersten, eigenen Natur verschüttet werden.

■ *Identifikation* vollzieht sich als seelischer Mechanismus zum wesentlichen Teil unbemerkt. Als die sozial wohl wichtigste Form des Lernens stellt sie eine notwendige Voraussetzung für die Persönlichkeitsentwicklung dar. Wird aber das Identifikationsmodell nicht angemessen integriert, d.h. wird es starr übernommen und nicht (der zeitlichen Entwicklung der Persönlichkeit gemäß) selbst weiterentwickelt, kann es zu Störungen, Konflikten und Auseinandersetzungen kommen. Diese beruhen auf dem Mißverständnis, daß man nicht zwischen seiner eigenen Persönlichkeit und den Verhaltensmustern des Vorbildes unterscheidet.
Voraussetzung dafür, daß wir uns vorstellen können, was ein anderer denkt oder fühlt, ist, daß wir uns in ihn hineinversetzen. Dieser Vorgang wird als Projektion bezeichnet.

■ *Projektion* bedeutet die Übertragung bewußter und unbewußter Erwartungen sowie eigener Persönlichkeitsmerkmale auf die Außenwelt und auf die sozialen Partner. Menschen, die dem Mißverständnis Projektion unterliegen, sehen bei anderen die Eigenschaften, die sie selbst haben, aber bei sich selbst nicht sehen wollen. Man sieht den Dorn im Auge des anderen, aber nicht den Balken im eigenen Auge. Man kann das Mißverständnis Projektion deshalb als systematische Unehrlichkeit gegen sich selbst und Ungerechtigkeit gegenüber dem Partner bezeichnen. Beispielhaft hierfür steht der Aggressive: Fragt man ihn, warum er denn andere Menschen angreift, unhöflich und unehrlich behandelt, kränkt und beschimpft, so wird er erwidern, er müsse sich ja nur wehren, die anderen seien so groß und gemein, und die Welt sei so ungerecht.

STÖRUNGEN UND KONFLIKTE
Übertriebene Nachahmungstendenzen; überhöhte Erwartungen; Verlangen nach Sicherheit; Identifikationskrise; Ablehnung des Vorbildes; Idealisierung; Vorurteile; Enttäuschungen; Stimmungsschwankungen; Ratlosigkeit; Zweifel; Vorwürfe gegen sich und andere.

MERKE
Nicht alle, die eine Glatze haben, haben eine Ölflasche umgeworfen. Um Mißverständnisse zu vermeiden: Schließe nicht von dir auf andere, sondern frage nach den Motiven.

PSYCHOSERUM
Lerne zu unterscheiden zwischen eigenen und fremden Motiven.

Wer allen Menschen misstraut, pflegt am wenigstens vor sich selbst auf der Hut zu sein. *(Graff)*

Generalisierung

Mißverständnis: *Kinder stören nur.*

Die Krähe unserer einleitenden Fabel hatte nur die häßlichen Füße des Pfaues beachtet. Die positiven Eigenschaften gingen gegenüber diesem Eindruck unter. Die häßlichen Füße – selbst über den Begriff der Häßlichkeit läßt sich streiten – wurden verallgemeinert (generalisiert) und verdeckten die anderen »guten« Eigenschaften.
Eine seelische Funktion, welche uns unsere Umwelt erst erschließen hilft, besteht in der Fähigkeit, von einem Ereignis auf andere Ereignisse zu schließen und sich in entsprechenden Situationen gleich zu verhalten. Lernen und Umweltbewältigung setzen die Fähigkeit zu generalisieren voraus; ohne sie würden die einzelnen Wahrnehmungen und Erlebnisse in eine Unzahl von zusammenhanglosen Ereignissen zerfallen. Erst die Generalisierung ermöglicht, Wahrnehmungen zusammenzufassen, Oberbegriffe zu bilden und schließlich abstrakt zu denken. Doch eben diese Fähigkeit kann als der Grundtyp von Mißverständnissen gelten. Der Rückschluß von einem Ereignis auf andere beinhaltet die Möglichkeit falscher Einschätzung. Wenn ein Kind sich am heißen Ofen verbrannt hat, faßt es eine Zeitlang keinen Ofen mehr an, gleichgültig, ob er heiß oder kalt ist. An diesem Beispiel wird die Schutzfunktion deutlich, welche die Generalisierung von ihrem Ursprung her hat. Diese Schutzfunktion korrespondiert zugleich mit der Gefahr, die Wirklichkeit nur unter dem Aspekt eines oder mehrerer Erlebnisse oder Erkenntnisse zu sehen und damit zu verkennen: aus der Tatsache, daß der Ofen früher einmal heiß war, läßt sich nicht zwingend schließen, daß er auch heute, zu einem anderen Zeitpunkt, noch heiß sein müsse. In den Beziehungen zu sich und zu anderen Menschen neigt man verallgemeinernd dazu, von einzelnen Erlebnissen auf Eigenschaften zu schließen, von einer Eigenschaft auf andere Eigenschaften, von Eigenschaften schließlich auf den ganzen Menschen.

Ich bin ein Versager

Die Tatsache, daß ich mit meinen Kindern Schwierigkeiten habe, erweckt in mir das Gefühl, daß ich versagt habe, zu nichts tauge und vollkommen unnütz bin. (24jährige Mutter von 2 Kindern)

Das Leben hat keinen Sinn mehr

Wenn ich Kopfschmerzen habe, dann will ich von allem nichts mehr wissen.

Ich bin nicht mehr empfänglich und aufgeschlossen und möchte nicht mehr leben. Alles hat dann keinen Sinn mehr. (37jährige Graphikerin)

Mein Sohn ist ein schreckliches Kind

Wenn mein Sohn einmal zu mir kommt, anlehnungsbedürftig, ruhig und ohne Aggressionen, dann denke ich, er ist das liebste Kind der Welt. Dann bin ich ganz verliebt in ihn und verstehe nicht, wie ich ihm gegenüber manchmal so hart sein konnte. Mein Schuldgefühl wächst dann, und ich will schnellstens alles wiedergutmachen. Kommt er mir aber ausgesprochen aggressiv, frech und dickköpfig an, so denke ich, was für ein schreckliches Kind ich doch habe. (28jährige Mutter eines 8jährigen Kindes; das Kind kam wegen aggressiven Verhaltens in die psychotherapeutische Behandlung)

Womit habe ich einen solchen Sohn verdient?

Ich lege großen Wert auf Höflichkeit. Wenn mein Sohn sich zu Hause herumflegelt und häßliche Worte gebraucht, dann ist er in meinen Augen ein primitiver Mensch, und ich frage mich, womit ich einen solchen Sohn verdient habe. (46jähriger Vater eines 16jährigen Sohnes, Generationskonflikt)

Spitzbäuche kann ich nicht leiden

Ich kann es einfach nicht leiden, wenn jemand einen Spitzbauch hat, wie zum Beispiel mein geschiedener Mann. Ich finde das so abstoßend, daß ich nur noch sehr schwer einen Kontakt aufbauen kann. Überhaupt geht es mir so, wenn ich woanders einem Menschen begegne, der den gleichen Typ verkörpert wie mein früherer Mann, tritt bei mir sofort eine Abneigung gegen diesen Menschen ein.

Wenn ich diese langhaarigen Kerle schon sehe!

Ich habe früher mit meinem Mann viele Veranstaltungen besucht. Gerade bei diesen Anlässen kam es häufig vor, daß z. B. ein bekannter Professor ein Referat hielt. Meistens sitzen dann in einer Ecke Jugendliche, langhaarig, ungepflegt und benehmen sich flegelhaft. Ich bin dann schon von vornherein gegen sie eingestellt und warte förmlich darauf, was auch immer eintrifft, daß aus dieser Gruppe aggressive Bemerkungen dem Referenten gegenüber kommen. Ich kam nie auf die Idee, einmal darüber nachzudenken, warum diese Jugendlichen eigentlich so sind. Ich besitze diesen Jugendlichen gegenüber totale Vorurteile. Ich rege mich dann innerlich derart auf, daß mir oft schlecht wird und ich einen solchen Zorn bekomme, daß ich am liebsten zu den Burschen hinüberginge, um sie zur Rechenschaft zu ziehen. Statt dessen benehme ich mich äußerlich wie immer, ich fresse alles in mich hinein und keiner merkt, was in mir vorgeht. Mir ist schon früher aufgefallen, daß ich bei allen Menschen jede Art von Aggression hasse, obwohl gerade ich so viel damit zu kämp-

fen habe. Ich glaube, das kommt daher, weil ich fast nur in aggressiver Atmosphäre erzogen worden bin. (63jährige Hausfrau)
Gruppen-, Rassen- und Völkerhaß gehen im Prinzip auf dieses Mißverständnis der Verallgemeinerung zurück: *Du bist zu allen Menschen ekelhaft. Du hast noch nie Zeit für mich gehabt. Du warst noch nie nett zu mir. Du läßt mich immer warten. Die Reichen sind Ausbeuter; die Armen sind Versager; die Schweizer sind besonders sauber; die Bayern saufen; die Schotten sind geizig; die Politiker sind charakterlich defekt; die Ärzte wollen nur viel Geld verdienen; die Männer wollen nur das eine; die Frauen sind Schlangen.*
Am umfassendsten zeigt sich der Mechanismus der Generalisierung in seiner Anwendung als Aussage über alle Menschen:
Ich bin gegen jeden mißtrauisch. Weil sich meine Eltern geschieden haben, traue ich keinem Menschen mehr. (8jährige Schülerin)
Einzelne Erlebnisse können derart verallgemeinert werden, daß die gesamte Erlebnisweise und die Beziehung zu Gott davon betroffen wird. Ein scheinbar besonders gutes Verhältnis zu Gott oder dessen totale Ablehnung gründen hier: *Wenn es einen Gott gibt, wie kann so viel Ungerechtigkeit in der Welt sein?*

STÖRUNGEN UND KONFLIKTE
Verallgemeinerungen; Vorurteile; Ungerechtigkeit gegen sich und andere; Fixierungen; übertriebene Erwartungen; Überforderung; Unterforderung; Enttäuschung; Verzweiflung; Angst; Aggression; soziale Isolierung.

MERKE
Typisch für die Verallgemeinerung ist, daß ein Bereich hervorgehoben und man für andere Bereiche blind wird. Verallgemeinerung bedingt eine Verengung des Wertgesichtsfeldes.

PSYCHOSERUM
Lerne zu unterscheiden zwischen Teil und Ganzem.

WENN UNSER VERSTAND NICHT ZWISCHEN DOGMEN, ABERGLAUBEN UND VORURTEILEN AUF DER EINEN UND DER WAHRHEIT AUF DER ANDEREN SEITE UNTERSCHEIDET, SO KÖNNEN WIR NICHT ZUM ZIEL GELANGEN. *('Abdu'l-Bahá)*

Vorurteil

Mißverständnis: *Ich kann Rothaarige nicht ausstehen.*

Eine Mutter sagt zu ihrer 15jährigen Tochter, die abends eine Stunde später als verabredet nach Hause kommt: *Du brauchst mir nichts vorzumachen, ich glaube dir sowieso nicht.* Die Mutter steht der Unpünktlichkeit ihrer Tochter mit einer vorgefaßten Meinung gegenüber; sie sieht in dieser Verhaltensweise Ungehorsam, Trotz, Unzuverlässigkeit und einen Vertrauensbruch. Der Tochter wird keine Gelegenheit gegeben, sich zu rechtfertigen. Selbstverständlich könnte die Tochter eine Notlüge gebrauchen und so die Mutter hinters Licht führen. Die andere Möglichkeit aber wird außer acht gelassen. Die Tochter kann sich abgelehnt und unverstanden fühlen und ihrerseits die Vorstellung eines Vertrauensbruches übernehmen: *Ich kann sagen, was ich will, meine Mutter hat sowieso andere Vorstellungen.* So schließt sich der Teufelskreis der Vorurteile und blockiert jede konstruktive Form der Auseinandersetzung.

Das Vorurteil ist das wohl gängigste Mißverständnis in den sozialen Beziehungen. Eine Einstellung, die aufgrund bestimmter Erfahrungen gewonnen wurde, wird durch Generalisation, Identifikation und Projektion auf andere Situationen übertragen. Selbst wenn sie zu einem damaligen Zeitpunkt ihre Gültigkeit besaß, besteht keine Notwendigkeit, daß sie ungeprüft auch jetzt Gültigkeit besitzen muß. Das Vorurteil ist somit ein Urteil, das vor der Überprüfung der Tatbestände gefällt wird und mit Affekten besetzt ist.

Das rothaarige Mädchen

In eine therapeutische Gruppe neun- bis zwölfjähriger Kinder sollte ein Mädchen eingeführt werden. Die Gruppe wurde gefragt, ob sie mit der Aufnahme dieses neuen Mitgliedes einverstanden sei. Von sieben Teilnehmern verneinten drei. Die Analyse der ablehnenden Haltungen zeigte: Ein Junge hatte schlechte Erfahrungen mit Mädchen, wie er selbst sagte. Ein Mädchen hatte ihm ungerechtfertigt eine Ohrfeige gegeben, als er es auf dem Schulhof unbeabsichtigt gerempelt hatte und den Milchbeutel, den sie in der Hand hielt, herunterwarf.

Die Zweite störte sich an den roten Haaren des Mädchens. Ihre Großmutter hatte früher ein rothaariges Dienstmädchen, auf das sie eifersüchtig war und wiederholte vor dem Mädchen ihre Abneigung gegen Rothaarige (affektbesetzte Ähnlichkeitsassoziation).

Der Dritte hatte eine Schwester, welche die Mutter ihm vorzog.

Unsere Urteile, Vorurteile und Einstellungen gehen nicht nur auf bewußte, persönliche Entscheidungen zurück; sie basieren vielmehr auf Impulsen, Anregungen und unbewußten Motivationen, welche uns vor allem in einer Phase einprogrammiert wurden, zu der wir jetzt als Erwachsene zumeist keinen direkten Zugang mehr haben.

Gastarbeiter waren für mich ein notwendiges Übel

Bis vor kurzem habe ich die Gastarbeiter immer als ein notwendiges Übel betrachtet. Das habe ich auch immer meinen Kindern erzählt. Heute erkenne ich, daß das ein Vorurteil war. Das kam so: Eines Nachts stand ich mit mei-

nem Auto, das sich nicht mehr vom Fleck rührte, am Rand einer Bundesstraße und versuchte, Wagen anzuhalten, um Hilfe zu bekommen. Einer nach dem anderen fuhr vorüber. Schließlich hielt jemand. An der Sprache erkannte ich sofort, daß er Ausländer war, die Kleidung ließ mich auf Gastarbeiter tippen. Zunächst versuchte er, den Defekt zu finden. Als das nach über einer Stunde nicht gelang, machte er den Vorschlag, mich abzuschleppen. Sein Wagen erwies sich als zu schwach. Dann nahm er mich 25 km weit bis zur nächsten Großstadt mit, wo er wohnte, und holte dort mitten in der Nacht einen Freund aus dem Bett, der in einer Reparaturwerkstatt arbeitete. Ich sah bei dieser Gelegenheit zum ersten Mal, in welcher Enge eine Gastarbeiterfamilie hauste. Die Frau goß uns noch einen Kaffee auf, dann fuhren wir zurück zu meinem Wagen. Es war inzwischen zwei Uhr nachts. Nach einer Viertelstunde lief mein Wagen wieder. Geld wollten die beiden kaum annehmen. Ich habe sie zu mir nach Hause eingeladen. Ich muß sagen, ich habe langsam meine Einstellung geändert. Die ersten Bedenken kamen mir schon damals in der Nacht. Ich erkannte, wie unbegründet meine Abneigung war. Zumindest war sie nicht gegenüber allen Fremden berechtigt. Ich wollte der Sache nachgehen und habe mir deshalb Informationsmaterial beschafft. (35jähriger Betriebsleiter)

Vorurteile, die sich auf das zwischenmenschliche Verhalten beziehen, betreffen die Aktualfähigkeiten. Sie werden gegenüber einzelnen primären und sekundären Fähigkeiten als Erwartungshaltung aufgebaut. Das Vorurteil braucht sich nicht unbedingt nur auf negative Eigenschaften zu beziehen. Es können mit ebensolcher Bestimmtheit positive Verhaltensweisen erwartet werden, ohne daß man sich die Mühe macht, die Berechtigung der Erwartung zu überprüfen. Die Folgen sind Überforderung oder Unterforderung.
Der bisherige Erfolg eines Kindes war für den Vater Anlaß, die Möglichkeit eines Mißerfolges auszuschließen. Als die Schulleistungen nachließen, fühlte sich der Vater maßlos enttäuscht und drehte seine Meinung ins Gegenteil:
Daß nichts dabei herauskommt, wenn sich jemand auf seinen Lorbeeren ausruht, habe ich längst gewußt. Außerdem muß ich mir überlegen, ob ich das Kind von der Schule nehme. Es hat gezeigt, daß es dumm ist.
Vorurteile beruhen, gleichgültig, ob sie positiv oder negativ sind, hauptsächlich auf dem generalisierend eingeschränkten Wertgesichtsfeld. Eine Aktualfähigkeit wird einseitig hervorgehoben und aus der Persönlichkeit des Partners herausgelöst. Mit dieser Fähigkeit werden Erwartungen, Haltungen und Einstellungen verknüpft:
Du bist und bleibst immer unordentlich.
Wer einmal lügt, dem glaubt man nicht.
Du hast mich immer enttäuscht, du brauchst mir nichts vorzumachen.
Ich habe es selbst gelesen, und das stimmt auch.
Ich weiß selbst, was richtig und was falsch ist.
Vorurteile haben nicht etwa die Neigung, sich selbst zu korrigieren, sondern in andere Vorurteile überzugehen oder ins Gegenteil umzuschlagen. Man ändert lieber die Welt als sein Vorurteil. Warum lassen sich Vorurteile

so schwer abbauen? Oft merken die Menschen gar nicht, daß sie ein Vorurteil haben. Um das Vorurteil nicht einer Prüfung aussetzen zu müssen und es nicht in Frage stellen zu lassen, versucht man unwillkürlich, Auseinandersetzungen, die es ins Wanken bringen könnten, zu vermeiden. Wie kann aber ein Mensch jemals wissen, ob er etwa einem Irrtum (in Form eines Vorurteils) verfallen ist, wenn er sich nie der Erfahrung aussetzt, die dies an den Tag bringen könnte? Wie kann man, um das anfängliche Beispiel wieder aufzugreifen, behaupten, ein Kind sei unehrlich, der Partner untreu, ohne ihm überhaupt die Möglichkeit einer Rechtfertigung zu geben? Wie können wir merken, ob wir Vorurteile haben oder nicht, wenn wir nicht bereit sind, anderen, die gänzlich unterschiedliche Ansichten und Eigenschaften haben als man selbst, zu begegnen und uns mit ihnen auseinanderzusetzen.

STÖRUNGEN UND KONFLIKTE
Ungerechtigkeit; Diskriminierung; Aggressionen; Schuldgefühle; Einseitigkeit; Fanatismus; Rassenhaß; Haß gegen sich selbst; soziales Versagen; Urteilsschwäche; Wahrheitsangst.

MERKE
Ein Vorurteil ist ein unzeitgemäßes Urteil, das zumeist stark mit Gefühlen besetzt ist. Auf Vorurteilen basieren viele zwischenmenschliche Konflikte. Erziehungsprobleme sind oft nicht unausweichliches Schicksal oder das Produkt eines bösen Willens, sondern die Folge des Teufelskreises der Vorurteile.

PSYCHOSERUM
Lerne zu unterscheiden zwischen Urteil und Vorurteil.

ES IST KLAR, DASS DIE ZUKÜNFTIGE GENERATION VON DEN MÜTTERN VON HEUTE ABHÄNGT. *('Abdu'l-Bahá)*

Mann und Frau

Mißverständnis: *Ach, nur ein Mädchen!*

Frau zu sein war für mich eine Strafe. Frau: minderwertig, treu, gefühlvoll, dumm, schwach, leidend unter den Eigenschaften des Mannes, abhängig. Mann: gut, untreu, sachlich, intelligent, stark, draufgängerisch, unverletzlich, unabhängig. Daraus folgerte ich für mich: für mich kommt nur ein männliches Verhalten in Frage... (23jährige Studentin)
Kaum ein Gebiet wird mit größeren Emotionen behandelt, als das Verhältnis von Mann und Frau. Dabei scheint kaum ein anderes Gebiet mit solchen

Vorurteilen belastet zu sein wie dieses. Das Mißverständnis Mann – Frau spielt nicht nur in der aktuellen Auseinandersetzung in Ehe oder Beruf eine Rolle, sondern wirft seine Schatten auch auf die Erziehung.

Der erzieherische Einfluß durch die soziale Umwelt wirkt sich nicht nur hinsichtlich der Lebensfähigkeit, des sozialen Verhaltens, der Aggressivität und der Intelligenz aus. Das soziale Rollenverhalten, insbesondere das Geschlechtsrollenverhalten, kann in seinen wesentlichen Zügen als Folge der Erziehung betrachtet werden. Ist z. B. das Pflegeverhalten gegenüber Kindern ein »typisch weiblicher« Instinkt?

Man setzte ausgewachsene weibliche Ratten vor ein Nest, in dem sich junge Ratten ohne Mutter befanden. Sofort begann das erwachsene Tier, die Kleinen mit Nahrung zu versorgen und zu pflegen. Männliche Ratten, vor das Nest gesetzt, kümmerten sich zunächst nicht um die Jungen. Nachdem jedoch ihre Aufmerksamkeit auf die Kleinen gefallen war, zeigten sie ein ähnliches Verhalten wie ihre weiblichen Vorgänger.

Aus den USA wurde folgender Versuch berichtet: Ein amerikanisches Ehepaar brachte seinen damals 17 Monate alten Sohn zur üblichen Beschneidung, sie wurde mit einem elektrischen Apparat durchgeführt. Durch falsche Bedienung des Gerätes wurden Glied und Hoden des Jungen abgeschnitten. Die Eltern des Kindes waren ratlos: welche Zukunft stand ihrem Sohn bevor? Psychiater und Psychologen empfahlen den Eltern, sie sollten ihren Sohn wie ein Mädchen erziehen. Die Eltern nahmen den Rat an und stellten ihre Erziehung um. Sie zogen dem Jungen Mädchenkleider an, ließen seine Haare wie die eines Mädchens wachsen und sagten den beiden älteren Brüdern, sie hätten sich geirrt: »Sie ist doch ein Mädchen, kein Junge.« Nach drei Jahren stellten die Eltern fest, daß ihr »Mädchen« sich wie ein Mädchen verhielt. Spielten die Brüder mit Autos im Sand und kamen verschmutzt zurück, so spielte das »Mädchen« mit Puppen und hielt sich »ordentlich« und »sauber«. Die Brüder zeigten ihrer »Schwester« gegenüber ein schützendes Verhalten, »sie« versuchte den Brüdern zu Diensten zu sein. Selten wurden Rivalitäten zwischen »ihr« und den Brüdern beobachtet. Sie benahm sich ganz wie ein Mädchen.

Das »kulturelle Lernen« beginnt für ein Kind – auf dem Umweg über seine Eltern – am Tag der Geburt. Wer hat nicht schon erlebt, wie unterschiedlich Freunde, Verwandte und die Eltern selber auf die Geburt eines Mädchens oder eines Jungen reagieren: *Ach, ein Mädchen? – Was, ein Stammhalter? Ich gratuliere!* Die experimentell bestätigte Vermutung, daß männliche Babys aktiver und ruheloser als weibliche sind, daß sie leichter in Wut geraten, mehr schreien, weniger schlafen und mehr Aufmerksamkeit von der Mutter fordern, kann verschieden gedeutet werden:

Sie kann das Ergebnis »angeborener Charakterunterschiede« sein;

sie kann die Konsequenz einer verschiedenartigen Behandlung der Babys durch die untersuchenden Psychologen oder – noch eher – durch ihre Eltern sein, die sich aufgrund selbstverständlicher Geschlechtsstereotype vom ersten Tag an unterschiedlich zu männlichen und weiblichen Sprößlingen verhalten;

sie kann das Ergebnis einer Wechselwirkung zwischen angeborenen und erlernten Faktoren sein.

Die letzte Annahme scheint aufgrund der bisherigen wissenschaftlichen Forschung am ehesten zuzutreffen. Dennoch diente eine Überbetonung der angeborenen Geschlechtsunterschiede der Verteidigung bestehender Vorurteile: *Frauen haben ein kleineres Gehirngewicht als Männer. Frauen sind dadurch Frauen, daß ihnen das Glied fehlt. Sie sind Mängelwesen. Frauen sind weniger praktisch begabt als Männer. Die Frau lebt für die drei »K«: Küche, Kinder, Kirche. Frauen besitzen nicht das gleiche Durchsetzungsvermögen wie Männer. Männer sind organisationsfähiger als Frauen.*

Kleinigkeiten, die oft scherzhaften Charakter zu besitzen scheinen, weisen auf fixierte Einstellungen gegenüber Frauen: ... *Da ist sicherlich eine Frau am Steuer; das ist keine Mädchenarbeit; das kannst du nicht von deiner Schwester verlangen; weibisches Geschwätz!*

Rollenverteilungen in der Familie stellen das Verhältnis von Mann und Frau am offenkundigsten dar: Der Vater muß arbeiten, die Mutter ist nur zu Hause. Allein dieses Verhältnis ist ein Modell. Die Kinder lernen: Der Vater ist für die Außenwelt, die Mutter für die innerfamiliären Belange zuständig.

Therapeut: *Haben Sie mit Ihrem Mann schon einmal darüber gesprochen, daß er auch einen Teil des Haushalts und der Erziehung übernehmen könnte, gleichsam eine Lastenteilung?*

Patientin: *Nein, das wäre unvorstellbar für meinen Mann. Der hat mit seinem Beruf genug zu tun.*

Solche Einstellungen führen dazu, daß die Erziehung in den meisten Fällen zur Domäne der Mutter wird, während der Vater die Rolle einer bestrafenden oder belohnenden Autorität bekommt. Er tritt nur dann in Erscheinung, wenn etwas schief läuft:

Mein Vater war oft auf Dienstreisen. Wenn er zurückkam, erzählte ihm meine Mutter alle meine Vergehen, und ich wurde nachträglich verhauen. Ich habe jetzt gar keine gute Beziehung zu meinem Vater... (36jähriger Angestellter)

Die Tatsache, daß die Mutter in der Erziehung eine zentrale Funktion hat, nutzt der Mann oft als Vorwand, ihr die vollverantwortliche erzieherische Aufgabe zu überlassen. Er schiebt ihr damit den Schwarzen Peter zu. Wenn in der Erziehung alles gut läuft, fühlt sich der Vater bestätigt, klappt etwas nicht, ist die Mutter daran schuld. Dies führt dazu, daß sehr viele Frauen emotional überlastet sind und vor solchem Hintergrund körperliche und seelische Störungen sich entwickeln können. Als Reaktion darauf suchen viele Mütter einen Ausweg in der Flucht in die Arbeit. Sie erwarten dort größere Gerechtigkeit.

Bei mir ist es die Flucht in die Arbeit. Manchmal stört mich alles mögliche: dann muß ich einfach aufräumen, obwohl ich weiß, daß das doch Unfug ist. Dann weiß ich schon, daß die Depressionen wieder im Anmarsch sind, aber ich kann es nicht abstellen. Ich nehme dann Tabletten, aber es geht dann drei bis vier Wochen so. (35jährige kaufmännische Angestellte)

Grundsätzlich arbeite ich gern, denn ich käme mir anders unnütz vor. Zudem

bin ich der Meinung, daß viel Arbeit ein guter Ausgleich für allzuviel Emotionalität ist. Dies ist auch ein Grund, warum ich mich gern beschäftige. Ich laufe dann nämlich nicht Gefahr, mich allzuviel mit meinen Problemen und dem daraus entspringenden Wirrwarr meiner Gefühle auseinandersetzen zu müssen. (44jährige Geschäftsfrau)
Ich ergriff die Initiative und hatte den Wunsch, berufstätig zu sein. Ich fühlte, daß ich als Hausfrau und Mutter nicht klar kam. Mit dem Kind kam ich überhaupt nicht zurecht und glaubte, der Sache nicht gewachsen zu sein, und hatte durch meine Berufstätigkeit die Verantwortung für das Kind jemandem anderen (Schwiegermutter) überlassen. Ich glaubte, daß es von anderer Seite mehr geliebt und besser versorgt würde. Auch glaubte ich, durch die Trennung von dem Kinde würde sich meine Beziehung zu ihm bessern, und versuchte, mich auf das Wiedersehen am Abend zu freuen. Es gab auch andere Gründe, warum ich wieder arbeiten gehen wollte, z. B. Anerkennung im Beruf, Selbstbestätigung, unter Menschen sein, sich niemals gehen lassen, morgens schon gepflegt aus dem Haus gehen und auch eigenes Geld verdienen. (29jährige Sekretärin, Schwiegermutter-Konflikt, Schlafstörungen)
Die Erwartungen der Eltern hinsichtlich der Geschlechtsrolle des Kindes können dessen Schicksal entscheidend bestimmen. Berufswahl und Ausbildung sind durch den Einfluß von Geschlechtsstereotypen mitbestimmt.

STÖRUNGEN UND KONFLIKTE
Einseitige Rollenverteilungen; »Hausfrauenschicksal«; Überforderung; Unterforderung; Trennungsängste; Kinder als Lebensziel; Ehe als Versicherungsanstalt; Autoritätsgläubigkeit; Hörigkeit; Angst; Aggression; Eheprobleme; Affekthandlungen; Geschlechtsneid; Generationskrise; Unterwerfung; Emanzipationskrise.

MERKE
Wenn die Frauen die gleichen Vorzüge der Erziehung genießen wie die Männer, so wird das Ergebnis zeigen, daß beide, Mann und Frau, ähnliche Fähigkeiten besitzen und sich gleichermaßen zur Bildung eignen. Man wird lernen, Frauen als gleichwertig zu behandeln.

PSYCHOSERUM
Lerne zu unterscheiden: Geschlecht als Folge der Natur, und: Geschlechtsrolle als Folge der Erziehung.

Wenn ich mit Menschen- und Engelszungen redete, hätte aber die Liebe nicht, so wäre ich wie ein tönendes Erz oder eine klingende Schelle. *(1. Korinther 13, 1)*

Gerechtigkeit – Liebe

Mißverständnis: *Es geschieht dir ganz recht, daß du dir in den Finger geschnitten hast.*

Das Prinzip der Gerechtigkeit wiegt eine Leistung gegen eine andere auf; es ist ein Grundprinzip der Erziehung, in der die einzelnen aktuellen Fähigkeiten und Leistungen im Vordergrund stehen. Doch Gerechtigkeit bleibt unpersönlich, blind für die Einzigartigkeit eines Menschen.
Ich arbeite für dich draußen, damit du für mich und für die Kinder zu Hause sorgst.
Ich mache deinen Haushalt, wenn du für meine Sicherheit und die unserer Kinder sorgst.
Du hast jetzt keine Zeit für mich, also werde ich demnächst auch keine Zeit für dich haben, oder:
Du hast keine Zeit für mich, also werde ich jemanden suchen, der Zeit für mich hat.
Du hast heute beruflichen Erfolg, du hast für uns was besorgt, dafür will ich ganz besonders »lieb« zu dir sein.
Da du in der Schule gute Leistungen gezeigt hast, kannst du heute ins Kino gehen.
Du hast dich bei den Gästen sehr höflich benommen, dafür kannst du etwas länger aufbleiben und Fernsehen gucken.
Für Gerechtigkeit wiegen Gleichheit und Vergleichbarkeit schwer. Diese Erkenntnis war das Grundprinzip der Gesetzgebung, wie es sich schon bei Hamurabi (1686–1728 v. Chr.) findet: »Strafe bringt Schutz und erweitert die Einsicht des Volkes und ist das Mittel zur Vorbeugung der Wiederholung von Verbrechen.« Zum Prinzip erhobene Gerechtigkeit, die auch immer noch in unserer Gesetzgebung herrscht, bestimmt in vielen Fällen die Erziehungsform.

Wie du mir, so ich dir

Es war Sonntagmorgen und ich wollte noch ein wenig gemütlich im Bett liegen und träumen, denn es war erst 7 Uhr und sonntags will ich nicht so früh aufstehen. Dann kam der Kleine und störte mich in meiner Gemütlichkeit. Ich reagierte sehr sauer und sagte zu dem Kind: ›Wenn du keine Rücksicht nimmst, obwohl ich noch Ruhe brauche, gehe ich nicht mit dir schwimmen.‹ Wie du mir, so ich dir.

Gerechtigkeit in der partnerschaftlichen Beziehung verabsolutiert, führt in den Teufelskreis, in dem eine Ungerechtigkeit die andere nach sich zieht. Ehe wird hier zur Ehehölle. Wenngleich Gerechtigkeit in den Augen der meisten als Inbegriff von Konsequenz gilt, zeigt sich die Gerechtigkeit im Erleben recht unstabil. Eine Handlung wird nach dem Erlebniszusammenhang gewertet. Das eigene Wertsystem, bisher akzeptierte Vorstellungen und eigene Wünsche bleiben davon unangetastet, wie etwa folgender sozialpsychologischer Versuch veranschaulicht: Die Versuchspersonen wurden Zeuge, wie eine Gruppe von Halbwüchsigen einen Jungen hänselte und quälte, der ihnen allem Anschein nach nichts getan hatte. Der Junge weinte, konnte sich aber nicht befreien.

Die Zuschauer hatten keine Möglichkeit, in diese Szene einzugreifen. In dem Konflikt zwischen Mitleid und der Unfähigkeit, zu helfen, lösten die Versuchspersonen diese Situation auf ihre Art. Sie begannen, ohne daß es ihnen bewußt wurde, das Opfer mit anderen Augen zu sehen. Wenn sie ihn am Anfang noch als sympathischen Jungen einstuften, der ungerecht behandelt wurde, fanden sie mit der Zeit immer mehr unsympathische Züge an ihm. Schließlich waren sie davon überzeugt, daß es ihm schon ganz recht geschehe und er selbst daran schuld sei. Die Versuchspersonen hielten sich bei Versuchsende für genauso gerecht wie zu Beginn. Der offenkundige Widerspruch ihres Gesinnungswandels kam ihnen nicht zu Bewußtsein. Diese Wandlung hat eine Schutzfunktion. Mit dem tatenlosen Zusehen, zu dem die Versuchspersonen verurteilt waren, konnten sie das Mitleid nicht vereinbaren – andernfalls hätten sie eingreifen müssen. Um die Situation für sich erträglicher zu gestalten, das Ich zu schonen und weitere Schuldgefühle zu vermeiden, stellt man einfach die Situation um: der Angegriffene, so sagt man, war selbst schuld (LERNER u. SIMMONS, 1966).

Den Gegenpol zur Gerechtigkeit stellen folgende Aussagen dar:

Ich bin immer für dich da und gebe dir alles, was ich habe, gleichgültig, was du mir gibst.

Ich habe Vertrauen zu dir und hoffe auf dich.

Diese Aussagen sind Aussagen der *Liebe.* Liebe ist das Zeichen der positiven emotionalen Zuwendung und umfaßt den Menschen als Ganzen. Man baut nicht auf bestimmte Eigenschaften, Fähigkeiten und Eigenarten auf, sondern meint den Träger dieser Eigenschaften: *Ich liebe dich, weil du du bist.*

Diese Haltung besitzt für die partnerschaftliche Beziehung in manchen Fällen gewisse Vorteile. Auftretende Schwierigkeiten werden nicht erst hochgespielt, offene Konflikte werden vermieden.

In extremen Fällen verliert die Liebe die Kontrolle über die Wirklichkeit und löst sich von den konkreten Bedingungen ab. Man spricht in solchen Fällen von »Affenliebe«. Während im Fall der Gerechtigkeit gegenüber dem Kind oder Partner Erwartungen gehegt werden, die in der Gegenwart erfüllt werden sollen, ist die Erwartungshaltung der Liebe auf eine unbekannte Zeit bezogen. Man ist geduldig und hofft, daß irgendwann die Liebe (die Aufopferung) dem Kind oder Partner gegenüber von diesem selbst, durch die Anerkennung der Umwelt oder durch Gott ihre Belohnung findet:

Wenn mein Sohn unordentlich ist, sehe ich das gar nicht.
Mein Mann hat sehr wenig Zeit. Ich sage es ihm nicht, ich möchte ihm nicht weh tun.
Gleichgültig, was er macht, ich liebe ihn doch.
Beherrscht das Prinzip der *Gerechtigkeit* die Erziehungssituation, werden Konflikte aktiv ausgetragen: man kritisiert. Im extremsten Fall führt das Prinzip der Gerechtigkeit dazu, daß Kinder geschlagen und Jugendliche von ihren Eltern verstoßen werden, Freundschaften auseinandergehen und Ehen geschieden werden. Man will einfach von dem Kind nichts mehr wissen, weil es das nicht erfüllt hat, was man von ihm erwartete: *Du willst dich nicht fügen, also hast du bei uns nichts mehr zu suchen.*
Dominiert das Prinzip der Liebe, ergibt sich die Gefahr eines gegenteiligen Effektes. Konflikte schwelen hinter der Maske von Geduld und Höflichkeit, ohne daß die Möglichkeit besteht, von Zeit zu Zeit etwas Dampf abzulassen. Da die Konflikte nicht schrittweise verarbeitet werden, kommt es manchmal zu explosionsartigen Ausbrüchen. Solche Menschen »stecken alles ein«; oft sind sie ergebene Diener ihrer Kinder. Irgendwann aber genügt ein geringer Anlaß, um etwas geschehen zu lassen, das alles Erwartete übersteigt. Sie können ihre Energie nicht dosieren. Es gilt der Grundsatz: Alles oder nichts. Eine sonst friedfertige Mutter bekommt einen unerwarteten Tobsuchtsanfall und mißhandelt ihre Kinder bei einem unerheblichen Verstoß. Ein bescheiden und harmlos wirkender Vater erschlägt sein sechsjähriges Kind, weil es eine Speise nicht essen wollte; dieser Vater hatte sein Kind bis dahin noch nie geschlagen. Eine Ehefrau verläßt ihre Familie, nachdem ihr Mann den Hochzeitstag vergessen hatte.
Es gibt nicht nur den gerechten oder den liebenden Menschen. Gerechtigkeit und Liebe gehen so schnell ineinander über, daß oft der Konfliktpartner nicht weiß, woran er eigentlich ist. Stellen wir uns einen Ehekrach vor: Die Ehefrau hat vergessen, auf die Bank zu gehen und den Auftrag für ihren Mann zu erledigen. Ihr Mann ist darüber sehr erbost und schreit seine Frau an: »Man kann sich auf dich gar nicht verlassen.« So gerecht er sich bei diesem Gefühlsausbruch vorgekommen sein mag, so schnell entstehen Schuldgefühle: »Ich hätte sie nicht anschreien sollen.« Als er seine Frau in der Küche abwaschen sieht, bindet er sich eine Schürze um, hilft abtrocknen und murmelt: »Ich habe es nicht so gemeint.« Umgekehrt kann sich Liebe in strenge Gerechtigkeit verwandeln, wenn Erwartungen, die mit der Liebe und Zuwendung verbunden waren, nicht erfüllt werden. Das Schwierige an derartigen Situationen ist, daß der Partner meist keine Einsicht in die Bedingungen des Gesinnungswandels hat und trotziges Schweigen deren Enthüllung oft verhindert.
Auf Gerechtigkeit und Liebe bauen das menschliche Zusammenleben und die Erziehung auf. Beide Prinzipien aber können zu seelischen und sozialen Konflikten führen, wenn eines von ihnen verabsolutiert, das andere aber unterbewertet wird, oder wenn beide nicht im Zusammenhang mit der Zeitdimension gesehen werden.

STÖRUNGEN UND KONFLIKTE

Gerechtigkeitsfanatismus; versteckte Aggressionen; Entscheidungsschwäche aus Angst, jemandem Unrecht zu tun; Ungerechtigkeit; überhöhte Erwartungen; »Realitätsblindheit« aus Liebe; Lieblosigkeit; seelische Überlastung; Enttäuschungen; Ehekonflikte; psychosomatische Störungen.

MERKE

Es ist richtig, Forderungen im Sinne der Gerechtigkeit an den Partner zu stellen. Er erwartet sogar diese Forderung. Versagt er aber, ist es nötig, zwischen der mangelnden Leistung und ihm selbst zu unterscheiden. Das heißt: Ich nehme dich so, wie du bist, auch wenn du jetzt in diesem Bereich versagt hast. Ich weiß, daß du aus deinen Fehlern lernen kannst, und ich werde aus meinen Fehlern lernen.

PSYCHOSERUM

Lerne zu unterscheiden zwischen Liebe und Gerechtigkeit.

Diese Einzelheiten sind ein wenig unerfreulich *(W. James)*

Sex

Mißverständnis: *Darüber spricht man nicht.*

Die Einstellungen gegenüber dem Thema Sex sind zumeist nicht bloß unverbindliche Meinungen, die man ändern könnte, wenn bessere Argumente das Gegenteil beweisen. Sie sind viel zu eng mit dem Gefühlsleben verknüpft und haben sich in der individuellen Persönlichkeitsgeschichte entwickelt.

Im Sinne solcher überdauernder Einstellungen lassen sich drei Prototypen unterscheiden, die charakteristische Einstellungen zum Thema Sex wiedergeben.

DER SCHWEIGER

Er hat sich mit Gruppen-Normen und religiösen Normen so weit identifiziert, daß er diese Normen nicht in Frage stellen möchte. Auch wenn Sexualität für ihn ein Problem darstellt, wird er doch äußern: »Darüber spricht man nicht; das ist etwas, was jeder Mensch mit sich selbst austragen muß; wir müssen uns damit abfinden.« Sexualität duldet er allenfalls als notwendiges Übel; in der Heirat zollt er der Tradition den Tribut, der Beischlaf dient für ihn nur der Pflicht zur Fortpflanzung. Sein Motto der Ehe lautet: Treue bis zum Tod. Sexuelle Betätigungen, die den offiziell zugelassenen Rahmen überschreiten, wie die Masturbation, werden so weit als möglich unterdrückt und allenfalls mit Schuldgefühlen besetzt.

Hier treten als Störungen die Angst vor der sexuellen Betätigung oder anschließende Schuldgefühle auf. Frigidität und Impotenz nehmen hier einen großen Raum ein.

DER OFFENE

Zu diesem Typ gehören meist die Menschen, die mit den Normen der Tradition gebrochen haben. Im Gegensatz zum Schweiger halten sie es für wichtig, über das Thema Sexualität so häufig und intensiv wie möglich zu sprechen, sexuelle Erfahrungen zu sammeln und die Offenheit auf sexuellem Gebiet bei jeder gegebenen Möglichkeit zu demonstrieren. Zu ihren Schlagwörtern gehören: »Sex gehört zur menschlichen Natur.« »Sex macht Spaß, und alles, was Spaß macht, ist erlaubt.« Sex wird hier häufig unter dem Gesichtspunkt der Leistungssituation gesehen. Der Partner fungiert dabei als Objekt der sexuellen Betätigung im Sinne des persischen Sprichwortes: Jede Blume duftet anders.

Nicht selten stellen sich hier trotz (oder gerade wegen) der demonstrierten Freizügigkeit sexuelle Störungen ein, wie Angst vor sexuellem Versagen, vor partnerschaftlichen Bindungen, unkontrollierte Partnerwahl, und damit verbunden seelische und körperliche Überforderungen. Ehebruch, Gruppensex sind Fragen der Übereinkunft und bloßes Gesellschaftsspiel. Man spricht offen darüber.

DER DOPPELBINDUNGSTYP

Hier findet sich nicht selten die Einstellung, die wir als Doppelmoral bezeichnen. Drei Gruppen begegnen uns:

- Man trägt den Typ des Schweigers, des strengen Moralisten zur Schau. Dort, wo man seiner gesellschaftlichen Rolle nicht mehr verpflichtet ist, tut man, was man will. Während dieser Typ zu Hause den moralischen und sittenstrengen Ehemann spielt, besucht er abends in aller Heimlichkeit Prostituierte. Während er die Onanie offen verurteilt, masturbiert er vor pornografischen Bildern; während er sich sexuell bedürfnisfrei gibt, bevorzugt er bestimmte Perversionen. Vor anderen gibt man kund, daß die Sexualität kein Problem für einen sei, und daß man über den nötigen Abstand verfüge. Zu Hause wird in der Phantasie herbeigesehnt, was man zuvor abgelehnt hatte. Die Ehefrau, die von ihrem Mann die absolute Treue verlangt und gegebenenfalls ihm gegenüber frigide erscheint, hat ihren Hausfreund. Die gesellschaftlichen Normen, die hier eher sexualfeindlich sind, werden nach außen hin anerkannt, während die Sexualität in einem Doppelleben oder im Bereich der Phantasie ein Ventil findet.
- Man simuliert den Offenen. Man spricht über alles und tut so, als gäbe es für einen selber kaum noch Grenzen. Trotz dieser scheinbaren Haltung ist dieser Typ innerlich stark mit Hemmungen und Schuldgefühlen belastet, die es ihm unmöglich machen, Sexualität tatsächlich frei zu erleben. Gegenüber Freunden und Bekannten wird angegeben:

Gestern abend habe ich ein Mädchen kennengelernt und zwei Stunden später habe ich es schon aufs Kreuz gelegt.

Die Frau dort drüben scheint dir ganz gut zu gefallen, mit der habe ich auch schon was gehabt bzw. sie wollte, aber ich hatte es nicht nötig.
In Wirklichkeit entbehren diese Aussagen jeder Grundlage. Bei Frauen findet sich ähnliches: Sie flirten eindeutig und wenn ein Mann darauf eingeht, wird er abgewiesen. Harmlose Gespräche werden vor Freundinnen bis zum Heiratsversprechen oder zur wilden Liebesnacht in der Phantasie und im Gespräch ausgemalt. Auch hier liegt eine Anpassung an gesellschaftliche Normen vor, an die Leistungsanforderung, die auch hinsichtlich der Sexualität gestellt wird. Man gibt vor, man sei völlig offen, aber nur, um durch diese Haltung eigene Hemmungen und Ängste zu verbergen.

■ Man bagatellisiert sexuelle Probleme, weil sie allein aufgrund des Alters nicht mehr aktuell sind: *Ich verstehe gar nicht, warum ihr euch so viel Gedanken über die Sexualität macht, das Problem ist doch gar nicht so groß. Ich werde jedenfalls ganz gut mit meiner Sexualität fertig.*
Verschwiegen wird, daß man vor Jahren unter den Problemen, die man jetzt bagatellisiert, schwer zu leiden hatte. Auch wenn man anerkennt, daß einzelne die Verdrängung der Sexualität mit viel Mühe tatsächlich erreicht haben, ist das doch den meisten nicht gelungen. Hier zeigen sich auch aggressive Einstellungen: *Der ganze Sex ist Schweinerei! An eurer Stelle würde ich mich schämen, zu unserer Zeit gab es solche Schweinereien nicht.*
Als Störungen treten beim Doppelbindungstyp zumeist innere und äußere Konflikte auf. Oft bestehen sexuelle Probleme, die jedoch nicht als solche wahrgenommen werden, sondern auf den Beruf und die Mitmenschen übertragen werden. Charakteristisch zeigt sich eine Entscheidungsunfähigkeit oder -verzögerung: *Wenn ich meine Ausbildung beendet habe, wenn ich eine gesicherte Position habe, wenn ich mehr Geld habe, wenn das Haus fertig ist u.a.m., dann können wir leichter Entscheidungen treffen.*
Ist man verheiratet, wünscht man sich, doch lieber ledig geblieben zu sein und trauert seiner verlorenen Freiheit nach. Kuriose Fälle, in denen zwei Menschen heiraten, feststellen, daß sie nicht verheiratet zusammenleben können, sich scheiden lassen, feststellen, daß sie geschieden nicht leben können und schließlich geschieden wie in einer Ehe zusammenleben, sind zu beobachten.

STÖRUNGEN UND KONFLIKTE
»Sex als Lebensziel«; Hypersexualität; Selbstbefriedigung als Sucht; sexuelle Verwahrlosung; »Perversionen«; aggressive Sexualität; Sexualangst; sexueller Leistungszwang; Enttäuschung; Selbstwertprobleme.

MERKE
Selbst wenn diese drei Typen der Einstellung gegenüber der Sexualität sehr weit verbreitet sind, und wir an uns selber die eine oder andere Einstellung wiederfinden können, haben wir doch noch andere Möglichkeiten und Chancen. Man kann sich mit gesellschaftlichen und religiösen Normen identifizieren, wenn man sie als angemessen und zeitgemäß erkannt hat. Diese Normen können einen Maßstab bilden, ohne daß sie gleich zum Damoklesschwert werden.

PSYCHOSERUM
Lerne zu unterscheiden zwischen sexueller Ehrlichkeit und Doppelmoral.

Die Liebe nennet sich zuerst Vertraulichkeit *(Goethe)*

Sex – Sexualität – Liebe

Mißverständnis: *Warum können wir uns nicht lieben, obwohl wir uns so gut verstehen?*

Pro Tag werden in der Bundesrepublik Deutschland etwa 200 Ehen geschieden. Diese Zahl bezeichnet nur die Spitze eines Eisberges. Nicht gerechnet ist die Unzahl der Menschen, die voneinander getrennt oder nebeneinander herleben. Auch umfaßt diese Zahl nicht jene Kinder, die unter der Situation eines »broken home«, einer gestörten Familie, leiden. Die Statistiken anderer Länder geben ähnliche Zahlen wieder. In Persien beispielsweise werden, bezogen auf 30 Millionen Einwohner, pro Tag 105 Ehen geschieden. Andere Länder erreichen spielend die gleichen oder noch höhere Zahlen.
Hinter partnerschaftlichen Konflikten steht eine Vielzahl von Faktoren, unter denen die Unterscheidung zwischen Sex, Sexualität und Liebe eine besondere Rolle einnimmt. Ähnlich wie sich viele Jugendliche unter Religion Rituale, Dogmen und Vorurteile vorstellen, stellen sich viele ältere Menschen unter Sex einen Angriff auf die guten Sitten, Moralwidrigkeiten und »Schweinereien« vor. Während in dem einen Fall eine mangelnde Unterscheidung zwischen Glaube, Religion und Kirche vorliegt, besteht im anderen Fall eine mangelnde Unterscheidung zwischen Sex, Sexualität und Liebe.

■ *Sex*

Alle physiologischen, körperlichen Vorgänge im Zusammenhang mit sexueller Aktivität ordnen wir dem Begriff Sex zu. Sex meint aber nicht nur die Vorgänge selbst, sondern auch das Wissen des Menschen um sie: den Aufbau der Geschlechtsorgane, ihre Funktionsweise, die körperlichen Vorgänge während sexueller Aktivität, die Vorgänge der Zeugung, ebenso den Ablauf der Geburt.
Die Aufklärung gibt uns die Möglichkeit, ein sinnvolles Verhältnis zu den körperlichen Belangen des Sex zu finden. Die Bedeutung des Sex ist unter dem Aspekt der körperlichen, seelischen und geistigen Einheit des Menschen zu sehen. Wenn Eltern äußern, sie hätten ihre Kinder aufgeklärt, bedeutet dies zumeist, daß sie ihre Kinder über die körperlichen Grundlagen informiert haben. Ein gesundes Kind stellt von sich aus Fragen, welche den Sex betreffen, sofern die Eltern sich solchen Fragen überhaupt zugänglich zeigen. Die Informationen sollten dann dem Entwicklungsstand des Kindes entspre-

chend gegeben werden. Dabei ist es wichtig, daß sich die einzelnen Informationen im Laufe der Zeit nicht widersprechen. (Die Zeit des Klapperstorches ist endgültig vorbei!)
Der Sex gehört wie Hunger, Durst, Essen, Trinken, Schlaf zu den Wirklichkeiten des Lebens. Beim Essen wissen wir, daß manche Speise unverdaulich ist; man würde nie einen Stein essen. Gerade Beobachtungen in der psychotherapeutischen Praxis zeigen, daß sehr viele Menschen im Bereich des Sex viel für sie Unverdauliches zu sich nehmen. Andere Menschen befinden sich in asketischen, ja oft selbstquälerischen Hungerkuren, wieder andere überessen sich anscheinend an Sex.
Der Sex hängt eng mit den Sinneswahrnehmungen zusammen. Schon das Aussehen einer Frau oder eines Mannes, eine Berührung, ein Streicheln können sexuelle Erregung hervorrufen. Sex führt zur Erregung. Man liebt jemanden wegen seiner körperlichen Vorzüge: wegen der Haarfarbe, des Körperbaues, des Busens, der glatten Haut, der schönen Augen, der schlanken Beine usw. Was ist, wenn sich diese Vorzüge wandeln, wenn das Gesicht Falten bekommt, wenn das Haar ergraut, der Busen erschlafft, wenn ein Unfall das Gesicht zerstört und den Körper verunstaltet?
Sind die körperlichen Eigenschaften die ausschließliche Basis für gegenseitige Zuneigung, dann entfällt plötzlich jeder Grund für diese Beziehung.

Erregend war für mich ihr Körper

Erregend und faszinierend war zweifellos ihr Körper, jedenfalls für mich, und ihr markant profiliertes Gesicht. Zweitens ihre Ungezwungenheit, die mir, als gehemmtem ›Lieblingskind‹, imponierte. Drittens mein erhöhtes Prestigegefühl, da sie bei anderen Jungen sehr begehrt war, sie also die ›Wahl‹ hatte.
(26jähriger geschiedener Mann)

Ich stehe auf dunkelhaarige Männer

Körperlich habe ich überhaupt keine Beziehung zu meinem Mann gefunden, denn er entsprach nicht dem Bild, das ich in meinem Herzen von einem Mann hatte. Er war blond und helläugig, und ich war von jeher auf dunkelhaarige und dunkeläugige Männer fixiert. Es störte mich auch, daß er ständig eine Brille trug. An seinen Sexualorganen hatte er nichts Unnatürliches. Doch als junge Frau störte es mich wahnsinnig, wenn er mit einem steifen Penis durch die Wohnung lief. Das regte mich fürchterlich auf, und ich fand es schrecklich.
(28jährige geschiedene Angestellte)
Nicht nur die Erwartungen den körperlichen Eigenschaften anderer Menschen gegenüber spielen hier eine Rolle. Sex setzt vielmehr eine Beziehung zum eigenen Körper voraus. Diese kann offen und aufgeschlossen sein: Man akzeptiert seinen Körper oder stellt diesen einseitig in den Vordergrund. Ebenso oft findet man, daß viele Menschen Angst und Mißtrauen gegenüber dem eigenen Körper entwickeln. Grundlegend hierfür sind in der Regel die Erfahrungen, die man auf diesem Gebiet im Laufe seiner Lebensgeschichte gemacht hat:

Mein Körper ist mein Feind

Ich habe vor meinem eigenen Busen Angst. Wenn ich mich wasche, fühle ich mich so schlecht, ich bekomme Herzjagen und bin jedesmal froh, wenn ich es geschafft habe. Mein Körper ist mein Feind, der meine ganze Lebenskraft verbraucht. Ich habe solche Angst vor ihm, daß ich keine nackte Stelle mehr sehen kann. Ich wasche mir einen Teil nach dem anderen, so daß die anderen Teile jeweils bedeckt bleiben. Genauso geht es mir mit An- und Ausziehen. Es ist jedesmal ein Kampf, der mich fix und fertig macht. Sogar mein Gesicht ist mir feind geworden. Gymnastik machen oder Medikamente nehmen ist mir kaum möglich, denn auch das gehört zur Körperpflege. Ich habe schon lange keinen Geschlechtsverkehr mehr, denn beim Lieben muß ich nackt sein. (28jährige Angestellte; Sexualstörungen und Depressionen)

■ *Sexualität*

Ähnlich, wie sich Sex auf körperliche Merkmale bezieht, bezieht sich die Sexualität auf seelische, Persönlichkeits- und Verhaltensmerkmale.

Mein Freund ist ganz anders als mein Mann

Seit sechs Monaten leide ich unter Depressionen und habe Angstzustände. Ich bin seit einem Jahr verheiratet und gehe schon abends mit dem Gedanken ins Bett: Hoffentlich will mein Mann heute nicht mit mir schlafen! Obwohl er mir körperlich ganz gut gefällt, passen wir nicht richtig zusammen. Wir sind ganz andere Typen. Mein Mann ist supergenau; haben wir es sehr eilig, dann steht er mindestens noch zehn Minuten herum und überlegt, ob auch alles in Ordnung ist, sei es, wenn wir die Wohnung verlassen (die doppelte und dreifache Überprüfung, ob wir auch alle Papiere, Schlüssel usw. dabeihaben), sei es, daß sein Haar nicht genau liegt (obwohl der nächste Windstoß die Pracht wieder zerstört). In solchen Fällen stehe ich immer da und bebe vor Ungeduld und Ärger. Wenn ich abends nach Hause komme, werde ich gefragt, wieviel Geld ich noch habe und was ich ausgegeben habe. Das macht mich wahnsinnig. Ich vermisse manchmal, daß er mir in den Mantel hilft, mir Feuer gibt oder ähnliches. Ich habe seit drei Monaten mit einem anderen Mann sexuelle Beziehungen. Er ist ganz anders als mein Mann. Wenn ich rauchen will, gibt er mir Feuer, er hilft mir in den Mantel, er schüttet mir den Kaffee ein. Wenn ich etwas für ihn erledigen soll, bittet er mich: Würden Sie bitte, könnten Sie ..., er ist oberflächlicher als mein Mann, nicht so furchtbar genau. Wenn wir eine Rechnung haben, die zu Unrecht besteht, dann sagt er: Die Angelegenheit lassen wir einschlafen, und sie wird beiseite gelegt, auch wenn wir irgendwelche Bitt-Briefe bekommen, werden diese mit der Bemerkung zerrissen: Den haben wir nie bekommen ... Bei uns zu Hause haben wir es nicht so genau genommen, meine Mutter hat mir vieles abgenommen, sie war sehr großzügig in der Erziehung. Wenn ich mal abgewaschen habe und das Geschirr war nicht ganz sauber, hat sie nichts gesagt, sie hat nur auf Benehmen immer den größten Wert gelegt ... (24jährige Patientin, Sexualstörungen auf der Basis einer konflikthaften Besetzung der Verhaltensbereiche: Ordnung, Sauberkeit, Höflichkeit, Genauigkeit, Sparsamkeit und Geduld)

■ *Liebe*
Die emotionale Beziehung, die sich auf eine Reihe von Objekten in verschiedensten Ausprägungsformen richten kann, nennen wir Liebe. Sie ist eine Fähigkeit, die jeder Mensch besitzt. In der frühesten Form findet sich Liebe in der Beziehung zwischen Mutter und Kind. Im Verlaufe der Lebensgeschichte lernt man zu lieben und sich so zu verhalten, um geliebt zu werden. Eine besondere Rolle spielt hier das Vorbild der Eltern in der Beziehung zu anderen Menschen und zur Religion.

Der einzige Kontakt zur Aussenwelt war die Kirche

Sexualität war bei uns zu Hause tabu. Es wurde nie darüber eine Andeutung gemacht. Allerdings hielt mein Vater in der Schule Vorträge, wie Eltern ihre Kinder aufklären sollten. Es war meinen Eltern schon peinlich, wenn wir sie nur in der Unterwäsche sahen. So etwas wie Zärtlichkeiten gab es bei uns nicht. Ich kann mich an keinen einzigen Fall erinnern, daß mich mein Vater oder meine Mutter geküßt hätten. Meine Eltern waren ein richtiges Bollwerk gegen uns Kinder. Ich hatte das Gefühl, sie genügen sich gegenseitig und betrachten uns Kinder als notwendige Dreingabe. Auch als wir älter waren, durften wir keine Freunde mit nach Hause bringen. Partys waren in den Augen meiner Eltern schon fast obszön. Je älter meine Eltern wurden, um so mehr kapselten sie sich von der Außenwelt ab. Der einzige Kontakt zur Außenwelt war die Kirche. (28jährige Lehrerin, Sexualabwehr, Kontaktstörungen und Eheschwierigkeiten)
Erfahrungen in der primären Umgebung der Familie werden durch die eigenen Erfahrungen mit der sozialen Umwelt im Verlaufe der Lebensgeschichte ergänzt.
Die beiden Dimensionen der Liebe, die Fähigkeit zu lieben und sich so zu verhalten, um geliebt zu werden, können sich bei einer gestörten Entwicklung voneinander ablösen:

Bloss nicht auf meinen Mann anziehend wirken

Seitdem ich erfahren habe, daß mein Mann fremdgegangen ist, ist bei mir der Ofen aus. Zu Hause laufe ich schlampig herum, zum Schminken und Frisieren habe ich nicht die geringste Lust. Der Haushalt kann mir den Buckel herunterrutschen. Ich habe keine Lust, und meinem Mann soll auch die Lust vergehen. Allein der Gedanke, daß er mich anfaßt, bringt mich beinahe zur Gelbsucht. (34jährige Mutter von 3 Kindern)

Zu meiner Frau habe ich kein Vertrauen mehr. Statt die Kleider in den Schrank zu hängen, läßt sie sie unachtsam auf den Stühlen liegen. Während sich meine Mutter nach jedem Fusselchen bückte, läßt meine Frau den Staub zentimeterdick liegen. (38jähriger Beamter, Magenbeschwerden)

Umgekehrt verhalten sich manche Menschen gezielt, um geliebt zu werden. Sie wenden einen großen Teil des Gehalts für Kosmetik, Massagen, Schmuck und modische Kleidung auf. Sie geben sich Mühe, anziehend zu wirken, sind jedoch außerstande, mit einem Partner in Kontakt zu treten oder eine dauerhafte Beziehung zu ihm aufzunehmen.

Liebe besitzt eine andere Qualität als Sex und Sexualität. Mit einem Menschen, den man liebt, identifiziert man sich. Man vertraut ihm und steht ihm so nahe, daß man sogar bereit ist, über gewisse Schwächen hinwegzusehen, oder diese mitunter gar nicht wahrnimmt. Man akzeptiert hier den Partner in seiner Einzigartigkeit und versucht, ihn gewissermaßen idealisierend über alle Vergleiche und Zweifel zu erheben. Erst durch die gegenseitige Liebe, die den Partner in seiner Einzigartigkeit anerkennt, wird der »Warencharakter« und damit die Austauschbarkeit des Partners eingeschränkt. Liebe wird somit zu einer Kontroll- und Bewertungsinstanz, die Einfluß auf die persönliche Gewichtung von Sex und Sexualität nimmt. Unter dem Einfluß einer intensiven Liebesbeziehung wird nur das ausgewählt wahrgenommen, was in das erlebte Gesamtbild hineinpaßt. Die Liebe als Bewertungsinstanz existiert jedoch nicht unberührt in einem elfenbeinernen Turm. Sie erfährt vielmehr dauernd Rückmeldungen aus den Erfahrungen. Treten vermehrt Störungen und Disharmonien auf, entwickeln sich unerwünschte körperliche Merkmale oder bestehen Interaktionsschwierigkeiten, so wiegt sich die Liebe mit diesen Negativfaktoren auf. Denn, wenn der Aufwand größer wird als der erlebte Nutzen, kann die emotionale Beziehung ins Wanken geraten: *Ich habe kein Vertrauen zu den Männern, weil mein Freund mir untreu geworden ist,* oder *Wie kann ich zu meiner Frau noch einmal Vertrauen haben, nachdem sie mich angelogen hat?*

Die Fähigkeit, zu lieben und geliebt zu werden, erfordert somit eine fortwährende Rückbeziehung auf die körperlichen und Verhaltensmerkmale. Wie der Führerschein nicht von der Verpflichtung entbindet, beim Autofahren ständig auf den Verkehr zu achten, enthebt das Eheversprechen oder das Gefühl, von dem Partner geliebt zu werden, nicht von der Notwendigkeit, sich, sein körperliches Erscheinungsbild und seine Verhaltensformen gerade in bezug zum Partner ständig zu kontrollieren und gegebenenfalls bereit zu sein, Korrekturen und Ergänzungen durchzuführen.

Die Liebe erweist sich als abhängig von der Dimension der Zeit. Wenn wir von Liebe sprechen und sie als abhängig von der Zeit sehen, werden vor allem folgende vier Situationen bedeutsam: Wir können glücklich sein, wir können glücklich scheinen, wir können glücklich werden, wir können glücklich bleiben.

■ *Glücklich sein:* Gerade jetzt sind wir zufrieden, wir haben vielleicht einen Partner, der uns körperlich und von seinen Eigenschaften her gefällt. Wird er uns aber auch noch morgen gefallen? Noch unverheiratet, ist es leicht, glücklich zu sein. Wochenend- und Ferienpartnerschaften begegnen nur geringen Konflikten. Wer weiß, ob aus dem glücklich erlebten Wochenende auch glücklich verlebte Jahre werden können?

■ *Glücklich scheinen:* Obwohl man genügend Probleme hat, gibt man sich nach außen unbekümmert. Ein Kuß vor allen vermittelt die Illusion, alles sei in bester Ordnung.

■ *Glücklich werden:* Man versucht, bestehende Probleme zusammen durchzuarbeiten, z. B. indem man sie offen bespricht. Das geschieht in der Hoffnung auf eine bessere Zukunft. Man kann aber auch erwarten, daß sich die Probleme von selbst lösen, während man den Kopf in den Sand steckt.

■ *Glücklich bleiben:* Auch wenn man glücklich ist und auf Glück hofft, ist dies keine Garantie dafür, auch tatsächlich glücklich zu bleiben. Denn glücklich bleiben heißt nicht, die Gegenwart festzuhalten. Vielmehr stellt es uns vor die Aufgabe, unseren Partner und uns selbst immer wieder neu kennenzulernen und immer wieder neue Entscheidungen in der Partnerschaft zu treffen. Der Wunsch, in einer Partnerschaft glücklich zu bleiben, schließt die Bereitschaft ein, die Partnerin, die man abends in großer Garderobe gesehen hat, am nächsten Tag mit Lockenwicklern und ungeschminkt zu sehen; und das nicht nur einmal, sondern vielleicht 40 Jahre lang. Es bedeutet ebenso die Bereitschaft, seinen Partner, zu dem man tagsüber aufschauen konnte, auch am Abend in langen Unterhosen, mit Stoppelbart und kleinen Wehwehchen zu akzeptieren. Auch wenn es sein darf, 40 Jahre lang.

Einen Partner, den wir kennenlernen, kennen wir meist nur aufgrund weniger typischer Eigenschaften: der körperlichen Proportionen, des Ausdrucks des Gesichts und einiger angenehmer oder unangehehmer Verhaltensweisen. Als Verliebte neigen wir dazu, nur die Eigenschaften zu sehen, die wir schätzen; für andere Eigenschaften sind wir unempfindlich. Aus dieser Haltung resultiert nur zu leicht die Enttäuschung: Wie konnte ich nur...? Partnerschaften, in denen zunächst nur der Sex aktuell war, werden später Probleme mit der Sexualität haben. Partnerschaften dagegen, die sich aufgrund hervorstechender Persönlichkeitseigenschaften gebildet haben, können am Problem Sex zerbrechen.

STÖRUNGEN UND KONFLIKTE

Überbetonung einzelner körperlicher Merkmale des Partners; Idealisierung einzelner Charaktereigenschaften; Riesenerwartungen; naiver Optimismus; emotionale Abhängigkeit; Enttäuschungen; Nörgelei: partnerschaftliche Konflikte; Trennungen; Ehescheidungen; Geschlechtskälte; Sexualabwehr.

MERKE

Sex bezieht sich auf den Bereich des Körpers. Er orientiert sich an den körperlichen Funktionen und Merkmalen. Es ist hier wichtig, genaue und sachli-

che Informationen über die Funktion des Körpers zeitgemäß zu vermitteln. Körperliche Merkmale sind in der partnerschaftlichen Beziehung nicht zu unterschätzen.
Sexualität bezieht sich auf die Eigenschaften und Fähigkeiten eines Menschen, insofern sie die geschlechtlich-partnerschaftlichen Beziehungen betreffen. In sie gehen die sozialen Normen und damit die Aktualfähigkeiten ein.
Liebe ist die globale, jedem Menschen eigene Fähigkeit, mit sich und seiner Umwelt emotionale Beziehungen aufzunehmen. Für die Entwicklung der Liebesfähigkeit, der Fähigkeit, zu lieben und geliebt zu werden, spielt das Vorbild der Eltern eine zentrale Rolle. In ihrer Konsequenz führt die Liebesfähigkeit zur Anerkennung der menschlichen Gleichberechtigung und zur Verantwortung.
Sex und Sexualität für sich allein genommen, machen den Menschen austauschbar. Er ist in diesem Sinne nur Träger von Eigenschaften, die als wertvoll oder wertlos beurteilt werden. Die Einzigartigkeit der Persönlichkeit wird bei einer Überbetonung von Sex und Sexualität vernachlässigt. Die Liebe aber, in Verbindung mit Sex und Sexualität, bestätigt die Einzigartigkeit eines Menschen.

PSYCHOSERUM
Lerne zu unterscheiden zwischen Sex, Sexualität und Liebe.

DIE LIEBE BESTEHT ZU DREI VIERTELN AUS NEUGIER. *(Casanova)*

Karikaturen der Liebe

Mißverständnis: *Ich brauche Liebe zur Entspannung.*

Kaum ein Wort hat eine weitere und vielfältigere Bedeutung als das Wort Liebe. Sie reicht von Mutterliebe über Tierliebe bis Liebhaberei. Selbst die geschlechtliche Liebe weist eine Vielzahl von unterschiedlichen Bedeutungen auf, die den einzelnen Menschen jeweils als Maßstab und Orientierung dienen. Dem Spektrum der Auffassungen von Liebe entspricht ein Spektrum von Mißverständnissen:

■ *Liebe als Entspannung*
Sexualität ist im Erleben mit dem Gefühl innerer Erregung und Spannung verbunden. Diese Spannung findet in der sexuellen Betätigung, insbesondere dem Geschlechtsverkehr, ihre Abfuhr. Darin münden nicht nur sexuelle Spannungen, sondern auch solche, die aus dem Leistungszwang, vorwiegend im beruflichen Bereich, resultieren. Dieser psycho-physiologische Sachver-

halt wird dann zu einem Mißverständnis, wenn die sexuelle Entspannung zum ausschließlichen Ziel sexueller Betätigung hochstilisiert wird: *Nach fünf arbeitsreichen Tagen brauche ich doch meine sexuelle Entspannung. Welchen Partner ich dazu benütze, ist für mich nur eine Geschmacksfrage.*

■ *Liebe als Neugierkonsum*
Wir müssen zugestehen, daß Neugier auch für die Liebe ein wichtiges Verhalten darstellt, jedoch kein ausschließliches.

■ *Liebe als Konformität*
Man meint, man müsse genauso handeln wie die anderen: *Wenn ich es nicht mache, werde ich von den anderen nicht anerkannt.*

■ *Liebe als Leistung*
Man glaubt, das Leistungsbestreben der Gesellschaft auf Sex und Sexualität übertragen zu müssen. Der Geschlechtsverkehr wird hier zum Leistungssport:
Wenn der Mann oder die Frau keinen Orgasmus bekommen, war die ganze Sache nichts wert.
Wenn ich nur drei- oder viermal den Höhepunkt erreicht habe, habe ich eine schlechte Kondition.
Wenn ich soviel Erfolg im Beruf habe, warum soll ich dann nicht auch beim Sex Erfolg haben.

■ *Liebe als Rivalität und Machtkampf*
Ähnlich der Leistungssituation steht hier der Vergleich im Vordergrund: *Wenn ich nicht gleich mit ihm ins Bett gegangen wäre, hätte er sich bestimmt sofort eine andere Freundin gesucht.*

■ *Liebe als Besitzurkunde*
Der Geschlechtsverkehr wird gern dazu benutzt, einen Partner an sich zu binden; diese Tendenz wird nicht selten mit einer Schwangerschaft verbunden:
Wenn er mit mir geschlafen hat, gehört er mir.
Wenn ich ein Kind von ihm habe, ist er mir verpflichtet.
Oft wird hier dem Partner versprochen, daß man vorsichtig ist, oder man behauptet, daß man die Pille genommen habe, ohne daß dies tatsächlich zutrifft.

■ *Liebe als Generationenpflicht*
Man meint, ab einem bestimmten Alter verheiratet sein und ein Kind haben zu müssen. Oft stehen die Eltern als treibende Kraft dahinter. Sie möchten, daß ihre Kinder eine gute Partie machen, und wollen die Enkelkinder verwöhnen. Hier findet man die Hochzeiten, zu denen mehrere hundert Personen geladen werden. Hochzeit wird zum Lebensziel.

■ *Liebe aus Höflichkeit*
Ein junger Mann, der nach seinem Studium nach Persien zurückkehrte, wurde von all seinen Verwandten bestürmt: Jede Tante hatte für ihn eine eigene Braut. Seine Lieblingstante, die zugleich seine Erbtante war, legte ihm ein Mädchen mit warmen Worten ans Herz: Sie denke nur an sein Glück! Und sie habe sich seit Jahren so sehr um ihn gesorgt. Jetzt habe sie eine reizende Braut für ihn gefunden, die sie als anständiges, ordentliches und treues Hausmütterchen kennengelernt habe. Diese Frau und keine andere müsse er heiraten. Er dürfe nicht »nein« sagen, schließlich sei sie seine Tante und habe im Leben viel mehr durchgemacht. Aus purer Höflichkeit und ohne daß er seine Braut näher kannte, sagte er ja.
Eng zusammenhängend mit der Liebe aus Höflichkeit ist die Liebe aus Dankbarkeit. Eine Patientin berichtete, sie sei als junges Mädchen mit einem Mann ins Bett gegangen, weil er ihr eine Arbeitsstelle vermittelt hatte. Ein anderes Mädchen hatte einen Mann geheiratet, weil dieser ihren Eltern finanziell geholfen hatte.

■ *Liebe als Selbstwertbestätigung*
Um vor sich selbst zu bestehen, geht man Bekanntschaften ein und vollbringt sexuelle Leistungen. Problematisch wird, daß hier nicht die Partnerbeziehung, sondern die Selbstwertbestätigung in den Vordergrund rückt.

■ *Geschlechtsverkehr als logische Konsequenz*
Beispiel hierfür ist die Situation eines Paares, das miteinander Zärtlichkeiten austauscht. Obwohl das Bedürfnis nach Geschlechtsverkehr nicht im Vordergrund steht, wird immer mehr auf den Geschlechtsverkehr hingearbeitet, weil diese Entwicklung eben so sein müsse, und was würde denn der Partner von einem denken, wenn man sich vor dem scheinbar notwendigen Ende drücken wollte?
Ähnlich ist es, wenn man einen Flirt eingegangen ist und meint, der andere erwarte, daß dieser Flirt am Ende zum Geschlechtsverkehr führen müsse. Ohne Siegel des Geschlechtsverkehrs gelten partnerschaftliche Zuneigung, Zärtlichkeiten usw. in diesem Fall wenig. Eine Partnerin beklagte sich:
Immer wenn mein Mann nett und zärtlich zu mir ist, oder wenn ich zärtlich zu ihm bin, wenn ich mich auf seinen Schoß setze, erwartet er, daß ich mit ihm schlafe. Ich habe jetzt sogar Angst, ihn überhaupt anzufassen und nett zu ihm zu sein.

■ *Liebe aus Geschäftsinteresse*
Man heiratet eine Frau, weil man von ihr im Geschäft, in der Praxis oder in seinem Beruf Auftrieb erwartet, weil sie steuerliche Vorteile bringt, weil sie durch ihr Aussehen und ihr Benehmen für den Betrieb einen Gewinn bedeutet. Eine Patientin sagt:
Für meinem Mann bin ich nur ein Aushängeschild. Er nimmt mich überall mit, und ich darf für ihn repräsentieren. Zu Hause ist er zu mir ganz anders als vor anderen.

Nicht selten findet man folgende Entwicklung: Ist das Geschäft aufgebaut, verliert der Mann das Interesse an seiner Frau und sucht sich eine andere Partnerin. Gleiches kann im Zeichen der Emanzipation auch von seiten der Frau geschehen: Eine Frau, die jahrelang eine gute und anhängliche Ehefrau war, bekommt nach Beendigung einer Ausbildung plötzlich das Bedürfnis nach Freiheit und möchte sich scheiden lassen, nachdem der Ehemann die Kosten der Ausbildung übernommen hatte.

■ *Liebe als Befreiung*
Dieses Phänomen tritt besonders im Jugendalter auf. Um der Bevormundung durch die Eltern aus dem Wege zu gehen, wird kurzfristig eine Partnerschaft gesucht, zumeist mit dem Erstbesten. Sexuelle Beziehungen werden als Bestätigung der Loslösung von den Eltern und oft als Trotzhandlung eingegangen.

■ *Liebe als Schutz*
Man liebt einen Partner, weil er auf der gleichen Wellenlänge liegt. Er hat gleiche Interessen, ähnliche Einstellungen und Eigenschaften: *Wir passen so gut zusammen, weil jeder von uns weiß, wie wichtig die Ordnung ist.* Auf diese Weise bewahrt man sich vor unangenehmen Auseinandersetzungen. Indem man einen Partner wählt, der die gleichen Eigenschaften bevorzugt wie man selbst, erspart man sich Konfrontationen, welche die eigene Position in Frage stellen könnten.

■ *Liebe als Ausgleich*
Man wählt den Partner, der gerade die Eigenschaften besitzt, über die man selbst nicht verfügt: *Ich selbst bin ein sehr ruhiger Typ. Schon immer habe ich meinen Mann bewundert, wie selbstverständlich er sich gegenüber anderen behauptet und wie beliebt er ist.* Um einzelne Defizite in der Fähigkeitsausstattung auszugleichen, wählt man sich den Partner, der eben diesen Ausgleich verspricht. Um ein Bild zu wählen: Der Blinde sucht den Lahmen. Der eine kann nicht sehen, aber laufen, der andere kann nicht laufen, aber sehen. Zusammen ergänzen sie ihre Fähigkeiten. Dieser Wahlaspekt beinhaltet für viele Menschen tatsächlich eine große Chance, wird aber dann zum Mißverständnis, wenn man sich selbst über seine Stärken nicht im klaren ist oder den Ausgleich durch den Partner aus purer Bequemlichkeit sucht: *Was mein Partner mitbringt, um das brauche ich mich selbst nicht zu bemühen.* Eine Frau würde dann einen Mann heiraten, der durch seinen Erfolg und sein beschützendes Auftreten ihrer Unselbständigkeit und kindlichen Abhängigkeit Vorschub leistet. Ein Mann heiratete dann die Frau, die seiner Unfähigkeit in der Küche und im Haushalt entgegenkommt.

■ *Liebe als Doppelblindversuch*
Die partnerschaftliche Beziehung wird unter dem Aspekt gewählt, daß der Partner nicht über Eigenschaften verfügt, die als Vorbild im Laufe der Zeit einem lästig werden könnten: *Bei uns kann keiner dem anderen etwas vorma-*

chen. Auch mein Mann ist kein Genie. Partnerschaft erfordert zumeist eine nicht unerhebliche Arbeit, nämlich die, sich mit der Gedankenwelt, den Interessen und Eigenschaften des Partners auseinanderzusetzen. Dieser Aufgabe entgeht man dann am ehesten, wenn der Partner in keinem Bereich das eigene Niveau übersteigt. Er vermittelt sogar das Gefühl: Ich bin ihm eine Nasenlänge voraus. In anderen Worten: Ein Blinder führt hier einen Blinden.

Liebe ist, wie wir bereits an anderen Stellen sehen konnten, kein eindimensionales Geschehen, das nur zwischen einem Partner und einem anderen stattfindet. In das Phänomen Liebe gehen auch die Beziehung zu sich selbst, zu anderen Mitmenschen und sozialen Gruppen sowie das Verhältnis zum religiösen Bereich ein. Vor diesem Hintergrund sind die Verschiebungen der Liebe zu verstehen, wie sie als Egozentrismus, depressive Abhängigkeit von einem Partner, gesellige Hyperaktivität und ausschließliche religiöse Ekstase auftreten. Trotz dieser Vielschichtigkeit ist der partnerschaftlichen Beziehung an dieser Stelle ein besonderes Gewicht beigemessen worden. Als eine Ursache für partnerschaftliche Störungen fanden wir das Vorbild der Eltern. Die Eltern sind auch dann ein Vorbild, wenn sie sich nicht verstehen, wenn Disharmonien bestehen. Das Kind lernt hier, wie man sich zu einem Partner verhält, wie man eine Frau behandelt, wie man einen Mann bewertet.

Häufig erlebt man es in der psychotherapeutischen Praxis, daß Eheschwierigkeiten, die oft genug mit Frigidität und Depressionen verbunden sind, darauf zurückgehen, daß der Vater der Patientin – als Inbegriff des Mannes – die Mutter ungerecht behandelt hatte. Umgekehrt wird vom Mann die Erwartung, die er als Kind gegenüber der Mutter entwickelt hatte, auf andere Frauen übertragen. Da die anderen Frauen nicht wie die Mutter sind, kommt es leicht zu Konflikten.

Wie hat meine Mutter meinen Vater bloss heiraten können?

Meine Mutter besaß weder die Fähigkeit zu lieben noch die Fähigkeit, sich meinem Vater gegenüber liebenswert zu geben, wie sie überhaupt weitgehend die Männer wegen deren sexueller Handlung ablehnt. Es gab so gut wie nichts, was meine Mutter an meinem Vater nicht kritisierte. Ich habe niemals begreifen können, wie meine Mutter meinen Vater hat heiraten können. Oftmals habe ich ihr früher vorgeschlagen, sich doch von meinem Vater scheiden zu lassen. Aber materielle Dinge und ihr Stolz den Verwandten und Bekannten gegenüber hinderten sie daran. (31jährige Sekretärin, Angstzustände und Sexualangst)

Der alte Hurenbock

Meine Mutter kritisierte an meinem Stiefvater hauptsächlich, daß er zu dick und zu unsauber sei und zu sehr nach Schweiß stinke. Jeden Annäherungsversuch seinerseits, sei es ein Kuß oder eine sonstige Zärtlichkeit, ließ sie höchstens mit ersichtlichem Ekel über sich ergehen. Wenn er ihr doch mal einen Kuß gab, so nannte sie das Schweinerei und wischte sich voller Ekel den Mund. Bei den beengten Wohnverhältnissen blieb nicht aus, daß ich auch nachts manchmal mitbekam, daß sie ihn nur äußerst widerwillig an sich heranließ. Sie nannte ihn einen alten Hurenbock, der nur diese Schweinereien im Kopf habe. Auch ihre Schwester habe er damit kaputtgemacht, weil er nie genug bekommen könne. Tagsüber verdammte sie alle Männer, alle wollten nur das eine, ohne Rücksicht, ob eine Frau krank sei. Und wenn eine Frau auch schon am Sterben sei, so würde der Mann nur an sich denken und zu ihr ins Bett kriechen. (29jährige Hausfrau, Aggressionen, Magen- und Darmbeschwerden, Sexualabwehr)

Die Karikaturen der Liebe sind nicht nur negativ zu beurteilen. In der Motivation, die den partnerschaftlichen Beziehungen zugrunde liegt, finden sich immer Momente, die an die eine oder andere Karikatur der Liebe erinnern. Liebe ist nicht in einer platonischen Reinheit zu erhalten, die doch oft genug mit emotionaler Sterilität verwechselt wird. Wenn eine gehemmte Frau einen starken Mann als Beschützer heiratet, der auch kontaktfähig und erfolgreich ist, so ist dies zunächst nicht negativ. Wir alle kompensieren auf diese oder ähnliche Weise. Es kommt vielmehr auf die Bereitschaft an, drohende und akute Konflikte miteinander aufzuarbeiten. Die Frau unseres Beispiels kann im Schatten der Aktivität ihres Mannes ihr Dasein als Mauerblümchen weiterführen und sich auf Dinge spezialiseren, die den internen Bereich betreffen, wie Wäsche waschen, Ordnung halten und Kuchen backen. Sie kann aber auch durch den Kontakt mit ihrem Mann die Verhaltensweisen lernen, die ihr selbst vor dieser Partnerschaft so viele Schwierigkeiten bereitet hatten und deretwegen sie ihren Mann erst besonders schätzte. Voraussetzung dafür ist, daß der Partner Geduld und Zeit aufbringt und dem anderen die Möglichkeit gibt, die er braucht, um sich zu entwickeln.

Ich teile meine Zeit sehr genau ein

Mein Mann sagt, daß ich kein Zeitgefühl habe. Wir kommen oft durch meine Schuld zu spät zu Einladungen. Ich bin sehr unselbständig erzogen, überlasse ihm gern die Initiative (wie früher dem Vater), und es war bisher in unserer Ehe so üblich, daß er die Verantwortung für fast alles trägt. So kommt es, daß ich nur auf sein Drängeln hin mich beeile. Bisher war er auch der sehr stark Dominierende und ich nur die einigermaßen hübsche Begleiterin. (Ich habe auch das Gefühl, daß er mir nur hübsche Kleidungsstücke kauft, damit er von einem gutaussehenden Rahmen umgeben wird.) Wenn ich das Gefühl habe, unabhängig von ihm Interessen nachzugehen und selbst einmal die Dominierende zu sein, teile ich meine Zeit sehr genau ein und komme nie zu spät. (38jährige Patientin, Depressionen)

Ich habe gewagt, meinem Mann zu widersprechen

Bei meinem Mann darf nichts herumliegen, alles muß sofort an seinen Platz, und weil das bei zwei Kindern nicht immer gelingt, gibt es oft Krach. Am Sonntagmorgen zählte er mir in der Küche fünf Dinge auf, die ich liegengelassen hätte. Zum ersten Mal forderte ich ihn auf, sich doch mal richtig umzusehen, was er liegengelassen hatte, und er könne ja auch mal selbst wegräumen. Daraufhin war er sprachlos, weil ich das erste Mal gewagt hatte, ihm zu widersprechen.

STÖRUNGEN UND KONFLIKTE

Eifersucht; überhöhte Erwartungen; Angst vor der partnerschaftlichen Bindung; Trennungsängste; Furcht vor der Freiheit; Selbstvorwürfe; Masochismus; Enttäuschung; Flucht in die Krankheit; Ersatzbefriedigungen; Anklammerungstendenzen; Scheu vor der Verantwortung; Sexualabwehr.

MERKE

Nicht die Partnerschaft ist gut zu nennen, in der es dem Anschein nach keine Probleme gibt, sondern die, in der die Bereitschaft besteht, auftretende Probleme gemeinsam durchzuarbeiten.

PSYCHOSERUM

Lerne zu unterscheiden zwischen Liebe und ihren Karikaturen.

BETRACHTE DIE WELT WIE DEN MENSCHENKÖRPER, DER, WENN AUCH VOLLSTÄNDIG UND VOLLKOMMEN ERSCHAFFEN, AUS VERSCHIEDENEN GRÜNDEN VON SCHWEREN STÖRUNGEN UND KRANKHEITEN BEFALLEN IST. *(Baha'u'llah)*

Einheitsverlust

Mißverständnis: *Warum läßt Gott überhaupt die Ungerechtigkeit zu?*

Aus Disharmonien in den notwendigen Beziehungen zwischen Körper, Umwelt und Zeit entwickeln sich Konflikte und Neurosen. Die Neurose definieren wir als gestörtes Verhältnis zur Wirklichkeit und somit als Einheitsverlust. Der Konflikt wird zur seelischen Dauerbelastung, wobei dem Körper zunächst nichts entzogen, sondern Systemfremdes hinzugefügt wird.

MEIN MANN, DER PRIMITIVSTE MENSCH

Ich lege z.B. großen Wert auf Höflichkeit. Wenn mein Mann mal aus dem Rahmen fällt oder zu Hause brutale Worte gebraucht, dann ist er für mich der primitivste Mensch. Und ich denke mir, da habe ich vielleicht was geheiratet. Es braucht Zeit, um über die Sache hinwegzukommen.

Wenn meine Tochter nicht aufgeräumt hat, sehe ich rot. Ich bin dann wie festgenagelt auf diese Unordnung, sehe nichts anderes mehr und kann nicht mehr vernünftig reagieren.

Anders geartete Ausprägungen der Aktualfähigkeiten können einen beunruhigen; man ist gezwungen, sich mit fremden Aktualfähigkeiten auseinanderzusetzen. Das stellt den Selbstwert in Frage. »Kann es überhaupt eine andere Einstellung zu Ordnung oder anderen Aktualfähigkeiten geben als die, die ich gelernt habe, für die ich bestraft und belohnt worden bin, mit der ich bisher Erfolge hatte?«

Auf welcher Grundlage ist diese Gefährdung, dieser drohende Einheitsverlust zu verstehen? Der Mensch kann als System (Regelkreis) betrachtet werden, in dem verschiedene Elemente und Komponenten in bestimmter Funktion zueinander stehen. Wenn eine Komponente oder Funktionsbeziehung gestört ist, betrifft dies das ganze System.

Den Drang zur Einheit erkennen wir auch in den Vorgängen des Abwehrkampfes, der Heilung und der Regeneration. Eine solche Tendenz findet sich auf allen Ebenen des Seins; sie besitzt auch im Tierreich erstaunliche Beispiele: HESCHLER berichtet, daß ein Regenwurm den ihm fünfmal abgeschnittenen Kopf regeneriert. BONNET zeigte, daß Ringelwürmer, die quer zerschnitten waren, sich zu zwei ganzen neuen Würmern ergänzten. Stabheuschrekken, die ein Glied verloren haben, bilden dies nach und verbinden mit dieser Regeneration ein forciertes Wachstum.

Die Einheit beinhaltet die Tendenz der Organismen, sich selbst zu erhalten; das wird auch in der normalen Entwicklung und Selbsterhaltung deutlich. Der Hunger zeigt einen Mangel an Nahrungsstoffen an, der vom Menschen auch seelisch erlebt wird. Ein Suchverhalten kommt in Gang, das erst durch das Finden von Nahrungsmitteln, den Ausgleich des Mangelzustandes und damit verbunden, durch das Gefühl der Befriedigung des Bedürfnisses beendet wird. Bezogen auf den psychischen Bereich wird hier verständlich, warum sowohl Erlebtes als auch Nichterlebtes zu seelischen und psychosomatischen Störungen führen kann.

Das Erlebte beinhaltet die Konfrontation eines Menschen mit bestimmten Verhaltensnormen, die seinem Partner besonders wichtig erscheinen. So kann z. B. dem Fleiß eines Kindes eine außergewöhnliche Rolle zugemessen werden; man deckt das Kind mit Aufgaben ein und hält es fortwährend unter Beschäftigung. Zugleich schränkt man jedoch die Fähigkeit zu Phantasie und Spiel ein und entzieht ihm eine altersgemäß notwendige Erlebnisquelle. Während hier Nicht-Erlebtes zum Konfliktpotential wird, ist in anderen Fällen Erlebtes für sich genommen ebenfalls konfliktbesetzt. Hierzu zählen traumatisierende Erlebnisse, wie Mißhandlungen oder sexueller Mißbrauch eines Kindes, Unfälle oder Verstümmelungen. Zum anderen treten Erlebnisse auf, die nicht durch plötzlichen Einbruch gekennzeichnet sind: Einseitigkeiten des Liebesentzuges, Anhäufungen bestimmter Erlebnisqualitäten, wie

z. B. Tadel bei Mißerfolg, Unordnung, Unhöflichkeit, Unehrlichkeit, Unpünktlichkeit.
Konflikte entstehen also nicht als entwicklungsgemäße Notwendigkeiten, sondern als Folge der Konfrontation eigener Aktualfähigkeiten mit den Anforderungen der Umwelt. Man kann die Konfliktsituation *statisch* betrachten: Ein Mensch wird mit den Normen seines Partners konfrontiert, seine aktuellen Fähigkeiten entsprechen den aktuellen Anforderungen des Partners nicht. Angemessener ist die *dynamische* Betrachtungsweise, in der beide Normenmuster als Veränderliche angesehen werden: nicht allein das Verhalten des Kindes innerhalb der Erziehungssituation, sondern auch das Verhalten der Bezugsperson können geändert werden.
Wie verstehen wir also das Unbehagen, das auftritt, wenn eigene Verhaltensnormen plötzlich mit ungewohnten Verhaltensmustern anderer Menschen konfrontiert werden? Eine Mutter, die sehr auf Sauberkeit Wert legt, steht dem Verhalten ihres Kindes fassungslos gegenüber, das ihre Sauberkeitsschutzzone nicht respektiert.
Sie hat verschiedene Möglichkeiten zu reagieren. Sie kann etwa versuchen, ihren Sauberkeitsbegriff mit allen Mitteln durchzusetzen, riskiert aber dabei entweder den totalen Gehorsam des Kindes mit Einschränkung seiner persönlichen Freiheit oder eine Trotzhaltung, welche die Vertrauensbasis schmälert. Die Auseinandersetzung kann aber auch als Chance angesehen werden. Die Mutter betrachtet ihre eigenen Verhaltensweisen und die des Kindes genauer und stellt fest, daß sie selbst zwar auf Sauberkeit Wert legt, jedoch ungeduldig ist. Genauer betrachtet, bringt das Kind die Mutter einerseits in eine innere Unruhe, Erregung und Unsicherheit, andererseits ermöglicht diese Konfrontation die Erkenntnis eines Einheitsverlustes, welche die Möglichkeit in sich birgt, die Einheit wiederherzustellen. Dadurch, daß die Mutter ihre eigene Differenzierung erweitert, wird sie den Konflikt mit dem Kind anders sehen und ihm angemessen begegnen können.
Ein Partner bringt dem anderen auch Konflikte, Schwierigkeiten, Probleme und Krisen. Er gibt ihm zugleich die Chance, seine eigene Persönlichkeit weiter zu entwickeln und angemessene Lösungen für die Konflikte zu finden. Die Konfrontation behält in vielen anderen Bereichen des menschlichen Zusammenlebens Gültigkeit: im Verhältnis der Kinder zu ihren Eltern, der Beziehung der Eltern zueinander, dem Verhältnis zu den Schwiegereltern, dem Verhältnis zum Mitmenschen. Im Leid nur das Leid und im Konflikt nur die Gefährdung zu sehen, bedeutet ein Mißverständnis, das in der Erziehung und Psychotherapie unübersehbare Folgen nach sich zieht.
Es reicht daher nicht aus, nur nach dem »Warum« einer Störung, eines Leides, einer Prüfung zu fragen. Sie blieben unverstanden, wenn die Frage nach dem »Wozu« nicht gestellt würde. Die Frage nach dem »Wozu« meint die Re-Integration, die Tendenz zu Einheit und Weiterentwicklung.

STÖRUNGEN UND KONFLIKTE
Flucht in die Einsamkeit; Flucht in die Aktivität; Flucht in die Krankheit;

Differenzierungsschwäche; einseitige Kriterien für eine partnerschaftliche Beziehung; Verabsolutierung von Vorstellungen und Weltanschauungen; Sektierertum.

MERKE
Krankheiten und Störungen, als Einheitsverlust verstanden, sind nicht sinnlos, sondern haben ihren Sinn darin, die Einheit in der Persönlichkeit wiederherzustellen bzw. sie weiter zu entwickeln.

PSYCHOSERUM
Lerne zu unterscheiden zwischen Krise als Gefahr und Krise als Chance.

DEN KRANKEN DARF MAN NICHT HASSEN, WEIL ER KRANK IST. *('Abdu'l-Bahá)*

Gesundheit – Krankheit

Mißverständnis: *Ich gerate immer in Wut, wenn unser Kind uns mit seinem rücksichtslosen Schreien nachts aus dem Schlaf weckt.*

ICH KANN SO ETWAS LANGWEILIGES NICHT VERSTEHEN

Es stört mich schon morgens, wenn ich ins Kinderzimmer komme, meiner Tochter ›Guten Morgen‹ wünsche und sie mir trotz Ermahnens nicht antwortet. Ich habe sie deswegen schon getadelt und als unfreundlich hingestellt. Anstatt sich zu waschen, steht sie im Bad und spielt im Wasser, tanzt oder beobachtet jeden meiner Schritte und jeden Handgriff, den ich in der Küche mache. Ich fordere sie immer wieder auf, sich zu beeilen . Hilft das nicht, drohe ich mit Schlägen. Ich kann so etwas Langweiliges nicht verstehen. Wenn sie sich dann schließlich im Schneckentempo angezogen hat, geht es mit dem Frühstück in der gleichen Weise weiter. Sie kaut und kaut und starrt Löcher in die Luft, ohne zu schlucken. Ist sie dann mit allem fertig, fängt sie an zu toben, und der Mund steht nicht still. Wenn sie dann im Kindergarten ist, bin ich heilfroh. Wenn sie in ihrem Zimmer grölt und singt, ich zu ihr gehe und sie bitte, aufzuhören und leise zu sein, da Markus oder Papa schlafen, sie mir schön mit ›Ja‹ antwortet und dann doch weitermacht, wenn ich die Tür hinter mir geschlossen habe, das empfinde ich als reine Provokation.
So könnte ich noch viele Beispiele aufführen, die im Grunde genommen doch wirklich nur Kleinigkeiten sind, aber von morgens bis abends eine gespannte Atmosphäre zwischen mir und ihr schaffen. Es ist schon so weit, daß sich mein Mann bei jedem Wort, das ich mit ihr spreche, gleich einschaltet und fragt, was los ist. (32jährige Mutter von 2 Kindern)

Für viele Eltern wird die Erziehungssituation zu einem Schlachtfeld von Aufregungen, Provokationen, Enttäuschungen, Entmutigungen, Unsicherheit und Hoffnungslosigkeit. Sie stehen dem Verhalten des Kindes ratlos gegenüber und können sich nicht vorstellen, wie ein solches Verhalten überhaupt zustande kommen konnte. Sie appellieren an den guten Willen des Kindes: »Benimm dich anständig, sei ordentlich, sei lieb, stör nicht dauernd«, usw. und sind sehr verwundert, wenn diese Appelle nichts fruchten. Sie können sich das nur mit der Böswilligkeit des Kindes erklären. In Wirklichkeit ist das Fehlverhalten des Kindes, wie auch im Beispiel oben, nicht auf den guten oder schlechten Willen zurückzuführen, sondern stellt eine Störung dar, die selbst das Kind willentlich nicht ohne weiteres beeinflussen kann.

In unserer Gesellschaft ist es teilweise üblich, schon bei relativ geringfügigen körperlichen Symptomen den Arzt aufzusuchen. Wenn ein Kind Magenbeschwerden, Fieber, Infektionen oder Kopfschmerzen hat, gilt es als krank und wird mit besonderer Rücksicht behandelt. Ein Kind, das hingegen schlechte Schulleistungen aufweist, frech und unordentlich ist, unverständlichen Trotz zeigt und sich nicht sauber hält, stößt primär auf Widerstand und Ablehnung der Eltern. Während die körperliche Krankheit gewissermaßen als exterritoriales Gebiet gilt, bei dem die Forderungen der Sozialisation keine volle Gültigkeit mehr besitzen, fordert die Verhaltensstörung geradezu eine verschärfte Reaktion heraus. Ganz automatisch treten hier die Erziehungsmittel der Strafe in Kraft. Doch der Erzieher ist sich nicht darüber klar, daß das außergewöhnliche Verhalten des Partners besonderen Charakter besitzt.

Der Automatismus *Verhaltensstörung – Strafe,* der aus der Haltung erwächst, daß alles nur auf den Willen ankäme, übersieht andere Möglichkeiten. Im Sinne einer tatorientierten Justiz urteilt man über die einzelnen Fehlverhaltensweisen, ohne die dynamischen Bedingungen zu kennen, aus denen sie erwachsen.

Im Beispiel *Ich kann so etwas Langweiliges nicht verstehen* stand hinter Unordnung, Unsauberkeit, Unhöflichkeit und Ungehorsam des Kindes ein komplexes Bedingungsgefüge. Mehrere Faktoren spielten in der dynamischen Wechselbeziehung der Familie eine Rolle. Das Mädchen war die Stieftochter, die sich von ihrer Stiefmutter nicht akzeptiert fühlte. Die Stiefmutter hatte vor der Ehe erfahren, daß sie selbst keine Kinder haben könnte und hatte darauf Wert gelegt, daß das Kind mit in die Ehe genommen wurde. Zwei Jahre später wurde sie – der Ankündigung zum Trotz – schwanger. Sie beschäftigte sich jetzt nahezu ausschließlich nur noch mit dem eigenen Kind und betrachtete die Stieftochter als notwendiges Übel. Aus dieser Situation entwickelten sich die Verhaltensstörungen des Kindes, die alle einen gewissen Appell (»Beschäftige dich doch mit mir!«) beinhalten, bzw. eine gewisse Resignation bemerken lassen. Die Verhaltensstörungen waren der Mutter unverständlich. Das kritische Verhältnis Mutter–Tochter spitzte sich immer mehr zu. Die Mutter reagierte jeweils spontan, zeigte Unwillen, schimpfte und strafte das Kind, was von diesem als eine Form der Zuwendung betrach-

tet wurde. Für das Kind war diese Art der Zuwendung immer noch besser als gleichgültiges Ignorieren.
Von einem verhaltensgestörten Kind wird erwartet, daß es auch anders handeln könne, und zwar sofort: »Es muß doch von selbst darauf kommen.« Wir wissen selbst, wie schwierig es manchmal ist, Probleme zwischen Erwachsenen zu lösen. Um wieviel schwieriger hat es ein Kind, seine Probleme auszusprechen und Verständnis zu erwecken. Hier muß der Erzieher nach den Gründen fragen, nicht um zu entschuldigen, sondern um zu verstehen. Oft stellt die Verhaltensstörung des Kindes keine Charakterstörung dar, sondern eine Reaktion auf seine Umgebung: *Es ist normal, in einer abnormen Situation abnorm zu reagieren.*
Der körperlich kranke Mensch hat gegenüber dem verhaltensgestörten, abnorm reagierenden, neurotischen Menschen einen weiteren Vorteil: Man hat Verständnis und weiß, an wen man sich wenden muß. Der Verhaltensstörung jedoch haftet der Makel des Unanständigen, des Verwerflichen, dessen, was nicht sein sollte, an. Sie ruft die Strafe auf den Plan und das Unbehagen, man hätte es – im Sinne des gängigen Vorurteils – beim seelisch Gestörten mit einem Spinner, Asozialen oder Geisteskranken zu tun. Man scheut aus diesem Grund den Weg zum Psychotherapeuten, den man sich als Idiotenarzt vorstellt, versehen mit Attributen wie Zwangsjacke und Gummizelle.

STÖRUNGEN UND KONFLIKTE
Überforderung; Unterforderung; Eifersucht; Neid; Ablehnung; Enttäuschung; Mißerfolgserlebnisse; Aggressivität; Beachtung erzwingen; Selbstvorwürfe; Ratlosigkeit; Verzweiflung; Verstimmungen.

MERKE
Es gibt keine schlechten Menschen. Allenfalls ist es so, daß sie nicht anders können, weil sie es nicht anders lernen konnten. Sie müssen geführt und herangebildet werden, selbst wenn dieser Weg beschwerlicher ist als das einfache Urteil, sie seien schlecht, dumm, böse und verdorben.
Selbst wenn ein Verhaltensgestörter nicht als Kranker im Sinne der klassischen Medizin gilt, ist er doch kein Verbrecher, über den der Stab gebrochen werden müßte. Er bedarf des gleichen Verständnisses, das auch dem Kranken zuteil wird.

PSYCHOSERUM
Lerne zu unterscheiden zwischen einer normalen und einer abnormen Situation.

NICHTS HINDERT UNS, DIE WELTORDNUNG DER NATURWISSENSCHAFT UND DEN GOTT DER RELIGION ZU IDENTIFIZIEREN. *(Max Planck)*

Glaube – Religion – Kirche

Mißverständnis: *Wenn ich mir Gott vorstelle, sehe ich immer meinen Vater.*

Es hat in der neueren Geschichte wohl noch nie eine Zeit gegeben, in der so viele Wissenschaftler aus verschiedenen Gebieten – Physiker, Chemiker, Mediziner, Soziologen, Psychologen und Anthropologen – zur Bedeutung der Religion in der Gesellschaft positiv Stellung genommen haben. Es hat aber zugleich wohl noch nie eine Zeit gegeben, in der Theologen, nahezu unbeschadet der Richtung, bewußt oder unbewußt versucht haben, Religion in Verruf zu bringen und sie der Sinnlosigkeit anzuklagen.
Als interessantes Zeitphänomen erscheint die Tatsache, daß viele Menschen in nichts mehr einen Sinn sehen können. Die früher aktuelle Frage nach dem »Woher« ersetzt heute die Frage nach dem »Wozu«, gültig in allen Lebenslagen. In der psychotherapeutischen Praxis spiegelt sich dieses Problem in der Frage nach dem Sinn und Unsinn der Religion.
Es hat sich gezeigt, daß das Wort Religion vielen Mißverständnissen unterliegt. Die Begriffe »Religion« und »Glaube« führen zu emotionalem Widerstand und intellektueller Abwehr. Man wagt kaum, überhaupt von Religion zu sprechen, es sei denn im abwertenden Sinn. Dieses Phänomen findet sich auch in der Psychotherapie. Waren früher Sex und Sexualität tabuisiert, ist es heute die Religion. Dabei finden sich im Zusammenhang mit einer Reihe von seelischen Störungen gerade Konflikte, die den Bereich der Religion im weitesten Sinn betreffen.
Was in der Psychotherapie als Grundkonflikt von seelischen Konflikten in Erscheinung tritt, imponiert, bezogen auf den Gegenstand der Religion, in folgenden drei Haltungen.

■ *Der mumifizierte Typ*
Er identifiziert sich mit erlernten, religiösen Normen, Glaubensdarstellungen und Dogmen derart, daß er notwendige Neuerungen und Änderungen scheut. Er reagiert aggressiv; er verteidigt sich, indem er angreift oder sich zurückzieht, um so der beängstigenden Versuchung aus dem Weg zu gehen. Da der Glaube oft an die Stelle der Erkenntnis und des Wissens getreten ist, also nur ein Halbwissen vorliegt, kann man statt vom mumifizierten auch vom *bigotten* Typ sprechen. (Er behauptet, ohne jedoch zu wissen.) Bigotte Menschen sind in einer tragischen Position, weil sie es immer vermeiden, sich einer Lebenslage auszusetzen, die sie mit der Tatsache konfrontieren könnte, daß sie einem Vorurteil anhängen.

Ich brauche die Feierlichkeit der Kerze

Meine religiöse Haltung drückt sich beispielsweise darin aus, daß ich an Weihnachten mit meiner Familie zur Kirche gehe, weil ich die Feierlichkeit der Kerzen brauche, um überhaupt weihnachtlich zu empfinden. Mein Herz wird dann weich, und ich kann wieder ernsthaft beten. (29jährige Sekretärin)

Das wahre Kind Gottes

Ich erinnere mich noch heute genau, daß mir meine fromme Tante eintrichterte, ja nicht auf dem Foto zur ersten heiligen Kommunion zu lachen. Sie sagte, das wäre eitel und hochmütig. Als wahres Kind Gottes darf es nur eine innere Freude sein. So und ähnliches wurde mir gesagt. Es ist mir in der Tat oft schwergefallen, ein frommes und braves Kind zu sein. (31jährige ledige Übersetzerin)

■ *Der revoltierende Typ*
Er hat erkannt, daß die gültigen religiösen Normen nicht den Erfordernissen der Zeit entsprechen. Da unzeitgemäße Normen auf das Individuum repressiv (unterdrückend) wirken, neigen Vertreter des revoltierenden Typs dazu, diese Normen zu negieren. Sie gehen revoltierend vor und tun dabei nicht selten den zweiten Schritt vor dem ersten. Je nach der Persönlichkeitsausprägung des einzelnen zeigt sich die Reaktionsweise des revoltierenden Typs als intellektueller Widerstand, in den sozialen Extremformen der aktiven Fremdmanipulation oder der passiven Selbstmanipulation. Zur letzteren Verhaltensweise gehört der Rauschgiftkonsum, zu der ersteren die militante Gewalttätigkeit.

Religion ist eine Sache für alte Menschen

Religion ist eine Sache für alte Omas und Leute, die in unserer Zeit nichts zu suchen haben. Wer sich am Strohhalm der Religion festhält, ersäuft trotzdem. Mit dem religiösen Glauben ist es so, als wenn man einen Kopfsprung in einen Swimming-pool macht und nicht weiß, ob eigentlich Wasser darin ist. Wer sich seinen Schädel lädieren will, kann dies tun, ich nicht. Wir machen uns Himmel und Hölle auf Erden selber, und Gott hat keinen anderen Platz als in den wirren Gehirnen religiöser Fanatiker. Religion verschleiert die tatsächlichen sozialen Zustände und hält die Menschen ab, zu tun, was nötig ist. (28jähriger Soziologiestudent)

■ *Der indifferente Typ*
Er ist im allgemeinen durch eine Verschiebung der Verantwortung gekennzeichnet. Einerseits hat er den Wunsch, überkommene oder verbesserungsbedürftige religiöse Inhalte abzuändern; er setzt sich dafür auch ein, kann sich aber andererseits von gewissen erlernten religiösen Traditionen nicht trennen.

Hierzu gehören im wesentlichen die unverbindlichen Interessenten, welche gegenüber Neuerungen in der Religion zwar aufgeschlossen sind, denen es aber an Konsequenz fehlt. Haben sie sich einmal für eine Richtung entschieden, zeigen sie sich dort labil. Sie ändern ihre Einstellung weniger wegen sachlicher Notwendigkeiten, als vielmehr wegen der Autorität der übrigen sozialen Umgebung. So braucht nur jemand zu sagen: »*Wie konnten sie es ihren Eltern antun, ihre ursprüngliche Religion zu verlassen?*«, und ihre Meinung gerät ins Wanken. Den indifferenten Typ bestimmt die Schwäche in der Unterscheidung zwischen dem Wesentlichen und dem Unwesentlichen einer Religion. So lastet er Fehler einzelner Mitglieder der Religion als Ganzer an. Religion ist für ihn eine Erziehungspflicht, mit der er sich selbst nicht identifiziert.

Die anderen sollen damit glücklich werden

Die Religion ist mir eindeutig von den Menschen vergrault worden, weil ich diese Art von Menschen einfach nicht ausstehen kann. Ich finde, sie heucheln zu viel. Es stört mich sehr, wenn sie so tun, als ob, und man sieht eindeutig, daß sie es nur mit dem Mund tun, aber nicht im Leben. An der Kirche stören mich die Menschen, die sie verkörpern wollen. Aber sollen sie damit glücklich werden, ich muß es ja nicht. Mit der Religion setze ich mich alleine auseinander und komme doch zu besseren Ergebnissen. (35jähriger Angestellter)

Allem Anschein nach handelt es sich bei dem Mißverständnis Religion nicht um eine tatsächliche religiöse Schwäche, eine Unfähigkeit des modernen Menschen zu glauben, sondern um eine Schwäche, zwischen Glaube, Religion und Kirche zu unterscheiden.

■ *Glaube:* Dem Wesen nach bedeutet der religiöse Glaube eine seelische Beziehung zum Unbekannten und Unerkennbaren. Da der Schöpfer (Gott, Allah, Jehova, Ur-Wesen, Totalität oder die Ur-Energie) seinem Wesen nach unerkennbar ist, bedarf es des Glaubens, um mit ihm in Beziehung zu treten. Der Glaube ist eine Fähigkeit des Menschen.

■ *Religion:* Da der Mensch eine besondere Haltung gegenüber dem Unbekannten besitzt, hat er seit jeher auf die Stifter der Religionen und die Begründer von Weltanschauungen angesprochen. Religion als überindividueller Glaube ist ein kulturelles Phänomen und eng mit der Entwicklung der Geschichte verbunden. In welcher Form sich die Glaubenswahrheit der Religion offenbart, hängt von dem jeweiligen Entwicklungsstand, dem Bedürfnis und dem Verständnis der Menschen in einer bestimmten geschichtlichen Situation ab. Zu welcher Religion sich ein Mensch bekennt, wird zumeist von den Erziehern und der jeweils gültigen Erziehungstradition festgelegt. Das Kind glaubt die Inhalte, die ihm vermittelt wurden.

Der eine Teil der Religion ist geistig, transzendent und wesentlich (*erstrangige* Religion). Dieser Teil kann als unabhängig von der Entwicklung gelten, da er als Glaubenswahrheit das Wesen des Seins betrifft. Der zweite Teil der Religion (*zweitrangige* Religion) besteht aus zeitlichen Werten und gesellschaftlichen Normen. Sie verändern sich entsprechend der sozio-kulturellen Entwicklung der Gesellschaften. Zu ihr gehören die Verbote und Gebote der einzelnen Religionen.

■ *Kirche:* Die Kirche ist die Institution der Religion, ihre Organisationsform und Verwaltung; der Begriff steht für alle Formen religiöser oder weltanschaulicher Institutionen. Die Kirche neigt zur Verselbständigung gegenüber der Religion. Es verhält sich mit der erst- und zweitrangigen Religion ähnlich wie mit Schale, Fleisch und Kern einer Frucht. Wird in einer Religion nicht der Einfluß der Zeit und der Geschichte berücksichtigt, können erst- und zweitrangige Religion leicht miteinander verwechselt werden, das Verhältnis Glaube – Religion – Kirche erscheint verzerrt: Schale und Kern werden nicht differenziert. Die zeitbedingten religiösen Äußerlichkeiten, Rituale und Dogmen – die Schale – rücken in den Vordergrund, während die eigentlichen religiösen Inhalte – der Kern – verdrängt werden. Dadurch kommt es zu einer Verschiebung von Form und Inhalt: zum Mißverständnis.
Dieses Mißverständnis scheint den oben beschriebenen drei Reaktionstypen zugrunde zu liegen. Es betrifft nicht nur die individuellen und persönlichen Einstellungen zur Religion, sondern kann zur Quelle von Konflikten werden:

Ich hatte Angst, sündhaft und schuldig zu sein

Für mich war Gott nicht ein liebender Gott, sondern ein Gott, vor dem ich mich fürchten mußte. Immer hatte ich Angst, sündhaft und schuldig zu sein. Das führte dazu, daß ich bei der Beichte, um ja nichts zu vergessen und nicht sündig die Kommunion zu empfangen, auch Sünden aufzählte, die ich nie begangen hatte, besonders auf sexuellem Gebiet. Dennoch hatte ich Schuldgefühle und faßte den Entschluß, Buße zu tun und demütig zu sein. Überall plagte mich die Angst, ich könnte mich dem Teufel verschreiben. (32jähriger Ingenieur, Angstzustände, Depressionen, Zwangsvorstellungen und Sexualstörungen)

Ich machte Striche für jede Entsagung

Damals hatte ich mir große Opfer auferlegt, um Gott gefällig zu sein. Ein Beispiel: Um zur Schule zu gelangen, mußte ich per Fahrrad ins nächste Städtchen. Den Weg machte ich viermal am Tag. Im eisigkalten Winter trat ich jeweils die Fahrt ohne Handschuhe an und brachte ein Opfer, fror für Gott. Auf einem eigens dafür bestimmten Kärtchen machte ich Striche für jede Entsagung. (31jährige ledige Patientin, Sexualstörungen und Angstzustände)

Wenn ich mir Gott vorstelle, sehe ich immer meinen Vater

Wenn ich einen Vergleich ziehen darf – Kirche-Elternhaus –, so möchte ich sagen, was die Kirche im großen verkörpert, das verkörperte mein Vater in der Familie. Eine Befehlsgewalt auf Liebe aufgebaut, die ihren Kindern Wei-

sungen gab, ab und zu eine kleine Freiheit oder Freude in ihrem eigenen Rahmen, begleitet von den Worten: Was seid ihr doch glückliche Kinder! (32jährige ledige Lehrerin, Sexualstörungen und Hemmungen)

In der Entstehung dieser Haltungen spielt das Vorbild der Eltern eine entscheidende Rolle. Sie prägen das, was später als Grundkonflikt einen Menschen anfällig für Konflikte bestimmter Art macht. Hier verwechselte nicht nur der jeweilige Patient Glaube, Religion und Kirche: die Verschiebung wurde vielmehr tradiert und hatte sich über den Erziehungsstil in die Schlüsselerlebnisse eingeschlichen.
Religion ist wie ein Heilmittel, das dem Wesen des Menschen angemessen wirkt. Sie kann aber nur dann sinnvoll sein, wenn sie den Erfordernissen, Bedürfnissen und Nöten des Menschen entspricht und die Entwicklung (das Prinzip der Zeit), die Relativität und die Einheit berücksichtigt. Wenn eine falsch verstandene Religion zu Störungen führt, zu Fixierungen, Hemmungen der Entwicklung, Starrheit oder intellektueller Abwehr, muß sie Unsinn sein: wie FEUERBACH sie statt als Theologie als Pathologie bezeichnete, MARX und ENGELS von Religion als Opium für das Volk sprachen und FREUD sie als Versicherungsanstalt karikierte.
War früher die Wissenschaft Gegner der Religion, hat sich das Bild heute weitgehend gewandelt. Denn ebenso wie die Fotografie die Malerei befreit hat, hat der wissenschaftliche technische Fortschritt – wenigstens der Möglichkeit nach – den Geist befreit. Religion und Wissenschaft stellen nicht mehr unüberbrückbare Gegensätze dar. Die heutige Situation macht – angesichts der Gefahr der unmenschlichen Verselbständigung der Technologie – ihr Zusammenwirken notwendig.
Die Aufgabe des Psychotherapeuten – auf der Grundlage des vorliegenden psychologischen Materials – ist es nicht, den Versuch zu machen, den Patienten mit seiner Religion oder Konfession zu versöhnen oder ihn von seinem Glauben abzubringen, sondern ihm zu unterscheiden helfen. Die Unterscheidungsfähigkeit wird ihn seinen eigenen Weg finden lassen.

STÖRUNGEN UND KONFLIKTE

Religiöser Fanatismus; Aberglaube; Abwehrmanöver; Illusionen; Fixierung; Bigotterie; Angst; Aggressionen; Resignation; Flucht in die Äußerlichkeiten; Flucht in Ersatzreligionen; Selbstüberschätzung; Flucht in die Arbeit; unerschütterliche Überzeugung ohne jede Begründung; Traurigkeit; Gefühl der Verlassenheit; Vernichtungsgefühl; Mißtrauen; Unbeteiligtsein an dem Leben; Wirklichkeitsferne; Lösung von sozialen Bindungen; Versenkung in das eigene Innenleben; großes Interesse an wirklichkeitsfremden metaphysischen Fragen; Leistungsabfall; Gefühl der inneren Leere und des Abgestorbenseins; Angstgefühle; Befürchtung, geisteskrank zu werden; Depressionen; Reizbarkeit.

MERKE

Jeder Mensch hat die Fähigkeit zu glauben. Glaube ist allgemein die Bezie-

hung zum Unbekannten und Unerkennbaren. Glaube umfaßt somit nicht nur religiöse Fragen und Fragen über das Leben nach dem Tode, sondern auch die Fragen des privaten Lebens und der Wissenschaft.
Die Grundfähigkeit des Menschen, zu glauben, wird durch die Religion angesprochen. Zu welcher Religion ein Mensch sich bekennt, wird zumeist von den Erziehern und der Erziehungstradition festgelegt. Die Beziehung eines Menschen zur Religion ist zu einem wesentlichen Teil abhängig von den Erfahrungen, die er mit seinen Eltern und seiner sozialen Umgebung macht. Religion ist ein kulturelles Phänomen und eng mit der Entwicklung der Geschichte verbunden. Kirche ist die Institution der Religion, ein Werkzeug, das sich oft genug verselbständigt hat. Es ist somit zu unterscheiden zwischen Glaube, Religion und Kirche und zwischen erst- und zweitrangiger Religion. Aufgabe der Religion ist es, dem Menschen Werte, Ziel und Sinn darzustellen (Sinngebung), während Wissenschaft Erklärungen sucht, logische Gesetzmäßigkeiten herstellt und neue findet (Sinnfindung). Religion und Wissenschaft sollten, sofern sie dem Menschen nützen wollen, sich ergänzen und eine Einheit bilden. Religion ersetzt nicht Psychotherapie und Psychotherapie ist nicht Religionsersatz.

PSYCHOSERUM
Lerne zu unterscheiden zwischen Glaube, Religion und Kirche.

OBWOHL JEDER DAS SCHICKSAL HAT, EINMAL ZU STERBEN, LEGE DEINEN KOPF NICHT IN DAS MAUL DES LÖWEN. *(Saadi)*

Bedingtes und bestimmtes Schicksal

Mißverständnis: *Was soll's, man stirbt doch sowieso.*

Erziehung darf nicht nur vor dem Hintergrund der normal-psychologischen Entwicklung und der Korrektur erworbener Verhaltensweisen betrachtet werden. Gerne übersehen wird die an sich selbstverständliche Tatsache, daß die Erziehung Möglichkeiten bietet, auch sogenannte »angeborene Schädigungen« in ihren Auswirkungen auf das Leben eines Menschen positiv oder negativ zu beeinflussen.

ER KANN ES DOCH NICHT ANDERS

Ein 17jähriger junger Mann, Sohn eines Postbeamten, hatte während der Geburt hirnorganische Verletzungen erlitten. Er konnte nicht so früh wie andere Kinder laufen und sprechen. Den Eltern fiel diese Verzögerung um so mehr auf, als sie eine lebhafte und normal entwickelte Tochter hatten, mit der sie die Entwicklung des Sohnes vergleichen konnten. Es zeigte sich eine leicht spastische Haltung beim Laufen und eine körperlich-seelische Entwicklungsverzögerung. Die Eltern nahmen auf die Eigenarten des Kindes besondere Rücksicht. Der Junge wurde gewaschen, angezogen, hin- und hergeführt. Jede Schwierigkeit wurde ihm im Sinne einer naiv-primären Erziehung abgenommen. Diese Zuwendung erfolgte bis zum Behandlungsbeginn. Der junge Mann wurde also aufgrund seiner Schädigung von seinen Eltern auch als 17jähriger noch wie ein 3jähriger behandelt. Die Begründung der Eltern war die bedauernde Feststellung: *Er kann es doch nicht anders.*

In der therapeutischen Situation wurde mit den Eltern und dem Jugendlichen dessen Situation schrittweise durchgearbeitet. Es kam im wesentlichen darauf an, zu unterscheiden: Was kann er tatsächlich leisten und was nicht. Es ging also darum, den Jugendlichen weder zu unterfordern noch zu überfordern, sondern durch angemessene Aufgaben seine Möglichkeiten weiterzuentwikkeln. Dazu mußten diese Möglichkeiten aber erst erkannt werden. Schon innerhalb von zehn Wochen konnte sich der Junge die einfacheren Kleidungsstücke anziehen, die Schuhe binden und allein mit Löffel und Gabel essen. Die Umstellung, die damit verbunden war, schien für die Eltern noch schwieriger zu sein als für den Jugendlichen. Diese Entwicklung konnte so weit fortgeführt werden, daß der Junge mit der Arbeit in einer beschützenden Werkstatt beginnen konnte. Das »Rezept« für die Eltern war: *Helfen Sie Ihrem Jungen nicht bei Tätigkeiten, von denen Sie annehmen können, er könne sie selbst ausführen. Warten Sie, bis er es selbst macht, auch wenn er es falsch macht. Nur dadurch kann er Schritt für Schritt lernen, selbständig zu werden.*

Ein berühmtes historisches Beispiel für die Möglichkeiten, die trotz angeborener Schädigungen bestehen, bietet die taub-stumm-blinde Helen Keller, die durch die Geduld einer Erzieherin von einem hilflosen, tierähnlichen Geschöpf zu einer hochdifferenzierten, bewundernswerten Persönlichkeit heranwuchs. Bei ihr wurden nicht nur die Schädigungen gesehen, die in der Tat ein nahezu hoffnungsloses Bild abgegeben hätten, sondern die Fähigkeiten, welche unabhängig von den körperlichen Schäden, verborgen bestanden. An die Stelle von Gesichtssinn, Gehör und dem Sprechvermögen traten die Tastfähigkeit und die Ausdrucksmittel der Hände und des Gesichts.

Hinsichtlich der sogenannten angeborenen Schädigungen hat man zwei Möglichkeiten, helfend einzugreifen: zum einen kann man versuchen, die Schädigung selbst zu beeinflussen, etwa durch Operation, Medikamente, Gymnastik. Zum anderen rückt man andere Fähigkeiten als die gestörten ins Licht. Durch konsequente Haltung und Geduld lassen sich in einem geschädigten Kind auch bei erheblichen Störungen viele Sozialisationsinhalte wie Ordnung, Sauberkeit, Höflichkeit, Leistungsvermögen und schöpferische Fähigkeiten entwickeln.

Hat meine Tochter einen Nervenschaden?

Irene bringt mich zur Verzweiflung. Sie ist in der Schule unaufmerksam und hat in der letzten Zeit mehrfach schlechte Noten nach Hause gebracht. Selbst mir hört sie manchmal nicht richtig zu. Wenn ich ihr sage, sie soll ihr Zimmer aufräumen, geht das in ein Ohr rein und durch das andere wieder raus. Wenn Besuch da ist, sitzt sie oft bloß in der Ecke rum, guckt in die Luft und tut so, als wenn die Gäste nicht da wären. In der Nacht schreckt sie manchmal auf, schreit und ist hinterher ganz in Schweiß gebadet. An diese Schilderung schloß sich die ängstlich-erwartende Frage der Mutter des 9jährigen Mädchens an: *Hat meine Tochter einen Nervenschaden? Können Sie das nicht mal untersuchen?*

Fälle dieser Art wiederholen sich täglich. Eltern fragen: *Ist unser Kind seelisch krank, hat es ein gespaltenes Bewußtsein, weil es manchmal alles weggibt und so komisches Zeug erzählt, ungehorsam und unordentlich ist. Ist das bei dem Kind angeboren?* Hinter solchen Fragen verbirgt sich zumeist eine gestörte Interaktion, verzerrte Selbst- und Fremderkenntnis. In der Beratung, in der das Problem schwerer, mitunter angeborener Schädigungen angesprochen wird, kommt man unwillkürlich auf ein Problem zu sprechen, das jeden Menschen, insbesondere aber den Erzieher und das Kind betrifft: ... *Ich war mir bewußt, daß ich die Sünden meiner Eltern und die Vergehen meiner Vorfahren ausbaden mußte.* Beispiele dieser Art machen die Bedeutung des Mißverständnisses Vererbung – Erziehung offenkundig. Vorstellungen dieser Art sind eng verbunden mit zwei Fragen, die sich auf Hoffnung und Verzweiflung in der Erziehung beziehen. Was ist nicht zu ändern, was muß man lernen zu ertragen? Und was kann man beeinflussen, korrigieren, behandeln?

Diese Fragen zielen auf das *bestimmte* und das *bedingte Schicksal.* Bestimmt nennen wir ein unausweichliches Schicksal: Jeder Mensch wird geboren und stirbt, kein Weg führt an diesen Ereignissen vorbei. Vor der Frage nach dem Wesen von Geburt und Tod steht man genauso wie vor den Fragen, ob es ein Leben nach dem Tod gibt, welches der Ursprung und das Ziel allen Seins und das Wesen des Schöpfers ist, und welchen Sinn ein Leid hat. Vor diesen Fragen steht jeder Mensch, ohne Ausnahme.

Das bedingte Schicksal dagegen ist das Schicksal, welches seine eigene Geschichte hinter sich hat, vermeidbar gewesen wäre und einer Änderung zugänglich war oder ist. An einem Beispiel läßt sich das Verhältnis von bedingtem und bestimmtem Schicksal verdeutlichen. Für eine Kerze ist das bestimmte Schicksal, daß ihr Wachs brennt und sich verzehrt; ihr schließliches Verlöschen ist daher eine Bestimmung, die unmöglich geändert oder abgewandelt werden kann. Das bedingte Schicksal aber kann mit folgendem Vorgang verglichen werden: Während die Kerze noch genügend hoch ist, kommt ein Windstoß, der sie auslöscht. Hier handelt es sich um bedingtes Schicksal, denn es hätten hier genügend Möglichkeiten bestanden, das Ausgehen der Kerze zu verhindern.

Außer den in den Fragen des bestimmten Schicksals benannten Problemen stehen alle Ereignisse unter dem Stern des bedingten Schicksals. Das bedeutet: Man kann durch eine angemessene Erziehung das Kind für ein glückliches Leben erziehen. Ist dies aufgrund irgendwelcher Einflüsse nicht gelungen und treten Störungen oder unerwünschte Entwicklungen auf, kann man meist, wenn man sie rechtzeitig erkennt, ihren Verlauf beeinflussen und eine Besserung oder Heilung erzielen. Andere Störungen hingegen, die auch durch bestimmte Ereignisse bedingt sind, können nach dem derzeitigen Stand der Wissenschaft nicht behoben werden. Hier kommt es darauf an, die Störungen anzunehmen und eine positive Haltung ihnen gegenüber zu gewinnen, die es einem möglich macht, zumindest die anderen Fähigkeiten zu entfalten.

Ein Kind hatte durch einen Autounfall die Sehkraft des linken Auges verloren. Vom medizinischen Standpunkt aus konnte die Sehkraft dieses Auges nicht mehr wiederhergestellt werden. Es war also ein Faktum gesetzt, mit dem das Kind auf irgendeine Weise fertig werden mußte. Interessant an diesem Fall ist, daß das Kind trotzdem sich weitgehend konfliktarm entwickelte, während die Mutter, welche das Auto selbst gesteuert hatte, darüber nicht hinweg kam.

Die Erlebnisse aus der Vergangenheit gehören zu einem Schicksal, das sich nicht ändern läßt. Was geschehen ist, läßt sich nicht rückgängig machen. Worauf man hingegen Einfluß nehmen kann, ist die Einstellung gegenüber dem Geschehenen. Im gleichen Sinn kann zwar das bestimmte Schicksal nicht abgewendet, jedoch die Beziehung zu ihm geändert werden. Von diesen Einstellungen hängt es ab, ob unser Gesichtsfeld für die Aufgaben der Gegenwart differenziert oder eingeschränkt wird. Welche Einstellungen gewählt und von dem einzelnen immer wieder bevorzugt werden, ist selbst bedingtes Schicksal, das zu einem Teil von der Art und Form der Erziehung abhängt.

Nicht nur in der Einstellung der Bezugsperson gegenüber dem Kind wird das Mißverständnis »bedingtes und bestimmtes Schicksal« bedeutungsvoll. Auch in der Einstellung eines Menschen zu sich selbst findet es sich: *Ich bin ein Pechvogel, das ist mein Schicksal. Das war immer so und wird immer so sein.* Diese Aussage ist subjektzentriert. Der Betreffende identifiziert sich mit spezifischen Eigenschaften und Leistungsbereitschaften und sieht über diese hinaus keine anderen Möglichkeiten. Die Aussage: »Ich bin ein Pechvogel«, ist grundsätzlich verschieden von: »Ich habe Pech gehabt.« – Hier bezieht sich die Feststellung auf einzelne Ereignisse, diese werden nicht mit der Persönlichkeit vermengt und verwechselt.

Ich habe einen Unfall gehabt und dann immer wieder Unfälle gebaut. Ich bin ein Pechvogel.

Man hat mir lange Zeit große Mengen dämpfender Medikamente gegeben. Ich habe geglaubt, ich bin lernbehindert.

Vor Tests und Prüfungen in meinem Beruf habe ich mir immer gesagt: ›Das schaffst du doch nicht!‹ Und ich habe es dann auch nicht geschafft.

Die anderen haben es immer leichter als ich, z. B. mit Frauen. Ich bekomme immer nur schwer Kontakt, niemand redet mit mir.

Meine Mutter war sehr phlegmatisch, und ich habe das übernommen. Das kann man nicht ändern, es ist eben nichts zu machen.

Was habe ich bisher im Leben erreicht? – Dabei betrachte ich meine Umge-

bung: der eine hat sich ein Haus gebaut, der andere hat eine nette Frau, und ich habe gar nichts.

STÖRUNGEN UND KONFLIKTE
Übertriebener Optimismus; verbissene Passivität; Resignation; Angst vor der Niederlage; Angst vor Enttäuschung; Unzufriedenheit; Lebensangst; Selbstvorwürfe; mangelndes Selbstvertrauen; zwischenmenschliche Konflikte; innerseelische Konflikte; »Versager«.

MERKE
Das bedingte Schicksal gibt einen Weg vor, den man wählen kann, aber nicht wählen muß. Eine besondere Form des bedingten Schicksals haben wir schon genannt: das durch die Vergangenheit bedingte Schicksal. Ereignisse aus der Vergangenheit sind geschehen und nicht mehr rückgängig zu machen. Man kann hingegen die gegenwärtigen Folgen der vergangenen Ereignisse beeinflussen: die Vergangenheit als Spiegel für die Zukunft betrachten. Wenn sich eine Mutter fortwährend Vorwürfe macht, weil sie nicht genügend Zeit für ihr Kind aufgebracht hat, hilft sie diesem wenig. Ihre Schuldgefühle haben sogar eher nachteilige Folgen. Wichtiger ist vielmehr die Frage: Was kann ich aus der Vergangenheit lernen, wie kann ich auf die Erfordernisse der Gegenwart eingehen? Es gibt alternative Wege, die jederzeit zur Wahl freistehen. Dies besagt nichts anderes, als daß das Schicksal eines jeden Menschen zu einem wesentlichen Teil in seiner Hand liegt und in der Kindheit in der Hand seiner Eltern und Erzieher.

PSYCHOSERUM
Lerne zu unterscheiden zwischen Pechvogel sein und Pech haben.

DER FEIGE STIRBT SCHON VIELMALS, EHE ER STIRBT. DIE TAPFEREN KOSTEN EINMAL NUR DEN TOD. *(Shakespeare)*

Tod

Mißverständnis: *Der Rest ist Schweigen.*

In unserem Leben begegnen wir nicht nur einmal dem Tod, sondern vielfältig und mit unterschiedlicher Beteiligung. Der Tod als Ereignis gehört in unser tägliches Leben. Jede Minute sterben mehrere Menschen, ohne daß dies uns ganz besonders berühren würde und gar unsere Anteilnahme fände.
»Alles, was mich die Wissenschaft lehrt – und nicht aufhört zu lehren –, bestärkt mich in meinem Glauben an die Fortsetzung unserer geistigen Existenz im Leben nach dem Tode. Denn nichts verschwindet, ohne eine Spur zu hin-

terlassen, und Vergehen ist nur Verwandlung.« (Ausschnitt aus der Rede W. v. BRAUNS auf der Tagung der Nobelpreisträger in Lindau, 1971.)

DIE EINSTELLUNG ZUM TOD ANDERER MENSCHEN

Die Bedeutung des Todes wird uns zumeist erst dann bewußt, wenn ein Mensch starb, den wir kannten und zu dem wir in irgendeiner Weise emotionale Beziehungen hatten; das Erlebnis des Todes eines anderen Menschen wird dann zu einem Erlebniseinbruch.

Der Unterschied zwischen einem Menschen, zu dem man emotionale Beziehungen hat und einem Menschen, dem man gleichgültig gegenübersteht, wird wohl am deutlichsten, wenn man von einem Unfall hört. Unwillkürlich denkt man: »Hoffentlich ist es der andere, hoffentlich nicht meine Familie oder meine Freunde!« Der Grad der emotionalen Beteiligung hängt davon ab, wie gut wir jemanden kennen, welche Erfahrungen wir mit ihm gemacht haben und welche Bedeutung er für uns hatte und welche Folgen sein Tod für uns bringen wird. So kann uns ein Mensch lieb und teuer werden, wenn wir ihn vermissen, während man ihn zu Lebzeiten kaum vermißt hatte. Selbst wenn die stillschweigende Übereinkunft besteht, man solle über Tote nichts als das Gute sagen, werten wir den Tod eines anderen nach seinen Verdiensten, sprich: nach den Erfahrungen, die wir mit ihm gemacht haben. Eine 55jährige Mutter schildert ihre 19jährige verstorbene Tochter wie folgt (Auszüge):

Bei ihr brauchte man nie hinter den Schulaufgaben her zu sein; ganz im Gegenteil zur Älteren, die arbeitete nur, wenn sie Lust und Laune hatte. H. ging mir in allem zur Hand, ich brauchte nicht viel zu sagen. Bevor sie z. B. abends mit ihrem Freund wegging, half sie noch beim Spülen und Abtrocknen. Ich finde das übrigens unvorstellbar, daß der jetzt schon ein anderes Mädchen kennengelernt hat und sich sogar verlobt hat. Ich hatte doch monatelang für die beiden gekocht und gesorgt. Für mich ist Ordnung das halbe Leben. Mein Vater sagte früher immer: ›Lerne Ordnung, übe sie, Ordnung spart dir Zeit und Müh'!‹ Da war H. wirklich ein Vorbild für die anderen. Wenn ich manchmal sehe, wie es bei meinem Jüngsten im Zimmer aussieht, kriege ich es zuviel. Sie war immer nett und freundlich, sagte nie ein böses Wort. Ich kann das gar nicht leiden, wenn mein Mann manchmal geradeheraus ist. Man muß doch sehen, wie man mit den Leuten auskommt, und einfach manches schlukken. Unsere Familie ist mein ein und alles. H. fühlte sich sehr wohl zu Hause; und bei ihrem Freund war es auch so: er war gerne bei uns. Die Älteste war da ganz anders: sie drängte aus dem Haus; mit 18, 19 Jahren war sie abends und am Wochenende meist weg.

Unwillkürlich legen wir die von uns erlebten Qualitäten des anderen mit in die Waage. Wir messen, ob sein Tod ungerecht oder gerecht sei, ob er ihn verdient habe oder ob er es wert gewesen wäre, länger zu leben. Als Maßstäbe dafür gelten die Aktualfähigkeiten:

Man konnte ihm doch nicht vertrauen. Jedes zweite Wort war eine Lüge. Er war ein Heuchler. Wir können froh sein, daß er uns keinen Kummer mehr macht.

Er war ein großartiger Mensch. Immer konnte man sich an ihn wenden. Er nahm sich immer Zeit und versuchte, jedem gerecht zu werden. An seinem Verlust werden wir sehr zu tragen haben. Ihm würde ich es gönnen, daß es ein Paradies gibt.

Dieser alte Lump. Immer wollte er sich in das Vertrauen der anderen einschleichen und war doch immer parteiisch und dachte letztlich an seinen eigenen Vorteil. Er dachte nur an seinen Erfolg und schmort jetzt endlich in der Hölle. Von seinem chronischen Geiz gar nicht zu sprechen. Ich will mich aber nicht lumpen lassen und spende aus purem Mitgefühl einen großen Kranz.

Diese Beispiele wurden als spontane Äußerungen auf den Tod eines Menschen hin gesammelt. Aus ihnen wird ersichtlich, wie sehr die Einstellung zu einem Menschen, begründet durch die Aktualfähigkeiten, die Einstellung zu seinem Tod beeinflußt.

Oft kommt die Sprache darauf, daß der Tod für einen Menschen eine Erlösung gewesen sei. Diese Äußerungen beziehen sich zumeist auf Situationen, in denen ein Mensch unter schweren körperlichen Krankheiten litt, oder wenn seine inneren und äußeren Konflikte einen auch für seine Umgebung verständlichen starken Leidensdruck erzeugten.

Auch das Alter läßt den Tod in sanftem Licht erscheinen: *Nachdem ich ihn zuletzt gesehen hatte, wußte ich, daß der Tod für ihn eine Erlösung war.* Der Tod erscheint hier als das natürliche und wünschenswerte Ergebnis einer Folge von Ereignissen, das für den Betroffenen wie für seine Umgebung die bessere Alternative war. In solchen Fällen ist die Perspektive der Zukunft für die Betroffenen ohnehin eingeschränkt. Über kurz oder lang muß es doch geschehen.

Werden hingegen an einen Menschen aufgrund seines jugendlichen Alters oder seiner Verantwortung und Persönlichkeit längerfristige Erwartungen gestellt, bewirkt der Tod eine schwerwiegende Enttäuschung. Hat doch der andere, wenn auch nicht selbstverschuldet, den an ihn gestellten Erwartungen nicht entsprochen:

Wir wollten noch so viel unternehmen und jetzt ist er tot.

Sie ist zu jung gestorben.

Ich hätte es gern gesehen, wenn er geheiratet und Kinder gehabt hätte; jetzt ist es zu spät.

Er war gerade auf der Höhe seines Erfolges, als er krank wurde und sterben mußte.

Wie wir sehen konnten, spielt die Vorbereitung auf das Ereignis des Todes eines anderen für die Erlebnisverarbeitung eine bedeutsame Rolle. Stirbt ein Mensch, mit dessen Tod man rechnete, wird dieses Ereignis nicht gleichermaßen bestürzend wirken, wie wenn ein Mensch unvorbereitet aus dem Leben gerissen wird. In Gedanken läßt sich das Ereignis in allen Details durchspielen. Man gewöhnt sich durch ein solches Gedankenspiel an diese Möglichkeit und wird nicht mehr so schnell Opfer eines Überraschungseffekts. Es verhält sich hier ähnlich, wie mit der Vorbereitung eines Kindes auf die Abwesenheit der Mutter: man spielt das Spiel »Mutter im Krankenhaus« und macht somit das verletzende Ereignis begreifbarer oder zumindest einfühlbarer.

Der Verlust eines Menschen, zu dem eine emotionale Beziehung bestand, erweckt unwillkürlich das Gefühl der Trauer. Die Trennung von einem Menschen muß in irgendeiner Weise verarbeitet werden. Die Psychoanalyse spricht treffend von der Trauerarbeit, die man zu leisten habe.
Wenn man annimmt, daß mit dem Tod frühkindliche Trennungs- oder Verlassenheitsängste aktualisiert werden, wird der emotionale, gefühlshafte Grund einer Trauer verständlich. Diese Art der Trauerreaktion betrifft nahezu alle Menschen in einer bestimmten Situation. Wäre der Begriff »normal« nicht verdächtig, könnte man hier von einer normalen Trauerreaktion sprechen. Überschreitet die Trauer einen gewissen Zeitraum, der in unserem Kulturkreis mit dem Trauerjahr identisch ist, oder nimmt die Trauer so an Bedeutung zu, daß sie die Persönlichkeit oder die Gesundheit des Trauernden nachhaltig beeinträchtigt, sprechen wir von einer abnormen Trauerreaktion.
Ich leide immer mehr unter Depressionen. Ich bin menschenscheu und kontaktarm geworden und schlafe nächtelang überhaupt nicht. Den Menschen gegenüber bin ich sehr unsicher geworden und bilde mir ein, daß ich überhaupt nicht mehr zu ihnen gehöre. Unter diesen Beschwerden leide ich seit dem Tod meiner Mutter vor zwei Jahren. Ich habe das Gefühl, als seien meine Depressionen einfach Traurigkeit und innere Leere. Alles erscheint mir so sinnlos. (34jährige Mutter von 2 Kindern, abnorme Trauerreaktion)
Die abnorme Trauerreaktion kann sich recht bald an den Tod einer Bezugsperson anschließen; sie kann aber auch nach einer geraumen Zeit auftreten, nach der für andere Menschen der Tote längst an Bedeutung verloren hat. Jene übergroße Resonanz auf den Tod einer Bezugsperson ist meist mehr als die gesellschaftlich geforderte Demonstration der Betroffenheit. Vielmehr wird die Person selbst in eine Ablösungsproblematik versetzt, die sie und ihre Tragfähigkeit zu übersteigen scheint. Dieser Sachverhalt mag verschiedene Gründe haben:

- Häufig besitzt der Tote für den Hinterbliebenen eine besondere Bedeutung. Er war nicht nur Mensch wie jeder andere, sondern Vertrauter, Schutz, Träger der Verantwortung, zu Beschützender oder Abhängiger. Seine Bedeutung wird gemessen an seinen Aktualfähigkeiten. Besonders schwer trifft uns der Verlust eines Menschen, wenn wir uns in verschiedenen Bereichen mit ihm identifiziert oder Erwartungen im Sinne der Projektion an ihn gestellt haben. Hier stirbt man selbst mit der Bezugsperson mit.
- Der Verlust eines Menschen, mit dem man verbunden war, bringt eine oft erhebliche Umstellung mit sich. Konnte man beispielsweise seinen Kummer mit seinem Ehepartner teilen und sich von drückender Verantwortung entlasten, so ist man nach dem Tode des Partners zunächst alleine Träger der Schwierigkeiten und Verantwortung.

Wie kann ich allein die Verantwortung für die beiden Kinder tragen?
Wie soll ich allein mit dem Leben fertig werden?

- Liebgewordene Gewohnheiten werden plötzlich mit dem Verlust des Partners gegenstandslos. Gerade sie sind es, die einen mit der Leere der neuen Situation konfrontieren. An der Stelle, an der man eine bestimmte Reaktion des Partners erwarten konnte, erfolgt nichts.

■ Trauernden wird von seiten der Gesellschaft eine Sonderrolle zugedacht. In Schwarz gekleidet, werden sie von anderen bemitleidet und stehen unter strikten Einschränkungen. Der Trauernde soll sich demnach von Lustbarkeiten fernhalten und sich des Toten würdig erweisen. Damit verbunden ist auch ein unausgesprochenes Gebot für Witwen und Witwer, sich für die Zeit der Trauer der sexuellen Betätigung zu enthalten. So sehr diese Einschränkung zu Beginn der Trauerzeit dem inneren Bedürfnis der Betroffenen entsprechen mag, so oft entstehen doch gerade hier Schuldgefühle, Aggressionen, Ängste, innere und äußere Konflikte.

■ Die gesellschaftlichen und religiösen Normen des Trauerverhaltens unterstützen oder hemmen ihrerseits die mögliche Trauerarbeit. In bestimmten Religionen und Gesellschaften ist es wünschenswert oder vorgeschrieben, daß der Trauernde seine Trauer so gefaßt wie möglich trägt. Da somit die Formen der äußeren Verarbeitung abgeschnitten sind, wird die innere Verarbeitung verstärkt. Diese Haltung begünstigt die Entwicklung späterer abnormer Trauerreaktionen. Auf der anderen Seite finden sich Trauerrituale, die zu exzessiven Trauerausbrüchen führen. Der Trauernde schlägt sich mit den Fäusten, rauft sich die Haare, klagt Gott und die Menschen an, oder er jammert am Totenbett des Verstorbenen, unterstützt durch Klageweiber. Eine ähnliche entlastende Funktion übernehmen die Blumengaben, die als Totenopfer, Zeichen der Dankbarkeit oder der Schuld dienen.

An dem Entstehen abnormer Trauerreaktionen sind im Sinne der Psychotherapie Schuldgefühle mitbeteiligt. Diese können von der Vorstellung, man habe den Tod des anderen verschuldet und habe nicht genug Hilfe geleistet, bis zur Vorstellung reichen, man sei nicht nett genug gewesen und habe dem Verstorbenen bei mancher Gelegenheit die Hölle heiß gemacht und ihn zum Teufel gewünscht. Hier spiegeln sich die Konflikte, die zwischen dem Verstorbenen und dem Trauernden ausgetragen worden waren. Diese Schuldgefühle, die als Belastungen wirken, werden schrittweise verarbeitet oder verdrängt. Zu dieser Verdrängung gehört, was die Psychoanalyse Idealisierung nennt: Der Tote, mit dem man Konflikte hatte, wird über diese Konflikte erhoben. Er, der Fehler hatte, wird zu dem besten, reinsten und fehlerlosesten Menschen, weil man glaubt, mit den Konflikten nicht fertig zu werden, wenn man sie offen eingesteht. Denn Fehler des anderen sind Erinnerung an diese Konflikte. Mit der Idealisierung ist ein Abstand gegenüber vergleichbaren Personen verbunden. Die Geschwister des verstorbenen Mädchens werden in den Augen ihrer Mutter nie deren Tugenden erreichen können. Vielmehr wird noch der offene Vergleich mit dem Toten und der Versuch, ihn an guten Eigenschaften zu übertreffen, als Verunglimpfung und Herabwürdigung des Toten gewertet. Somit verbindet sich die Idealisierung des einen Partners mit der Herabsetzung eines anderen.

In der abnormen Trauerreaktion versucht ein Überlebender, den Tod einer Bezugsperson nicht wahrzuhaben, ihn zu überspielen oder rückgängig zu machen. Während die normale Trauerarbeit nach einer gewissen Zeit beendet ist, setzt sich die abnorme Trauerreaktion aus eigenen Kräften bis zur Erschöpfung fort.

Die Behandlung hängt sehr von dem Einzelfall ab. Medikamentöse Unterstützung sowie Maßnahmen wie Schlaftherapie und Badebehandlung erweisen sich dann als besonders erfolgreich, wenn die Trauerarbeit primär durch körperliche und seelische Erschöpfung gehemmt wurde. In anderen Fällen nützt eine derartige körperliche Unterstützung oft recht wenig. Kuraufenthalte und medikamentöse Behandlung haben dann nur begrenzten Erfolg; der Patient fällt immer wieder in seine Ängste und Depressionen zurück. Hier liegt der Ansatzpunkt zu einer psychotherapeutischen Behandlung, die darauf abzielt, die Unterscheidungsfähigkeit zu erweitern. Dadurch ermöglichen wir dem Patienten, die Konfliktsituation zu verarbeiten und die Bedingungen und die Chance dieses unabwendbaren Geschehens zu erkennen. Die Chance, die im Tod eines Menschen verborgen ist, läßt sich am besten an einem Beispiel verdeutlichen:

Endlich ein eigener, freier Mensch

Eine 26jährige Frau hatte gleich nach dem Schulabschluß mit 18 Jahren geheiratet. Zu Hause war sie als einzige Tochter beschützt worden und stand in Abhängigkeit von ihren Eltern. Diese wurde mit der Heirat durch eine Abhängigkeit von dem Ehemann abgelöst. Der zwölf Jahre ältere Mann kümmerte sich um alles, was die geschäftlichen Bereiche der Ehe betraf. Die junge Frau brauchte nichts anderes zu tun, als sich dem Ehemann anzupassen. Als der Ehemann nach einem Verkehrsunfall starb, war die Frau plötzlich mit sich selbst konfrontiert. Sie bemerkte, daß sie kaum eigene Interessen hatte, daß ihre Zeiteinteilung die ihres Ehemannes war, und sie als Schatten des Toten lebte. Das Leben hatte für sie, wie sie sagte, keinen Sinn mehr.
Nach einem Selbstmordversuch kam sie in psychotherapeutische Behandlung, wo sie unter Anleitung des Therapeuten lernte, einen eigenen Lebensplan zu erstellen. Sie begann ein Studium und war, wie sie es selbst ausdrückte, *endlich ein eigener und freier Mensch*. Ein Trost, der die Trauerarbeit erleichterte und die wegen der Verselbständigung auftretenden Schuldgefühle verarbeiten half, war die Vorstellung, sie könne jetzt die Aufgaben ihres verstorbenen Mannes auf ihre Weise fortführen.

DIE EINSTELLUNG ZUM EIGENEN TOD

Die Vorstellung des eigenen Todes stößt bald an Grenzen. Für den Vorgang des Sterbens sind wir auf die Aussagen Sterbender angewiesen und der Zustand nach dem Sterben entzieht sich jeder bildhaften Vorstellung. Der Tod gehört zu dem bestimmten Schicksal des Menschen. Die Einstellung zu ihm aber ist bei jedem Menschen verschieden. Zudem wandelt sich die Einstellung entsprechend dem Alter.
Viele Menschen meiden die Berührung mit dem Tod. Sie wollen jenes angsterregende Ereignis aus dem Bewußtsein und dem Erleben bannen.
Was soll ich mich mit solchen Dingen beschäftigen? Ich bin noch jung und habe das Leben noch vor mir und will es genießen. Wir haben Geld, eine nette

Wohnung, gute Freunde, ein Auto. Was will ich noch mehr. (28jähriger Angestellter)

Andere, besonders kindlich-naiv Eingestellte sehen ihr Leben als »Durchgangsbahnhof«, als »Wartehalle« und ihren Tod als »Tor zum Leben«. Für sie bietet der Tod einen tiefen Trost, gleichwohl sie oft neben dem Leben zu stehen scheinen.

Dieses Leben ist nicht alles

Trotz all der Schicksalsschläge, die mich getroffen haben, bin ich demütig und gehe meinen Weg. Mein Leben ist nicht alles und der Tod ist kein Ende. Was mir das Leben versagt, wird mir das Leben nach dem Tode schenken. (68jährige Witwe)

Gott sei Dank ist mit dem Tod nicht alles aus

Meine Tochter ist wie ein Tyrann. Koche ich Blumenkohl, nachdem sie das gewünscht hat, sagt sie: ›Nein, den mag ich jetzt nicht, ich will Nudeln haben!‹ Ich tue das dann auch. Trotzdem kommt sie nicht zur verabredeten Zeit nach Hause; sie kommt, wann sie will, dann sind die Nudeln auch schon wieder kalt. Dann fängt sie an zu toben und zu brüllen. Ich muß sie dazu zwingen, daß sie sich wäscht. Taschengeld bekommt sie schon keins mehr, das gibt sie doch nur für Süßigkeiten aus. Sie müßte verzichten lernen. Und dann will sie immer ein neues Kleidchen haben. Ich halte nichts von dem modischen Kram. Ich bin da anders eingestellt. Gestern habe ich mir aus Verzweiflung die Haare abgeschnitten, weil Petra so unordentlich und frech ist. Seit mein Mann tot ist, habe ich an diesem Leben keine Freude mehr. Gott sei Dank ist mit dem Tod nicht alles aus. Nur weil ich das weiß, halte ich das alles aus mit meiner Tochter. Und vielleicht verdiene ich mir eine Stufe höher im Himmel, wenn ich trotz allem gut bin. Ich bemühe mich wirklich, zu allen Menschen gut zu sein. (36jährige Mutter eines 9jährigen Mädchens, Depressionen und Angstzustände)

Wieder andere sehen den Tod als endgültigen Schlußstrich. Sie fürchten sich und leben nach der Devise: Nimm, was du kriegen kannst, ohne Rücksicht auf Verluste. Nur das Heute ist wichtig.

Jeder ist sich selbst der Nächste

Gerade weil ich weiß, daß mit dem Tod alles aus ist, versuche ich, mein Leben zu genießen. Jeder ist sich selbst der Nächste. Für Spintisieren wie ›Sinn des Lebens und des Todes‹ und so, habe ich nichts übrig. Da verwende ich meine Zeit lieber für etwas anderes. Ich weiß, daß ich ein Egoist bin, aber andere gebrauchen ja auch ihre Ellenbogen. (38jähriger Betriebsleiter, dessen Sohn sich wegen Schulschwierigkeiten und Verhaltensauffälligkeiten in psychotherapeutischer Behandlung befand)

Wieder andere sehen ihren Tod als endgültiges Ende, leben aber gerade deswegen ihr Leben sehr intensiv und ethisch motiviert.

Ich verändere mich von Tag zu Tag

Mein Leben hat schon deshalb einen Sinn, weil ich mich manchmal von Tag zu Tag verändere und ich direkt verfolgen kann, wie ich mich entfalte. Gewiß, ich erleide Rückschläge und falle z.B. oft in eine engstirnige Leistungsakrobatik zurück. Ich habe aber auch Freunde, interessiere mich für Politik und Entwicklungshilfe und finde sehr viel Befriedigung, wenn ich mich musisch betätige. (43jährige Lehrerin)

Den Todeswunsch können wir als eine spezielle Einstellung zum Tod bezeichnen. Einmal kann der Todeswunsch als aggressiver Gedanke gegenüber anderen auftreten: »Wärest du doch nie geboren worden«, »Wenn der alte Knacker doch endlich abkratzen würde«. Diese Haltung findet sich oft in der Geschichte von Menschen, die dann den Tod der verwünschten Person mit Schuldgefühlen besetzen und eine abnorme Trauerreaktion entwickeln. Der gegen sich selbst gerichtete Todeswunsch besitzt in der Regel den Charakter einer Fluchtreaktion. Als Motivation liegt ihm häufig der Wunsch zugrunde, auf die eigene Situation aufmerksam zu machen, oder irgend jemanden zu bestrafen: für seine Unachtsamkeit, seine Unordnung, seine Unpünktlichkeit und seine Unzuverlässigkeit.

Da du mich nicht liebst, gehe ich in den Tod

Eine 46jährige Frau wurde in einem Waldgrundstück gefunden. Sie war schon über längere Zeit hinweg bewußtlos. Neben ihr lagen eine Flasche Cognac und mehrere Röhrchen Schlaftabletten. Ihre Augen waren dem Ameisenfraß zum Opfer gefallen. Die Frau konnte ärztlich wiederbelebt und behandelt werden. Im ersten Gespräch äußerte sie, daß sie in den Tod gehen wollte, weil ihr Freund sie verlassen habe. Das Leben hätte für sie doch keinen Sinn mehr und der Freund sollte sich ewig Gewissensbisse machen.
Die Angst vor dem Tod ist sicherlich natürlich, jedoch braucht sie, wie wir an den unterschiedlichen Einstellungen gesehen haben, nicht unbedingt und in ihrer schwersten Form aufzutreten.
Die Todesangst ist mithin nicht nur die Angst vor dem konkreten Ereignis Tod, sondern kann unabhängig von dem Tod auftreten, wie in der Nacht, oder bei einer eingebildeten Herzattacke. In diesem Sinn ist es sogar richtig, davon zu sprechen, daß der Mensch mehrere Tode stirbt.
Worauf bezieht sich nun die Todesangst? Der Tod als relativ unfaßbares Ereignis ist oft nur in entfernterem Sinn Gegenstand der Angst.

■ *Todesangst und Körper:* Die Vorstellung, daß der Tod mit Schmerzen verbunden sei, oder das Erleben der Todessituation selbst mag angsterregend wirken. Die Ausprägung der Angst bzw. des Unbehagens hängt eng zusammen mit der Einstellung gegenüber dem Körper und dessen Leiden und damit im weiteren Sinn mit der Erziehung. Jemand, der gelernt hat, jede kleinste Unpäßlichkeit zu beobachten und mit ihr eventuelle Erkrankungen zu verbinden, wird wohl eher als andere und in verstärktem Maße Angst vor dem körperlichen Tod empfinden.

Ich habe vor dem Sterben grosse Angst

Wie vor schweren Krankheiten, Operationen usw. fürchte ich mich auch vor dem Tod, und ich mache mir oft Gedanken darüber, wie ich mich wohl verhalten werde, wenn meine letzte Stunde einmal gekommen ist. Obwohl ich oft, wenn es mir ganz dreckig ging, gesagt habe: ›Ach, wenn nur einmal alles vorüber wäre‹, möchte ich doch noch nicht sterben, denn, wie bereits gesagt, habe ich vor dem Sterben große Angst. Dies ist wohl auch der Grund dafür, daß ich in bezug auf Krankheiten sehr ängstlich bin, vielleicht zu oft zum Arzt gehe, um gewisse Probleme auszuräumen und mich zu sehr selbst beobachte. Auch werde ich durch Krankenwagen, Martinshörner, Krankenhäuser usw. immer wieder an den Tod erinnert. Ich kann mich eben nur schwer damit abfinden, daß unser Leben von Anfang an auf den Tod bezogen ist. (26jähriger Verkaufsleiter)

Durch die ständige Beachtung der Körperfunktionen stehen diese Menschen fortwährend in ihrem Erleben im Angesicht des Todes. Sie sterben ihr Leben lang. Das Leiden, die Ahnung des nahen, aber doch weit entfernten Todes gibt ihnen Bedeutung. Kennzeichnend für sie ist, daß sie zwar oft und gerne Ärzte aufsuchen, aber so gut wie nie deren Rat befolgen. Es ist ihr Lebensinhalt, zu wissen, daß sie leiden, und daß niemand ihnen helfen kann.
Krankheiten und Leid gehören zur Wirklichkeit unseres Lebens. Trotz aller Vorsicht, die Krankheiten gegenüber zu gelten hat, sind übertriebene Vorsicht und Krankheitssuche eine Quelle für die oben beschriebene Einstellung.
Für manche Menschen erscheint der Vorgang des Todes weniger beängstigend als die Vorstellung, daß der vertraute, intime, fleischliche Körper in einen ekelerregenden, fauligen Zustand übergehen würde. Hier identifiziert man sich selbst mit dem Körper und legt auch an den leblosen Körper den Maßstab der Sauberkeit.

Mich lässt der Gedanke meines zerfallenden Körpers nicht los

Allein die Vorstellung, daß mein Körper, das Fleisch meiner Hand, meine Brüste, mein Bauch stinkend zerfallen könnten, erregt in mir einen Ekel vor mir selber. Obwohl ich weiß, daß ich all das nicht erleben werde, läßt mich der Gedanke nicht los; ich habe eine schreckliche Angst davor. (24jähriges gutaussehendes Mannequin)

■ *Todesangst und Umwelt:* In der üblichen Vorstellung ist Tod mit dem

Körper verbunden. Die Funktion der Organe stoppt. Der Körper geht in einen anderen Zustand über. Was haben Tod und Todesangst nun mit der Umwelt zu tun? Häufig begegnen uns Klagen wie:
Du bringst mich mit deiner Unordnung noch ins Grab.
Ich werde auch nicht in der anderen Welt zur Ruhe kommen, wenn ich daran denke, wie unselbständig und schlampig du bist.
Wenn ich nur wüßte, daß du dich allein erhalten kannst und ein ehrbares Leben führst, könnte ich in Ruhe sterben.
Ich wollte, ich wäre lieber tot, als deine Untreue erleben zu müssen.
Hier werden die Einstellungen zu den einzelnen Aktualfähigkeiten zur Ursache, den Tod zu fürchten bzw. ihn herbeizuwünschen.

Wäre ich doch gegen den Brückenpfeiler gefahren

Achtzehn Jahre war ich als Techniker in einer großen Firma tätig. Im Rahmen von Umstrukturierungen sollte ich plötzlich in das Labor. Wie soll ich mit dieser neuen Aufgabe fertig werden? In meine alte Tätigkeit hatte ich mich so gut eingelebt. Ich sehe es schon kommen, daß ich versagen werde. Die Umstellung macht mich fertig. Vor kurzem raste ich auf der Autobahn herum. Irgendwie wollte ich dem unerträglichen Spannungsfeld entfliehen. Ich dachte fortwährend daran, daß es das beste wäre, wenn ich jetzt mit 160 Sachen gegen einen Brückenpfeiler fahren würde. Dann wäre ich wenigstens dieser Belastung nicht ausgesetzt. (38jähriger Ingenieur)

In derartigen Fällen gilt der Tod als Ausweg aus Konfliktsituationen, die sich auf der Grundlage der verinnerlichten Verhaltensnormen entwickelt haben. Ebensogut können die Aktualfähigkeiten Grund für Todesangst sein:
Wenn ich meine Lebensaufgabe nicht erfülle, hat mein ganzes Leben keinen Zweck gehabt.
Ich kann erst in Ruhe sterben, wenn ich meine Arbeit fertiggestellt habe.
Ich habe im Leben genug gearbeitet, der Tod ist für mich kein Schrecken mehr.
Je nach der Betonung, welche die Aktualfähigkeiten in der Erziehung erhielten, wird die Einstellung zum Tod – Todeswunsch, Todesangst oder Indifferenz gegenüber dem Tod beeinflußt.

■ *Todesangst und Zeit:* Die Einstellung zu Körper und Umwelt und deren Beziehung zum Tod entwickeln sich im Verlauf der Lebensgeschichte eines Menschen. Hier bilden sich die Konflikte und Angstbereitschaften, die besondere Betonung und Heraushebung eines Bereichs bzw. seine Verdrängung. Jedoch ist das Verhältnis zum Tod nicht nur durch die maßstabgebenden Erfahrungen der individuellen und kollektiven Vergangenheit sowie die augenblicklichen Erlebnisse bestimmt; sie werden vielmehr durch die Einstellung und Erwartungen gegenüber der Zukunft wesentlich mit geprägt. Bilz (1967) berichtet von einem Versuch, den ein amerikanischer Physiologe durchgeführt hatte. Dieser warf wilde Ratten in einen mit Wasser gefüllten

Glaszylinder, aus dem es kein Entrinnen gab. Die Tiere schwammen in großer Erregung etliche Minuten; dann sanken sie ab und ertranken. Daß sie in der kurzen Zeit bereits so erschöpft waren, daß ihnen die Kräfte versagten, war nicht anzunehmen. Bei einer anderen Gruppe wilder Ratten legte der Wissenschaftler einen Stock in den Zylinder, über den sich die Tiere retten konnten. Wenn ein Tier, das diese Erfahrung gewonnen hatte, erneut in die Situation der Ausweglosigkeit zurückversetzt wurde, schwamm es bis zu 80 Stunden lang, bis zur Erschöpfung. Die Ratten der zweiten Gruppe hatten lediglich die Erfahrung gemacht, daß es einen Ausweg geben kann. Diese »Hoffnung« ermöglichte es ihnen, bis zur vollkommenen Erschöpfung zu schwimmen, während die »hoffnungslosen« Ratten nach großer innerer Erregung und Angst bald starben.

Obwohl dieser Versuch nicht lückenlos auf den Menschen zu übertragen ist, stellt er doch die Bedeutung der Zukunftsperspektive heraus. Von der Chirurgie her wissen wir, wie wichtig der seelische Zustand, die Einstellung zur Operation und die Einstellung zum Leben für den Operationserfolg sind. Die Art einer Krankheitsverarbeitung wird ebenso von dem Verhältnis zur eigenen Zukunft mitbestimmt. Wenn das Leben für einen keinen Sinn mehr hat, wenn »kein Stock in den Glaszylinder« des Erlebens eines Kranken hineingereicht wird, über den er entkommen kann, können selbst harmlose Erkrankungen größten Leidensdruck erhalten. Über den Leidensdruck, die innere Erregung oder Apathie können erneut Krisen im Krankheitsverlauf entstehen.

Was für die Ratte der Glaszylinder war, ist für manche Patienten die Diagnose eines Arztes. Sie gibt Zuversicht oder nimmt ihnen jede Hoffnung und läßt sie resignieren. Es versteht sich für den Arzt von selbst, daß er mit derartigen Diagnosen sehr vorsichtig umgeht.

Manche dieser Diagnosen werden gestellt, weil noch keine anderen Ansatzpunkte und praktischen Möglichkeiten bestehen. Zu nennen ist hier beispielsweise die psychiatrische Diagnose der »Schizophrenie«. Obwohl ihre Bedingungen noch weitgehend ungeklärt sind und ihre Verläufe nur in wenigen Fällen mit dem Persönlichkeitsverfall einhergehen, steht diese Krankheit am Ende der Liste des Krankheitsprestiges und läßt die Erkrankten mitunter hoffnungslos sein.

Wenn die Frage nach dem Sinn des Todes oder des Leides in einem bestimmten Moment nicht beantwortet werden kann, wenn die Situation ausweglos erscheint, bedeutet dies nicht, daß es immer so sein müsse. Die Frau, deren Augen nach einem Selbstmordversuch von Ameisen zerfressen waren, konnte nach einiger Zeit nicht mehr begreifen, warum sie überhaupt zu den Tabletten gegriffen hatte. So ist bei jeder momentanen Ausweglosigkeit zu fragen, ob dieses gleiche Ereignis von einem anderen Standpunkt her, zu einer anderen Zeit, nicht eine gänzlich andere Bedeutung haben könnte. Hoffnungslosigkeit bedeutet in diesem Sinn, daß die Dimension der Zeit zu einem einzigen Punkt zusammengeschmolzen ist, auf den sich das Erleben eines Menschen fixiert.

TOD UND ERZIEHUNG

Die Einstellung zum Tod hängt, wie wir sehen konnten, ab von der Erziehung, der Tradition, der Religion, der Gesellschaft und den eigenen Lebenserfahrungen. Selbst wenn über den Tod nicht offen gesprochen wird, werden durch die Verhaltensweisen der Umgebung bestimmte Einstellungen beim Kind gesetzt. Wenn beispielsweise eine Mutter nach dem Tode ihrer Mutter in eine abnorme Trauerreaktion verfällt, Weinkrämpfe und Depressionen über längere Zeit hinweg hat und fortwährend zeigt, wie sie leidet, wird sie hinsichtlich der Haltung gegenüber dem Tod zum Vorbild des Kindes. Den Verlust eines Menschen erlebt es nicht nur als ein unfaßbares Geschehen, sondern als eine Gefährdung der Persönlichkeit; wie es dies bei seiner Mutter miterfahren hatte. Allem Anschein nach werden nicht nur die Trauerrituale überliefert; es scheint sogar eine Familientradition der Trauerreaktionen zu bestehen.

Nicht allein ein derart geschlossenes Vorbild wird für die Haltung gegenüber dem Tod bedeutsam. Einzelne Erlebnisse, die mit dem Tod verbunden waren, können sich über die gesamte Erfahrung des Todes ausbreiten: ob man sich mit ihm beschäftigt oder dies ablehnt, ob man die Vorstellung des eigenen Todes mit Lustgefühlen verbindet und diese überbewertet. Hier kommt es auf die Einstellung der Eltern an, über die die Kinder ihre eigene Einstellung bilden:

ENDLICH HABE ICH MEINE RUHE

Der 15jährige Uwe kommentierte den Tod seiner Großmutter: *Die Omi ist gestorben. Na endlich habe ich meine Ruhe.* Die Mutter reagierte spontan: *Du unverschämter und undankbarer Kerl! Über seine verstorbene Oma spricht man nicht schlecht.* Die Mutter hätte auch in anderer Weise reagieren können: *Ich weiß nicht, ob du das tatsächlich so meinst, wie du es sagst. Ich habe den Eindruck, daß du nicht zugeben willst, daß dich der Tod der Oma genauso betrifft wie uns. Du denkst, es ist eine Schande, wenn ein richtiger Junge seine Gefühle zeigt.*

SEIT VATI TOT IST, SEHE ICH KEINEN SINN MEHR

Konrad, 17 Jahre alt, resigniert: *Ich sehe keinen Sinn mehr, überhaupt noch etwas zu machen, seit Vati tot ist.* Die Mutter berichtete, daß sie darauf geantwortet habe: *Meinst du, daß ich noch einen Sinn sehe, ich habe selbst schon lange aufgegeben!* In der psychotherapeutischen Behandlung gab die Mutter noch eine andere Antwort: *Es ist nicht einfach für uns, daß wir unseren Vati mit 42 Jahren verloren haben. Ich glaube, es wäre nicht in Vatis Sinn, wenn wir alles fallen ließen. Er hat Zeit seines Lebens dafür gesorgt, daß wir glücklich zusammenleben konnten. Jetzt wäre es widersinnig, wenn wir nur noch das Unglück sehen würden. Wenn wir zusammenhalten, können wir auch jetzt unser Leben noch sinnvoll gestalten.*

STÖRUNGEN UND KONFLIKTE

Todesangst; Unachtsamkeit; Weltanschauungskrisen; Krankheitsbefürchtungen; Negativismus; nihilistische Ideen; Pessimismus; übertriebener Optimismus; existentielle Angst; Überforderungen; Unterforderungen; Unsicherheit; Flucht in die Zukunft; Beruf als Lebensziel; Triebenthemmung; Askese; Traurigsein; Verstimmungen.

MERKE

Der Tod ist wie die Geburt ein notwendiges, bestimmtes Schicksal. Die Einstellung zum Tod dagegen ist bedingt durch die Erziehung, die Erfahrungen, die man im Zusammenhang mit diesem Themenkreis macht. Diese Einstellung zum Tod gehört zum bedingten Schicksal. Die Angst vor dem Tod ist eine differenzierte Erscheinung. Sie bezieht sich auf den Körper, die Aktualfähigkeiten sowie auf das Verhältnis zu Vergangenheit, Gegenwart und Zukunft.

PSYCHOSERUM

Lerne zu unterscheiden zwischen dem Tod und der Einstellung zum Tod.

KAPITEL IV

Erziehung – Selbsthilfe – Psychotherapie

Der Prophet und die langen Löffel

Ein Rechtgläubiger kam zum Propheten Elias. Ihn bewegte die Frage nach Hölle und Himmel, wollte er doch seinen Lebensweg danach gestalten. »Wo ist die Hölle – wo ist der Himmel?« Mit diesen Worten näherte er sich dem Propheten, doch Elias antwortete nicht. Er nahm den Fragesteller an der Hand und führte ihn durch dunkle Gassen in einen Palast. Durch ein Eisenportal betraten sie einen großen Saal. Dort drängten sich viele Menschen, arme und reiche, in Lumpen gehüllte, mit Edelsteinen geschmückte. In der Mitte des Saales stand auf offenem Feuer ein großer Topf voll brodelnder Suppe, die im Orient Asch heißt. Der Eintopf verbreitete angenehmen Duft im Raum. Um den Topf herum drängten sich hohlwangige und tiefäugige Menschen, von denen jeder versuchte, sich seinen Teil Suppe zu sichern. Der Begleiter des Propheten Elias staunte, denn die Löffel, von denen jeder dieser Menschen einen trug, waren so groß wie sie selbst. Nur ganz hinten hatte der Stiel des Löffels einen hölzernen Griff. Der übrige Löffel, dessen Inhalt einen Menschen hätte sättigen können, war aus Eisen und durch die Suppe glühend heiß. Gierig stocherten die Hungrigen im Eintopf herum. Jeder wollte seinen Teil, doch keiner bekam ihn. Mit Mühe hoben sie ihren schweren Löffel aus der Suppe, da dieser aber zu lang war, bekam ihn auch der Stärkste nicht in den Mund. Gar zu Vorwitzige verbrannten sich Arme und Gesicht oder schütteten in ihrem gierigen Eifer die Suppe ihren Nachbarn über die Schultern. Schimpfend gingen sie aufeinander los und schlugen sich mit denselben Löffeln, mit deren Hilfe sie ihren Hunger hätten stillen können. Der Prophet Elias faßte seinen Begleiter am Arm und sagte: »Das ist die Hölle!«
Sie verließen den Saal und hörten das höllische Geschrei bald nicht mehr. Nach langer Wanderung durch finstere Gänge traten sie in einen weiteren Saal ein. Auch hier saßen viele Menschen. In der Mitte des Raumes brodelte wieder ein Kessel mit Suppe. Jeder der Anwesenden hatte einen jener riesigen Löffel in der Hand, die Elias und sein Begleiter schon in der Hölle gesehen hatten. Aber die Menschen waren hier wohlgenährt und man hörte in dem Saal nur ein leises, zufriedenes Summen und das Geräusch der eintauchenden Löffel. Jeweils zwei Menschen hatten sich zusammengetan. Einer tauchte den Löffel ein und fütterte den anderen. Wurde einem der Löffel zu schwer, halfen zwei andere mit ihrem Eßwerkzeug, so daß jeder doch in Ruhe essen konnte. War der eine gesättigt, kam der nächste an die Reihe. Der Prophet Elias sagte zu seinem Begleiter: »Das ist der Himmel!«

Diese Geschichte ist, obwohl über einige 1000 Jahre im Volksmund überliefert, aus dem Leben gegriffen. Sie findet sich im Prinzip wieder, wenn wir die Schwierigkeiten in einer Familie sehen, die Auseinandersetzungen zwischen

Vater und Mutter, den Streit zwischen den Kindern und die Aggressionen in der Beziehung der Eltern und Kinder, wenn wir den Kampf eines Menschen mit seiner Umgebung betrachten und die Auseinandersetzung zwischen Gruppen und Völkern. Die »Hölle« ist das Nebeneinander- und Gegeneinanderarbeiten; jeder nur für sich und gegen die anderen. Der »Himmel« dagegen beruht auf der Bereitschaft, mit den anderen positiv in Beziehung zu treten. Beide – die Menschen im Himmel wie die in der Hölle – haben die gleichen oder ähnliche Probleme. Ob sie im Himmel oder in der Hölle leben, hängt davon ab, wie sie diese Probleme zu lösen versuchen.
Himmel und Hölle sind in uns. Wir haben die Möglichkeit zu wählen. Wie groß diese Chance der Wahl ist, wird zu einem guten Teil bestimmt durch unsere Erfahrungen, dadurch, wie wir gelernt haben, Probleme zu lösen, und durch unsere Bereitschaft, unsere Erfahrung zu nutzen.

Einführung in die Selbsthilfe

Während die vorigen Kapitel Verhaltensweisen, Erziehungsformen, Reaktions- und Konflikttypen und Mißverständnisse der zwischenmenschlichen Beziehungen behandelten, soll jetzt versucht werden, Konsequenzen aus dieser Analyse zu ziehen und Wege zu finden, um diese Konsequenzen in die erzieherische, partnerschaftliche und zwischenmenschliche Praxis einzubringen. Ein solcher praktischer Ansatz darf nicht als Rezept mißverstanden werden. Er soll vielmehr Leitlinien aufzeigen, wie man die Gefahr vermindern kann, daß »das Kind in den Brunnen fällt«, und wie man ihm helfen kann, wenn es in diesen Brunnen gefallen ist.

Die Selbsthilfe hat die Aufgabe eines solchen Leitfadens. Sie berücksichtigt daher im wesentlichen nur einige grundlegende Verfahren. Diese haben den Vorteil, daß sie auf einen relativ großen Kreis von Menschen und verschiedenartige Probleme zutreffen. Gebrauchsanweisungen, die unverändert auf den Einzelfall übernommen werden können, bietet die Selbsthilfe nicht, denn jede partnerschaftliche Situation hat ihre Einzigartigkeit, die auch in der Selbsthilfe in Rechnung gestellt werden muß. Das Prinzip der Sauberkeit – um nur ein Beispiel aus der Reihe der Aktualfähigkeiten zu nennen – hat in jeder Partnerschaft Gültigkeit. Welche Bedeutung ihm zugewiesen wird, unterscheidet sich in vielfältiger Weise: Einer benötigt für seine Sauberkeit zwei Hemden am Tag, ein anderer braucht nur eines in zwei Tagen. Manche duschen sich morgens, andere abends usw. Die eine wie die andere Verhaltensweise kann von einem Partner gleichgültig behandelt werden, seine Zustimmung finden oder auf seine Ablehnung stoßen. Daher verzichten wir ganz bewußt darauf, Anweisungen zu geben, die jeden Schritt festlegen. Die partnerschaftliche Situation verlangt vielmehr eine größtmögliche Flexibilität; die Selbsthilfe soll hier einen Weg zeigen.

Drei Grundprinzipien der zwischenmenschlichen Beziehungen

In der individuellen Entwicklung sowie in der partnerschaftlichen Situation durchläuft der Mensch verschiedene Stadien, die durch die folgenden drei Prinzipien charakterisiert sind.

DAS PRINZIP DER ENTWICKLUNG

Mit ihm wurden wir bereits im Zusammenhang mit dem Mißverständnis »Entwicklung« konfrontiert. Es ging dort vor allem um Verzerrungen in der Dimension der Zeit, die zu Über- und Unterforderungen führen. In den zwischenmenschlichen Beziehungen entspricht dem Prinzip der Entwicklung das *Stadium der Verbundenheit*. Das Kind ist auf seine Eltern angewiesen. Es benötigt deren Vorbild, Geduld und Zeit. Die Eltern fühlen sich ihrerseits durch Liebe, Hoffnung, Glaube und Verantwortung dem Kind verbunden. Ähnliches findet sich in den sozialen Beziehungen, wenn wir Verantwortung für einen Menschen übernehmen, Erwartungen an ihn stellen und Hoffnungen auf ihn setzen. Verbundenheit erhält unter diesem Aspekt die Bedeutung eines Stadiums der Interaktion.

DAS PRINZIP DER UNTERSCHEIDUNG

Unterscheidung ist eine Grundfunktion, die sich auf die Aktualfähigkeiten zentriert. Erst durch die Unterscheidung lernt man zwischen den Triebbedürfnissen und den Erfordernissen der Umwelt zu vermitteln. Allgemein formuliert: wir lernen, indem wir zu unterscheiden lernen. Bezogen auf die soziale Interaktion tritt das *Stadium der Warnung* in den Vordergrund. Wir lernen nicht nur, unsere Umgebung durch Versuch und Irrtum zu unterscheiden. Vielmehr sind wir zu einem erheblichen Teil auf Informationen aus der sozialen Umgebung angewiesen. Wenn wir Ratschläge geben, auf einen anderen einwirken wollen oder beabsichtigen, seine Einstellungen und sein Verhalten zu ändern, befinden wir uns im Stadium der Warnung. Dieses wird somit zum Inbegriff der sozialen Anforderungen und der Anpassung an die jeweiligen Bedingungen der Umgebung.

DAS PRINZIP DER EINHEIT

Bezogen auf die Entwicklung des Menschen, innerhalb derer in jedem Entwicklungsstadium eine spezifische Einheit erreicht werden kann, bedeutet Einheit letzthin die Integration von Fähigkeiten zu einer individuellen Persönlichkeit. Damit ist eine gewisse Autonomie verbunden, die an Bedeutung bis hin zum Erwachsenenalter zunimmt. Während einem Menschen in den frühen Abschnitten seiner Entwicklung wiederholt gesagt wurde: »Wasch deine Hände; mach Ordnung; sei fleißig; benimm dich anständig...!«, benötigt er mit zunehmender Reife Informationen von außen nicht mehr in diesem Umfang. Er bestimmt jetzt sich selbst und entscheidet für sich und andere. Das bedeutet zugleich, daß er sich von den engeren Bezugspersonen ablöst und die Informationen, die er braucht, selbständig sucht und selbständig Verantwortung trägt. Wir können hier von einem *Stadium der Ablösung* sprechen, das die reifende und reife Persönlichkeit kennzeichnet.

Interaktionsanalyse

Die Stadien der partnerschaftlichen Interaktion – Verbundenheit, Warnung/Differenzierung, Unterscheidung und Ablösung – geben uns einen konkreten Einstieg in aktuelle zwischenmenschliche Konflikte. Sie finden sich einerseits in der Entwicklung eines Menschen, bzw. kennzeichnen das augenblickliche Bedürfnis eines Partners. Andererseits bestehen sie als Einstellungen, Wünsche und Erwartungen bei der jeweiligen Bezugsperson. Wir sprechen hier von Erwartungsstadien. Beziehen wir, wie es letztlich in der Interaktion geschieht, die möglichen Interaktionsstadien des Partners und die Erwartungsstadien der Bezugsperson aufeinander, kommen wir zu folgender Darstellung:

Modell der Stadien einer Interaktion

Erwartungsstadien der Bezugsperson

Ablösung	Warnung / Unterscheidung	Verbundenheit	
A	B	—	Verbundenheit
C	—	D	Warnung / Unterscheidung
—	E	F	Ablösung

Entwicklungsstadien des Partners

Zur Analyse eines Konfliktes ist zunächst festzustellen, in welchem Stadium der Interaktion sich der Partner befindet. Man stellt sich folgende Fragen, die das Stadium der Verbundenheit kennzeichnen:
Hat mein Partner (gerade jetzt) das Bedürfnis, mit mir zusammen zu sein?
Benötigt er meine Zuwendung?
Hat er eine intensive emotionale Beziehung zu mir entwickelt?
Interaktion besteht nicht nur als emotionale Beziehung. Der Partner braucht in gewissen Abschnitten Informationen und Warnungen.
Folgende Fragen weisen auf das Stadium der Warnung/Differenzierung hin:
Fehlen meinem Partner Informationen?
Benötigt er meinen Rat?
Braucht er meine Meinung als Entscheidungshilfe?
Das Stadium der Ablösung des Partners schließlich ist gleichbedeutend mit der Abschwächung, Änderung oder Auflösung emotionaler Beziehungen. Von Ablösung sprechen wir, wenn jemand das Elternhaus verläßt, um selbständig zu leben, wenn er eigene Vorstellungen durchzusetzen versucht, wenn er eigene Entscheidungen treffen möchte. Wir fragen hier:
Möchte mein Partner für sich, auch ohne meine Entscheidungshilfe, eine Entscheidung treffen?
Schränkt mein Rat seine persönliche Freiheit ein?
Beansprucht er für sich Unabhängigkeit?
Jedes dieser Stadien trifft auf ein Erwartungsstadium der Bezugsperson. Man fragt sich selbst:

Erwarte ich, daß mein Partner bei mir bleibt, mir hilft, sich mir gegenüber emotional verbunden fühlt und Dankbarkeit zeigt? (Verbundenheit)
Habe ich das Bedürfnis, meinem Partner Rat zu geben, ihn in seinen Entscheidungen zu beeinflussen oder ihn zu warnen? (Warnung/Unterscheidung)
Erwarte ich von meinem Partner Selbständigkeit? Möchte ich die Verantwortung für ihn nicht mehr übernehmen? Halte ich es für richtig, ihn sich selbst zu überlassen? (Ablösung)
Trifft das Erwartungsstadium der Verbundenheit der Bezugsperson auf das Bedürfnis nach Verbundenheit beim Partner, stimmt das Bedürfnis nach Warnung mit der gegebenen Information und Warnung überein und erfolgt von beiden Seiten der Partner gleichermaßen eine Ablösung, so liegen weitgehend konfliktarme Situationen vor. Konflikthaft werden sie, wenn die Bezugsperson und ihr Partner bezüglich der Stadien nicht übereinstimmen. Nach unserem Modell bestehen sechs dieser Konfliktmöglichkeiten.

A: Das Bedürfnis nach Verbundenheit beim Partner trifft auf die Erwartung und das Bedürfnis nach Ablösung bei der Bezugsperson.
Situation: Das vierjährige Mädchen möchte mit dem Vater zusammen spielen, auf seinem Schoß sitzen und sich streicheln lassen. Der Vater zieht sich mit der Begründung zurück, er habe keine Zeit und das Kind dürfe nicht verwöhnt werden.
Beteiligte Mißverständnisse: Entwicklung; Dimension der Zeit und Menschenbild; Identifikation und Projektion.
Typische Störungen: Vernachlässigungssyndrom, verbunden mit Angst vor dem Alleinsein und Trennungsängsten; verstärkte emotionelle Abhängigkeit; Ungeduld oder Geduld aus Angst.

B: Auf das Bedürfnis nach Verbundenheit beim Partner trifft die Meinung der Bezugsperson, sie müsse Informationen geben und Warnungen aussprechen.
Situation: Die 28jährige berufstätige Frau hat sich den ganzen Tag darauf gefreut, am Abend mit ihrem Mann zu schmusen. Als der Ehemann nach Hause kommt, beschwert er sich:
Ich sehe, die Arbeit in der Küche ist noch nicht gemacht, und die Sachen von den Kindern liegen noch auf dem Boden herum. Ich frage mich manchmal, wozu man heiratet.
Beteiligte Mißverständnisse: Erziehungsziel – Erziehungsinhalt; Relativität der Werte; Dimension der Zeit und Menschenbild; Einzigartigkeit.
Typische Störungen: Überforderung; Vertrauensbruch; Stimmungsschwankungen; Aggressionen; Balance zwischen Liebe und Haß; Angst vor Enttäuschungen; Hemmungen bei einem erdrückenden Vorbild.

C: Der Partner hat das Bedürfnis nach Informationen, Warnungen und verbalen Anweisungen. Die Bezugsperson jedoch fordert von ihm Selbständigkeit, freie Entscheidung und gibt ihm keine Unterstützung.

Situation: Ein 17jähriger Jugendlicher hat eine neue Freundin, die ihm zwar sehr gefällt, die jedoch etwas unzuverlässig ist. Er möchte von seiner Mutter Rat. Die Mutter antwortet ihm: *Du hast mich bisher auch nicht gefragt und bist dir immer sehr selbständig vorgekommen. Geh doch zu deinem Vater. Ich bin da sowieso überfragt.*
Beteiligte Mißverständnisse: Entwicklung; Erziehungsziel – Erziehungsinhalt; Identifikation – Projektion; Krankheit – Gesundheit; Identitätskrise.
Typische Störungen: Vertrauenskrise; Überempfindlichkeit; Unsicherheitsgefühle; Ratlosigkeit und Überkompensation.

D: Beim Partner besteht das Bedürfnis nach Information, Warnung und Entscheidungshilfe. Die Bezugsperson möchte dagegen durch Zuwendung und Zärtlichkeit das Stadium der Verbundenheit aufrechterhalten.
Situation: Ein 35jähriger Angestellter hat berufliche Probleme. Er möchte wissen, ob er eine Umschulung mitmachen soll. Seine Mutter kommt zu Besuch und sagt: *Du hast sowieso zuviel zu tun und siehst richtig schlecht aus. Komm ein paar Tage zu uns, dann werden wir dich wieder einmal richtig rausfüttern.*
Beteiligte Mißverständnisse: Identifikation – Projektion; Entwicklung; Relativität der Werte.
Typische Störungen: Aggressionshemmungen; Entscheidungsschwäche; ambivalente Haltung gegenüber der Liebe; Riesenerwartungen gegenüber sich und dem Vorbild, Konflikte in der Familiensituation.

E: Der Partner möchte sich verselbständigen. Die Bezugsperson erkennt diese erwünschte oder erreichte Selbständigkeit nicht an, sondern versucht, den Partner durch eigene Vorschläge und Rat zu steuern.
Situation: Die 38jährige Frau, die gerade geheiratet hat, wird von ihrer Mutter besucht. Diese schaut sich skeptisch in der Wohnung um und beginnt: *In den Ecken liegt ganz schön der Staub. Es war gut, daß ich gekommen bin. Da kann dir deine alte Mutter einmal zeigen, was Ordnung ist. Dein Mann wird ja behaupten, ich hätte dir nicht beigebracht, wie man einen Haushalt führt.*
Beteiligte Mißverständnisse: Generalisierung; Vorurteil; Gerechtigkeit – Liebe; Identifikation – Projektion.
Typische Störungen: Aggression – Aggressionshemmung; Schuldgefühle; Haß; Schweigen aus Trotz; affektive Ablehnung des Vorbildes; nicht mehr zuhören wollen; Entscheidungsschwäche; Blockierung der Handlungsfähigkeit und Unzufriedenheit.

F: Beim Partner besteht das Bedürfnis nach Selbständigkeit und Ablösung. Die Bezugsperson setzt diesem Bedürfnis ihre eigene Erwartung der Verbundenheit entgegen.
Situation: Die 18jährige Tochter möchte studieren. Sie bekommt einen Studienplatz zugewiesen, der 300 km von ihrem Heimatort entfernt ist. Der Vater nimmt dazu Stellung:

Es kommt nicht in Frage. Wir wissen doch, was da alles passieren kann. Du versumpfst doch dort. Außerdem ist die ganze Studiererei doch Quatsch, erlern hier einen anständigen Beruf und bleib bei uns.
Beteiligte Mißverständnisse: Gerechtigkeit – Liebe; Einheitsverlust; bedingtes und bestimmtes Schicksal.
Typische Störungen; Unterforderung; Abhängigkeit; Egoismus; Schuldgefühle; versteckte oder offene Aggression; Balance zwischen Liebe und Haß; Mißtrauen; Entscheidungsschwäche.

Diese sechs Interaktionsformen können als Orientierung dienen, wenn man versucht, auftretende Konflikte zwischen sich und dem Partner zu analysieren. Man kann mit ihrer Hilfe momentane Probleme recht gut erfassen und die eigene Einstellung als beteiligte Komponente mit einbeziehen. Im folgenden soll gezeigt werden, wie man unter Berücksichtigung einer derartigen Orientierungshilfe systematisch und konstruktiv in einer Selbsthilfe vorgehen kann.

Selbsthilfe

Im Rahmen der Erziehung und Selbsthilfe steht der Differenzierungsanalyse ein fünfstufiges Verfahren zur Verfügung. Dieses Verfahren bezieht sich auf die beschriebenen Aktualfähigkeiten, insofern sie zu zwischenmenschlichen Konflikten und zu Störungen im seelischen Bereich führen. Das Verfahren gliedert sich in die Stufen der Distanzierung/Beobachtung, Inventarisierung, situativen Ermutigung, Verbalisierung und Zielerweiterung.

1. Stufe: Distanzierung/Beobachtung

Einen Menschen, für den man sich verantwortlich fühlt, sieht man unwillkürlich mit anderen Augen als andere. Man überträgt die eigenen Wünsche zumeist ohne bewußte Absicht auf diese Person. Man erwartet, daß sie so handelt, wie man selbst es möchte. Zugleich versetzt man sich in ihre Rolle und identifiziert sich mit ihr. Diese starke emotionale Beteiligung bewirkt, daß man die Angelegenheiten des anderen für die eigenen hält und sich einmischt.

Der andere wird unter solchen Bedingungen nicht mehr objektiv, »gleichgültig«, sondern subjektiv unter verstärktem Engagement der Gefühle gesehen. Diese Beteiligung nimmt zu, je näher er uns steht: die eigenen Kinder, die Enkelkinder, der Ehepartner, Freunde, Kollegen und Eltern. Ihre Nähe ermöglicht ein intensives Wissen über ihre Person. Paradoxerweise unterstützt dieses Wissen jedoch nicht eine objektivere Personenwahrnehmung, sondern scheint diese abzulenken. Sie wird – eher unbewußt – mit eigenen Akzenten versehen. Einzelne Persönlichkeitszüge geraten in den Vordergrund der Aufmerksamkeit. Es entsteht ein einseitiges Persönlichkeitsbild.

Ein 15jähriges Mädchen klagt:

Ich habe eine starke Verstopfung und außerdem fehlt es mir an Appetit, so daß ich in der letzten Zeit recht mager geworden bin. Irgendwie leide ich unter den starken Spannungen, die zwischen meiner Mutter und mir bestehen. Ich habe dauernd Streiterei und Zank mit ihr. Nach solchen Szenen gehe ich immer in mein Zimmer und weine danach die halbe Nacht hindurch. In diesen Stunden habe ich auch schon echt an Selbstmord gedacht. Wenn ich von meiner Mutter wieder einmal eine Strafpredigt gehalten bekomme, wird mir schwarz vor Augen, und ich falle auf den Boden. Meine Konzentration läßt in der letzten Zeit auch zu wünschen übrig. An manchen Tagen würde ich am liebsten in den Wald laufen.

Symptomatisch liegen typische Leibbeschwerden vor, die auf eine Dickdarmentzündung hinweisen, Depressionen, Schulschwierigkeiten und

Konflikte mit den Eltern. Die Patientin wurde von einem Facharzt für Innere Medizin in psychotherapeutische Behandlung überwiesen. Ein krankhafter organischer Befund lag nicht vor. Es stellte sich vielmehr heraus, daß ein ausgeprägter und von beiden Seiten betriebener Konflikt zwischen Mutter und Tochter bestand. Die Mutter des Mädchens kritisiert: *Sie ist nicht genügend fleißig und ordentlich. Die schlechten Noten in der Schule beweisen, daß es mit ihrem Fleiß nicht weit her sein kann!* Die Mutter kritisiert ihre Tochter bei jedem Anlaß, der sich bietet, bezüglich des Fleißes und der Ordnung, beunruhigt sich selber, kann nicht schlafen und läßt auch ihrem Mann keine Ruhe. Dieser berichtet: *... bis nachts um drei Uhr hat meine Frau immer wieder damit angefangen.* Im Gespräch kommt die Mutter öfter darauf zurück, daß sie wünscht, ihre Tochter könne das erreichen, was sie selbst nicht erreichen konnte, nämlich ein abgeschlossenes Studium an der Universität. Das Vertrauen, das sie in ihre Tochter gesetzt habe, werde dauernd enttäuscht. Außerdem hätte sie selbst die Freiheit haben wollen, die ihre Tochter jetzt habe. Die Mutter klagt: *Wir sind mit unserem Latein am Ende. Auch meine Ehe hat unter diesem Konflikt mit unserer Tochter gelitten.*
Für eine objektivere, angemessenere Sicht des Partners ist es notwendig, sich von gewohnten Klischees zu lösen. Um den anderen – annähernd – so zu sehen wie er ist und konfliktträchtige Verhaltensweisen abzubauen, sind auf der Stufe der *Distanzierung* drei Schritte notwendig: Beobachten, Unterlassen von Kritik, Verzicht auf Einbeziehung unbeteiligter dritter Personen.

■ *Die Beobachtung:* Wenn Bezugspersonen darüber Aufschluß geben sollen, was sie an ihrem Partner stört, weichen sie oft in verallgemeinernde Aussagen aus, wie: »Er stört mich einfach; wir passen eben nicht zusammen; ich ärgere mich über ihn; sie ist unausstehlich.« Zutage tritt ein oft erhebliches Unbehagen, das jedoch auf einem fliegenden Teppich zu sitzen scheint: der Bezug zu konkreten Verhaltensweisen, zu den Situationen, in denen sie auftreten, fehlt. An seine Stelle tritt eine negativ besetzte gefühlsmäßige Tönung. Genaues Beobachten der konflikthaften Situation bietet schon eine gewisse Hilfe. Die Bezugsperson beobachtet, unter welchen Umständen es zu Auseinandersetzungen und Streitigkeiten kommt. Diese Beobachtungen werden schriftlich niedergelegt.

Die Mutter des 15jährigen Mädchens schreibt: *Das Zimmer von ihr sieht aus, als ob eine Bombe eingeschlagen hat. Besonders nach den Schularbeiten. Sie stellt nichts an den Platz zurück, wo sie es hergenommen hat. Die Bücher türmen sich auf dem Schreibtisch, so daß sie kaum Platz zum Schreiben hat. So verläßt sie das Zimmer, auch wenn sie die Schularbeiten beendet hat. Wenn sie in der Küche z.B. Eis herstellt, läßt sie die gebrauchten Töpfe, Schüsseln usw. einfach stehen, wo sie sie zuletzt gebraucht hat. Wenn ich das sehe, kommt mir der Rogen hoch. Ich brauche sie dann bloß zu sehen... Es ist ihr ein Bedürfnis, sich exakt sauber zu halten. Auch ihre Kleidung trägt sie nur, wenn diese sauber ist. Hier allerdings fängt es schon an, daß sie die Kleidung nicht selbst sauber hält. Wenn ihre Sachen schmuddelig sind, will sie sie zwar nicht mehr tragen, aber sie tut nichts dazu, daß sie erhalten werden. Ich bin doch nicht die Waschfrau der gnädigen Dame, meiner Tochter. Wenn ich nichts mache, macht sie nichts. Meine Tochter meint, ihr müsse alles in den Schoß fallen. Wenn ihr etwas nicht gelingt, wie sie es erwartet hatte, ist sie niedergeschlagen und läßt die Ohren hängen. Um ihre Hausaufgaben bemüht sie sich gar nicht mehr, wenn mein Mann und ich nicht gerade neben ihr sitzen und ihr immer wieder sagen, was sie tun soll. Dabei reißt mir oft der Geduldsfaden, und wir schreien uns gegenseitig an. Vorige Woche brachte sie in Französisch eine 5 nach Hause. Ich konnte dann die ganze Nacht nicht schlafen...*

Diese einfachen Notizen, in denen die Beobachtungen niedergeschrieben wurden, können gewissermaßen als Spiegel dienen. Man hat das vage Unbehagen in eine faßbare Gestalt gebracht, die es ermöglicht, neue Aspekte zu gewinnen und von daher einen Umlernprozeß in der Partnerbeziehung einzuleiten.

■ *Das Unterlassen von Kritik:* Kritik ist der Inbegriff der auf die sekundären Fähigkeiten bezogenen Erziehungsmittel. Sie umfaßt die sprachlichen ebenso wie die handgreiflichen Taktiken, Belohnung und Bestrafung, Lob und Tadel. Durch Kritik in diesem weiten Sinne lernt man, was erwünscht und was unerwünscht ist. Man lernt zu unterscheiden. Kritik kann auf verschiedenem Wege erfolgen: Konstruktive Kritik verhilft zur besseren Selbst- und Fremdeinschätzung und ermöglicht eine Erweiterung und Verfeinerung der Unterscheidungsfähigkeit. Einseitige, ständige Kritik und Nörgelei hingegen haben zur Folge, daß das Selbstbild und Selbstwertgefühl eines Menschen in Frage gestellt werden können. Nörgelei stellt eine Barriere zwischen Menschen auf. Diese wollen und können nicht nur hören, wie schlecht sie sind, sie bedürfen auch einer positiven Bestätigung.

■ *Das Problem mit dem Partner ausmachen:* Viele Dinge werden erst zu einem großen Problem, wenn sie vor anderen Menschen statt von den unmittelbar Beteiligten ausgetragen werden. Die anderen nehmen Partei, geben Ratschläge, die sich teils widersprechen oder hetzen die Beteiligten gegeneinander auf. Der Konflikt kommt nicht zur Ruhe, nicht, weil die Beteiligten ihn nicht überwunden hätten, sondern weil die Mitmenschen ihn nicht vergessen können:

Ich schäme mich, überhaupt zu meinen Verwandten und den Bekannten meiner Mutter zu gehen. Alle kennen meine Probleme, wissen meine Fehler und warten nur darauf, daß ich wieder etwas falsch mache. Die hängen wie die Geier herum und sind wild darauf, ihre guten Ratschläge loszuwerden.

Ein Konflikt ist zunächst Privatsache. Diskretes Vorgehen ist bei jedem Beteiligten Voraussetzung für das Vertrauen des anderen.

Distanzierung meint, daß man versucht, Abstand zu gewinnen, um den anderen besser zu sehen. Es verhält sich hier wie bei dem Spaziergänger, der erst aus der Entfernung den ganzen Berg überblicken kann, von dem er aus der Nähe nur einige Hänge sah. Konkret heißt Distanzierung in der Erziehung: Wir verzichten für eine gewisse Zeit darauf, den anderen, zu dem wir eine

konflikthafte Beziehung entwickelt haben, zu kritisieren. An die Stelle der Kritik, des Urteils, tritt die Beobachtung über:
den Ehepartner, der sich nicht genügend Zeit nimmt, unordentlich oder unsauber ist;
den Jungen, dessen Unsauberkeit und Trotz die Eltern zur Verzweiflung bringen;
das Mädchen, wegen dessen Unhöflichkeit Nachbarn auf die Barrikaden gehen;
den Jugendlichen, der zu spät nach Hause kommt;
die Schwiegermutter, die sich in jede Angelegenheit einmischt;
den Freund, der unpünktlich ist; den Kollegen, der so arrogant erscheint usw.
Dabei ist es nicht immer einfach, jemanden, zu dem man eine emotionale Beziehung hat, plötzlich kritiklos zu akzeptieren und sich aufs Beobachten zu beschränken. Schon die Beobachtung, der Versuch, nicht zu kritisieren und den Rahmen des Konfliktes zu beschränken, können einen bestimmten Effekt zeitigen. Das Gegenüber wird mitunter schon jetzt aus einer anderen Sicht wahrgenommen. Ein anderer Effekt, der in seiner Bedeutung richtig eingeschätzt werden muß, ist, daß der Partner seine Bezugspersonen oft kaum mehr wiederzuerkennen glaubt. Die Erwartungshaltung, die durch das ständige Kritisieren aufgebaut wurde, wird plötzlich enttäuscht. Es entstehen Argwohn und Mißtrauen: »Was hat denn meine Frau plötzlich?« »Was bezwecken meine Eltern damit?« Das Kind, das Kritik und Nörgelei gewohnt ist, empfindet das veränderte Verhalten der Eltern als »verdächtig«. Es traut dem Frieden nicht. Die Mutter des 15jährigen Mädchens berichtet:
Ich habe nun diese Woche mehrmals versucht, sie nicht zu kritisieren und nett zu ihr zu sein. Es ist mir oft gelungen, aber sie spürt, daß mein Verhalten nicht echt ist. Auch rege ich mich weiterhin über alles auf. Ich versuche aber, es ihr nicht zu zeigen. Dadurch wurden wirklich viele Reibereien verhindert. Wenn ich sie nicht anschreie, ist sie in ihrem Ton auch etwas gemäßigter. Ich habe aber nie bis abends durchgehalten, weil sich dann mein Ärger so angestaut hatte, daß ich irgendwann doch wieder herausplatzte. Ich bin dann so enttäuscht, weil ich mich wirklich bemühe.

STUFEN DER BEOBACHTUNG
Beobachten Sie das Verhalten Ihres Partners.
Schreiben Sie auf, worüber Sie sich ärgern.
Beschreiben Sie die Situationen genau, in denen Sie sich ärgern.
Während Sie den Partner beobachten, kritisieren Sie nicht.
Geben Sie in dieser Zeit keine noch so wohlmeinenden Ratschläge.
Probleme sind Privatsache; sprechen Sie nicht mit unbeteiligten Personen darüber.
Fokalfähigkeiten
Gerechtigkeit – Liebe
Beachte Mißverständnisse
Generalisierung, Projektion, Vorurteil.

2. Stufe: Inventarisierung

Die Beobachtung für sich genommen ist unvollständig. Sie hat neben ihrer Spiegelfunktion vielleicht die größere Aufgabe einer Ventilfunktion: man macht seinem Herzen Luft, ohne dabei direkt in die Konfliktsituation eingegriffen zu haben. Jetzt kommt es darauf an, die Konfliktsituation und damit die Verhaltensweisen, die als störend empfunden werden, so genau wie möglich zu umschreiben und eine angemessene Form der Darstellung zu finden. Wie gut die Beobachtung ist, hängt davon ab, wie systematisch und umfassend sie geschieht, im Effekt, wie angemessen sie ist. Als Leitfaden für die Beobachtung bietet sich das *Differenzierungsanalytische Inventar* (DAI) an. Dieses Inventar ermöglicht eine systematische Beschreibung von Eigenschaften, Verhaltensweisen und Fähigkeiten, die im Leben jedes Menschen und in jeder Altersstufe eine zentrale Rolle spielen. Erst diese Beschreibung hilft, ein hinreichend umfassendes Bild unseres Gegenübers zu erstellen und später eine gezielte Ermutigung durchzuführen. Neben der leichten Durchführbarkeit und ihrer Verständlichkeit besitzt die Methode des DAI einen weiteren Vorteil: Das Differenzierungsanalytische Inventar ist ein umfassendes Beschreibungssystem und gibt inhaltliche Kriterien für ein therapeutisches Vorgehen und die Selbsthilfe. Im Differenzierungsanalytischen Inventar macht die Bezugsperson konkrete Angaben darüber, welche der Aktualfähigkeiten positiv (+) oder negativ (−) ausgeprägt sind. Gradabstufungen werden durch mehrere (+) oder (−) dargestellt. Weiterhin sollen die Situationen niedergeschrieben werden, wem gegenüber, wann und wie oft welche Verhaltensweisen wirksam werden. Hier dient das DAI als erste Beobachtungshilfe.

Das Differenzierungsanalytische Inventar,
ausgefüllt durch die Mutter von S:

Aktualfähigkeiten	*Positiv* (+)	*Negativ* (−)	*Bereich* wer – wo – wann – Häufigkeit
Pünktlichkeit	+++		keine Auffälligkeiten
Sauberkeit	+	−	große Sauberkeitsforderung, keine eigene Bemühung um Sauberkeit
Ordnung		−−−	das eigene Zimmer ist unordentlich; wie ein Schweinestall
Gehorsam	+	−−	Dickkopf, gerade der Mutter gegenüber
Höflichkeit	+	−	wird der Mutter gegenüber oft ausfällig; gegenüber Vater und anderen höflich
Ehrlichkeit/Treue	+++		keine Schwierigkeiten
Gerechtigkeit	+	−	fordert für sich Gerechtigkeit
Fleiß/Leistung		−−−	nur wenn Eltern dahintersitzen
Sparsamkeit	+	−	sie geht mit eigenem Geld gut um, ist aus Schlampigkeit unsparsam
Zuverlässigkeit	+	−	nur was sie gerne möchte, erledigt sie mit erstaunlicher Zuverlässigkeit
Liebe		−−−	sie ist liebevoll zu ihren Puppen und ihrem Hund
Geduld	+	−	sie ärgert sich, wenn man sie auf Ordnung hinweist
Zeit	+	−	die meiste Zeit ist sie mit dem Hund beschäftigt
Kontakt		−−	sie ist kontaktarm und zurückgezogen
Sex – Sexualität	+	−	sie interessiert sich für sexuelle Fragen; sie läßt sich eher vom Vater streicheln
Vertrauen	+	−	zum Vater eher Vertrauen als zur Mutter
Zutrauen		−−	sie wirft bei Mißerfolgen die Flinte gleich ins Korn
Hoffnung		−	sie ist oft pessimistisch; sie äußert Selbstmordgedanken
Glaube – Religion		−−	eigentlich bei ihr noch nicht beobachtet
Zweifel		−−	Zweifel an den eigenen Fähigkeiten und an der Vertrauenswürdigkeit der Eltern
Gewißheit		−−	wie ein Strohfeuer
Einheit		−−	das ist das Hauptproblem unserer Familie

Das DAI ermöglicht es, den Partner nicht nur eingeschränkt auf einige wenige negative Bereiche zu sehen, sondern eine Vielfalt seiner Fähigkeiten zu berücksichtigen. Das DAI gibt somit Anlaß zu einer Erfahrung, welche für manche Menschen eine Primärerfahrung ist: »Mein Partner ist ja gar nicht so schlecht, wie ich es mir dachte. Er hat sogar eine Reihe von positiven Fähigkeiten, die ich bis jetzt noch nicht richtig wahrgenommen habe.« Diese Unterscheidung ermöglicht es, einem Menschen gerechter gegenüberzutreten, und eröffnet die Basis für gegenseitiges Vertrauen: »Endlich sieht mein Partner nicht nur meine Fehler!« Da eine Partnerschaft nicht nur von einer Person, dem Partner, abhängt, sondern auch von der Bezugsperson, ist das DAI auch für sie zu erstellen: »Welche Aktualfähigkeiten sind bei mir selbst positiv oder negativ ausgeprägt? Welche Erwartungen und Einstellungen habe ich?« Auch die Konflikte einer Einzelperson lassen sich auf diese Weise erfassen. Man stellt ein DAI für sich selbst auf und differenziert somit die eigenen Fähigkeiten, soweit es durch diese »Selbstanalyse« möglich ist: *»Ich bin gar nicht so eine Niete, wie ich es immer gedacht habe.«* (24jähriger Student, der stark unter Hemmungen litt.) Bei äußeren Konfliktsituationen wird, wie schon beschrieben, das DAI des Konfliktpartners herangezogen. Der Vergleich des eigenen DAI mit dem des Konfliktpartners eröffnet eine differenzierte Betrachtung des Konflikts. Als typischer Hinweis auf Konflikte können Differenzen in bezug auf die einzelnen Aktualfähigkeiten gelten.

STUFEN DER INVENTARISIERUNG

Übertragen Sie Ihre Beobachtungen in das Differenzierungsanalytische Inventar (DAI).

Signieren Sie die positiv ausgeprägten Fähigkeiten mit einem (+) und die negativen mit einem (−).

Das Inventar wird für Sie erst richtig verständlich, wenn Sie zu jeder einzelnen Aktualfähigkeit kurze Angaben machen, wo, wann, wie oft und wem gegenüber das Verhalten auftritt. Füllen Sie ebenso wie für den Partner ein DAI für sich selber aus: bewerten Sie Ihre eigenen Aktualfähigkeiten.

Finden Sie die konflikthaft ausgeprägten Aktualfähigkeiten heraus; einmal für den Partner, zum anderen für sich selber, und schließlich für den Vergleich der beiden Profile der Aktualfähigkeiten.

Fokalfähigkeiten

Gerechtigkeit; Zeit; Ordnung.

Beachte Mißverständnisse

Gerechtigkeit – Liebe; Entwicklung.

3. Stufe: Situative Ermutigung

Wir können jetzt damit beginnen, den anderen, statt ihn zu kritisieren, zu ermutigen, wenn er unserer Ansicht nach etwas gut und richtig gemacht hat. Es reicht nicht, allgemein festzustellen: »Du bist ein netter Mensch«, oder

»Ich liebe dich«, »Du hast schöne Augen«. Solche Feststellungen haben zumeist keinen konkreten Bezug. Die Ermutigung sollte vielmehr unmittelbar auf die jeweilige Situation bezogen, situativ und sofort nach dem positiven Verhalten erfolgen.
In der ersten Zeit wird die Ermutigung als »Verstärkung« bei jedem Auftreten der ausgewählten positiven Verhaltensweise gegeben, später nur noch nach jedem zweiten, dritten, vierten Mal, schließlich unregelmäßig. Als »Verstärker« fungieren: ein freundlicher Blick, ein Lächeln, ein Lob, eine Liebkosung und gelegentlich (!) materielle Vergünstigungen (Lieblingsspeise, Geld usw.).
Der Prozeß der »Ermutigung« gerät nicht selten in Gefahr, diffus, unübersichtlich und damit im weiteren Verlauf ineffizient zu werden. Ein *Ermutigungsplan* kann diese Entwicklung vermeiden helfen. Die im DAI protokollierten Beobachtungen dienen dabei als Unterlage. Wir zeigen das konkrete Vorgehen am Beispiel des Falles S.

■ *Zusammenstellung der Extrembeurteilungen*
Für die selektive Ermutigung schriebt sich die Bezugsperson die drei besonders extrem bewerteten Fähigkeiten jeder Spalte, nach dem Grad ihrer Ausprägung geordnet, heraus und stellt sie gegenüber:

Positiv	*Negativ*
1. Pünktlichkeit	1. Ordnung
2. Ehrlichkeit	2. Fleiß
3. Sparsamkeit mit Geld	3. Sparsamkeit zu Hause

■ *Das aktuelle Fähigkeitenpaar*
Es hat sich als ungünstig erwiesen, gleichzeitig auf alle extrem beurteilten positiven und negativen Verhaltensweisen einzugehen. Durch eine solche Methode würde die Bezugsperson unsicher und der Lerneffekt beim Partner noch erschwert. Daher empfiehlt es sich, aus den sechs Extrembeurteilungen das Paar von positiv und negativ ausgeprägten Fähigkeiten herauszugreifen, das aufgrund seiner aktuellen Bedeutung der Bezugsperson als am wichtigsten erscheint. Für die Mutter des 15jährigen Mädchens war das zum damaligen Zeitpunkt das Paar: Pünktlichkeit (+++) – diese Eigenschaft fiel am positivsten auf – und Ordnung (−−−), womit sie nach ihrer Meinung die meisten Schwierigkeiten hatte.

Pünktlichkeit (+++) / *Ordnung* (−−−)

■ *Die korrespondierende Fähigkeit*
Da es sich bei den Erziehungsschwierigkeiten um Konflikte der sozialen Interaktion handelt und das DAI diese Interaktion mit berücksichtigt – es gehen die Fähigkeiten des Partners aus der Sicht der Bezugsperson ein –, stellt die Bezugsperson ihre mit der Konfliktsituation korrespondierende Einstellung

dieser gegenüber. Die Mutter selbst war ordentlich und fleißig. Hinsichtlich der Ordnung der Tochter jedoch war sie – nach ihrer Selbstbeurteilung – ungeduldig. Sie brauste meist auf oder räumte selbst auf. Es ergibt sich hier folgende Darstellung:

Tochter:
Pünktlichkeit (+++) / *Ordnung* (−−−)
Mutter:
Geduld (−−−) / *Ordnung* (+++)

■ *Praxis der selektiven situativen Ermutigung*
In einem Zeitabschnitt von wenigstens drei Tagen bis höchstens einer Woche wird die positive Eigenschaft des Fähigkeitenpaares von der Bezugsperson ermutigt. Die Bezugsperson lobt den Partner in diesem Fähigkeitsbereich, wobei es darauf ankommt, ein konkretes Verhalten zu bestärken. Welche Verhaltensweisen belohnt werden können, wurde von der Bezugsperson bereits im Zusammenhang mit dem aktuellen Fähigkeitenpaar herausgearbeitet. Die Bezugsperson wurde darauf aufmerksam und sensibilisiert. Die entsprechende negativ ausgeprägte Fähigkeit wird nicht kritisiert und dem Partner gegenüber ignoriert.
Für die Bezugsperson ist die korrespondierende Fähigkeit in den Mittelpunkt der Aufmerksamkeit zu stellen. Sie achtet auf die positiven Verhaltensweisen des Partners und ihre eigene, der negativ ausgeprägten Eigenschaft des Partners korrespondierende Fähigkeit. Im Beispielfall ergibt sich für die Mutter folgendes Motto:
Woche der Pünktlichkeit – als Bestätigung für die Tochter;
Woche der Geduld – als Unterscheidungskontrolle für die Mutter.
Bericht der Mutter: *Ich habe in dieser Woche oft versucht, meine Tochter zu ermutigen. Am Anfang hat sie sich recht kritisch gezeigt und wollte nichts annehmen, vielleicht weil sie weiß, daß ich in Wut ihr doch wieder das Gegenteil sage. Als sie am gleichen Nachmittag genau zur rechten Zeit nach Hause kam, habe ich ihr gesagt, daß ich mich hierüber freue. Sie nahm das Lob ohne Kommentar zur Kenntnis. Bei anderen Ermutigungen bekam ich auch zur Antwort, sie wisse schon, daß sie es gut gemacht hätte; außerdem wundere sie sich darüber, daß ich das erst heute sehen würde. Es ist mir nicht immer leicht gefallen, geduldig zu sein. Manchmal bin ich auch noch aus der Haut gefahren. Aber meistens gelang es mir, zur Überraschung meiner Tochter und von mir selbst, geduldig und ruhig zu bleiben.*
In ähnlicher Weise können nacheinander andere Fähigkeiten thematisiert und durchgearbeitet werden. Man hat nun das Verhalten des Partners beobachtet, sich distanziert, und konnte einen Einblick auch in die positiven Fähigkeiten des Partners erreichen. Durch selektive Ermutigung wurde eine Bestätigung des Selbstwertes des Partners erzielt. Zugleich konnte die Bezugsperson die korrespondierende Fähigkeit für sich selbst durcharbeiten.

Die drei Extrembeurteilungen des Differenzierungsanalytischen Inventars werden herausgeschrieben.
Als das aktuelle Fähigkeitenpaar wird die positive und negative Extrembeurteilung herausgesucht, die z. Z. am wichtigsten erscheint.
Dem aktuellen Fähigkeitenpaar des Partners wird die korrespondierende Fähigkeit der Bezugsperson gegenübergestellt. Korrespondierende Fähigkeit ist der Verhaltensbereich auf seiten der Bezugsperson, welcher der negativ beurteilten Fähigkeit des Partners entspricht.
Eine Woche lang wird die positiv beurteilte Fähigkeit des Partners bei konkreten Anlässen gelobt. Kritisiert wird nicht. Für die Bezugsperson steht in dieser Zeit die korrespondierende Fähigkeit im Vordergrund. Sie führt z. B. eine Woche der Geduld durch.

Fokalfähigkeiten
Zutrauen – Vertrauen

Beachte Mißverständnisse
Generalisierung; Gerechtigkeit – Liebe.

4. Stufe: Verbalisierung

Schon die systematische Beobachtung anhand des DAI konnte der Bezugsperson Hinweise darüber geben, in welchem Verhältnis das eigene Verhalten und das des Konfliktpartners stehen. Das Stadium der Verbalisierung kennzeichnet den Versuch, eine sprachliche Kommunikation zwischen den Konfliktpartnern zu ermöglichen. So selbstverständlich die sprachliche Kommunikation scheint, so charakteristisch ist ihre Störung für zwischenmenschliche Konflikte. Die Kommunikationsstruktur der undifferenzierten Kritik besitzt zumeist eine typische Form. Man beschränkt sich auf kurze Aussagen und Befehle, die sich immer häufiger wiederholen. Man spricht im Telegrammstil, die Kommunikation ist dabei vorwiegend einseitig: »Hast du deine Schulaufgaben gemacht?« – »Warum bist du noch nicht fertig?« – »Deine Unpünktlichkeit geht mir auf die Nerven!« – »Siehst du das nicht ein?« – »Du kannst es gleich sein lassen!« – »Du bist unausstehlich!«
Auf der Seite des Partners finden sich ebenso wenig differenzierte sprachliche Äußerungen, dafür telegrammstilartige Entgegnungen wie: »nein«, »ja«, »vielleicht«, »laß mich doch«. Sie werden zumeist – gerade – aufgrund ihres defensiven Charakters für Trotz gehalten und können selbst wieder Anlaß für die Kritik werden. Der Teufelskreis ist geschlossen. Wir nennen diese Form eine nonverbale oder eingeschränkte Kommunikation, da eine tatsächliche sprachliche Auseinandersetzung typischerweise fehlt. Kritik, verbunden mit unzureichender Verbalisierung, weist auf gefühlsbetonte, aggressionsbesetzte Haltungen hin. Das Gegenteil dazu ist eine Kommunikationsstörung, die wir als »Monologisieren« bezeichnen. Hier spricht einer der Bezugspartner beinahe ununterbrochen und läßt dem anderen keine Chance, wirklich zu antworten.

Wenn ein Partner zu einem Gespräch aufgefordert wird, kommt es im wesentlichen darauf an, *wann, wo* und *wie* das geschieht. So hat es wenig Sinn, beispielsweise ein Kind mitten aus seinem Spiel zu rufen, bloß um mit ihm über seine Unordnung zu sprechen. Hier ist offenkundig die Zeit falsch gewählt. Ebenso ist es unangebracht, in Gegenwart von Verwandten, Bekannten und Freunden dieses Gespräch zu eröffnen. Ein solches Verfahren würde vom Partner sofort richtig als Diffamierung und Herausforderung erkannt: es provoziert seinen Widerstand.
Ebenso problematisch stellt sich im Bemühen um eine Verbalisierung der Monolog dar. Will die Bezugsperson bloß dozieren und belehren, wird das Gespräch, das keines ist, für den Partner uninteressant. Eine 30jährige Angestellte berichtet:
Ich wurde immer in die unterlegene Rolle gedrängt. Ich hatte kein Recht auf eigene Meinung, mußte immer zuhören und mir Vorträge gefallen lassen. Wollte ich einmal meine Position verteidigen, gab es gleich Streit und Wutanfälle. Was blieb mir dann anderes übrig, als mich gegen die Übermacht zu schützen, indem ich mir immerfort eine Rolle aufzwingen ließ, die ich gar nicht spielen wollte.

■ *Wie beginnt man ein Gespräch:* Erst nach einer Vorbereitung (der Distanzierung, Inventarisierung und der selektiven Ermutigung) verspricht ein Gespräch im Sinne der Verbalisierung die offene – hier: die nicht durch Mißverständnisse blockierte – Auseinandersetzung. Sobald auf dieser Grundlage eine Vertrauensbasis hergestellt oder wiederhergestellt ist, können die konfliktträchtigen Verhaltensweisen angesprochen werden. Mancher fällt dabei mit der Tür ins Haus. Günstiger erscheint folgendes Vorgehen: Das Gespräch wird mit einer Ermutigung begonnen, eine positive Verhaltensweise wird erwähnt, ein Erfolg des Partners angesprochen. Dann erst können die kritischen Themen angeschnitten werden. Dieses Vorgehen hat zweierlei Vorteile: einmal wird die Bezugsperson an die positiven Fähigkeiten des Partners erinnert; zum anderen wird eine Vertrauensbasis für den Partner hergestellt. Er merkt, daß er akzeptiert wird und kann somit die Kritik besser aufnehmen. In der Praxis könnte dies so aussehen: »Du weißt, daß ich mich sehr darüber gefreut habe, daß du mir einkaufen geholfen hast. Du weißt aber auch, daß wir beide gewisse Schwierigkeiten mit der Ordnung haben. Was, meinst du, können wir dafür tun?«

■ *Sachliche Kritik:* Die Bezugsperson spricht konkret über die aufgetretenen Schwierigkeiten. Sie gibt konkret an, worüber sie sich ärgert und fügt Beispiele hinzu. So begnügt sie sich nicht, allgemein festzustellen: »Du hast mich angelogen«, sondern nennt den konkreten Fall, der ihren Unwillen heraufbeschworen hat. Um dem Partner das Verständnis zu erleichtern, können mehrere Beispiele dafür genannt werden. Nicht selten klagen Eltern: »Wir haben schon oft versucht, ein kritisches Gespräch mit unseren Kindern zu beginnen, weil wir uns über etwas geärgert haben. Doch als wir das Gespräch begannen, hatten wir längst vergessen, worüber wir uns geärgert hatten.

Dann warfen wir halt unseren Kindern die alten Gemeinplätze vor, wie: »Du warst frech«, oder: »Du kannst dich nicht benehmen.« Hier hilft ein einfaches Mittel: Das Aufschreiben von entsprechenden Ereignissen unterstützt das Gedächtnis. Werden die zur Diskussion stehenden Ereignisse in ihren wesentlichen Details dargestellt, weiß jeder, worum es geht. Verständnisschwierigkeiten, die auf zu allgemeine und zu wenig präzise Aussagen zurückgehen, können so gemindert werden.
Auch wenn sich eine Bezugsperson um sachliche Kritik bemüht und neben den kritisierten auch die positiven Eigenschaften des Partners gelten läßt, kann sie es mitunter nicht erwarten, daß dieser seinerseits Sachlichkeit und Distanz aufbringt. Obwohl sie um die dynamischen Prozesse der Auseinandersetzung in der Partnerschaft weiß, fällt es manchmal schon der Bezugsperson schwer, sich ruhig und gerecht zu verhalten. Um wieviel weniger ist dies von dem Partner zu erwarten, der plötzlich die Möglichkeit erhält, ehrlich zu seinen Problemen Stellung zu nehmen. Die 15jährige Tochter in unserem Beispielfall hatte sich Notizen über das Verhalten ihrer Mutter gemacht. Als durch die Vorbereitungen der Mutter ein »straffreier Raum« für die Tochter entstanden war, las diese ihr die Aufzeichnungen vor:
Die Jalousie in meinem Zimmer hing schief. Mutti sagte, ich solle die Jalousie sofort gerade hängen. Darauf antwortete ich, sie solle nicht ewig in meinem Zimmer herumschnüffeln und immer nur schimpfen. Darauf schrie sie durchs ganze Haus, ich solle gefälligst machen, was sie sage, da ich nicht allein wohnen würde. Ich hätte ihr nichts zu sagen und vorzuschreiben.
Als ich heute um 19.00 Uhr mit meinem Hund von einem Spaziergang nach Hause kam, vergaß ich, den Hund, bevor er ins Haus ging, zu bürsten. Darauf schrie sie herum, ich würde mich nicht um das Tier kümmern. Ich solle gefälligst sehen, wo ich für den Hund billiges Fleisch herbekomme, sonst ziehe sie mir alles von meinem Taschengeld ab. Ich würde es schon lernen.
Heute war Mutti mit Vati einkaufen. Als sie abends nach Hause kam, schrie sie mich an, ich solle nicht so faul dastehen, sondern gefälligst was machen, weil um 20.00 Uhr Gäste kommen sollten, ich hätte ja wohl genug Zeit. Da sagte ich mit starker Betonung, daß meine Ferien dafür da sind, daß ich mich erhole und nicht nur als Putzwiesel durch die Wohnung rase. Schließlich würde ich den ganzen Vormittag putzen, kochen, abwaschen, wegen ihrer gebrochenen Fingerspitze, das würde sie wohl nicht anerkennen. Da tobte sie los, daß das ganz selbstverständlich wäre.
Heute hat meine Mutter Geburtstag. Ich ging zu ihr, um ihr zu gratulieren. Ihr einziger Kommentar: ›Hoffentlich besserst du dich. So geht es sowieso nicht weiter.

■ *Rat unerwünscht:* Während die Bezugsperson in der ersten Phase des Gespräches die aktivere Rolle übernommen hatte, ist es jetzt nötig, einfach zuzuhören. Dies bedeutet: den Partner nicht unterbrechen, keine Kommentare geben, nicht mit wohlgemeinten Ratschlägen beginnen und nicht versuchen, sich dem Partner gegenüber zu rechtfertigen. Wir sollten uns bewußt sein, daß wir es mit einer Auseinandersetzung zu tun haben und die gleichen

Meinungen von den beiden Parteien nicht zu erwarten sind. Im Gegenteil: die Äußerung einer Meinungsverschiedenheit kann ein Zeichen für die Offenheit, die Ehrlichkeit des Gesprächs und für das Vertrauen sein.

■ *Spielregeln für ein Gespräch:* Es werden von beiden Seiten Lösungsmöglichkeiten genannt, die ebenso aufgeschrieben werden. Wenn die Mutter die Unordnung ihrer Tochter kritisiert und von ihr verlangt, sofort nach dem Spielen alles an seinen Platz zurückzulegen, kann die Tochter den Gegenvorschlag bringen, dann Ordnung zu machen, wenn das Spielen tatsächlich abgeschlossen ist: am Nachmittag oder kurz vor dem Schlafengehen. Sofern der Vorschlag des Kindes mit den äußeren Umständen (Größe der Wohnung, Geschwister usw.) vereinbar ist, wird er von beiden beschlossen. Andernfalls kann nach weiteren Lösungen gesucht werden. Eventuell einigt man sich, das Gespräch auf einen anderen Tag zu verschieben. Jeden Abend sollte das Gespräch gesucht werden und über den Erfolg und Mißerfolg beim Durchführen des Beschlusses gesprochen werden. Erfahrungssgemäß reichen 15 bis 20 Minuten für ein solches Gespräch. Wann das Gespräch stattfindet, wird über Vorschlag und Zustimmung entschieden. Besonders günstig erscheint die Zeit vor dem Schlafengehen.

Wir haben bis jetzt vorausgesetzt, daß der Partner sich nach der Phase der Distanzierung, Inventarisierung und Ermutigung für ein Gespräch aufgeschlossen zeigt. Sind die Beziehungen jedoch schon sehr festgefahren, muß mit Trotzreaktionen gerechnet werden. In unserem Beispielfall berichtet die Mutter:

Bei der ersten Aufforderung zu einem gemeinsamen Gespräch zeigte meine Tochter überhaupt kein Interesse. Sie zog sich lieber zurück und las. Gestern setzte sie sich widerstrebend dazu, vielleicht auch deshalb, um ihre (ungerechtfertigten) Beschwerden loszuwerden. Z.B. wird sie nicht damit fertig, daß wir blöden Erwachsenen abends länger aufbleiben dürfen und sie ins Bett soll. Auf die netten und einleuchtenden Erklärungen meines Mannes gab sie nur zur Antwort, sie lasse sich nichts befehlen und sie schlafe abends trotzdem nicht ein. Auf die Fragen, wie sie sich vorstelle, wie wir mehr Ordnung schaffen könnten, ob ich ihr vielleicht helfen könnte usw., ging sie gar nicht ein: sie sagte nur, sie fühle sich ohne Aufräumen wohl, ich könnte ja aufräumen. Sie ist an einer Verbesserung der Situation nicht interessiert, sie möchte nur ihre Probleme zur Zufriedenheit gelöst haben, ohne Rücksicht auf die anderen. Vielleicht fiel das Gespräch deshalb nicht zu meiner Zufriedenheit aus, weil sie diese Art noch nicht gewöhnt ist. Mein Mann und ich wollen uns sehr bemühen und jetzt oft mit ihr diese Art Gespräche führen, vielleicht wird es dann besser.

Das Mädchen will seine Mutter auf die Probe stellen, ob das neue Verhalten nur eine Mode oder tatsächlich ernst gemeint ist. Das Gesprächsangebot kann nach einiger Zeit wiederholt werden. Die situative Ermutigung wird in dieser Periode weitergeführt. Kommt nach längeren intensiven Bemühungen ein Gespräch nicht zustande, so kann ein Psychologe oder Psychotherapeut zu Rate gezogen werden.

STUFEN DER VERBALISIERUNG
In dieser Stufe werden die auftretenden Konflikte durchgesprochen.
Man beginnt das Gespräch, um eine Vertrauensbasis herzustellen, mit gerechtfertigten Ermutigungen.
Der Partner nennt seine Beschwerden: die Bezugsperson hört zu.
Der Partner hört sich die Beschwerden der Bezugsperson an.
Für die auftretenden Probleme werden gemeinsame Lösungsmöglichkeiten gesucht.
Für die Beteiligten gilt hinsichtlich des Gesprächs Schweigepflicht.
Fokalfähigkeiten
Höflichkeit – Ehrlichkeit.
Beachte Mißverständnisse
Generalisierung; Projektion; Relativität der Werte.

5. Stufe: Zielerweiterung

Die Kommunikationsstörungen in der Partnersituation bringen zumeist eine weitgehende Einschränkung des Kontaktes mit sich. Der Partner wird damit bestraft, daß man ihm etwas verbietet bzw. sich von ihm zurückzieht. Diese Bestrafung, die ursprünglich als Erziehungsmittel benutzt worden war, verselbständigt sich häufig und stellt einen festen Bestandteil innerhalb der Partnerbeziehung dar. (»Wegen deiner Unordnung und Lügerei fällt der Ausflug am Sonntag flach.«) Daraus kann sich eine generelle Einschränkung der gemeinsamen Unternehmungen ergeben, was jedoch nicht nur als Bestrafung verstanden wird, sondern als Abkühlung und Verflachung der gegenseitigen Beziehungen. Diesen Prozeß nennen wir Zieleinschränkung; sie vollzieht sich nicht nur dem Kind gegenüber, sondern greift häufig tief in das Leben einer Bezugsperson ein. So kann eine Mutter, nachdem sie sich den Tag über wegen Unordnung und Schulschwierigkeiten der Kinder geärgert hatte, ihre innere Erregung auf ihren Mann übertragen, wodurch die sexuellen Beziehungen betroffen werden können. Die Frau schweigt mit dem Körper. Die Ursachen sind ihr hingegen nicht bewußt. Eine derartige Reaktion braucht nicht unbedingt durch die Kinder hervorgerufen zu sein; mögliche andere Ursachen sind die Schwiegereltern, Nachbarn, Eltern, Ärger im Beruf und nicht zuletzt der Ehemann selbst.
Die Einschränkung beruht auf einer mangelnden Unterscheidung: man verwechselt Gerechtigkeit und Liebe. Kriterien dafür, ob belohnt oder bestraft wird, sind die gültigen Verhaltensnormen der Aktualfähigkeiten. Es liegt in solchen Fällen, bei einer Verselbständigung der Erziehungsmittel, eine Einschränkung der Zielsetzung vor. Diese Einschränkung betrifft beide Partner.

Die Mutter von S. sagt zu ihrer Tochter: *Deinetwegen habe ich den ganzen Nachmittag geweint, wegen deiner Faulheit in der Schule. Jetzt erwarte bitte nicht, daß ich mit dir in die Stadt gehe, dazu bin ich viel zu fertig …*

Hier verzichtet die Mutter auf etwas, was sie gerne getan hätte, nur um die Tochter zu bestrafen. Sie schränkt ihre eigenen Möglichkeiten und Zielsetzungen teils bewußt, teils unbewußt ein. Diese Form der Bestrafung ist ein non-verbales Erziehungsmittel, in dem die tatsächlichen Probleme nicht offen ausgesprochen werden. Man bestraft, indem man den Partner zum Verzicht zwingt, bzw. durch den eigenen demonstrativen Verzicht auf die Schuldgefühle des Partners spekuliert. Es ist Kennzeichen für die Zieleinengung, daß nur das jetzige Problem und nichts sonst gesehen wird. Zieleinengung ist somit Gesichtsfeldeinengung. Zum Grundprinzip der Zielerweiterung wird die Lernerfahrung, daß die Beziehung zum Partner nicht nur unter dem ungünstigen Stern des augenblicklichen Konfliktes steht, sondern daß dieses Problem eines von vielen anderen ist. Es bestehen immer eine Reihe anderer Beziehungen zum Partner als die zur Zeit konfliktbesetzten.

■ *Methodik der Zielerweiterung:* Nachdem durch die bisherigen Maßnahmen eine Vertrauensbasis geschaffen und die Bereitschaft und Fähigkeit zu verbalisieren wiederhergestellt wurden, läßt sich die Zieleinschränkung aufheben. Es hat wenig Aussicht, dem Partner vorzuschreiben, was er gerne machen würde. Vielmehr sollte seine Initiative berücksichtigt werden, die man gemeinsam weiterentwickeln kann. Die Zielerweiterung betrifft die drei Bereiche der menschlichen Persönlichkeit: Körper, Umwelt und Zeit. Man sitzt nicht nur hinter dem Schreibtisch, sondern geht spazieren oder treibt Sport; man opfert sich nicht nur für den Haushalt auf, sondern liest ein Buch oder besucht ein Konzert; man schränkt seine sozialen Beziehungen nicht ein, sondern lädt Freunde, wenn es sein muß, auch mit deren Kindern zu sich ein; man läßt ein Kind nicht nur Hausaufgaben machen, sondern spielt mit ihm, wenn möglich nicht immer dasselbe Spiel. Voraussetzung dafür ist, daß man selbst oder der Partner gelernt hat, eigene Wünsche zu denken und sie auszusprechen.

BERICHT ÜBER DEN FALL S., EIN JAHR NACH BEGINN DER BEHANDLUNG

Im Fall S. wurde unter psychotherapeutischer Beratung eine Familienpsychotherapie im oben beschriebenen Sinne durchgeführt. Das Hauptgewicht der Behandlung lag auf der konflikthaften Mutter-Tochter-Beziehung. Der Vater wurde als Schlüsselperson – Mutter wie Tochter benötigten seine Zuwendung – in den familientherapeutischen Prozeß eingegliedert. Die Dickdarmbeschwerden traten bereits nach drei Monaten der Behandlung nicht mehr auf. Ebensowenig fanden sich noch Selbstmordabsichten. Das erhebliche Untergewicht war zum Zeitpunkt der Nachuntersuchung ausgeglichen. Das Mädchen berichtet, daß sie das Gefühl habe, von ihren Eltern für voll genommen zu werden. Die Streitigkeiten mit der Mutter hätten erheblich nachgelassen. Wenn Probleme auftraten, würde die Mutter, aber auch sie selbst einlenken können. Die Leistungen in der Schule hätten sich verbessert. Was mit großer Genugtuung von Mutter und Tochter berichtet wird, ist, daß sich der Vater mehr Zeit für sie nehme. Die Mutter zeigte sich bekümmert darüber, daß die Tochter die Forderung stelle, jetzt länger ausgehen zu dürfen, jedoch wurde dieses Problem in der Familiengruppe behandelt. Die Tochter berichtete: *»Früher hat meine Mutter bei jeder nur denkbaren Gelegenheit über mich geschimpft; wenn ich aufgestanden bin, ging es los, und wenn ich zu Bett ging, hörte es noch lange nicht auf. Heute ist meine Mutter wie verwandelt. Nicht, daß sie etwa überhaupt nichts mehr sagen würde. Sie sagt, was ihr nicht paßt, aber das in der Familiengruppe. Ich finde es ganz prima, wie sehr sie sich zusammennimmt.«*

Die Zielerweiterung wird nicht nur von einem beschlossen. Sofern sie eine Gruppe von Menschen betrifft, hat jeder das Recht, ein Wörtchen mitzureden. Dazu eignet sich eine Einrichtung, die eigentlich selbstverständlich sein müßte, nämlich die *Partner-* oder *Familiengruppe.*

STUFEN DER ZIELERWEITERUNG

Zwischenmenschliche Konflikte sind durch Zieleinengungen gekennzeichnet (man zieht sich zurück, reagiert einseitig.)
In der Zieleinengung werden einzelne Aktualfähigkeiten zur Waffe (man sieht nur die Unordnung etc.).
Die Zielerweiterung geschieht in den vier Bereichen der menschlichen Beziehung: In der Beziehung zum Ich, zum Du, zum Wir und zum Ur-Wir.
In der Zielerweiterung sucht man die Einseitigkeit zu überwinden, indem man neue Betätigungen und Ziele für sich und seinen Partner sucht.
Die Einrichtung einer Familien-, Eltern- oder Partnergruppe ermöglicht eine systematische Auseinandersetzung mit den Wünschen und Zielvorstellungen der einzelnen Familienmitglieder.
Fokalfähigkeiten
Hoffnung und Einheit.
Beachte Mißverständnisse
Einheitsverlust; Zeit.

Familiengruppe – Elterngruppe – Partnergruppe

Die Sorgen der anderen

Eine Frau war mit ihrem Schicksal unzufrieden; sie war ärmer als alle anderen. Das Brot reichte nie für ihre sieben Kinder. Ihr Mann war schon früh gestorben. Eines Nachts, nach verzweifeltem Gebet, erschien ihr ein Engel, der ihr einen Sack gab und befahl, alle ihre Sorgen und Nöte in ihn hineinzuwerfen. Der Sack war kaum groß genug, um soviel Kummer, Sorgen und Ängste zu fassen. Der Engel aber nahm sie bei der Hand und führte sie, die stöhnend und vor sich hin schimpfend den Sack trug, in den Himmel. Oben angekommen, staunte die Frau. Sie hatte sich den Himmel anders vorgestellt. Die Wolken waren alle Sorgensäcke. Und auf dem größten der Säcke saß ein alter, sehr ehrwürdiger Herr, der ihr aus der Kindheit von Bildern her noch bekannt war. Der Allwissende wußte auch um ihre Sorgen – hatte er doch ihre Gebete und Flüche alltäglich gehört. Er gebot ihr, den Sack abzustellen und sagte, sie dürfe alle anderen Säcke öffnen und in sie hineinschauen. Für einen aber müsse sie sich entscheiden und ihn in ihr Erdenleben zurücknehmen. Sie öffnete einen Sack nach dem anderen und fand Ärger, Probleme, bedrängende Konflikte, Langeweile und ähnliches mehr. Viele dieser Dinge kamen ihr fremd vor, andere bekannt und von wiederum anderen wußte sie nicht recht, ob sie sie schon einmal gesehen hätte oder nicht. Mühsam arbeitete sie sich durch die Wolken hindurch, bis sie endlich zu dem letzten Sack kam. Diesen öffnete sie, breitete den Inhalt aus, gliederte ihn und erkannte, daß es ihrer war. Als sie den Sack aber hob, kam er ihr viel leichter vor, mehr noch: ihre Sorgen sorgten sie nicht mehr, ihre Schmerzen schmerzten sie nicht mehr. Statt dessen sah sie reale Mißstände, objektive Drohungen und lohnende Ziele. (Orientalische Geschichte)

Der Mensch als soziales Wesen ist auf andere Menschen angewiesen. Das Zusammenleben der Menschen vollzieht sich in einem ständigen Wechselspiel von Geben und Nehmen. Die soziale Gruppe bietet uns viele Vorteile, die zum Teil lebenswichtige Bedeutung für uns haben. In anderen Fällen wird sie als Bedrohung erlebt. Diese beiden Seiten des sozialen Kontakts müssen in jedem Fall berücksichtigt werden. Zahlreiche Menschen können nur schwer an einer Gruppe teilnehmen und sich in ihr wohl fühlen. Sie sind verlegen, schüchtern und fühlen sich von der Gruppe abgelehnt. Oft reagieren sie, indem sie sich von der Gruppe zurückziehen (Verschüchterung, Resignation) oder eine übertriebene Lebhaftigkeit zeigen mit dem Ziel, andere Mitglieder der Gruppe zu beherrschen (Störenfried). Sie können aber auch weder stören noch mitarbeiten, sondern passive Toleranz und Gleichgültigkeit zeigen. Die Haltung eines Menschen seiner sozialen Umgebung gegenüber ist nicht ein zufälliges Ergebnis, sondern hat sich im Laufe der Zeit durch Erlebnisse und

Lernerfahrungen entwickelt. Es verhält sich so wie beim Wasser, das nicht plötzlich anfängt zu kochen, sondern eine allmähliche Erwärmung durchmacht.

Die Familiengruppe

Grundform und zugleich Modellfall für alle weiteren sozialen Gruppen ist die sogenannte primäre Gruppe, zumeist die Familie. Eine primäre Gruppe umfaßt Vater, Mutter, Geschwister, das Kind und weitere Personen, die in enger Verbindung zu dieser Lebensgemeinschaft stehen.
Die Familie ist der Ort der ersten und unter Umständen grundlegenden sozialen Erfahrungen. Man hat gemeinsame Interessen, es bestehen Beziehungen und Interaktionen zwischen den einzelnen Mitgliedern der Familie. Jedes Mitglied der Gruppe nimmt eine bestimmte Rolle ein. Die Gruppenmitglieder besitzen die Fähigkeit, die eigenen und Gruppeninteressen abzuwägen, d. h. zu unterscheiden und gegenseitig Verzichte zu leisten. Die Funktionsfähigkeit der Gruppe hängt von den Kommunikationsmöglichkeiten zwischen ihren Mitgliedern ab. Ist die Kommunikation gestört, kann die Gruppe als dynamisches und offenes System nicht funktionieren. Anstelle der Dynamik und Flexibilität treten starre Verhaltensmuster auf (»Du hast zu gehorchen, solange du zu Hause bist«), feste Rollenverteilungen (»Ich bin der Herr im Haus«) und Zieleinschränkungen (»Jeder von uns hat seine eigenen Interessen«). Umgekehrt bietet eine funktionsfähige Familie die Möglichkeit einer vielschichtigen Entwicklung. Es läßt sich in diesem Sinne tatsächlich feststellen, daß ein nahezu typisches Kennzeichen für die meisten Störungen konflikthaft belastete Beziehungen zu den Eltern oder Geschwistern sind. Da die Interessen, Wünsche und auch Probleme eines Kindes, die im Zusammenhang mit der Zielerweiterung geäußert werden, einen größeren sozialen Bereich betreffen als nur die Zwei-Menschen-Beziehung, empfiehlt es sich, zur Lösung dieser Angelegenheiten auf die ganze Familie zurückzugreifen. Praktisch läßt sich diese Einbeziehung der gesamten Familie durch die Familiengruppe erreichen.

WIE FINDET EINE FAMILIENGRUPPE STATT?

Alle Familienmitglieder treffen sich regelmäßig zu einer bestimmten Zeit zu einem Gespräch. Dies kann wöchentlich einmal geschehen. Es können aber auch Sitzungen zu ganz besonderen Anlässen einberufen werden. Die Gruppe sollte am späten Nachmittag tagen, weil die Kinder dann noch munter sind. Der Zeitpunkt, an dem die Familiengruppe sich trifft, wird dann von allen Mitgliedern mitbestimmt. Die festgelegte Zeit (z. B. Samstagnachmittag, 17.15 Uhr) ist für alle Familienmitglieder verbindlich. Kann man durch unvorhergesehene Umstände an einem Termin nicht teilnehmen, sollten die übrigen Gruppenmitglieder rechtzeitig davon unterrichtet werden und ein neuer Zeitpunkt gemeinsam festgelegt werden. Die Dauer einer Familiengruppensitzung sollte zwischen 45 und 60 Minuten betragen.

■ *Gleichberechtigung der Gruppenmitglieder:* Jedes Mitglied wird als gleichwertiger Partner akzeptiert. Zur Durchführung der Familiengruppe brauchen die Eltern keine akademische oder besondere Ausbildung. Die Kinder können schon ab dem dritten Lebensjahr an der Gruppe teilnehmen. Selbst wenn sie nicht Wort für Wort verstehen können, was die anderen Gruppenmitglieder verhandeln, bemerken sie doch, was geschieht, wie man miteinander spricht und welche Möglichkeiten zur Verfügung stehen, ein Problem zu lösen. Das Kind sieht die Familie in der Zusammenarbeit und nicht nur beim Essen, Spazierengehen oder Fernsehen.

■ *Der Gruppenassistent:* Da es in der Familiengruppe, ebenso wie in anderen Gruppen, teilweise recht heftig zugeht, ist ein Gruppenassistent zu wählen, der dafür sorgt, daß jedes Gruppenmitglied zu Wort kommt, daß keiner, auch nicht der Familienvater, das Wort an sich reißt. Der Gruppenassistent versucht weiterhin, die Gruppenmitglieder beim Thema zu halten und grobe Entgleisungen zu verhindern. Die Heftigkeit, mit der Probleme in der Familiengruppe ausgetragen werden, ist zunächst sogar positiv zu werten. Sie geht auf die unterschiedlichen Strukturen der Aktualfähigkeiten der einzelnen Gruppenmitglieder und die Rollenverteilung in der Familie zurück. Jedes Mitglied kann Gruppenassistent werden. Man kann das fünfte Lebensjahr als Alterslimit für den Gruppenassistenten festlegen. Sofern dieser noch nicht schreiben kann, wird die Aufgabe des Schriftführers delegiert. Jede Woche wird der Gruppenassistent durch Reihenfolge bestimmt. Die Reihenfolge wird schriftlich festgelegt.

■ *Das Gruppenheft:* Jedes Mitglied hat ein Heft für sich. In dieses Heft notiert es die Themen, die es vorbringen möchte, die Abmachungen und Beschlüsse der Gruppe. Gruppenmitglieder sollten ihre Probleme aufschreiben; wenn ein Kind dies noch nicht kann, soll es seine Probleme zeichnen und erklären. Ist es dafür zu klein, schreibt die Mutter sein Anliegen auf, ohne etwas hinzuzufügen oder wegzulassen. Für das Kind ist das Gruppenheft zugleich ein Haushaltsbuch, der Terminkalender und das Trainingsbuch. Das Kind lernt, sein Taschengeld einzuteilen, über seine Zeit zu verfügen und ein geordnetes Verhältnis gegenüber seinen Aufgaben und Interessen zu gewinnen. Das Heft hilft, daß das Kind auch besser Pünktlichkeit, Ordnung, Sauberkeit und Genauigkeit lernt und zugleich eine differenzierte Einstellung gegenüber den alltäglichen Dingen bekommt.

■ *Der Tagesplan:* Das Kind lernt durch einen Zeitplan, die eigene Zeit aus freien Stücken einzuteilen. Das planvolle Verhältnis gegenüber der Zeit wird seinerseits zu einem Modell für ein planvolles Verhältnis sich selbst gegenüber. Indem man seine Aufgaben rechtzeitig erfüllt, erfährt man eine gewisse Bestätigung. Ein diffuses Verhältnis zur Zeit wiederum scheint sich in einem diffusen Verhältnis zu sich selbst widerzuspiegeln, ähnlich wie eine Überstrukturierung und Überplanung der Zeit eine strenge, abwehrende Beziehung sich selbst gegenüber kennzeichnet. Die Einteilung der Zeit in einem

Tagesplan hat sich als günstig erwiesen, das eigene Verhältnis zur Zeit zu gestalten. Wie sieht ein solcher Tagesplan aus? Allgemein berücksichtigt er die Zeiteinteilung vom Aufstehen bis zum Schlafengehen.
Unser Tagesplan entstand nicht von einem Tag auf den anderen. Der Junge hatte sechs Wochen zuvor begonnen, Vorschläge niederzuschreiben. Diese Vorschläge wurden im Gespräch mit den Eltern jeden Abend durchgearbeitet. Es wurden Ergänzungen gemacht bzw. ungünstige Termine gestrichen. Für jeden Tag wurde ein eigener Zeitplan erstellt. Dabei kristallisierten sich bestimmte Abläufe, wie die des Aufstehens, des Mittagessens und des Schlafengehens, die zumeist gleich blieben, heraus. Der Individualität des Kindes wurde Rechnung getragen. Daß der Junge seine Hausaufgaben machte, stand außer Frage. Wann er sie machen wollte, bestimmte unser elfjähriger Schüler im Tagesplan, den wir im folgenden wiedergeben.

Beispiel für einen Tagesplan (11jähriger Schüler):

6.30	Uhr Aufstehen
6.30– 6.35	Uhr Toilette
6.35– 6.40	Uhr Dusche
6.40– 6.50	Uhr Fitneß-Training
6.50– 7.00	Uhr Schulsachen bereitlegen
7.00– 7.15	Uhr frühstücken
7.15– 7.30	Uhr frei
7.30	Uhr Das Haus verlassen
7.35	Der Schulbus fährt
8.00	Uhr Schulbeginn
10.00	Uhr Große Pause: Essen nicht vergessen
13.00	Uhr Schulschluß
13.30	Uhr Zu Hause sein
14.00	Uhr Essen
14.00–14.10	Uhr Ausruhen (evtl. autogenes Training)
14.10–14.30	Uhr frei
14.30–16.00	Uhr Schulaufgaben
16.00–16.45	Uhr Spielen (mit Freund kleinen Ausflug machen)
16.45–18.30	Uhr Judo-Training
18.30	Uhr Heimfahrt
19.00–19.30	Uhr Abendessen
19.30–20.00	Uhr frei
20.00–20.30	Uhr Plan für den nächsten Tag besprechen, mit den Eltern über den Tagesablauf sprechen, Wünsche, Beschwerden
20.30	Uhr ins Bett gehen

■ *Wochenplan-Checkliste:* Wenn man auf die minutiöse Planung verzichten möchte, läßt sich anstelle des exakten Tagesplans eine Checkliste erstellen, in der die täglichen Aufgaben aufgeführt sind und abgehakt werden können. Das Kind oder man selbst erhält dadurch einen Überblick über die voll-

brachte Leistung und kann somit Anhäufungen von Aufgaben und damit Mißerfolge weitgehend vermeiden. Die Checkliste ist eine Art Selbstkontrolle, die die unangenehme Fremdkontrolle ersetzt. Diese Checklisten können als Wochenplan über die ganze Woche hinweg geführt werden.
Die Familiengruppe spielt bei diesem Vorgehen eine besondere Rolle. Der Zeitplan wird mit der Familiengruppe besprochen, sein Einhalten durch die Familiengruppe belohnt. Tagesplan, Checkliste und Wochenplan können im Familienleben zu einer sinnvollen Einrichtung werden.

VORGEHEN EINER FAMILIENGRUPPE
Die Familiengruppe trifft sich pünktlich zur festgelegten Zeit und nimmt, wenn möglich, in einer Kreisform um einen Tisch Platz. Dabei ist darauf zu achten, daß die Sitzordnung die einzelnen Gruppenmitglieder nicht in zu große Nähe zueinander bringt. Das Fernsehen, Radio und andere störende Einflüsse sollten ausgeschaltet sein. Man wartet, bis sich alle Teilnehmer versammelt haben. Der Gruppenassistent fragt: »Wer möchte heute etwas sagen? Wer hat ein besonderes Problem?« Die geäußerten Probleme werden gesammelt und nacheinander durchgearbeitet. Der Gruppenassistent fragt alle Gruppenmitglieder nach ihrer Meinung zu den Problemen. Dabei sollte zunächst gefragt werden:
Was ist das Problem?
Welche sind die Ursachen, Hintergründe, Ziele und Interessen, die sich hinter dem Problem verbergen?
Welche Lösungsmöglichkeiten bestehen?
Das Thema, welches die größte Bedeutung in dieser Gruppensitzung hat, wird zum Motto der Woche erhoben. Es gibt so die Woche der Höflichkeit, die Woche der Ordnung, die Woche der Ehrlichkeit, die Woche der Pünktlichkeit usw.

■ *Die Memokarte:* Im Gegensatz zu der Stufe der Distanzierung, Inventarisierung, Ermutigung und Verbalisierung, in der die Interaktion nur die Zwei-Menschen-Beziehung betraf, z.B. Ordnung des Kindes, Geduld der Mutter, besitzt in der Familiengruppe das Motto der Woche für alle Gruppenmitglieder Gültigkeit. Um das Wochenmotto besser im Gedächtnis der Gruppe zu behalten und das Lernen zu intensivieren, erhalten alle Gruppenmitglieder ein Kärtchen, auf dem das Motto der Woche steht: Woche der Höflichkeit (Memokarte).
Die Eltern haben in Korrespondenz dazu die Aufgabe, sich über die Geschichte, Theorie und Praxis des entsprechenden Themas zu informieren. Sie lesen die zugehörigen Kapitel dieses Buches. Diese Orientierung gibt den Eltern die Möglichkeit, die bewußten oder unbewußten Bedingungen und Zusammenhänge, die den einzelnen Problemen zugrunde liegen, besser zu erkennen und so die Auseinandersetzungen in der Gruppe zu leiten. Die Auseinandersetzung mit den Bedingungen und Ursachen der Probleme kann dazu führen, daß man nicht nur diese punktuell behandelt, sondern Zusammenhänge wie die korrespondierende Fähigkeit thematisiert und in der näch-

sten Woche als ergänzendes Problem vorstellt. Hatte man die Höflichkeit als Motto der Woche gewählt und Höflichkeit intensiver durchgearbeitet, kann jetzt die korrespondierende Fähigkeit, also die Ehrlichkeit, behandelt werden, die ja gewissermaßen aus der übertriebenen Höflichkit als Unehrlichkeit entsteht. Das Motto der folgenden Woche wäre dann, nach dem entsprechenden Gruppenbeschluß: Woche der Ehrlichkeit (Memokarte). In der darauffolgenden Woche könnte dann das Motto der ersten mit dem der zweiten Woche kombiniert werden. Es hieße dann: Woche der Höflichkeit und Ehrlichkeit (erweiterte Memokarte). Man sollte das Motto der Woche nicht vom Zaun brechen und das Kind nicht ohne Anlaß belehren wollen. Erst durch die aktuelle Thematisierung in der Familiengruppe hat man die Möglichkeit, eine Aktualfähigkeit oder einen problematischen Verhaltensbereich hervorzuheben und zu behandeln. Beispielsweise erst dann, wenn ein Kind im Omnibus schwarzgefahren ist, besteht ein Anlaß, der Gewähr für eine hinreichende innere Beteiligung an der Behandlung des Problems Ehrlichkeit bietet. Oder wenn ein Kind sich darüber beschwert, daß die Eltern zuwenig Geduld hätten oder sich zuwenig Zeit nehmen, kann über Geduld, Zeit und deren korrespondierende Fähigkeiten gesprochen werden.

■ *Funktionsverteilung und Rollentausch:* Die Funktionsverteilung kann als ein Grundprinzip in der Familiengruppe gelten. Erst wenn ein Kind an den Problemen der Erwachsenen teilhaben kann, wird es ihm möglich sein, die Bezugspersonen besser zu verstehen. Umgekehrt verstellt die starre Rollenverteilung in der Familie den Eltern häufig die Einsicht in die Probleme der Kinder. Die Kinder haben in der Familiengruppe das gleiche Recht wie die Erwachsenen, Kritik zu üben, wenn Gruppenbeschlüsse nicht befolgt werden.

Kritisiert wird jedoch erst in der Familiengruppe. Beobachtungen werden so lange in das Gruppenheft eingetragen.

Der Rollentausch ist die direkteste Methode, die Struktur der Familie dynamisch zu gestalten. Jedes Gruppenmitglied kann sich für seine Wünsche, die in der Gruppe durchgesprochen werden, aktiv einsetzen. Es kann dabei die Planung und Ausgestaltung von derartigen Vorhaben übernehmen. Sind die Gruppenmitglieder mit der Planung einverstanden, kann entweder das Kind alleine die Durchführung dieses Vorhabens leiten oder zusammen mit einem Erwachsenen (Mentorenschaft) handeln. Praktisch sieht das so aus: Ein Kind hat den Wunsch, am Wochenende einen Ausflug zu machen. Es nennt ein bestimmtes Ziel. Über diesen Vorschlag wird in der Gruppe gesprochen und sofern Übereinstimmung besteht, kann die weitere Durchführung dem Kind, das den Vorschlag gemacht hat, überlassen werden. Dabei unterstützt die Gruppe die weitere Planung durch Vorschläge. Das Kind organisiert eine Wanderkarte, es erkundigt sich nach den Abfahrtszeiten von Verkehrsmitteln und macht Vorschläge für die Verpflegung. Am Zielort gibt das Kind selber Bestellungen auf und übernimmt somit Funktionen, die traditionsgemäß dem Vater zustanden. In der nächsten Gruppensitzung wird über dieses Unternehmen gesprochen. Nachdem man dort den Erfolg gewürdigt hat, können jetzt einzelne Punkte durchgesprochen werden. Diese Maßnahme der verzögerten Kritik ist deshalb so wichtig, damit das Kind an Ort und Stelle nicht durch Kritik verängstigt und verunsichert wird. Wir müssen uns aber bewußt werden, daß ein solches Verhalten nicht leicht ist: ein Kind denkt, spricht und handelt anders als ein Erwachsener. Es fällt diesem oft nicht leicht, an sich zu halten und seine Erfahrungen und sein Besserwissen aufzusparen.

Beispiele für Zielerweiterungen im Rahmen der Familiengruppe (aus Berichten über die Durchführung der Familiengruppe):

Thomas möchte mit dem Vater abends Modellbaukasten spielen.

Brigitte schlägt vor, einmal in der Woche mit dem Vater in die Stadt zu gehen.

Ludwig schlägt vor, daß er abends eine halbe Stunde später ins Bett gehen möchte.

Die Mutter schlägt vor, daß nicht nur sie die Kinder morgens weckt, sondern daß diese Aufgabe abwechselnd auch von ihrem Mann übernommen wird.

Die Eltern wünschen sich, daß an Sonn- und Feiertagen die Kinder zusammen das Frühstück vorbereiten.

Die Mutter schlägt vor, die Schulsachen nicht einfach im Korridor liegenzulassen, sondern sie an ihren Ort zu bringen.

Die Mutter sagt, daß sie über die Hilfe ihres Sohnes und ihrer Tochter beim Abwaschen und Abtrocknen froh wäre.

Die Mutter möchte, daß die Kinder einen einigermaßen festen Zeitplan haben und sie nicht zu oft unvorbereitet mit ihren Wünschen überfallen.

Susanne will ganz bestimmte Tierfilme im Fernsehen sehen. Ihr Vater gibt ihr dazu ein Tierbuch, das Informationen über die Lebensweise der Tiere bietet.

Bärbel erklärt sich bereit, sonntags beim Kochen zu helfen. Sie möchte es lernen und hat selber einige neue Vorschläge, wie man das Essen vielfältig zubereiten kann.

Hartmut klagt über die Pedanterie des Vaters. Er fragt, ob es nötig sei, sofort wieder die Teppichfransen gerade zu kämmen, wenn Gäste da waren.

Susanne klagt, wir können kaum spielen, immer sagt Mutti, wir sollen bloß das Zimmer nicht schmutzig machen.

Klaus wünscht sich, mit der ganzen Familie schwimmen zu gehen, um zu zeigen, was er im Schwimmunterricht bisher alles gelernt hat.

Wolfgang will, daß nicht nur immer der Vater mit ihm spielt, sondern auch die Mutter.

Astrid klagt darüber, daß ihr Vater abends nur Zeit für sein Fernsehen hätte.

Dieter wünscht sich, daß der Vater abends, nachdem er nach Hause kommt, nicht gleich mit seinem Papierkram anfängt.

Marianne möchte nicht mehr alleine zu Bett gehen, sie wünscht sich, daß immer ein Elternteil sie, wenn auch kurz, begleitet.

PROTOKOLL EINER FAMILIENGRUPPENSITZUNG

Eine Mutter von zwei Kindern berichtet von ihren ersten Erfahrungen mit

der Familiengruppe:
Wir kamen am Freitag, 18.30 Uhr, zusammen. Es klappte dieses Mal sehr gut, wahrscheinlich deshalb, weil die Kinder den Termin mitbestimmt hatten. Unsere Kinder wünschten sich eine Kinderbowle und Kerzenlicht, damit es gemütlich wäre. Auch haben ihnen die Hefte einen Riesenspaß gemacht. Ich wurde zur Gruppenassistentin gewählt.
Unsere Tochter Inge (9 Jahre) meldete sich zuerst zu Wort:
Inge: ›Ich werde zu dick, wie ihr ja immer sagt, aber ihr tut nichts dagegen. Mama und Peter essen immer vor meinen Augen Schokolade, und ich soll nur zusehen. Ich möchte, daß ihr mir dabei helft. Wir könnten doch alle zusammen sonntags einen Obsttag machen.‹
Wir beschlossen, eine Kalorientabelle zu besorgen und den Kinderarzt wegen einer evtl. Diät zu fragen. Peter schlug vor, er könne ja in Zukunft nur noch heimlich Schokolade essen (er ist nämlich sehr dünn).
Danach wollte endlich unser Sohn Peter (6 Jahre) sprechen.
Peter: ›Inge macht mir keinen Platz auf dem Stuhl.‹
Inge: ›Peter will immer auf den Stuhl, auf dem ich sitze.‹
Darüber dauerte die Debatte fast eine halbe Stunde. Wir waren einen Tag vorher in einem Geschäft. Meine Tochter setzte sich auf einen Stuhl. Obwohl noch ein Stuhl frei war, wollte unser Sohn ausgerechnet auf diesen. Auch als Inge ihm die Hälfte des Stuhles anbot, war er nicht zufrieden. Er wollte auf die andere Seite des Stuhles. Zum Schluß trat er sie mit Holzschuhen, und sie schlug dann zurück. Über dieses Thema gab es auch in der Besprechung kein endgültiges Ergebnis. Auf die Frage, warum und was schlagt ihr vor, gab es keine Einigung. Jedes Kind machte zwar einen Vorschlag, den wollte aber der andere nicht anerkennen. Jeder fühlte sich im Recht. Ich machte dabei wieder den Fehler, daß ich Ratschläge erteilte.
Peter meldete sich anschließend wieder zu Wort über eine ähnliche Streitsache mit Inge, die schon Wochen zurückliegt, die er aber nicht vergessen kann. Er ließ sie mit seinem Ball spielen, danach wollte er ihren Reifen benutzen. Sie gab ihn nicht sofort her, da gab es wieder eine Schlägerei. Bei der Besprechung erklärte Inge, sie habe ihm nur zeigen wollen, wie man damit spielt, deshalb hätte sie den Reifen nicht sofort abgegeben. Danach verließ Peter für eine Weile die Runde, es wurde ihm langweilig, er hatte noch zu malen.
Ich meldete mich zu einem Thema ›Taschengeld‹. Meine Tochter hatte es sich auch notiert.
Inge: ›Warum bekomme ich eigentlich nur 80 Pfg. Taschengeld? Alle in meiner Klasse bekommen mehr.‹
Ich: ›Wieviel brauchst du denn mehr, und was hast du denn für Wünsche, die du dir erfüllen möchtest?‹
Inge: ›Ich hätte gerne 1,– DM. Ich möchte mir gerne manchmal etwas kaufen, was nur mir alleine gehört. Ich möchte es auch heimlich kaufen und euch erst nachher zeigen.‹
Ich bot ihr 1,50 DM an. Sie lehnte aber ab, das wäre ihr zuviel. Falls sie mit 1,– DM nicht auskommt, will sie noch einmal mit uns sprechen wegen einer eventuellen Erhöhung.

Inge äußerte den Wunsch, daß wir öfter abends gemeinsam etwas spielen. Wir waren sofort damit einverstanden, machten aber den Vorschlag, daß die Kinder dann rechtzeitig hochkommen, essen und baden. Sie kommen oft erst um 7 Uhr hoch, dann wollen sie fernsehen, essen, baden und um 20.30 Uhr möchten sie dann mit uns spielen.
Inge machte noch einen weiteren Vorschlag: Sie möchte gerne mit mir einen Tagesplan machen. Damit war ich sehr einverstanden. Wir verschoben es aber auf Ende dieser Woche, weil dann durch die Schule der übliche Tagesrhythmus wieder eingetreten ist.
Meine Kinder und wir fanden das Gespräch sehr gut. Wir wollen es in Zukunft fortsetzen. Es klappte nur meinerseits noch nicht so gut. Ich erteilte noch ab und zu Rat, mischte mich ab und zu auch noch ein. Auch das Fragen – wann, warum, was schlägst du vor – ist mir noch nicht in Fleisch und Blut übergegangen.
Die 9jährige Tochter schrieb zu ihren eigenen Erlebnissen mit der Familiengruppe als Aufsatz in der Schule:
Wir machten einen Familienrat, warum?
Wir hatten manchmal Probleme und wollten uns nicht richtig aussprechen. Zum Beispiel, wenn wir etwas falsch gemacht hatten. Wir sprachen uns eben nicht richtig aus. Teils aus Angst, teils aus Blamage. Allen ging es so, unseren Eltern und uns Kindern. Das ging solange, bis Mutti sagte: ›Mein Nervenarzt hat zu mir gesagt, wenn man sich richtig aussprechen will, dann sollte man doch einen Familienrat gründen, bei dem jeder seine Meinung sagt.‹ Da kauften wir uns jeder ein Heft und schrieben (mein kleiner Bruder malte) alles auf, was der andere ihm gegenüber falsch machte. Wir setzten eine Zeit fest und wählten am Schluß jeder Besprechung einen neuen Leiter, der das Ganze in Gang brachte. Seitdem ist vieles besser bei uns.

BEDEUTUNG DER FAMILIENGRUPPE

Nicht nur die anfallenden Probleme werden in der Familiengruppe diskutiert, sondern auch die Unternehmungen – Wochenendausflüge, Einkäufe, Reisen, Gäste einladen, Feste, Geschenke – werden in der Gruppe geplant. Damit lernt das Kind, selbst aktiv in der Familie mitzuarbeiten, und erhält das Bewußtsein, daß die Familiengruppe keine formale Angelegenheit oder nur der Ort der Probleme ist, sondern daß es in der Familiengruppe Einfluß auf Entscheidungen nehmen kann. Das Kind ist somit nicht das Objekt der Entscheidungen der Eltern. Die Entscheidungen werden vielmehr von den Gruppenmitgliedern als Subjekte, also als aktiv Handelnde, getroffen. Die Gruppenarbeit hat eine weitere gruppendynamische Konsequenz. In der Familie, die gewissermaßen unreflektiert, d.h. ohne bewußte Kontrolle funktioniert, kommt es zumeist zu unbewußten Rollenverteilungen, zu festgefahrenen Abneigungen oder besonderen Bevorzugungen: z.B. Mutter-Sohn-Bindung, Vater-Sohn-Konflikt. Da eine Familiengruppe simultan funktioniert, d.h. alle Gruppenmitglieder zugleich anwesend sind und aktiv an der Gruppe teilnehmen, kommt es zu vielseitigen und vielschichtigen Übertragungen und emotionalen Beteiligungen, durch die derartige Bindungen und

Konflikte besser kontrolliert werden können.
Die Gedanken, Ansichten und Entschlüsse, die aus einer solchen Gruppe resultieren, sind nicht das Eigentum der einzelnen Gruppenmitglieder, sondern das Ergebnis der Gruppenarbeit. Es verhält sich hier ebenso wie bei dem Geschmack einer Gemüsesuppe. Viele Gemüse, Karotten, Lauch, Sellerie, Zwiebeln usw. mit Wasser, Gewürzen, Bohnen, Linsen, Erbsen, Salz, Pfeffer und Hitze zusammen bilden einen Eintopf, der nach Meinung der Feinschmecker etwas ganz anderes ist als die Summe seiner Bestandteile. Im Zusammenwirken und wechselseitigen Aufeinanderwirken der einzelnen Bestandteile – zu vergleichen mit der Meinungsbildung im Beratungsprozeß einer Gruppe – kristallisiert sich eine neue, höhere Einheit, mit neuen, vorher noch nicht dagewesenen Eigenschaften (Qualitäten) heraus. Und so wie der neue Gesamtgeschmack des Eintopfes nicht zurückgeführt werden kann auf das eine oder andere Gemüse, so können auch die Einstellungen, Verhaltensweisen und Entscheidungen einer Gruppe nicht ausschließlich auf den Beitrag eines einzelnen oder mehrerer Mitglieder zurückgeführt werden, sondern auf die Arbeit der Gruppe.

FAMILIENGRUPPE
Die Familiengruppe betrifft den Menschen als soziales Wesen und vollzieht sich in einer Gruppe mit mehr als zwei Mitgliedern, insbesondere in der Familie.
Die Gruppenmitglieder treffen sich regelmäßig zu einer vereinbarten Zeit.
In der Familiengruppe sind alle Gruppenmitglieder gleichberechtigt.
Die Gruppenleitung übernimmt abwechselnd ein Gruppenmitglied als Gruppenassistent.
Eine Sitzung der Familiengruppe sollte nicht länger als 45–60 Minuten dauern.
Jedes Gruppenmitglied führt ein »Gruppenheft«, in dem Konflikte und Anregungen, die in der Gruppe diskutiert werden sollen, notiert werden.
In der Gruppe werden die auftretenden Schwierigkeiten, die die ganze Familie betreffen, durchgesprochen, ebenso wie die Planungen für gemeinsame Unternehmungen durchgeführt.
Auftretende Schwierigkeiten werden auf der Basis der sekundären und primären Fähigkeiten durchgearbeitet. Dies geschieht, indem das Problem allen Familienmitgliedern als Thema bis zur nächsten Gruppensitzung vorgegeben wird. Hat ein Kind beispielsweise gelogen, gilt die nächste Woche als Woche der Ehrlichkeit, in der sich alle Familienmitglieder beobachten sollen, wie ihr Verhalten hinsichtlich der Ehrlichkeit ist.
Hilfsmethoden sind: der Tagesplan, der Wochenplan, die Checkliste und die Memokarte.
Durch Funktionsverteilung und Rollentausch erhalten die Gruppenmitglieder die Möglichkeit, die Rollenaufgaben der Partner kennenzulernen.
Fokalfähigkeiten
Geduld; Vorbild; Zeit; Kontakt; Zutrauen; Vertrauen; Pünktlichkeit; Ordnung; Gewissenhaftigkeit.

Beachte Mißverständnisse
Gerechtigkeit – Liebe; Einzigartigkeit; Generalisierung; Angst; Aggression; Nachahmung.

Die Elterngruppe

Wir haben uns damit beschäftigt, wie man mit einem Kind Probleme durcharbeitet, wie eine Familiengruppe aufgebaut wird und funktioniert und wie die Beziehungen von Eltern und Kindern in der Familiengruppe geregelt werden. Offen blieb bisher noch die Frage, wie die Eltern untereinander mit ihren Problemen fertig werden.
In der Erziehungsliteratur wird dieses Problem zu Unrecht oft vernachlässigt. Man spricht allgemein von Eltern als einer homogenen und einheitlichen Institution. Dabei nimmt gerade das Verhältnis der Eltern zueinander – sei es nun positiv oder negativ – eine hervorragende Rolle für die Entwicklung des Kindes ein. Die Probleme der Eltern können die Kinder betreffen, die engere und weitere Umgebung, sie können persönliche Probleme der einzelnen Elternteile sein oder sich spezifisch auf das Verhältnis der Eltern untereinander beziehen. Solche Probleme sollten nicht vor den Kindern ausgetragen werden, es sei denn, sie werden in der Familiengruppe direkt angesprochen. Hinsichtlich Problemen, welche die Kinder anbelangen, sollten sich die Eltern vor der Familiengruppe – zumindest im Prinzip – einigen. Ansonsten empfiehlt es sich aber, um die auftretenden Konflikte rechtzeitig aufzufangen und die Kinder nicht unnötig in ein Konfliktfeld einzubeziehen, daß sich die Eltern zu einem bestimmten Zeitpunkt, beispielsweise abends, damit auseinandersetzen. Eine solche Elterngruppen-Sitzung sollte nicht länger als 15 bis 30 Minuten dauern. Es ist besser, nahezu jeden Abend einmal 15 Minuten zusammen zu sprechen, als einmal im Monat drei Stunden bis Mitternacht. Als Hilfsmittel für die Elterngruppe kann auch das Differenzierungsanalytische Inventar verwandt werden. In ihrer Struktur und Technik lehnt sich die Elterngruppe an die Partnergruppe an. Die Elterngruppe ist, wie wir sehen, im Prinzip der Familiengruppe zugeordnet. In ihr werden Probleme behandelt, die über die Familiengruppe hinausgehen und nur die Eltern betreffen. Die Einrichtung der Elterngruppe neben der Familiengruppe ist allein deshalb notwendig, weil die Eltern nicht nur mit der Familie leben, sondern Vater und Mutter auch miteinander leben.

MERKSÄTZE FÜR DIE ELTERNGRUPPE
Nicht die Ehe ist gut, in der es keine Probleme und Konflikte gibt, sondern die Ehe, in der die Bereitschaft besteht, offen, ehrlich und sachlich über die Probleme zu sprechen und sie zu verarbeiten.
Die Ehe ist keine Versicherungsanstalt. Sie ist vielmehr ein Balanceakt zwischen Liebe und Gerechtigkeit.
Ehepartner sollten lernen, Probleme aus den verschiedensten Lebensbereichen (wie Kindererziehung, berufliche Probleme, sexuelle Probleme,

Konflikte mit Schwiegereltern und Bekannten) miteinander zu besprechen. Es gibt niemanden, der, wenn er dazu bereit ist, für solche Besprechungen keine Zeit hätte.
Hat man das Gefühl, alleine mit den ehelichen Schwierigkeiten nicht fertig zu werden, empfiehlt es sich, einen Fachmann zu Rate zu ziehen.
Scheidung ist eine Frage der Verantwortung: gegenüber dem Partner, gegenüber sich selber, gegenüber den Kindern.

DIE ELTERNGRUPPE
Es ist zu unterscheiden zwischen Konflikten, welche die gesamte Familie angehen und solchen, die nur die Eltern betreffen.
Konflikte zwischen den Eltern sollten nicht vor den Kindern ausgetragen werden.
Die Eltern sprechen regelmäßig, am besten abends, die notwendigen Planungen und auftretenden Schwierigkeiten durch.
Dauer einer Elterngruppensitzung: 15 bis 30 Minuten.
Fokalfähigkeiten
Geduld; Zeit.
Beachte Mißverständnisse
Mann – Frau; Relativität der Werte; Gerechtigkeit und Liebe; das Unbewußte; Gesundheit – Krankheit.

Die Partnergruppe

Die Partnergruppe ist die Einrichtung in einer Partnerschaft, in der auftretende Probleme und Konflikte behandelt werden. Konflikte haben die Neigung, wie bösartige Geschwüre ihren engen Rahmen zu überschreiten und in die Bereiche, die eigentlich gar nicht davon betroffen sind, einzudringen. Die Partnergruppe soll dieser Tendenz entgegenwirken. Auftretende Konflikte werden zeitlich und örtlich begrenzt zwischen den beteiligten Partnern behandelt. Die Vorgehensweise der Partnergruppe entspricht in ihren Grundzügen der Methodik, die wir in der Familiengruppe bereits kennengelernt haben.
Die Partnergruppe stellt ihre Mitglieder vor eine sicherlich schwierige Aufgabe, die manchem so vorkommen wird, als müßte er dauernd versuchen, über den eigenen Schatten zu springen. Schließlich ist es nicht leicht, mit einem Partner, den man durch Schweigen strafte, plötzlich Gespräche zu führen und von gewohnten Umgangsformen Abstand zu nehmen. Oft genug bringt nämlich eine solche Umstellung einen Statusverlust mit sich: man soll nunmehr jemanden, von dem man meint, daß man ihn gut beherrscht, als Partner akzeptieren. Die Rollenverteilung in der partnerschaftlichen Beziehung gerät allein dadurch oft ins Schwanken. Um diesen Schwierigkeiten entgegenzuwirken, bietet sich das differenzierungsanalytische Vorgehen an, mit seinen Stufen der Distanzierung/Beobachtung, der Inventarisierung, der situativen Ermutigung, der Verbalisierung und der Zielerweiterung. Als weitere Maßnahme wirkt der partnerschaftliche Rollentausch häufig Wunder.

■ *Der Rollentausch:* Er unterstützt das gegenseitige Verständnis und Einfühlungsvermögen. Die Technik ist einfach. Für jeweils eine Woche übernimmt ein Partner einige Tätigkeiten aus den Rollenaufgaben des anderen: Der männliche Partner geht einkaufen, der weibliche Partner übernimmt die Aufgabe, Gäste einzuladen. Auch im sexuellen Bereich ergreifen die Partner wechselseitig die Initiative. Die Frau lernt, nicht nur passiv empfangender Teil zu sein. Der Mann lernt, sich von der Sexualleistung und dem Eroberungszwang zu distanzieren. Wie dieser Rollentausch geschieht, wird vorweg in der Partnergruppe beschlossen. Dies bedeutet nicht den Verlust von Spontaneität und Romantik, sondern den oft abenteuerlichen Versuch, neue Verhaltensbereiche und Formen der partnerschaftlichen Beziehung zu erschließen.

■ *Gedächtnishilfen:* Das menschliche Gedächtnis ist schwach. Von dem, was man erlebt, bleibt nur ein geringer Teil im Gedächtnis haften. Und dieser Teil wird noch durch unsere Erwartungen und Wünsche, andere Erfahrungen und Erlebnisse modelliert. Dies gilt besonders dann, wenn wir uns an kritische Verhaltensweisen unseres Partners erinnern und ein Urteil abgeben wollen. Wir verfügen jedoch über ausgezeichnete Gedächtnishilfen, die subjektive Verfärbungen ausschalten können. Wir meinen damit das Aufschreiben von kritischen Ereignissen: »Wann habe ich mich über dich geärgert? In welcher Situation ist das geschehen? Was waren die Ursachen, und wie habe ich selbst reagiert?« Die aufgeschriebenen Konflikte können viel objektiver mit dem Partner durchgesprochen werden und ermöglichen ein sachlicheres Verhältnis.
Noch viel schwächer als für Ereignisse scheint das Gedächtnis für gute Vorsätze zu sein. Hier bietet sich als Hilfe die Memokarte an, die wir bereits in der Familiengruppe kennengelernt haben. So vermeidet oft allein der Griff nach der Memokarte ›Höflichkeit‹ die Beleidigung oder Kränkung des Partners, die Memokarte ›Ordnung‹ erinnert einen, daß man Ärger wegen einer Unachtsamkeit durch sorgfältigeres Verhalten vermeiden kann.
In der Partnergruppe (und anderen Formen der Selbsthilfegruppen) werden nicht nur Ängste, Aggressionen ausgetragen. Vielmehr geht es in diesen Gruppen darum, hinter den Ängsten, Aggressionen und Schuldgefühlen die mangelnden Unterscheidungen hinsichtlich der Aktualfähigkeiten festzustellen. Das Gruppenmitglied wird in die Lage versetzt, seine übrigen Gruppenpartner zu verstehen, die Konflikte nach ihrer situativen Bedeutung zu bewerten und die konfliktbesetzten Aktualfähigkeiten angemessen zu integrieren.

FRAGEN, DIE JEDER PARTNER SICH BEI EINER PARTNERSCHAFTLICHEN KONFLIKTSITUATION STELLEN SOLLTE
Ist das Problem zu ändern?
Will ich überhaupt das Problem ändern?
Kann mein Partner meinen Erwartungen entsprechen?
Will er eine Lösung des Problems?

Habe ich schon Versuche in Richtung einer Problemlösung unternommen?
Sehe ich unsere Situation ehrlich und offen?
Bringe ich meine Meinung ehrlich zum Ausdruck?
Bin ich bereit, auch meinem Partner zuzuhören? Bin ich überhaupt bereit, meinem Partner Zeit zu geben und mir selber Zeit zu nehmen, oder erwarte ich, daß eine Änderung von einem Augenblick auf den anderen erfolgen soll?
Wenn wir alleine nicht mit unseren Problemen fertig werden, wollen wir nicht einen Fachmann zu Rate ziehen?
Erwarte ich, daß der andere sich ändert, oder bin ich selber zur Änderung bereit?
Gebe ich mir und meinem Partner noch eine Chance; bin ich auch während eines großen Konflikts meinem Partner treu?

MERKSÄTZE FÜR DIE PARTNERGRUPPE
Jeder Mensch besitzt seinem Wesen nach die Fähigkeit zur Partnerschaft. Nicht jeder Mensch aber kann ohne Vorbereitung eine Partnerschaft eingehen.
Die Erziehung, wie jemand gelernt hat, auf einen Partner einzugehen, besitzt hier eine entscheidende Bedeutung.
Es ist grundsätzlich zwischen Sex – Sexualität und Liebe zu unterscheiden, die im Leben eines jeden Menschen eine Einheit darstellen.
Die Erziehung und Vorbereitung zur Partnerschaft geschieht von der frühen Kindheit an.
Wir sollten uns hüten, unsere eigenen Vorstellungen von Partnerschaft oder von der Scheidung auf andere zu übertragen. Ebenso wie jeder Mensch Einzigartigkeit besitzt, besitzt auch jede Partnerschaft Einzigartigkeit.
Nicht wenige Partnerschaften werden gerade durch die wohlwollenden Einmischungen von Freunden und Verwandten zerstört.
Trennung bietet eine Chance. Sie gewährt Lernerfahrungen. Diese Erfahrungen können wir nützen, wenn die Trennung rückgängig gemacht wird oder gegenüber einem neuen Partner.

DIE PARTNERGRUPPE
Die Partnergruppe ist die Einrichtung, in der die Probleme zwischen erwachsenen Partnern durchgearbeitet werden können.
Sie setzt voraus, daß der Partner bereit ist, eventuell seine angestammte relative Rollenposition zu verlassen.
Eine zentrale Methode der Partnergruppe ist der Rollentausch, in der ein Partner Aufgaben und Funktionen des anderen übernimmt.
Als günstig haben sich Gedächtnishilfen wie das Aufschreiben in einem Gruppenheft und Memokarten erwiesen..
Fokalfähigkeiten
Zeit; Geduld; Vertrauen; Treue.
Beachte Mißverständnisse
Mann – Frau; Gerechtigkeit – Liebe; Relativität der Werte; Generalisierung; Einheitsverlust.

Differenzierungsanalytische Psychotherapie

In vielen Fällen wird das Vorgehen, wie wir es in der Selbsthilfe beschrieben haben, einen oft erstaunlichen Erfolg zeigen. In manchen Fällen jedoch treten Schwierigkeiten auf, die den Weg zur Selbsthilfe zu versperren scheinen. Solche Schwierigkeiten sind: die mangelnde Gesprächsbereitschaft eines Partners, sein Widerstand gegen Beeinflussungsversuche, scheinbares Unvermögen, seine Gefühle auszudrücken und tiefergreifende Fixierungen.
Gerade wenn die auftretenden Konflikte weniger aktuell sind und ihre Entwicklung vornehmlich in der frühen Kindheit begründet liegt, wird es für den Laien oft schwierig, die Um-Erziehung als Selbsthilfe durchzuführen. Vor allem charakterliche Veränderungen, neurotische Entwicklungen und psychosomatische Störungen widerstehen oft einer Selbsthilfe. Hier findet sich der Bereich, den die Psychotherapie, insbesondere die differenzierungsanalytische Psychotherapie behandelt.
Im Rahmen der Psychotherapie, dem zentralen Feld der Differenzierungsanalyse, steht ein fünfstufiges, psychotherapeutisches Verfahren zur Verfügung. Es eignet sich vorzüglich zur Kurztherapie. Weiterhin läßt sich die Differenzierungsanalyse – verkürzt – als Grundlage einer Gesprächstherapie verwenden, die sich an dem Inventar der Aktualfähigkeiten orientiert. Eine besondere Rolle spielen hier die Ehe- und Erziehungsberatung sowie die Behandlung von sozialen Interaktionsproblemen in Schulen und Betrieben. Die Intensivform der differenzierungsanalytischen Therapie kann bei stationärem Aufenthalt oder in einer Tagesklinik erfolgen. In einem individuell erstellten Behandlungsplan wird – gegebenenfalls unter Verwendung der Gruppenarbeit und Gruppentherapie – die differenzierungsanalytische Therapie innerhalb von vier bis sechs Wochen vollzogen. In der Art eines Sensitivity-Trainings läßt sich die Differenzierungsanalyse auch in Wochenendgruppen durchführen. Als Beispiel wird die Anwendung der differenzierungsanalytischen Strategie an einem Fall von Frigidität dargestellt. (Peseschkian, 1974)

FALL:
Eine 28jährige Patientin, verheiratet, Mutter eines Kindes, wurde vom Frauenarzt wegen Frigidität und Depressionen in psychotherapeutische Behandlung überwiesen. Internistisch, gynäkologisch sowie endokrinologisch konnte kein Befund erhoben werden. Die Patientin berichtete während der Aufnahme:
Ich gehe schon mit dem Gedanken ins Bett, hoffentlich will mein Mann heute nicht mit mir schlafen. Äußert er dann doch den Wunsch, läßt mich vor allem mein schlechtes Gewissen nicht in Ruhe, und ich lasse den Geschlechtsakt eben

als etwas, was sein muß, über mich ergehen. Von vorneherein also ist schon mein ganzes Inneres dagegen. Bei dem Akt als solchem wehre ich alle seine Zärtlichkeiten, die er mir entgegenbringen will, strikt ab, um den Vorgang so schnell wie möglich hinter mich zu bringen. Nach kurzer Zeit versucht er dann, in mich einzudringen, was immer schwierig ist, da meine ganze Muskulatur verkrampft ist und nicht nachgibt. Dabei spüre ich, wenn sein feuchter Penis meine Schamgegend berührt, wie der Ekel in mir hochsteigt. Ich bekämpfe das Gefühl, das heißt, ich wehre mich dagegen, und dabei wird es noch schlimmer...

Die Beschwerden nahmen etwa zwei Jahre vor Behandlungsbeginn, nach der Geburt des Kindes, auffällig zu. Folgende Faktoren spielen bei der Entwicklung der aktuellen Konfliktsituation eine Rolle:

■ Die Patientin war als Sekretärin erfolgreich tätig gewesen. Sie hatte selbständig verschiedene Aufgaben zu betreuen und konnte finanziell den Hausbau mit unterstützen. Nach der Geburt des Kindes war ihr Mann gegen eine weitere Beschäftigung. Sie berichtet, sie fühle sich seitdem abhängig und *zur Hausfrau verurteilt.*

■ Der Ehemann hatte eine neue Position im Außendienst übernommen, die es ihm nicht immer ermöglichte, regelmäßig pünktlich zu Hause zu sein. Die Patientin klagt:

Wenn mein Mann sagt, er kommt um 19.00 Uhr nach Hause, kann ich froh sein, wenn er um 21.00 Uhr da ist. Immer hat er einen Grund, warum er später kommt. Ich weiß nicht mehr, was ich von seinem Zuspätkommen halten soll; jedesmal, wenn er nicht pünktlich ist, wird mein Vertrauen erschüttert.

Häufiger Streitpunkt ist der Umgang mit Geld. Der Ehemann wirft der Patientin vor, nicht sparsam genug zu sein:

»Du kannst nicht dauernd wie früher Geld ausgeben. Du weißt genau, daß ich der einzige Verdiener bin. Gegenüber derartigen Argumenten reagiert die Patientin mit Weinkrämpfen; sie hat ihre persönlichen Ersparnisse in den Hausbau investiert.

Ein besonderer Stellenwert kommt der Ordnung und Sauberkeit des Ehemannes zu. Während vorher, als die Patientin noch berufstätig war, die häuslichen Angelegenheiten arbeitsteilig erledigt wurden, verläßt sich der Ehemann jetzt ausschließlich auf seine Frau: Wo Du den ganzen Tag zu Hause bist, kannst Du auch etwas tun. Die Patientin berichtet: *Statt seine Sachen in den Schrank zu hängen oder in den Wäschebeutel zu legen, läßt er seine gebrauchten Socken, sein Oberhemd und seine anderen Sachen auf dem Boden des Schlafzimmers liegen. Vom Waschen hält er, wenn es nicht gerade um seinen Beruf geht, nicht viel. Während ich sehr auf Körperpflege achte, vernachlässigt mein Mann die körperliche Sauberkeit. Wenn er ungewaschen und mit ungeputzten Zähnen ins Bett kommt, habe ich die größte Lust, aus dem Bett zu steigen.*

Aus dem differenzierungsanalytischen Inventar einer 28jährigen Patientin mit Sexualstörungen:

Aktualfähigkeiten	Patientin	Ehemann
Fleiß/Leistung	+++	+++
Pünktlichkeit	+++	−
Ordnung	++	−
Sauberkeit	+++	−−
Gehorsam	−	−
Höflichkeit	++	+
Ehrlichkeit	−	++
Sparsamkeit	+	++
Vertrauen	−−	+

\+ positiv ausgeprägt, − negativ ausgeprägt

Der Aktualkonflikt stellt sich differenzierungsanalytisch wie folgt dar: Konfliktpotentiale sind in der Beziehung zum Ehemann die Einschränkung auf die Hausfrauenrolle bei gleichzeitigen Dissonanzen mit dem Ehemann. Diese beziehen sich auf: Pünktlichkeit, Zeit, Sparsamkeit, Ordnung und Sauberkeit. Zwar stellen diese Faktoren eine erhebliche Beeinträchtigung dar, erklären jedoch nicht die schwere Symptomatik. Hier ist neben der aktuellen Belastung nach der Tragfähigkeit und damit nach dem Grundkonflikt der Patientin zu fragen.

Die Patientin wuchs in einer Familie auf, in der Fleiß und Leistung Kriterien für emotionelle Zuwendung waren. Hinzu kam, daß sich die Patientin gegenüber ihrem zwei Jahre jüngeren Bruder behaupten mußte. Kriterium dafür war wiederum die erbrachte Leistung. Diese bezog sich in der Kindheit vor allem auf den Fleiß und die Ordnung.

Wenn ich einmal unordentlich war, bekam ich meinen jüngeren Bruder als Vorbild hingestellt, und das ging mir doch über die Hutschnur. Meine Mutter konnte sich fürchterlich aufregen, wenn etwas nicht dort lag, wohin es gehörte. Sie schimpfte und brachte es fertig, über Stunden hinweg nicht mit uns zu reden und entzog uns später in solchen Fällen das Taschengeld. Gelobt wurde ich besonders dafür, daß ich sauber war und auf meine Kleidung achtete. Schmutz war mir das Schlimmste, was mir begegnen konnte. ... Schockierende Wirkung hatte auch meine erste Menstruation. Ich hatte doch keine Ahnung, was das soll, weil mich keiner aufgeklärt hatte. Meine Mutter meinte, das sei nötig, weil Abfallstoffe des Körpers auf diese Weise ausgeschieden werden müßten. Überhaupt war es bei uns zu Hause üblich, über anrüchige Dinge oder Probleme, die einen anderen verletzen könnten, nicht zu sprechen. Da übten wir vornehmes Stillschweigen.

Der Aktualkonflikt sprach folgende Bereiche des Grundkonflikts an:

- Fleiß und Leistung als Kriterien des Selbstwerts;
- Pünktlichkeit als Kriterium des Vertrauens;
- Ordnung als Kriterium für Zuwendung und Anerkennung;
- Sparsamkeit als Zeichen der erreichten Selbständigkeit;

■ Sauberkeit als Kriterium der Selbstachtung und Integrität;
■ Höflichkeit als in der Familientradition verwurzelte Aggressionshemmung. Die Höflichkeit bewirkte, daß Probleme nach innen getragen wurden.

Körperliche Ursachen für die Störung waren nicht nachzuweisen; die Konflikte zentrierten sich auf die beschriebenen Bereiche der Aktualfähigkeiten. Die Konfliktdispositionen finden sich zum Teil als Grundkonflikt (Vergangenheit) und werden durch die Bedingungen des Aktualkonflikts (Gegenwart) aktualisiert. Die bestehenden Konflikte sind interpersoneller Natur und basieren auf stark affektiv besetzten Einstellungen.

Die Therapie der Patientin konnte nach zwölf Sitzungen innerhalb von sechs Monaten im Sinne der dargestellten Strategie erfolgreich abgeschlossen werden. Nach einem Jahr stellte sich der Befund wie folgt dar: Patientin und Ehemann berichten übereinstimmend, daß keine sexuellen Störungen mehr bestünden. Auftretende Schwankungen könnten sie selber steuern und kontrollieren. Der Lebensstil habe sich insofern gewandelt, als beide Ehepartner neue gemeinsame Interessen entwickelt hätten und besser Kontakt zur Außenwelt bekämen. Die Sexualität sei, wie der Ehemann formulierte, für sie »nicht mehr das einzige und ausschließliche Lebensziel.«

Die dargestellte Behandlungsstrategie soll nicht als starres Schema verstanden werden. Dem einzelnen Fall entsprechend, sind individuelle Modifikationen des Behandlungsplanes zu erwägen. Diese hängen ab von dem Lebensalter des Patienten, der besonderen Konfliktlage und der inneren und äußeren Motivation. Je nach den individuellen Konditionen ist der Akzent der Behandlung auf die Analyse, die Hypnotherapie bzw. die Gruppenpsychotherapie zu legen.

Zur Zeit liegen die Daten von 80 Patienten (52 weiblich, 28 männlich) vor. Diagnostisch handelte es sich bei den Patientinnen überwiegend um Sexualangst und allgemeine und selektive Frigidität. Die männlichen Patienten litten in der Mehrzahl unter Ejaculatio praecox, Erektionsschwäche und Sexualangst. In allen Fällen konnte eine erhebliche Besserung erzielt werden. In 74% der Fälle wurde eine überdauernde Heilung (Kontrollabstand etwa ein Jahr) erreicht. Die durchschnittliche Therapiedauer variierte bezüglich der einzelnen Diagnosen zwischen zwölf und 21 Sitzungen.

Als konfliktzentrierte Kurztherapie haben wir die Differenzierungsanalyse bereits bei folgenden Krankheitsbildern durchgeführt:
■ Sexualstörungen (Sexualangst der Frau, Frigidität, Hypersexualität, Potenzstörung beim Mann, Ejaculatio praecox, Erektionsschwäche, Sexualangst, Onaniezwang und als krankhaft empfundene Homosexualität);
■ vegetativ-funktionelle Störungen mit gesicherter psychischer Ätiologie und Organneurosen (Schlafstörungen, Cephalgien, Asthma, Colitis, Ulcus duodeni und ventriculi, rheumatische Beschwerden, Herzneurosen, Prostatitis, Anorexia nervosa, Fettsucht, Neuro-Dermatitis, vegetative Dystonien, Stottern und Bettnässen);
■ psychoreaktiv-seelische Störungen (Phobien, Depressionen, Verhal-

tensstörungen, Zwänge, Lernstörungen, Alkoholismus, Drogenabhängigkeit und abnorme Trauerreaktionen).
Bei Psychosen und Psychopatien wurde verschiedentlich die Differenzierungsanalyse durchgeführt. Es zeigten sich hier zum Teil erfolgversprechende Ergebnisse.
Erziehung und Psychotherapie begreifen sich in der Differenzierungsanalyse nur als methodisch getrennt; inhaltlich beziehen sie sich aufeinander, und zwar in dem Sinne, daß Psychotherapie eine Fortführung und Hilfe der Erziehung (Um-Erziehung) ist. Wenn Erziehung und Psychotherapie zusammenarbeiten, können Ängste und Aggressionen kanalisiert, Hemmungen abgebaut, Generationskonflikte entschärft und die Kommunikationsmöglichkeiten gefördert werden. All das sehen wir als Voraussetzungen für den Weltfrieden und die Welt-Einheit auf der Basis einer Einheit in der Mannigfaltigkeit von Erziehung und Psychotherapie.
Ziel der Differenzierungsanalyse in der Erziehung und in den zwischenmenschlichen Beziehungen ist es, die Unterscheidungsfähigkeit der Bezugsperson und des Partners auf der Basis der sekundären und primären Fähigkeiten zu erweitern. Die Aufgabe des Erziehers und des Therapeuten stellt sich an einem Bild in folgender Weise dar:
Wir führen den Menschen an die Quelle, trinken aber muß er selber. Der Weg zu einer reiferen Einstellung zum Leben heißt:
Lerne zu differenzieren!

Zur Selbst- und Partnerkontrolle für den Leser

Das Differenzierungsanalytische Inventar (DAI, Kurzform)

Aktualfähigkeiten	**Patient**	**Partner**	**Spontanaussagen**
Pünktlichkeit			
Sauberkeit			
Ordnung			
Gehorsam			
Höflichkeit			
Ehrlichkeit/Offenheit			
Treue			
Gerechtigkeit			
Fleiß/Leistung			
Sparsamkeit			
Zuverlässigkeit/ Genauigkeit			
Liebe			
Geduld			
Zeit			
Vertrauen/Hoffnung			
Kontakt			
Sex/Sexualität			
Glaube/Religion			

Eine Geschichte auf den Weg

In der persischen Mystik wird von einem Wanderer erzählt, der mühselig auf einer scheinbar endlos langen Straße entlangzog. Er war über und über mit Lasten behangen. Ein schwerer Sandsack hing an seinem Rücken, um seinen Körper war ein dicker Wasserschlauch geschlungen. In der rechten Hand schleppte er einen unförmigen Stein, in der linken einen Geröllbrocken. Um seinen Hals baumelte an einem ausgefransten Strick ein alter Mühlstein. Rostige Ketten, an denen er schwere Gewichte durch den staubigen Sand schleifte, wanden sich um seine Fußgelenke. Auf dem Kopf balancierte der Mann einen halbfaulen Kürbis. Bei jedem Schritt, den er machte, klirrten die Ketten. Ächzend und stöhnend bewegte er sich Schritt für Schritt vorwärts, beklagte sein hartes Schicksal und die Müdigkeit, die ihn quälte.
Auf seinem Wege begegnete ihm in der glühenden Mittagshitze ein Bauer. Der fragte ihn: »Oh, müder Wanderer, warum belastest du dich mit diesen Felsbrocken?« – »Zu dumm«, antwortete der Wanderer, »aber ich hatte sie bisher noch nicht bemerkt.« Darauf warf er die Brocken weit weg und fühlte sich viel leichter. Wiederum kam ihm nach einer langen Wegstrecke ein Bauer entgegen, der sich erkundigte: »Sag', müder Wanderer, warum plagst du dich mit dem halbfaulen Kürbis auf dem Kopf und schleppst an Ketten so schwere Eisengewichte hinter dir her?« Es antwortete der Wanderer: »Ich bin sehr froh, daß du mich darauf aufmerksam machst; ich habe nicht gewußt, was ich mir damit antue.« Er schüttelte die Ketten ab und zerschmetterte den Kürbis im Straßengraben. Wieder fühlte er sich leichter. Doch je weiter er ging, um so mehr begann er wieder zu leiden. Ein Bauer, der vom Feld kam, betrachtete den Wanderer erstaunt: »Oh, guter Mann, du trägst Sand im Rucksack, doch was du da in weiter Ferne siehst, ist mehr Sand als du jemals tragen könntest. Und wie groß ist dein Wasserschlauch – als wolltest du die Wüste Kawir durchwandern. Dabei fließt neben dir ein klarer Fluß, der deinen Weg noch weit begleiten wird!« – »Dank dir, Bauer, jetzt merke ich, was ich mit mir herumgeschleppt habe.« Mit diesen Worten riß der Wanderer den Wasserschlauch auf, dessen brackiges Wasser auf dem Weg versickerte, und füllte mit dem Sand aus dem Rucksack ein Schlagloch. Sinnend stand er da und schaute in die untergehende Sonne. Die letzten Sonnenstrahlen schickten ihm die Erleuchtung: Er blickte an sich herab, sah den schweren Mühlstein an seinem Hals und merkte plötzlich, daß der Stein es war, der ihn noch so gebückt gehen ließ. Er band ihn los und warf ihn, so weit er konnte, in den Fluß hinab. Frei von seinen Lasten wanderte er durch die Abendkühle, eine Herberge zu finden.

Literaturverzeichnis

Abdu'l-Bahá, *Beantwortete Fragen.* 84. Kapitel. Frankfurt/Main 1962.

Adler, A., *Individualpsychologische Behandlung der Neurosen.* In: *Praxis und Theorie der Individualpsychologie.* München/Wiesbaden 1920 (Fischer Taschenbuch Bd. 6236).

—, *Menschenkenntnis.* Zürich 1947 (Fischer Taschenbuch Bd. 6080).

Allport, G. W., *Werden der Persönlichkeit.* Bern/Stuttgart 1958.

Argelander, H., *Der Flieger.* Hrsg. A. Mitscherlich. Frankfurt/Main 1972.

Bach, G., und H. Deutsch, *Pairing.* Düsseldorf 1972.

Baha'u'llah, *Ährenlese.* 27. Kapitel. Frankfurt/Main 1961.

Balint, A., *Psychoanalyse der frühen Lebensjahre.* München/Basel 1966.

Balint, M. und E. Balint, *Psychotherapeutische Techniken in der Medizin.* Bern/Stuttgart 1963.

Battegay, R., *Der Mensch in der Gruppe.* 3 Bde. Bern 1973.

Benedetti, G., *Die Welt des Schizophrenen und deren psychotherapeutische Zugänglichkeit.* In: Schweiz. med. Wochenzeitschrift 84, S. 1029, 1954.

Berscheid, E. und E. H. Walster, *Interpersonal Attraction.* Massachusetts 1969.

Bilz, R., *Die unbewältigte Vergangenheit des Menschengeschlechts.* Frankfurt/Main 1967.

Bittner, G., und W. Rehm, *Psychoanalyse und Erziehung.* München 1966 (Goldmann's Gelbe Taschenbücher Bd. 1702).

Bleuler, E. und M. Bleuler, *Lehrbuch der Psychiatrie.* Berlin/Heidelberg/New York 1969.

Bollnow, O. F., *Wesen und Wandel der Tugenden.* Berlin 1958.

—, *Die pädagogische Atmosphäre.* Heidelberg 1968.

Bowlby, J., *Die Trennungsangst.* In: Psyche 15, S. 411–464, 1961.

Bräutigam, W., *Psychotherapie in anthropologischer Sicht.* Stuttgart 1961.

Buber, M., *Elemente des Zwischenmenschlichen.* 1953. In: M. Buber, *Das dialogische Prinzip.* Heidelberg 1965.

McCarthy, D., *The Language Development of the Preschool Child.* Inst. of Child Welfare, University of Minneapolis 1930.

Chardin, Teilhard de P., *Auswahl aus seinem Werk.* Olten/Freiburg 1964.

Correll, W., und H. Schwarze, *Lernpsychologie programmiert.* Programmiertes Lehrbuch der Lernpsychologie. Donauwörth 1968.

Darwin, Ch., *Biografische Skizze eines kleinen Kindes.* In: Ch. Darwin, *Gesammelte kleine Schriften.* Hrsg. E. Krause und E. Günther. Leipzig 1885.

Dreikurs, R., *Überwindung falscher gesellschaftlicher Normen.* In: *Die Wirklichkeit und das Böse.* Hrsg. U. Derbolowsky. Hamburg 1970.

— und E. Blumenthal, *Eltern und Kinder, Freunde oder Feinde?* Stuttgart 1973.

Graf Dürckheim, K., *Der Ruf nach dem Meister.* Weilheim/Obb. 1973.

Erikson, E. H., *Einsicht und Verantwortung.* Stuttgart 1964.

—, *Identität und Lebenszyklus.* Frankfurt 1966.

—, *Kindheit und Gesellschaft.* Stuttgart 1971.

Erklärung der Vereinten Nationen über die Beseitigung jeglicher Form von Rassendis-

krimination vom 20. 11. 1963. In: Information 9, S. 123–126, 1964.
Esslemunt, J. E., *Baha'u'llah und das neue Zeitalter.* Frankfurt/Main 1963.
Ewald, G., *Neurologie und Psychiatrie.* München/Berlin 1959.
Ewald, O., *Die Religion des Lebens.* Basel 1925.
Ewerbeck, H., *Der Säugling. Physiologie, Pathologie und Therapie im 1. Lebensjahr.* Berlin/Göttingen/Heidelberg 1962.
Eysenck, H. J., *Wege und Abwege in der Psychologie.* Reinbek 1971.
Fanai, A., *Systematische Einführung in die moderne Psychoanalyse.* Frankfurt/Main 1972.
Florin, I. und W. Tanner, *Behandlung kindlicher Verhaltensstörungen.* München 1970 (Das wissenschaftliche Taschenbuch, Bd. Me 2).
Frankl, V., *Psychopathologie des Zeitgeistes.* Wien 1955.
Freud, A., *Einführung in die Technik der Kinderanalyse.* London 1949.
—, *Wege und Irrwege der Kinderentwicklung.* Bern/Stuttgart 1968.
Freud, S., *Vorlesungen zur Einführung in die Psychoanalyse.* Gesammelte Werke Bd. 11. Frankfurt/Main 1961.
—, *Massenpsychologie und Ich-Analyse.* Gesammelte Werke Bd. 13. London 1940 (Fischer Taschenbuch Bd. 6054).
—, *Drei Abhandlungen zur Sexualtheorie.* 1920. (Fischer Taschenbuch Bd. 6044).
Fromm, E., *Revolution der Hoffnung.* Stuttgart 1971.
Fürstenau, P., *Soziologie der Kindheit.* Heidelberg 1969.
Gehlen, A., *Anthropologische Forschung.* Hamburg 1961.
Gürres, A., *Methoden und Erfahrungen der Psychoanalyse.* München 1965.
Häfner, H., *Modellvorstellungen in der Sozialpsychiatrie, dargestellt am Beispiel einiger psychiatrisch-empidemiologischer Forschungsergebnisse.* In: Psychotherapie und medizinische Psychologie 19, S. 85, 1969.
Harbauer, Lempp, Nissen, Strunk, *Lehrbuch der speziellen Kinder- und Jugendpsychiatrie.* Berlin 1971.
Heckhausen, H. und I. Roelofsen, *Anfänge und Entwicklung der Leistungsmotivation (I): Im Wetteifer des Kleinkindes.* In: Psychol. Forsch. 26, S. 313–397, 1962.
— und I. Wagner, *Anfänge und Entwicklung der Leistungsmotivation (II): in der Zielsetzung des Kleinkindes.* In: Psychol. Forsch. 28, S. 179–245, 1964.
Herzka, H. S., *Die Selbstbegegnung im ersten Lebensjahr.* In: Prax. Kinderpsychol. Kinderpsychiat. 16, S. 15–18, 1967.
—, *Schlaf und Schlafstörungen im frühen Kindesalter.* In: Pädiat. und Pädol. 5, S. 157–168, 1969.
—, *Das Kind von der Geburt bis zur Schule.* Basel 1972.
Hofstätter, P. R., *Gruppendynamik.* Hamburg 1957.
Jacobi, J., *Die Psychologie von C. G. Jung.* Olten 1971.
Jacobsen, R., *Kindersprache, Aphasie und allgemeine Lautgesetze.* Uppsala 1941.
Jaspers, K., *Philosophie.* 3 Bde. Berlin/Göttingen/Heidelberg 1956.
Jordan, D. C., *Durchbruch zur Selbstverwirklichung.* In: Baha'i-Briefe, Heft 37, 1969.
Jung, C. G., *Psychologie und Religion.* Olten ²1972.
Kielholz, P., *Diagnose und Therapie der Depressionen für den Praktiker.* München 1965.
Kleinsorge, H. H. und G. Klumbies, *Psychotherapie in Klinik und Praxis.* München/Berlin 1953.
König, K., *Die ersten drei Jahre des Kindes.* Stuttgart 1963.
—, *Brüder und Schwestern – Geschwisterfolge als Schicksal.* Stuttgart 1964.
Koffka, K., *Die Grundlagen der psychischen Entwicklung.* Zickfeldt 1925.

Kretschmer, E., *Gestufte Aktivhypnose.* In: Handbuch der Neurosenlehre und Psychotherapie. München/Berlin 1959.
Künkel, F., *Ringen um Reife.* Konstanz 1962.
Langen, D., *Psychotherapie.* Stuttgart 1973.
Lerner, M. J. und C. H. Simmons, *Observer's Reaction to the Innocent Victim.* In: Compassioner Rejection P. J. Pers. Soc. Psych. 4, S. 203–210, 1966.
Lewin, K., *Feldtheorie in Sozialwissenschaften.* Bern/Stuttgart 1963.
Lorenz, K., *Zur Naturgeschichte der Aggression. Das sogenannte Böse.* Wien 1966.
Maeder, A., *Selbsterhaltung und Selbstheilung.* München 1947.
Malan, D. H., *Psychoanalytische Kurztherapie.* Reinbek 1972.
Mead, M., *Jugend und Sexualität in primitiven Gesellschaften.* München 1970.
Meng, H., *Leben als Begegnung.* Stuttgart 1971.
Mitscherlich, A., *Krankheit als Konflikt.* Studien zur psychosomatischen Medizin II. Frankfurt/Main 1967.
Montessori, M., *Selbsttätige Erziehung im frühen Kindesalter.* Stuttgart 1930.
Newman, H. H., *Evolution, Genetics and Eugenics.* New York 1969.
Niemöller, M., *Vortrag an d. Weltkonstituante 1968 Interlaken.* In: Baha'i-Briefe, Heft 35, S. 907–913, 1969.
Peseschkian, N., *Lerne zu differenzieren, eine wichtige Aufgabe und Voraussetzung für die Gruppenpsychotherapie.* In: *Die Wirklichkeit und das Böse.* Hrsg. U. Derbolowsky. Hamburg 1970.
—, *Differenzierungsanalyse innerhalb der Gruppe.* Vortr. a. d. Arbeitstagung d. Deutsch. Arbeitskreises für Gruppenpsychotherapie und Gruppendynamik (ADGG), Göttingen 7. bis 10. Okt. 1971.
—, *Was ist Psychotherapie? Lerne zu differenzieren.* Vortr. a. d. 9. internat. Kongreß f. Hypnose. Uppsala 1. bis 4. Juli 1973.
—, *Kosmetische Chirurgie – und dann?* In: Medical Tribune 8/42, S. 37, 1973.
—, *Leistungsmotivation unter psychotherapeutischem Aspekt.* In: *Gesundheit heute und morgen.* Hrsg. H. Karl, Wiesbaden. 10. Jg., H. 3/4. 1974.
—, *Neue Behandlungsmöglichkeiten vegetativer Fehlsteuerung, dargestellt an einem Fall von Ulcus duodeni. Was haben Höflichkeit und Ordnung mit Magen- und Darmbeschwerden zu tun?* Vortrag auf der 14. Tagung d. Arbeitskreises f. Neurovegetative Therapie, 3. Symp. d. Deutsch. Gesellschaft f. ärztl. Hypnose und Autogenes Training. Mainz 21. bis 24. Nov. 1973.
—, *Kopfschmerzen in Abhängigkeit von sozialen Normen-Konflikten. Was haben Ordnung und Pünktlichkeit mit Kopfschmerzen zu tun?* Vortr. a. d. Internat. Kopfschmerz-Symposion. Innsbruck 21. bis 23. April 1974.
—, *Actual Capabilities as Aspects of Connotation in Interpersonal and Social Origination of Conflict Handling.* Vortr. a. d. 5th Internat. Congress of Social Psychiatry. Athen 1. bis 7. Sept. 1974.
—, *Psychotherapy as Re-Education.* Vortr. a. d. 5th Internat. Congress of Social Psychiatry. Athen 1. bis 7. September 1974.
—, *The Meaning of Norm-Conflicts in the Development of Psychosomatic Diseases.* Vortr. a. d. 12th Internat. Congress of Internat. Medicine. Tel Aviv 8. bis 13. Sept. 1974.
—, *Zum Beispiel Höflichkeit.* In: Sexualmedizin 3, S. 506–510, 1974.
—, *Positive Psychotherapie. Theorie und Praxis einer neuen Methode.* Frankfurt 1977.
Portmann, A., *Zoologie und das neue Bild des Menschen.* Basel 1951.
Rattner, J., *Der schwierige Mitmensch.* Olten/Freiburg 1971 (Fischer Taschenbuch Bd. 6186).
Remplein, H., *Die seelische Entwicklung des Menschen im Kindes- und Jugendalter.*

München/Basel 1964.
Richter, H. E., *Eltern, Kind und Neurose.* Stuttgart 1963.
Rousseau, J. J., *Emilie ou sur l'education.* 1762. Deutsch: *Emil oder über die Erziehung.* Paderborn 1963.
Sager, C. J. und H. Singer Kaylan, *Handbuch der Ehe-, Familien- und Gruppen-Therapie.* München 1972.
Schmidbauer, W., *Verwundbare Kindheit.* In: Praxis-Kurier 3, S. 20. 1972.
Schultz-Hencke, H., *Lehrbuch der analytischen Psychotherapie.* Stuttgart 1951.
Shoghi Effendi, *Das Kommen Göttlicher Gerechtigkeit.* Frankfurt 1969.
Simon, E., *Brücken. Gesammelte Aufsätze.* Heidelberg 1965.
Skinner, B. F. und W. Corell, *Denken und Lernen.* Braunschweig 1969.
Spitz, R., *Die Entstehung der ersten Objektbeziehungen.* Stuttgart 1967.
—, *Vom Säugling zum Kleinkind.* Stuttgart 1967.
Stokvis, B., *Kultur-Psychologie und Psychohygiene.* Stuttgart 1965.
Strotzka, H., *Einführung in die Sozialpsychiatrie.* Hamburg 1965.
Thomas, K., *Selbstanalyse. Ratgeber für Gesunde und Kranke.* Stuttgart 1972.
Tolstoj, L. N., *Ausgewählte pädagogische Schriften.* Paderborn 1960.
Tschukowski, K., *Kinder von zwei bis fünf.* Berlin o. J.
Uexküll, J. von und G. Kriszat, *Streifzüge durch die Umwelten von Tieren und Menschen.* Hamburg 1956.
Walcher, W., *Die Larvierte Depression.* Wien 1969.
Walster, E. und P. Prestholdt, *The Effect of Misjudging another: Overcompensation or Dissonance Reduction?* In: J. Exp. Soc. Psych. 2, S. 85–97, 1966.
Weizsäcker, V. und D. Wyss, *Zwischen Medizin und Philosophie.* Göttingen 1957.
Wolpe, J., *Behaviour Therapy in Complex Neurotic States.* In: Brit. J. Psychiat. 110, S. 28–34, 1964.
Zulliger, M., *Umgang mit dem kindlichen Gewissen.* Stuttgart 1953.
Zweig, St., *Silberne Saiten.* Frankfurt 1966.

Fachbegriffe

Abstrakt: Bezeichnung für Eigenschaften eines Gegenstandes oder Vorganges, die losgelöst vom Ganzen, dem sie zugehören, betrachtet werden.
Affekte: Allgemeine Bezeichnung für jede Art von Gefühl, Lust, Unlust, Zorn, Trauer u. a.
Aktualfähigkeiten: Soziale Normen und Verhaltensnormen, die sowohl in der zwischenmenschlichen Beziehung als auch im Erleben Geltung besitzen. Sie setzen sich zusammen aus primären und sekundären Fähigkeiten.
Ambivalenz: Gefühlsmäßige Einstellung gegenüber einem Mitmenschen, die zwischen Zuneigung und Abneigung schwankt.
Anal: Die Psychoanalyse gebraucht diesen Ausdruck, um die Bedeutung des Afters während der Phase der Reinlichkeitserziehung zu betonen.
Basisphänomen: Eine Erscheinung oder ein Vorgang, auf die andere Erscheinungen zurückgehen.
Bezugsperson: Jeder Mensch, auf den sich ein Partner in einer engen Partnerschaft bezieht. In der Kindheit sind die Eltern die Bezugspersonen. In der partnerschaftlichen Situation kann jeder der Partner die Rolle der Bezugsperson übernehmen.
Differenzierung: Unterscheidung.
Don-Juanismus: Der Partner wird meist aus neurotischer Bindungsscheu häufig gewechselt.
Dualismus: System, in dem sich zwei Elemente eng aufeinander beziehen.
Egoismus: Ethische Einstellung, nach der jedes Denken und Handeln nur der Wahrung eigener Interessen dient.
Egozentrismus: Die Neigung eines Menschen, überwiegend die Ereignisse seiner Umgebung auf sich selbst zu beziehen.
Emotion: Gemütsbewegung, Gefühl.
Expansiv: Sich ausdehnend, Raum und Freiheiten für sich fordernd.
Fixierung: Festhalten an Einstellungen und Haltungen. Die Veränderungen in der Dimension der Zeit werden nicht berücksichtigt.
Flexibilität: Fähigkeit eines Individuums, auf unterschiedliche Situationen angemessen zu reagieren. Die Dimension der Zeit wird berücksichtigt.
Frigidität: Üblicherweise mit sexueller Kälte der Frau und Unfähigkeit zum Lusterleben bei der sexuellen Betätigung übersetzt. Frigidität umfaßt auch Sexualangst, Sexualabwehr, Sexualität als Waffe und Maske bei der Frau.
Gastrointestinal: Magen und Darm betreffend.
Generalisierung: Verallgemeinerung. Schluß aus einem Ereignis auf alle.
Grundfähigkeiten: Jeder Mensch verfügt über die beiden Grundfähigkeiten Erkenntnis- und Liebesfähigkeit. Aus der Erkenntnisfähigkeit entwickeln sich über die vier Medien der Erkenntnis die sekundären Fähigkeiten. Die Liebesfähigkeit führt in ihren weiteren vier Entwicklungsmedien zu primären Fähigkeiten.
Homosexualität: Liebe zu Personen des eigenen Geschlechts.
Hyperaktivität: Verstärkte Neigung, sich zu betätigen.
Ich-Ideal: Bewußte oder unbewußte Vorstellung, von dem, wie man sein möchte, am besten zu beschreiben durch die Aktualfähigkeiten.

Ideal: Leitbild, Vorbild, nach dem wir uns und unsere Mitmenschen bewerten.

Identifikation: Sich in eine Bezugsperson versetzen, um schließlich wie diese Bezugsperson zu denken, bzw. sich dies vorzustellen. Man identifiziert sich zumeist nicht mit der gesamten Bezugsperson, sondern nur mit bestimmten Eigenschaften (Aktualfähigkeiten).

Identität: Mit sich selbst übereinstimmen, über längere Zeit hinweg, sich selbst weitgehend gleich bleiben.

Individuum: Einzelwesen

Instinkt: Angeborenes Verhaltensmuster

Integration: Einheit, Vereinigung

Interaktion: Wechselwirkung, die in der sozialen Beziehung zwischen Menschen auftritt.

Kommunikation: Allgemeine Bezeichnung für Prozesse, bei denen von einem Sprecher (Sender) eine Nachricht (Information) auf einen Hörer (Empfänger) übermittelt wird. Jedes sprachliche Geschehen, aber auch das Ausdrucksgeschehen zwischen zwei oder mehreren Menschen wird als Kommunikation bezeichnet.

Komponente: Bestandteil

Konfliktpotential: Einstellungen oder Neigungen, die anfällig gegenüber Störungen oder Konflikten sind.

Konfliktsituation: Soziale oder innerseelische Situation, in der mehrere oder gegensätzliche Neigungen oder Handlungstendenzen miteinander in Wettstreit stehen. Die Konfliktsituation äußert sich in dem Gefühl der Spannung.

Konformität: Streben eines Menschen, sich sozialen Normen anzupassen, um so zu sein, wie die anderen.

Masturbieren: Sich selbst befriedigen.

Motiv: Beweggrund des Wollens und Handelns.

Masochismus: Lustgewinn durch Erdulden von Schmerzen und Demütigungen. Bezieht sich nicht nur auf die Sexualität, sondern kann hinsichtlich der einzelnen Aktualfähigkeiten auftreten. Beispiel: Neigung, unpünktlich zu sein und aus der Bestrafung der Unpünktlichkeit Bestätigung und Lustgewinn ziehen.

Neurose: Konflikthafte Erlebnisverarbeitungen, die zu seelischen und körperlichen Störungen führen; auch Verhaltensstörungen zählen hierzu. Ihre Bedingungen finden sich in der Kindheit, in Belastungen während der Entwicklung und aktuellen Belastungssituationen. Inhaltlich beziehen sich die Neurosen auf Störungen innerhalb der primären und sekundären Fähigkeiten.

Nonverbal: nicht sprachlich, die Kommunikation findet durch Gesichtsausdruck, Gebärden u. a. statt.

Normen: Soziale Verhaltensvorschriften die von Menschen übernommen werden können.

Nymphomanie: Überbetonter Sexualtrieb mit starkem Befriedigungsdrang und kritiklosem und unbeherrschtem Verhalten bei der Frau.

Objektbeziehung: Beziehung zu einem Gegenstand, einem Gegenüber, einem anderen Menschen, durch den eine Bedürfnisbefriedigung erreicht werden soll.

Oral: Betrifft den Mund, insbesondere als Zentrum des Lustgewinns.

Partner: In unserem System das Gegenüber der Bezugsperson.

Pluralismus: Vielfalt

Prägung: Lernerfahrungen, zumeist aus der Kindheit, die sich weitgehend unveränderlich verhalten. In der reinsten Form findet sich Prägung am ehesten bei Tieren, die in bestimmten Entwicklungsabschnitten besonders empfänglich für bestimmte Lernerfahrungen sind.

Projektion: Übertragung eigener Wünsche, Vorstellungen, Einstellungen und Konflikte auf andere. Erkenntnisprozeß: Schluß von sich auf andere.

Psychodynamik: Verlauf innerseelischer Geschehnisse.

Psychosen: Geistes- und Gemütskrankheiten, deren Ursachen bisher noch nicht vollkommen aufgeklärt sind. Im Gegensatz zu der Auffassung, daß körperliche Faktoren für Psychosen verantwortlich wären, gewinnt die Berücksichtigung von Umweltfaktoren an Bedeutung.

Psychosomatik: Teilgebiet der medizinisch-psychologischen Forschung, in dem die Zusammenhänge zwischen körperlichen und psychischen Erscheinungen gesucht werden. Insbesondere fragt man nach den psychischen Bedingungen körperlicher Erkrankungen.

Rationalisierung: Versuch, durch vernünftig erscheinende Argumente eine Erklärung zu finden, um den tatsächlich zugrunde liegenden Ursachen aus dem Weg zu gehen.

Re-Integration: Wiederherstellung einer Einheit nach Einheitsverlust. Beispiel: Heilung nach Krankheit.

Ritualisierung: Festlegung und wiederholte Anwendung bestimmter Verhaltensweisen. Beispiel: Um höflich zu sein, muß man sich in einer bestimmten, festgelegten Weise verhalten.

Sadismus: Durch Quälen anderer Lustgewinn erzielen. Umfaßt nicht nur körperliche Quälereien, sondern auch Quälereien im Bereich der Aktualfähigkeiten. Beispiel: Es bereitet einem Freude, jemanden warten zu lassen.

Sozialisation: Übernahme sozialer Verhaltensweisen; Anpassung an die Erfordernisse der sozialen Umgebung. Die zentralen Inhalte der Sozialisation sind die Aktualfähigkeiten.

Sozialpsychologie: Die Lehre von den seelischen Vorgängen beim Menschen unter Berücksichtigung der gesellschaftlichen Wechselwirkungen.

Syndrom: Eine Gruppe von Krankheitsanzeichen, die häufig zusammen vorkommen.

Symptom: Anzeichen einer Krankheit.

Stereotyp: Wiederkehrend, einförmig, dasselbe wiederholend.

Tendenz: Neigung.

Toleranz: Duldsamkeit, Bereitschaft, etwas zu ertragen.

Unbewußt: 1. Erlebnisse, die als unangenehm aus dem Bewußtsein verdrängt wurden;
2. Fähigkeiten, die noch nicht entwickelt und entfaltet worden sind.

Urogenital: Die Ausscheidungsorgane, wie Nieren, Harnblase, Geschlechtsorgane u. a. betreffend.

Verbal: Sprachlich, durch Worte

Verdrängung: Ein psychoanalytischer Begriff, der einen Abwehrmechanismus kennzeichnet. Wünsche, Triebansprüche, Erlebnisinhalte, Vorstellungen usw. werden in das Unbewußte verlagert. Man kann sich an sie nicht mehr erinnern, obwohl sie psychodynamisch wirksam sein können. Zur Verdrängung gehört ein Teil der Einschränkungen des Wertgesichtsfeldes, wobei man nur einige Aktualfähigkeiten (bewußt oder unbewußt) sehen möchte, andere nicht.

Zwang: Psychologischer Begriff. Ideen, Vorstellungen, Handlungen, Gedanken, die sich gegen den Willen der betreffenden Person immer wieder aufdrängen. Beispiel: Kontrollzwang, ob der Gashahn auch wirklich zu ist; dauernde, quälende und nicht gerechtfertigte Vorstellung, einem Partner könnte etwas passieren.

Register